大方

sight

我信仰阅读

传奇出版人罗伯特·戈特利布回忆录

Avid Reader

A LIFE

Robert Gottlieb

[美] 罗伯特·戈特利布 — 著

彭伦 — 译

中信出版集团 | 北京

图书在版编目（CIP）数据

我信仰阅读：传奇出版人罗伯特·戈特利布回忆录 /（美）罗伯特·戈特利布著；彭伦译 . -- 北京：中信出版社，2020.9（2022.3重印）

书名原文：Avid Reader: A Life

ISBN 978-7-5217-1660-3

Ⅰ.①我… Ⅱ.①罗… ②彭… Ⅲ.①罗伯特·戈特利布－回忆录 Ⅳ.① K837.125.42

中国版本图书馆 CIP 数据核字（2020）第 145602 号

我信仰阅读：传奇出版人罗伯特·戈特利布回忆录

著　　者：[美] 罗伯特·戈特利布

译　　者：彭伦

出版发行：中信出版集团股份有限公司

（北京市朝阳区惠新东街甲 4 号富盛大厦 2 座　邮编　100029）

承 印 者：浙江新华数码印务有限公司

开　　本：670mm × 970mm　1/16　　印　　张：26.25字　　字　　数：305 千字

版　　次：2020 年 9 月第 1 版　　印　　次：2022年 3月第 3次印刷

京权图字：01－2019－7897　　书　　号：ISBN 978－7－5217－1660－3

定　　价：79.00 元

服务热线：400-600-8099

投稿邮箱：author@citicpub.com

献给我的外孙，奥利弗·扬和雅各布·扬
假如他们有兴趣知道外祖父的这一生

纪念尼娜·伯恩和黛博拉·罗杰斯

出版社的头头们使出各种招数，几乎要用所谓酷刑伺候了，
总算让早已签约的我写出了自传，这桩差事我一直躲着，
就像波拉（尼格丽）[1]躲避摄影机，但那样我又觉得亏欠读者。

——《奇人传：林·拉德纳自传》序言[2]

---

1 波拉·尼格丽（1894—1987），出生于波兰的美国电影演员，曾与查理·卓别林、鲁道夫·瓦伦蒂诺等人有绯闻。（本书所有注释如不特别说明，均为译者注）

2 林·拉德纳（1885—1933），美国体育新闻记者，幽默作家。

目 录

前言 / 1

阅读 / 3

整个夏令营期间都在读书，从未去过湖边 / 十四小时一口气读完《战争与和平》

上学 / 14

在哥伦比亚大学不去上课，通宵阅读 / 用《哥伦比亚评论》向安德烈·纪德致敬 / 七天读完《追忆逝水年华》/ 和缪丽尔结婚，儿子罗杰出生 / 在剑桥大学无心学习，把时间都用来排演戏剧

在西蒙-舒斯特出版社 / 41

从在商场卖贺卡到成为西蒙-舒斯特出版社的编辑助理 / 出版《美国人的死亡方式》，推动国会立法 / 开始接受长达八年的精神分析治疗 / 出版《第二十二条军规》，造成巨大轰动 / 成为西蒙-舒斯特总编辑 / 出版约翰·列侬的书，引发销售狂潮 / 出版《第三帝国的兴亡》，并高价卖出平装版权 / 和第二任妻子玛丽亚结婚 / 一眼识别多丽丝·莱辛的匿名写作 / “鲍勃·迪伦也来过我们出版社一次” / 收藏塑料手提包和苏格兰犬纪念品 / 女儿莉齐和儿子尼基出生，“生活永远改变了”

在克瑙夫出版社 / 118

与迈克尔·克莱顿合作，推出科幻畅销书 / 与罗伯特·卡洛合作，《权力掮客》获得众人膜拜 / 出版一系列名人回忆录：劳伦·白考尔、丽芙·乌尔曼 / 成为契弗的编辑，在其身后编辑出《约翰·契弗日记》/ 出版托妮·莫里森，从长篇中打捞出《宠儿》/ 名流艾琳·塞尔兹尼克和凯瑟琳·赫本的友情与争斗 / 约翰·勒卡雷本人比他书中的角色更像完美间谍 / 二十年间，出版业发生了许多变化

在《纽约客》 / 230

接替肖恩执掌《纽约客》，引发重大争议 / 如何应对《纽约客》每年的巨额亏损？ / 被苏珊·桑塔格誉为"天才"的校对员古尔德小姐 / 和川久保玲一起午餐 /"我决定撤换你"

重返克瑙夫 / 273

约翰·勒卡雷与克瑙夫分手 / 成为"美国最有权势的女人"凯瑟琳·格雷厄姆的编辑 / 与诺拉·艾弗隆合作一系列畅销书 / 成为比尔·克林顿的编辑，被媒体争相报道

舞蹈 / 299

担任纽约城市芭蕾舞团理事 / 出版传奇芭蕾舞者玛歌·芳婷的《自传》

写作 / 331

为《名利场》杂志撰写纽约城市芭蕾舞团的稿件 / 编选《阅读爵士乐》《阅读舞蹈》《阅读歌词》/ 撰写巴兰钦和萨拉·伯恩哈特的传记

生活 / 348

遗传的旺盛精力 / 为哥伦比亚大学出版课程讲课

致谢 / 368

附录 / 371

前言

有很长一段时间，每次有人问我会不会写回忆录或者自传，我总是回答，所有编辑的回忆录基本上都会归结到同一件事："于是我对他说，'列奥，别光写战争！也要写和平！'"出于各种原因——比如我想澄清一些事实，我想谈谈编辑、出版乃至我自己——我最终还是改变了主意，而且我还沮丧地发现，患上托尔斯泰综合征[1]是免不了的。要论及编辑与出版，非得用我自己经手的书作例子不可。所以，总结一切不外乎"我做了这""我做了那"，且一个人总是倾向于铭记自己的成就，就像列奥一样。

1 托尔斯泰综合征在心理学上的术语叫"确认偏误"，指个人选择性地回忆、搜集有利细节，忽略不利或矛盾的信息，来支持自有的想法或假想的趋势。

阅读

我的人生始于阅读，从此养成阅读的习惯。我长到四岁时，因为外公一直给我读书，我跟着他读，也就学会了怎样读书。我妈妈是纽约市一所公立学校的老师，每天一早就出门上班，外公总是在家（他一直住在我家，直到我九岁那年去世），我吃完早饭就爬到他床上，他给我讲故事，教我下棋，还大声朗读。对我童年影响最大的书是吉卜林的《丛林之书》，我至今还保存着他给我读的那两卷本。一本的护封是芥末黄，另一本是绿色的。当时我听得如痴如醉。不过在那之前我的最爱是多萝西·孔哈特的《乳酪甜点真好吃》。这本书在我出生后两年，也就是1933年问世。我太喜欢了，怎么读也读不够。（后来，她还写了一本儿童必读书《兔子帕特》。）《乳酪甜点真好吃》风靡一时，后来却消失了——不单是我这一本，而是市面上全都不见了。似乎是因为出版社和书中那种乳酪甜点的生产商发生了法律纠纷。好在最近它又回来了[1]。时隔七十五年再看它,我发现这本书讲的是一个世界上最聪明的小男孩。我小时候竟然会经常看它!

下一本让我爱不释手的书，是像妈妈一样亲切的赫斯特老师在我们四年级班上念给我们听的，那就是艾伯特·帕森·特哈尼的《神犬拉德》，我最喜欢狗了。不过，拉德不是我养的“小摆尾”那种可爱型，而是柯利牧羊犬，是纯种犬——这也是特哈尼经常写的主题。实际上，艾伯特·帕森·特哈尼就是一个真诚的优生学家，不喜欢“杂交种”，因此，书中写到拉德半夜赶跑的盗贼是一个黑人，也就不足为奇了。可我知道多少“优生学”呢？拉德是高贵的，拉德是可靠的。我最近重读这本书时发现，在拉德的种种丰功伟绩中，它救过一个瘫痪的五岁女孩。在一条斑斓的铜头蛇扑向她的时候，它奋不顾身挡在她的身前，差点中蛇毒而死，而女孩受到刺激竟站起来走路了。那时候我已经喜欢上狗了——狗比其他孩子容易相处多了——拉德可不是一般的狗，这一点我们从书的第一段就知道了：“它有火枪手达达尼昂那般的勇气，还有非凡的智慧。无论是谁看到它那双忧郁的棕色眼睛，都不会怀疑它是有灵魂的。”赫斯特老师朗读的时候，我费了好大劲才不让人看出我在哭。

《神犬拉德》初版里有七十张版画。特哈尼后来还写了三十多本关于狗的书，我读过许多，我现在觉得它们全都体现了特哈尼滥情的风格和讨人厌的信仰。但正是《神犬拉德》让我发现，书籍具有神奇的力量，能让人动情，甚至改变人生。所以当我读到埃里克·奈特的《灵犬莱西》时，我已有心理准备。我想那时我就能领

---

1 2014年，纽约书评出版社将多萝西·孔哈特两本绝版已久的童书《乳酪甜点真好吃》和《现在，把盒子打开》重新出版。

会到它写得比《神犬拉德》好得多。我对写马的书没什么感觉，哪怕是《黑神驹》这样的经典，虽然我挺喜欢（现在仍然喜欢）玛丽·奥哈拉的“马儿弗莉卡三部曲”，可我真正喜欢的是这几本书里的小主人公肯，而不是那些马。

当然，我也读经典童书——《艾丽丝漫游奇境》《柳林风声》《汤姆·索亚历险记》、“绿野仙踪”系列和“杜立德医生”系列——以及更现代的经典，当然少不了维尼熊的故事。还有探险故事书，我每次去公共图书馆都会借三四本——其中自然有人猿泰山的故事，还有一套模仿人猿泰山的探险故事，我更喜欢，我只记得其中一集叫《丛林小子邦巴在死亡沼泽》，长大后再没有读过。

不过，对我的童年（有时我甚至觉得是对我的一生）产生关键影响的书，是阿瑟·兰塞姆从1930年出版的《燕子号与亚马逊号》开始的十二部系列小说，对我正是时候。燕子是沃克家四个孩子自称的代号，亚马逊则是布莱克特家两个女孩的代号，他们夏天分别驾驶着“燕子”号和“亚马逊”号这两艘小船，在经过作者想象加工的英格兰大湖地区的温德米尔湖上航行。在第四部《进军“北极”》中，又有两个卡勒姆家的孩子——迪克（小科学家）和多萝西（未来的小说家）——加入进来。这两个人物形象是我感到最亲近的：他们都爱读书，害羞而孤单，是被卷入燕子们和亚马逊们探险的外来者。我可不爱好探险，不想当探险家，这些书吸引我的，并不是航行、野营、赛马或者其他不那么激烈的活动，而是这群聪明独立的少男少女，在兰塞姆的笔下，他们个性鲜明，受到父母信任，享受着健康成长的童年，尽情地玩。既然沃克家和布莱克特家的孩子能接纳卡勒姆家的孩子，他们或许也能给我腾点地方。

有四五年时间，我一遍又一遍地读我最爱的兰塞姆小说，特别喜欢的几本起码读了五十遍。与此相对，上学、做作业、和父母打牌、偶尔和父亲下国际象棋（这是我们仅有的共同活动）、晚上和同学打电话、听广播（那个时期的主要娱乐方式），全加起来才构成我生活的另一面。我体弱多病（实际没那么严重），经常病假在家不去上学，痴痴地听各种广播肥皂剧：《我们的女孩桑迪》，讲述一个父母双亡的山里女孩嫁给了英格兰“最富有、最英俊的勋爵”亨利·布林斯洛普的故事；《生活可以是美好的》，讲述无家可归的琪琪·康拉德有一天撞进慈祥的大卫·所罗门老爹开的略读书店，被老爹收留住了下来，与爱发牢骚的瘸脚小伙斯蒂芬相爱的故事；《玛丽·马林》，主题歌是《月光》，剧中女主人公的丈夫乔·马林参议员秘密出访西伯利亚时失踪，她便冒名顶替扮演他的参议员角色；还不能忘了《玛·珀金斯》、“改编自奥利弗·希金斯·普鲁迪不朽的同名小说”的《斯特拉·达勒斯》，还有经典的《海伦·特伦特的爱情》，“当生活嘲弄她，打击她的希望，把她甩在绝望的石头上，她勇敢、漂亮地反击，成功证明了无数女性渴望证明的事，即女人过了三十五岁仍然可以有浪漫爱情”。（《海伦·特伦特的爱情》连续播了二十七年。）我认为所有这些感伤的通俗广播剧促成了我后来作为读者和编辑对类型小说的欣赏趣味。当然，它们都是无伤大雅的东西，剧中没什么真正恶劣的、肮脏的事情，无非就是乔参议员的幕后失踪，以及必不可少的剧集里，桑迪、琪琪和其他人的生活为失忆症或谋杀案审判（或兼而有之）所打断。二十世纪五十年代初，我从剑桥大学回国，又回到追肥皂剧的日子——正赶上《生活可以是美好的》最后一集—— 一切都变了：酗酒、堕胎、婚外恋都有了，魅力没了。肥皂剧的市场正向电视转移。

听肥皂剧是一种特殊嗜好。夜间广播节目则是人人都听的。杰克·本尼、鲍勃·霍普、雷德·斯凯尔顿、费伯尔·麦基和莫莉、乔治·伯恩斯和格蕾西·艾伦、艾迪·坎托、弗雷德·艾伦、宾·克罗斯比，乐彩香烟赞助的音乐节目《你的金曲巡游》、竞猜节目《请提示》、扮演斯诺克斯宝贝的范妮·布莱斯，这些名字和节目都像今天最热门的电视节目一样家喻户晓，甚至更有名，因为当时选择少。我得跟父母大闹一番才能被允许开着收音机做作业。他们不明白，当我傍晚收听《午夜队长》《小孤儿安妮》和我特别喜欢的《杰克·阿姆斯特朗，典型美国男孩》这些儿童节目时，其实我也是在做作业。杰克·阿姆斯特朗也是一个小冒险家，经常深入亚马逊丛林，也寄居在别人的家里（和伙伴比利、贝蒂和他们的吉姆叔叔住在一起）；安妮当然就是一个孤儿，和泰山、吉卜林笔下的毛克利一样。所有这些人物中最独来独往的，是我偶像中的偶像"独行侠"，他什么帮手也不需要，只有忠心耿耿的印第安搭档汤头和宝马"银子"相伴左右，而且他总是戴着面具。我还有幸见证了漫画书上的超级英雄超人、蝙蝠侠从诞生到搬上银幕的早年历史。他们也是独来独往，也戴面具，也无所不能。漫画书是家长的眼中钉，因为里面的暴力（"啪！""呯！"），以及书中主人公与大反派的殊死搏斗，大概会诱使我们这些中产家庭的孩子使用暴力，即使达不到犯罪的程度。

总之，那是一种推崇甜美的流行文化，从平淡无奇的流行音乐到报纸上每天刊登的"漫画"，无不如此，只是我看不到那些漫画，因为我家里只订《纽约时报》，上面不登这些。所以我看不到大力水手，看不到迪克·特雷西，看不到小阿伯纳。而且基本上没有电影可看，除了我七岁时迪士尼发行的《白雪公主和七个小矮人》，它伤害了我幼小的心灵：我被那个美艳绝伦又蛇蝎心肠的王后吓坏了，夜里翻来覆去睡不着。那时我还能看的是家里必备的杂志：《生活》和《纽约客》。

即使是我热衷的“国民运动”棒球，和阅读相比也不那么重要了。纽约有三支棒球队，我疯狂追捧的是扬基队（也许是因为他们总赢）和布鲁克林道奇队（也许是因为他们标新立异），讨厌巨人队——谁知道是为什么。家里人都对体育运动毫无感觉，虽然我爸爸偶尔打打高尔夫球。有一次（也是唯一一次），他让我一起去高尔夫球场走走——那是我这辈子最无聊的一个下午。我父母偶尔去剧院看戏，很少看电影，从不上餐馆。我们有时玩金拉米纸牌，但大多数时候，我父母和我一样，喜欢阅读。

我妈妈在没什么钱的家境中，在波士顿和纽约度过了文雅、有教养的童年。她最爱的小说是乔治·艾略特的《弗洛斯河上的磨坊》。少女时代，她刻苦地弹钢琴（车尔尼的练习曲、贝多芬比较容易弹奏的一些奏鸣曲），她和家人都爱去大都会歌剧院看卡鲁索、法拉、庞塞尔等人演唱的歌剧，买的是最高层家庭区的座位。外公是一个不得志的画家，所以我们家里有许多蚀刻版画、素描和油画复制品。待我长大一些，妈妈偶尔会带我去博物馆，还去看当时最著名的音乐家演出——每次都不同：弗拉基米尔·霍洛维茨、阿图尔·鲁宾斯坦、雅沙·海菲茨、玛丽安·安德森、托斯卡尼尼。念高中时，我有了自己的唱片——回想起来，还是78转的黑胶唱片呢。其中最重要的有著名的格林德伯恩歌剧节[1]录制的莫扎特歌剧、旺达·兰多芙丝卡演奏的巴赫《意大利协奏曲》和《哥德堡变奏

1　格林德伯恩是英格兰东萨塞克斯郡的一个古老庄园。自1934年起，庄园主人约翰·克里斯蒂在这里每年举办歌剧节，以莫扎特歌剧录音唱片著称于世。

曲》，以及卡鲁索演唱的歌剧。还有浪漫时期的大型钢琴协奏曲——格里格、拉赫玛尼诺夫、柴可夫斯基的作品。至于我自己的钢琴弹奏，我练习的时间太少——我对声音挺敏感，很有“乐感”，也埋头学过简单的贝多芬和莫扎特的曲子，可惜我始终没有认真对待。

还有吉尔伯特和沙利文搭档创作的歌剧[1]，我们常在家里唱，我妈妈弹钢琴，所以我去参加夏令营时，都因为扮演他们三部歌剧中的人物而受到大家的欢迎：《日本天皇》里的科科、《忍耐》里的邦索恩、《彭赞斯的海盗》里的警官。他们只能让我唱主角，因为我对运动既没兴趣也没能力，除了乒乓球这种讲究身体灵活不注重力量的运动。夏令营结束的时候会颁奖，我只有表演能得奖，唯一一次例外是有一年我居然打排球得了奖（在此之前我从没打过排球）。我在梅多布鲁克山中小屋（位于伯克希尔丘陵），参加了四年的夏令营，最后一年我一次都没有到山下的湖边去，而是躺在床铺外的毯子上，读诺曼·道格拉斯那本可耻的《南风》[2]——这并不是说我当时明白为什么《南风》是可耻的。显然，我不适合夏令营，可我父母能让我去哪儿呢？我的营友们倒是一个个很快活的样子，其中就有艾迪·多克托罗，也就是后来的作家 E. L. 多克托罗。

四十年代初，我花了大把时间在《国家地理》随刊附赠的大幅折叠地图上追踪战事的进程，它们被我贴在卧室的墙上。1945 年，也就是我十四岁那年夏天，我设法让送报员每天把《纽约时报》送到夏令营，广岛原子弹爆炸的新闻使我一改往日的平静，大惊失色。

---

1 吉尔伯特和沙利文指维多利亚时代幽默剧作家威廉·S. 吉尔伯特与英国作曲家阿瑟·萨利文的合作。从 1871 年到 1896 年长达二十五年的合作中，他们共同创作了十四部歌剧，其中最著名的有《皮纳福号军舰》《彭赞斯的海盗》和《日本天皇》等。

2 诺曼·道格拉斯（1868—1952），英国作家，他于 1917 年出版的小说《南风》是他最著名、最畅销的小说，因涉及性与道德的问题而引起很大争议。

那年早些时候，刚被解放的死亡集中营那些更为可怕的照片已经见诸报端。对于家里没人参战的美国孩子来说，除了影响不大的食物配给和征集银箔、橡皮筋之类的战争物资，战争基本上是发生在舞台背后的事，模模糊糊；对我来说它就像另一种连续剧。不过，我仍像所有人一样，盼望着盟军进军法国的消息。1944 年 6 月 6 日上午，收音机里传来诺曼底登陆的消息，我冲出门去，把所有的晨报都买了一份。那是我一辈子最兴奋的时刻之一。

我母亲有教养的家庭背景一定是吸引我父亲的主要因素。他来自一个更为典型的移民家庭，父亲是基本不说英语的正统派犹太人，一辈子研究《塔木德》，跟谁都处不好。我父亲（查尔斯）赤手空拳摆脱了下东区的贫困生活[1]，他的故事很老套，为了早点上大学（纽约市立学院），他白天去一所高中，晚上去另一所。然后又靠奖学金和打工挣的钱考进纽约大学法学院。在大学他迷上了哲学和诗歌，创办了托马斯·格雷协会，还摆脱了下东区的口音和习惯。他求知欲旺盛，奋发图强（长得也不赖），我那文雅、敏感的母亲（玛莎）就像苔丝狄蒙娜对奥赛罗那样，被他吸引住了。不过，他并没有掐死她；他充其量只是压制了她爱社交的天性。除了我出生前很早就已去世的他的母亲，他对他那一边家族的事不关心，对他们的相互攻击和怨恨毫不同情。我母亲那边除了她父亲，就没有其他亲人了。我也没有兄弟姐妹——所以在三十年代，家里有什么钱都花在我这个小波比[2]身上。我们就是孤零零的一家三口。

大萧条时代结束前后，即使我们家存款还很少，我父亲就有一

1　下东区是纽约曼哈顿沿东河南端一带，是犹太移民聚居地。

2　波比、鲍勃都是作者教名罗伯特的昵称。

大奢侈消费，他会从位于第五大道的律师事务所出来，到街对面的布伦塔诺这家美国顶尖的书店，扎进他喜欢的五六本非虚构书籍之中：霍姆斯大法官与拉斯基的书信集、伯特兰·罗素、乔治·桑塔耶那、卡伦·霍尼（与弗洛伊德相比，他更喜欢她的理论），还有纽约市立学院著名的哲学家莫里斯·拉斐尔·科恩的著作。所以，虽然我俩的共同语言不多，可有一天我在大学时往他办公室打电话找他——这可是稀有事件——我说看见布伦塔诺书店在打广告卖两卷本套装的普鲁斯特《追忆逝水年华》，特价只要6美元，拜托他过马路去帮我买一套。下一次我从学校宿舍回到家时，它果然等着我。

我母亲则始终如一地爱读书——反复阅读的旧书，从公共图书馆借的书，还有从所谓租书店里租的书，租书店通常开在文具店或者药店里，一角或者一角五分就可以租最新的热门书籍看三天。我自己嘛，到高中时这三个来源的书都看，每天晚上至少要读一本新书，以满足我强迫症一般把每一本畅销书或畅销书黑马在出版几天内就读完的愿望。（这种强迫症的关键是我对畅销书排行榜的嗜好，我疯狂地跟踪排行榜，我觉得这种嗜好更来自我对统计数字的痴迷而非书籍本身）。我还记得一个同时有两本新书要读的危急时刻，因为直到我出发去夏令营的前一天才借到——分别是每月之书俱乐部和文学公会俱乐部的最新选书；一本是玛杰丽·夏普的《大不列颠马厩》，另一本应该是达夫妮·杜穆里埃的书。我通宵狂读，留给母亲第二天去还书。

既然书在我们家是天经地义的东西，我觉得我们一家三口都坐在餐桌前读书这种场景也是合情合理的；后来我才意识到这可不正常，这是某种特殊的心理障碍的症状。我的阅读方式也挺古怪的：可以说我是“吞”书，一目十行地浏览，而不是逐行细读。（我十五六岁时被人批评炫耀读书的一个“罪状”，就是十四小时内一口气“读”完《战争与和平》。）等我成为编辑时，这种浏览的习惯就必须改变了：这对迅速判断书稿好坏很有帮助，但编辑工作本身是一种缓慢的、耗费心血的过程，为了尽善尽美，我必须改变阅读习惯。

我十岁、十一岁的时候，父母认为我应该呼吸更多新鲜空气，不能总是窝在西九十六街的公寓楼九楼，于是我被要求每天至少有一小时的户外活动。我家离中央公园近在咫尺，可大自然对我没有吸引力——现在仍然如此。同一个街区里也有几个小孩，我可以和他们一起玩警察抓强盗的游戏，我确实也玩过几次，可那有什么意思？在那一小时规定的户外时间里，我通常都是站在公寓楼看门人旁边玩溜溜球，时间一到就上楼回到我的书和广播中间。从一开始，我就觉得文字比真实的生活更真实，当然也更有意思。

我如痴如醉地追读那个时代最受欢迎的类型作家——托马斯·B. 科斯坦（《黑玫瑰》《银杯》）、弗朗西斯·帕金森·凯斯（《在安托万家的晚餐》《一个骑士来了》）、塞缪尔·谢拉巴格（《卡斯提尔来的船长》《狐狸王子》）、弗兰克·耶比（《哈罗的狐狸》《一个名叫“梦幻”的女人》），也大量阅读二流作家（约翰·P. 马昆德、赛珍珠、约翰·奥哈拉）、当代的文学偶像（伊夫林·沃、乔治·奥威尔、福克纳），还有经典作家（巴尔扎克、狄更斯、哈代、马克·吐温）。我上大学以前这些年的阅读体验中关键性的一次是十六岁时初次读《爱玛》。当我读到爱玛在博克斯山野餐的那一个著名场景中羞辱落魄的、不招惹别人但爱说话的贝茨小姐时，我的心里充满羞愧：这一幕鞭策我审视自身随意、不善待别人的行为。简·奥斯汀把我钉在了墙上。这是我第一次真正把阅读的体验与内在的自我联系在一起。我这辈子没有受过宗教的规训，做事的原则无非是努力二字，我也不是善于哲理思辨的那类人。是小说，从那次阅读《爱玛》开始的小说，使我发现了某种道德指南针。

上学

我上的第一个学校是小得简直不值一提的邓纳姆走读学校。它位于布朗克斯，就在我们团结而蒸蒸日上的社区里，毗邻扬基体育馆和雄伟的布朗克斯县法院大楼。我们班级只有五个孩子，在我毕业那一年，我们五个还得跟下一年级的孩子共用一个教室——他们有十个人。它就像只有一个教室的草原校舍，教学用具也是老式的，包括黑板、粉笔、尺和墨水。

学习靠死记硬背。最重要的是：乘法表。“二二得四。”我们日复一日唱歌似的背诵，“二三得六”，一直背到容易错的十二。然后，我们五个人站成一队被轮番拷问。答对的站在原地不动，答错的站到队伍最后。让我站到队伍最后可没门儿，所以我努力掌握了乘法表。这样学习几个月后，我连睡梦中都多少哼点乘法表。要是我临终时有人说：“六乘以七。”我肯定会含含糊糊地说：“四十二。”拼写也是这样学，结果一样。这种办法很严格，不用动脑筋还有效。我不用懂得道理，只要知道六乘七等于四十二。

在邓纳姆走读学校唯一让人兴奋的是，我们班在背乘法口诀的时候，比我们高一级的班级在背美国四十八个州的州名、首府和最大城市。“缅因州：最大城市波特兰，首府奥古斯塔。新罕布什尔州：最大城市曼彻斯特，首府康科德。”我也记住了这些知识，每当家里来客人，只要父母一召唤，立马就向表示出兴趣的客人（难道他们还有其他选择？）滔滔不绝地背出来。对他们来说，这总比听我弹钢琴——还弹得那么糟——好应付一点。

我们搬到曼哈顿后，我转学到西九十几街的一所又小又贵的私立学校，上四年级。这学校现在还在，只不过多年前搬到中央公园另一头去了。它叫伯奇-沃森学校，创始人是两位女士：负责中学的伯奇小姐和负责小学的沃森夫人。身材娇小的沃森夫人是一个仁慈的人，颇为优雅——她一头白发，束得高高的，穿手工编织的灰色、绿色套装，还在她舒适的办公室里养着一对金丝雀（也可能是鸽子）。每个星期五，她有一节诗歌课，我们就朗读、背诵优美的诗句，比如：“安，安！快来看！煎锅里有条鱼儿有话谈！”（沃尔特·德拉麦尔[1]）“空气新鲜的山上 / 长满灯芯草的山谷里 / 我们不敢去打猎 / 因为害怕小矮人。”（威廉·阿林厄姆[2]）在我们的小学毕业典礼上，她低吟道：“你们都是童话里的孩子。”课堂作业里我最喜欢的是等比例画地图——我画的“非洲”就是一幅杰作，我还喜欢算术，因为它讲究逻辑和可信度。

与待人和蔼的沃森夫人不同，伯奇小姐就很严厉：她是一个圆滚滚的、冷酷的、毫无魅力的女人。我这么说她大概是因为她明显流

1　沃尔特·德拉麦尔（1873—1956），英国诗人、小说家。这句是他的儿歌《哎呀，笨蛋》中的句子。

2　威廉·阿林厄姆（1824—1889），爱尔兰诗人、日记作家、编辑。对 W. B. 叶芝有很大影响。

露出不喜欢我的意思——我是一个不安分的、自作聪明的小孩。她一心要把学校办成英格兰新教式的学校：我们要唱圣诗，每周要做一次“礼拜”。这完全是她的自欺欺人，因为四分之三以上的学生是犹太人。到了犹太新年，我们班上三十九个学生，只有四个非犹太教徒和我这个无神论者来上学（我父母是坚定的无神论者）。我在学校朋友不多，老师当中有几个对我很好，其中一个私下跟我说，赎罪日那天，伯奇小姐问教员们怎么有那么多学生缺勤。“因为今天是赎罪日，伯奇小姐。”有人答道。“荒唐，这里又不是犹太学校。”她说。

当然，没有一个老师是犹太人。加莱尔朗小姐肯定不是，她是一个相貌平平但（我认为）心肠很好的人。“罗贝尔[1]，”她不止一次对我说，“教师会议上，只有我说你的好话，可你到现在还没做回家作业！”我做了什么需要她替我说好话？我始终不知道。估计是我和这一切都格格不入：不管是伯奇-沃森学校虚伪的上流社会学校标准，还是我不像学校里大多数学生那样住在中央公园西侧或公园大道的富人区，他们家里都参加了乡村俱乐部。

教员中有我最好的朋友，数学老师路易斯小姐，玛丽-让·路易斯，来自伊利诺伊州的温内特卡。她待人温和，怯生生的，大家都喜欢她，却总不把她放在眼里。我想她喜欢我是因为我是真正喜爱数学的少数几个人之一。但是，我也是班上的麻烦。尤其是代数，对我来说实在太简单了，保持安静简直让我发疯，可大多数同学还在冥思苦想我觉得再简单不过的问题。所以每堂数学课对我来说都意味着一小时的折磨；总有那么几天我会无聊地站起来在教室里走

1 原文写作“Robaire”，因为作者称加莱尔朗小姐为“Madmoiselle Gallairand”，说明她是法国人，因此她称作者的名字“Robert”也按照法语发音。

来走去。最后，为了让我安分下来，玛丽-让竟让我给同学们上课。这对我来说是另一重沮丧。

有一天，她问我犹太教仪式是怎样的。她可问错人了——因为我父母都不信教，我从没去过犹太会堂。我们决定去探索一番。有位同学是正统犹太教会的，就邀请我们去参加某个周五傍晚的会堂仪式。结果不成功。教徒们得男女分开，所以我和她就没能在一起——这就更让我着慌了。而当她走出会堂到街上正要点火抽烟，又被一个警官制止，真是雪上加霜。

这是我最后一次到犹太会堂冒险，十多年后的一天，我在第五大道上走，突然发现刚经过辉煌的以马内利会堂。我想，既然我在欧洲去过各种教堂，那也应该看看这样一座著名的犹太会堂究竟是怎样的。正要进会堂，一个门卫向我走来，说："很抱歉，游客禁止入内。"我对犹太教圣地的探索就这样结束了。不过，我没有宗教信仰并不是起因于这些意外。我对宗教始终没有哪怕一丁点的信仰冲动。别人谈论信仰时，我就觉得他们说的跟我毫无关系。所以不信教不是我渐渐做出的决定，也不是一种坚定的信念或原则；我就是对宗教无感，就像乐盲听得见各种声音，就是听不懂音乐。我的宗教，应该就是阅读吧。

高中阶段，我们的必读书从《裘力斯·恺撒》《双城记》《织工马南》到《艾凡赫》，从古罗马诸诗人到《消失的地平线》《圣路易斯雷大桥》。这已经算好的了。幸好我们还必须背诵一些诗歌：莎士比亚、华兹华斯、济慈的十四行诗各一首；《亨利四世》第一幕中福斯塔夫精彩的演讲，还有《坎特伯雷故事集》开头的段落（"当四月带来它甘美的骤雨 / 让三月里的干旱湿进根子去……"）。我至今还能背出大多数选篇——这也许是我在伯奇-沃森学校所受的教育中最令我快乐的残存记忆。然而，“安，安！快来看！”这句儿歌总是在我脑中挥之不去。

总而言之，在这个学校上学，我的成绩无人能比，可也没人能刺激我上进。我痛恨拉丁语课，因为我讨厌拉丁语老师，我的物理和化学能得全A，但我对这两门课毫无兴趣，也根本不懂，全靠考试前夜狂背课本。考完一天，我就把背的东西忘个精光，但我学会了怎么应付考试。要说参加了什么体育运动，我还真想不起来。伯奇-沃森学校少数好处之一，是我们的合唱队是由著名的纽约合唱团团长休·罗斯指导的。休·罗斯每周来一次，他是许多大师的朋友与合作者，包括托斯卡尼尼、斯特拉文斯基、布莱兹等。他在坦格伍德音乐节担任合唱总监长达几十年。难以想象这么重要的一位音乐家无奈地教一群大多不懂音乐又不感兴趣的学童唱《哥伦比亚，大洋的珍宝》之类的歌曲时作何感想。虽然我爱音乐，可我当时太无知，又或是因为只顾着自己感兴趣的事情，没有珍惜罗斯先生的宝贵经验。

我在伯奇-沃森学校的九年一贯学制中断过一次，七年级冬季学期是跟我母亲在亚利桑那州的图森读的。表面上的原因是我的健康情况不稳定（窦炎、全身虚弱），我当时并没有怀疑。直到几十年后母亲临终前，她才告诉我，真正的原因是当时我父母的婚姻危机。父亲要离婚（就是通常那些原因），母亲不同意（“为了孩子”——也就是我），于是他们达成妥协，在那段时期分开。如今，我对图森和那里又大又宜人的公立学校（我唯一上过的公立学校）没什么记忆了。当时是战时，图森是美国西南地区主要空军基地，但成群结队的空军官兵与我们平静、有规律的生活没有什么交集。如果不是近二十年后一件意外的事情提醒，这一整段在图森的日子原本都没什么可回忆的。那是在我的朋友理查德·霍华德做东的一个小型晚宴上，坐在我旁边的是文坛冉冉升起的明星苏珊·桑塔格。我们此前没见过，但聊得很投机（苏珊永远都健谈），不知怎么我们提到图森——此前这么多年我应该从没跟人说我在图森待过。结果她说她也在图森待过——她的继父是图森空军基地的军官——而且1943年她也在曼斯菲尔德初中读书，也是七年级。原来我们在那时做过同学。这可真是离奇的巧合，更离奇的是我们居然还发现了这件事。

我十三岁左右回到纽约，突然对戏剧产生了强烈的兴趣。第一次看戏还是在我五岁那年，看的是理查德·罗杰斯和洛伦兹·哈特壮观的音乐剧《庞然大物》，在更壮观的、修缮一新的竞技场剧院，当时这是美国最大的剧院。《庞然大物》这出戏最出名的是主演吉米·杜兰特和一头真的大象参与表演。对这出戏我只记得剧院的庞大，或许还有那头大象。接着看的是《和父亲生活》，这部戏剧连续演了八年，纽约每一个中产阶级家庭的孩子都看过——看这部戏成了人生一个重要仪式，正如今天看《胡桃夹子》一样。我还看过其他音乐剧——当然，其中有《俄克拉荷马！》，还有奥斯卡·汉默斯坦的《卡门·琼斯》；我迷《维纳斯的一触》的主演玛丽·马丁，还追过好几次戏剧盛事：随伦敦老维克剧团来访的劳伦斯·奥利弗、拉尔夫·理查德森，他们演了《亨利四世》上、下部、《万尼亚舅舅》《俄狄浦斯王》和《批评家》；为庆祝我初中毕业而去看保罗·罗伯逊和何塞·费勒主演的《奥赛罗》（我并不满意，因为它不是音乐剧）；另外，愿上帝保佑我父母，我迷上了主演《玻璃动物园》[1]的洛蕾特·泰勒。那时候我已经挺大了，能看懂这出戏的精彩和她表演的卓越。我至今认为那是我所

1 《玻璃动物园》是田纳西·威廉斯于1944年首次发表的一部以五个角色构成的回忆剧，这部戏剧充满强烈的自传元素，威廉斯以现实世界中的自己，神经质的母亲，以及精神脆弱的姐姐来塑造剧中角色，讲述了母亲独自抚养儿女的冲突与妥协。（编者注）

见过最好的演出；那不是表演，那就是真实的生活，但高于生活。

到十四岁我就可以独自看戏了。大多数星期六，我都会乘地铁向南到剧院区，那个星期有哪出戏首演后获得好评，就排队买那个戏的单张票。我买的都是 1.2 美元或 1.8 美元的上层楼厅的座位，零用钱就是这样花掉的。那是百老汇票房大戏的黄金时代——有《哈维，我记得妈妈》（马龙·白兰度在其中扮演年轻的弟弟尼尔斯）、《天上人间》、复杂得令人心惊肉跳的《寻欢作乐》和《金屋春宵》等几十出戏。这些单独外出的冒险对我来说已经是勇气之举了：我一直都是一个被过度保护的男孩，几乎从没独自做过什么事情。其中的巅峰是看尤金·奥尼尔的戏剧《送冰的人来了》，这个戏长得无法安排下午场演出——所以那是我有生第一次晚上独自去剧院。对于一个心慌胆怯的十五岁孩子来说，这可是接触世界的极限了。（如果我当时意识到坐我旁边那个和蔼的男人跟我搭讪是想勾引我，我肯定会更心慌。）戏剧打开了我的生活。我还是嗜读如命，但使我更激动的是（提前半小时到达后）独自在剧院中兴奋地等待帷幕拉起的那些满心期待、坐立不安的时刻。

虽然如此，高中时代对我在文化追求上最具决定性意义的事件，随着我毕业前那一年年轻、活泼的英文教师凯·缪斯（她的姓 Muhs 读音同 mews）到伯奇-沃森学校任教而到来了。跟我一样，她和那里的氛围格格不入，我们一拍即合。我俩的关系与其说是师生，不如说是同谋者。毕业前一个月左右，她邀请我和我的好朋友琼一起去中心剧院[1]看一个叫芭蕾协会的舞蹈团的日场演出。我没听说过

1 纽约中心剧院全称“音乐与戏剧中心剧院”（City Center of Music and Drama），又名“纽约城市中心第五十五街剧院”，建于 1923 年，原名梅卡教堂，后归纽约市政府所有，1940 年代起成为表演艺术的剧场。在六十年代林肯中心建成以前，这里是纽约城市歌剧院、纽约城市芭蕾舞团的驻地。

它，但还是去了——还有什么事情能比跟老师一起去剧院更令人向往的？结果证明令人向往这个词远远不足以形容，那是感人的、震撼心灵的演出，那就是乔治·巴兰钦刚刚公演一周的最新杰作《俄耳甫斯》。我陶醉了。这是对我多年乏味的学校生活的补偿；这是只有此前读某些书籍、看个别戏剧才会激发的感情和想象的释放。那是 1948 年 5 月，几个月后，林肯·柯尔斯坦的芭蕾协会[1]就会更名为纽约城市芭蕾舞团，而我则会开始在哥伦比亚学院的大学生活，从学校坐地铁去中心剧院片刻就到。在随后四年里，我沉迷于巴兰钦和他的芭蕾舞团。我没有想到，未来有一天，他们会成为我生命中重要的一部分。

那段时期，伯奇-沃森学校要求所有毕业班学生都接受一项由外聘机构执行的能力倾向测试，以帮助我们规划适合自己的职业方向。负责与每个学生讨论测试结果的学校官员公开表示对我的结果不满意，他明确告诉我，理想的结果是只有一个明显倾向——比如鲍勃将是出色的会计师；琼将是优秀的英文教师。可我的测试结果在光谱的两个极端比重都很大。测试显示我适合六七种职业（这令人困惑，也达不到测试的目的），还有太多的职业我完全干不了。我记得我是全班唯一得了两个零分的：一个是护林员，一个是殡葬从业者。（我应该指出还有第三个：律师。因为我观察父亲太多年了。）

做这个测试的用处之一是提示我们应该申请哪些大学。但对我来说，我只有一个选择。因为我母亲出生于波士顿，她一直以家乡波士顿为豪，哈佛就是最好的，我认为我父亲也这样想。哈佛是当

1　林肯·柯尔斯坦（1907—1996），美国作家、艺术收藏家和慈善家，他和乔治·巴兰钦一起创办了芭蕾协会，长期担任纽约城市芭蕾舞团总经理。

时公认的美国教育头牌大学，耶鲁、普林斯顿略逊一筹，斯坦福、伯克利之类都排不上号。还有规模庞大的州立大学——密歇根、威斯康星、俄亥俄；有教育方式新潮的芝加哥大学，他们推出了诱人的“经典阅读计划”；还有一些“实验性”的小学校，比如斯沃斯莫尔学院和欧柏林学院。但所有这些学校都不在我父母的眼里，他们唯一的势利之处就在教育上。对我来说，要么是哈佛，要么就哪儿都不去。

我的成绩很好，面试哈佛的结果却一塌糊涂——面试时我情绪紧张，衣冠不整，表现得爱卖弄——面试官对我明显不抱好感。而且当时还有臭名昭著的犹太人配额（因为太多人想读哈佛），而我又是最不受欢迎的那一类犹太人：纽约犹太人。所以收到哈佛拒录取通知，我感到屈辱，但并不意外。

别人告诉我，你至少得申请两个大学，而我没有第二个选择，于是根据字母排序，填了哥伦比亚大学；我对它了解不多，但至少它是在纽约。好笑的是，这次面试跟哈佛的截然相反。我还是穿着随便就去了，但我既不紧张，也不显得卖弄，因为我对结果没什么执念。面试官叫亚历山大先生，一定有四十来岁了，面试刚开始，他就明确表示：我就是他想招进哥伦比亚大学的那种男生。我告诉他我的第一志愿是哈佛，但他没有放弃。我听到他说家在纽约的学生不能住校，就告诉他，我不能再和家人住下去了，他就说会确保学校为我破例。当然，我受宠若惊，但并不感恩，或者说并不信服。我也许还不够格上哈佛，上哥大当然是绰绰有余的！随着事态发展，我其实别无选择。

这位我再也没见过的亚历山大先生，是继凯·缪斯之后第二位从正面深刻改变我人生的人。孤芳自赏的哈佛对我可能反而是灾难，这是后来我对它有所认识之后得出的结论。而四十年代末五十年代初的哥大十分适合我。原因不仅仅在于它实际给予学生扎实的教育，更包括学校本身的氛围、智识的激荡。它让我感受到在醉人的战后那些年纽约的激情——那是戏剧、舞蹈、“外国”电影的黄金时代。伯奇-沃森学校是一潭催人昏睡的死水；而哥伦比亚大学和纽约的活力有助于释放我自身的能量。有许多年轻人发现，大学是一个让他们重生的地方。而对我来说，它是那个让真正的自我开始展现的地方。

那首先意味着，我发现了一个能够幸福地遨游其中的文学世界。这里有名师——莱昂内尔·特里林、马克·范·多伦等，他们共同组成了许多人心目中美国最好的英文系，但他们还不是我大学生活中最重要的。更重要的是我无意中结识了一帮像我一样沉迷读书的同学。有些必修课我没兴趣，我就像中学时对付物理、化学那样应付它们——考试、论文都全 A 但事后都忘光。（最讨厌的是经济学，是在我父亲的坚持下我才学的，就跟高尔夫球一样无聊。）我们还有体育必修课。击剑我能过关；保龄球嘛，我连拿球都吃力，更别说把它投进球道了（我们打保龄球是在装了一些哥特式电话亭的河畔教堂，教堂的地下室里有保龄球道）；排球我永远学不会，我和一个朋友一起打，他跟我一样，没有眼镜就是睁眼瞎（我们都站在后排，看到球向我们飞来就躲）；田径是这样的，我到体育馆，签到，换衣服，坐在更衣室里看书，再换衣服，签出。我进校的那一年，1948年，德怀特·艾森豪威尔出任校长。这是他在执掌北约、再入主白宫之前流光溢彩的一个过渡。他对我们这批 1952 届新生讲话：“我们都是新人。”说着眨了眨眼睛——这是他的招牌动作。后面他又说：“希望我在这里看到的是全面发展的青年。我们哥大不要滑头滑脑的书呆子。”可我就是其中一员——就算不是滑头滑脑，书呆子是肯定的。

艾森豪威尔的想法在那个战后时期是典型的，对我们的社交、性行为的要求也是如此。其核心是禁止除母亲之外的任何女性进入你的宿舍，而且母亲也只能在星期五下午去。谁能想到，到我女儿上大学的年代，男女青年连淋浴都一起呢？但这些要求影响不了我们自己的行为方式。一如既往，年轻人们彼此相遇，做年轻人（以及年纪更大的人）该做的事。大三的时候，我已经和女朋友搬出宿舍住到外面了，她后来成了我的第一任妻子。而且我认识的每一个人好像永远都在发情并且付诸行动。（这算不算全面发展的青年？）正如某些人所说，性，并不是在六十年代发明的。

事实上，四十年代末五十年代初，纽约吹起一股新的“波西米亚”风——和几十年前一样，这股潮流在格林尼治村壮大。你在那里可以发现新艺术家、爵士俱乐部、略有出格的另类酒吧——最惊人的是男女同性恋酒吧。只是都不适合我：哪怕略微出格我都太胆小、太拘谨、太天真。就连现代艺术博物馆这种以适合男女调情著称的地方，我去那里都只是为了看卡尔·德莱叶导演的《圣女贞德蒙难记》之类的电影、欣赏毕加索的《格尔尼卡》，而不是去邂逅女孩。

真正的生活是在哥大，不是在教室里，而是在这个氛围中，比如我开始结识一些能够对话的人。和迪克·霍华德（也就是理查德·霍华德，可我从来都叫他昵称）相识是一大关键。他比我大一岁，高一级，但没人把这放在心上。有人带我去他的宿舍，我们一见如故。他比我成熟得多，但不是在智识上，这可很要紧；这方面我们差不多，我们气味相投，文学上的兴奋点都一样。那天下午，我们马上就一起去西四十七街上的高谭书店。这家传奇书店的招牌上有句名言："智者在此垂钓。"令人敬畏的弗朗西丝·斯泰洛夫统治着书店。她永远穿一件电光蓝色罩衫，白发中插着一支随时要用的铅笔。("你，"有一次，店里只有我一个顾客，她冲我喊道，"去拐角那儿帮我带一只热狗和一杯橙汁。"我去过她店里不下几十次，唯有那次她意识到我的存在。)

从一开始，迪克和我就因书结缘，但也有其他因素——我想，主要是相同的品位和兴趣（以及自命不凡）。年轻时，你会觉得需要宣告对某些主题的评判标准，你的偏好；通过你的选择标榜自我。它们可能是政治、运动或穿着（这通常是在高中）。对我们来说是文化。莎士比亚，好；弥尔顿，不好。巴赫和莫扎特，好；柴可夫斯基，不好（这个立场会变）。亨利·詹姆斯，好；司汤达，好；巴尔扎克，好。《悲惨世界》，不好（这个立场也会变）。简·奥斯汀，乔治·艾略特，契诃夫，好；田纳西·威廉斯，好；阿瑟·米勒，不好。抽象艺术，好；现实主义，不好。巴兰钦和玛莎·葛兰姆，好；弗雷德·阿斯泰尔，好；吉恩·凯利，不好。玄学诗，好；福克纳，好；海明威，不好。艾略特、庞德、叶芝，当然好。普鲁斯特，好——加粗的好。但纪德，也好。电影，好；电视，不好。如此等等。换句话说，我们都有一种贵族式的品位，有锋芒，有激情，自命不凡——年轻人友谊的完美黏合剂。

这一切都是我们课程以外的事。至于课程，显而易见，主要是给那些比我们读书少的孩子准备的。有一门马克·范·多伦教的美国诗歌公共课，上课的男生们别说从没读过艾米莉·狄金森的诗，连她的名字都没听说过；范·多伦似乎并不在意。我和迪克参加了乔叟《特洛伊罗斯与克丽希达》的专题研讨班，主讲的是一位和蔼的老教授，老得好像是从久远的过去来的。我们一共六个人，只有两个人开口说过话（你猜是哪两个吧）。整个幸福的学期，我们什么都没干，只要朗读这首伟大的长诗，这当然比我们围在一起讨论更能学到东西，更令人满足。杰出的文学评论家 F. W. 杜皮——同样和蔼，但也睿智——在他的当代文学课（课上讲乔伊斯、卡夫卡、伍尔夫、普鲁斯特等）上拿坐在前排的我俩没办法。我们不停地说话（总得有人说话吧），最后，有一天他在课后把我们留下，说只要我们别来上他的课，就保证给我们 A——这种条件我们无法拒绝。

我失望的主要是特里林上的十九世纪英语文学课。当时是这门连续三年的必修课的第三年也就是最后一年。我已经读过他的名著《自由的想象》（英文系学生哪个没读过？），明白他的观点，但我有强烈兴趣的是文本，不是想象；剑桥大学的 F. R. 利维斯严厉、愤怒的论断是我的标准，他主编的杂志《细察》是我膜拜的读物。我觉得头发灰白的特里林教本科生没什么心思，他最关心的是他那些侧重历史学 / 社会学角度的研究生讨论班。有一次，他上课时要我们在《简·爱》和《呼啸山庄》之间选自己更喜欢哪一本，我觉得我们像社会学实验的小白鼠一样被他利用，深感受辱，因为对我来说，这当然不用选择——艾米莉·勃朗特当然是最好的（自我感觉良好的人永远都有感觉良好的理由）。最近我翻到辛西娅·奥齐克 1998 年给我的一封信，里面引用她刚读的一篇约翰·霍兰德访谈里说的话："特里林出版了《华兹华斯和犹太拉比》[以后]……我们班里有些人觉得它有点滑稽……也导致有个人，罗伯特·戈特利布……第二天趁特里林还没到教室，站在教室外用意地绪语口音背《丁登寺》……"这是我干的？如果约翰说我干了，那大概就是了。

在我之前几届特里林的优等生里，有艾伦·金斯堡、诺曼·波德霍雷茨和杰生·爱泼斯坦。多年以后我在克瑙夫出版社时，才跟执掌兰登书屋的杰生相识。当时，克瑙夫与兰登书屋已在同一集团内，我们从此就一直是同事，虽然大学时没有认识。我没有见过波德霍雷茨，不过认识金斯堡，虽然不是密友。在我印象里，金斯堡是一个讨人喜欢的、谦逊的年轻人——对他的诗歌我一窍不通。他给我最深的印象是1951年我搭一艘货轮去欧洲的时候，他来送行，这完全出乎我意料。更令我吃惊的是我母亲在一封信里提到，有个叫艾伦的小伙子，非常善良有礼貌地绕路送她回家。

我说过，我发现在哥大让我受益最大的不是课堂，而是整个氛围——那种严肃看待文学的热烈气氛。我不断地阅读，经常通宵达旦（因为我都懒得起床去上午的课），谁写的书都囫囵吞下。无疑，有莎士比亚的所有作品，这主要是因为我们有一位最优秀的老师安德鲁·卡佩，他矮个子，胖脸蛋——活像黑帮大佬卡彭。他神采飞扬的讲课，加以激情澎湃的原文朗诵，令人兴奋到极点。只有他的课我才甘心上午爬出被窝去上。后来，杰生在道布尔戴出版社创立“铁锚图书”时，就聘请他担任总顾问。铁锚图书是美国第一个、也是影响最大的优质平装书品牌。

我还一路读了伟大的俄罗斯作家和主要的法国作家；所有奥斯汀作品（毫无疑问），狄更斯、萨克雷、艾略特、哈代、菲尔丁、理查森和其他重要的英语作家；梅尔维尔和霍桑；加上现代作家——劳伦斯、伍尔夫、福斯特、乔伊斯，等等。一个作家只读他的部分作品有什么意思？每到暑假，我就把一个作家的所有作品按照发表时间顺序扫一遍。这一年是康拉德；下一年是薇拉·凯瑟。但对我影响最大的作家是亨利·詹姆斯。那是詹姆斯的文学复兴的时代，我读他倒不是因为他成了大人物，而是因为他的思维方式和迷人的风格。更重要的是他所探讨的道德问题，比任何其他作家都更能反映我的内心世界，除了普鲁斯特。对我来说，詹姆斯不只是一个作家，而是一个择友标准：谁要是不喜欢他（比如我爸爸），跟我就不是一路人，会被我鄙视。我早年最快乐的时刻之一，就是有天上午看到周日的《纽约时报书评周刊》上刊登的纽约版詹姆斯小说全集广告。不知道我是哪儿找来的100美元买书——很可能是向迪克借的，他的家境比我好得多——不管怎么说，星期一上午书店一开门，我就冲进去把这套宝贝拿回家。就在此刻，我一边写书，一边看着它们。

我高中时的好朋友丽兹·拉姆（她父亲是兰姆斯顿连锁廉价商店的创始人，也是又一个对我极其慷慨的长辈）去了康涅狄格女子学院上大学，在那里和来自马萨诸塞州韦尔斯利的姑娘缪丽尔·希金斯成为好友，并且断定我俩是天生一对。结果呢，我俩既是，也不是。缪丽尔思想独立，观点鲜明，长相性感，我们在一起很开心。别的不说，她是一个贪婪的读者，非常聪明的那种。她远比我贴近社会——她十六岁跟父母外出参加晚宴时就喝马蒂尼鸡尾酒了！我连啤酒都不喝。我以为她一定阅人无数。到我们大三的时候，她已转学到哥大，我们搬到学校外同居了。她父亲是个屋顶承包商，一直不喜欢我——我相信他对我的态度是“如果我有这样的儿子，我一定把他像病猫一样拎出去淹死”。好像报复似的，我父亲也讨厌缪丽尔：他认为她太自以为是了，而且“天主教徒到最后都会恢复原样”。（她对天主教的态度就像我对犹太教一样。）

于是，我们总是成双出现，也经常是三人组，因为我和迪克一直很要好，幸亏他和缪丽尔也很谈得来：他欣赏她的鲜明个性和硬幽默。我们还有其他朋友——迪克特爱交友。一方面，他喜欢“收集”各种年轻男子，被吸引，继而引诱，但又会厌倦他们；他从一开始就公开出柜了。（没错，同性恋者出柜并不都是在石墙暴动[1]以后才有的。）和维多利亚女王一样，我也对此有意见——他是同性恋没问题，但我反对他随意对待那些为他神魂颠倒又不知所措的男孩。我既遗传了我母亲的天真，也遗传了我父亲的清教徒思想。

迪克有一个童年时在克利夫兰就认识的好朋友安妮·莱塞，是作曲家弗兰克·莱塞的侄女，我进哥大的时候，她已经在巴纳德学院[2]读书了，跟我的另一个朋友谈过恋爱。现在她是约翰·霍兰德的“另一半”，而他们俩又是我们朋友圈的成员——我们经常深夜在百老汇街上的比克福德咖啡馆无休无止地谈天，只点烤英式松饼和茶（真是一群魔鬼）。安妮很聪明，带点坏主意，约翰挺机灵，虽说也有点傻。他们最后结婚生了两个女儿，约翰成了诗人和教授，事业堪称模范，安妮在服装的历史与意义方面的研究工作也很出色。安妮最近去世了，还好迪克赶上了到医院送她一本他的最新诗集《进步教育》，这本书题献给她，写的是他们的学校生活，封面上用了她少女时代的照片。

大三的时候，我和迪克开始担任学院的文学杂志《哥伦比亚评论》的编辑，我们合写了一个短篇小说，标题就叫“我们现在的生活方式：一个圣诞故事”。这个故事基本上是真实的，主要讲一对光彩照人、标新立异的青年情侣为了得到一本用人皮装订的维利

1　石墙暴动是 1969 年 6 月 28 日发生在美国纽约市格林尼治村石墙酒吧的一连串自发性暴力示威冲突。警察临检直接导致冲突的发生。石墙暴动常被认定是美国史上同性恋者首次反抗政府主导迫害性别弱势群体的实例，亦被认为是美国及全球同性恋权利运动发迹的关键事件。

2　巴纳德学院是哥伦比亚大学的女子本科生学院。

耶·德·利尔-阿达姆[1]的《残酷故事集》而偷钱——我们肯定读了太多伊夫林·沃早期的作品。约翰对此相当不爽。一个寒冷的日子，他走近我和迪克，点点头，请迪克把眼镜交给他，小心放好，然后打了迪克一巴掌："圣诞快乐。"说完礼貌地把眼镜还给他，继续向前走。我既觉得受辱，又因为没有被报复而松了口气。也许约翰怀疑我会还手？这个事件——当然堪称文学决斗史上的巅峰时刻——却再没有人提起过，我们还是像以前那样去比克福德咖啡馆，迪克和约翰的友谊保持了一生。

我们更出名的一次利用《哥伦比亚评论》的行动，也许是我们决定用一整期内容向新近获得诺贝尔文学奖的安德烈·纪德致敬。我和迪克合译了一个他此前从未被译成英文的短剧，我们战战兢兢地给他写了封信，解释这个计划，并请他向哥大说点什么（我们大概还夸大了我们学校总体上对法国当代文学的重视程度）。他的回复又快又热情，不过我现在一点都不记得他到底说了些什么。但我们绝对有一种计谋得逞的胜利感。

我非常崇拜纪德，《背德者》《伪币制造者》《梵蒂冈地窖》《窄门》都是当时现代派文学的核心作品，然而对普鲁斯特我则感到全身心的共振，我决定用一种另类的方式读他。《追忆逝水年华》（英译书名是 *Remembrance of Things Past*，要过几十年才被译成 *In Search of Lost Time*）当时最常见的是七卷本的现代文库版，我父亲买给我的是两册盒装版，我拿着不称手，读起来很不舒服。七卷，七天。整整一星期，我自绝于外面的世界，一次都没有离开缪丽尔和我住的房间，每天读一卷。朋友们顺道进来看看，食物也有供应，我读

1　维利耶·德·利尔-阿达姆（1838—1889），法国象征主义作家、诗人与剧作家。

啊读。这不算艰难的体验——你能在十五个小时内读六七百页如通电般刺激的文字，如果什么别的事都不做的话——其结果无与伦比：完全沉浸其中确实是体验、吸收那伟大思想和风格的绝佳方式。我感觉好像普鲁斯特是我的——或者说我是他的。那是一种个人的关系，我在和亨利·詹姆斯的关系中也曾体会过。詹姆斯的最后一部也是最难懂的小说《金碗》，是我圣书中的圣书。

1951年我二十岁，那年夏天，我搭乘一艘货轮，开始我不那么“壮”的欧洲壮游。迪克本来要和我一起去，但他的毕业出了点小问题，只能暂时待着。我吓坏了，估计父母不会同意我单独去，钱也不够，但我用刚好到期的战争债券换了些现金，还得了一点文学奖的奖金。这次旅行——在法国、意大利和英国各待一个月——我做了所有一般人都会做的事，手里紧张地抓着旅游指南，用高中学的法语和烂意大利语磕磕巴巴地说话。但我为这趟冒险的旅程积聚起的独立精神（比如我第一次招手搭顺风车），说明我大概是真的长大了。

这次旅行印证了我对英格兰的想象——狄更斯的英格兰，奥斯汀的英格兰，詹姆斯的英格兰，利维斯博士的英格兰——正是我一定要去的地方。剑桥的美丽风光和魅力尤其吸引我。我在哥大的最后一年是在阅读中度过的（不说也知道），在《哥伦比亚评论》上发表了一篇对特里林和利维斯的新书又长又尖锐的评论，对后者的评价比前者高很多，还在令人敬畏的、神秘的昆丁·安德森（剧作家麦克斯韦尔·安德森之子）指导下，用一个学期独自研究霍桑的笔记本，写毕业论文。安德森的沉默就和他的演讲一样意味深长。这些努力是值得的，不过根本而言，我这么拼命踩水把脑袋露出水面，是希望能够获得去剑桥大学留学的凯勒特奖学金，英语系要选拔两个学业优秀的学生。

结果我这一届的另两个男生得到了奖学金，他们比我差远了——至少我这样认为——我被这种不公平的做法气炸了，跑到特里林的办公室拦住他（这还是我头一次跟他面对面讲话）。他和他那些同事们怎能无视我的入选资格，选那两个傻瓜呢？他非但没有像一个理亏的人可能表现的那样为自己辩解或者暴怒，反而是彬彬有礼，迅速回答。他解释说，评委们都觉得，“那两个傻瓜”比我更需要剑桥的光环。我反驳说我才知道原来凯勒特奖学金是看谁需要而不是看谁的成绩表现啊，于是他问我是真的很想去剑桥吗。这还用问吗，他马上说会给剑桥大学英语文学教授巴兹尔·威利写信，向他推荐我。其结果令人（就是我）震惊地证明老朋友关系是多么管用：十天后，我收到的不是申请表，而是来自威利所在的剑桥大学彭布罗克学院的录取通知书。在我看来，公平实现了，但即便我还沉浸在自我庆祝中，我也知道，面对我在《哥伦比亚评论》上公开的批评，他是多么大度。

意外发生了：1952年春，我们发现缪丽尔怀孕了。她当然还不想生孩子——她还打算我在剑桥读书时，她去伦敦重要的表演学校学习——而且我对孩子还毫无概念；我甚至不曾凑近看过一个小孩。所以堕胎是一种选择，因为我们都知道宾夕法尼亚州一个煤炭城镇上有一位开诊所的医生，人称“常春藤盟校的堕胎师”。但是，即使现实告诉我们生孩子是不可能的，想到堕胎，我们俩又都退缩了。怎么办？我们的父母都不会出手相助，因为他们都强烈反对我俩在一起，而且我无法想象要放弃到剑桥留学。我当然还没准备好要在纽约找一份工作，承担责任。

我们秘密结婚了，见证人只有丽兹·拉姆和她父亲（我们从没想过未婚生子）。我对我这种偷偷摸摸的行为一点都不觉得浪漫，对读到的知识却有浪漫的奇想，我决定在纽约拉伊地方治安法官办公室的门廊上结婚——因为亨利·詹姆斯在英格兰的拉伊镇住过。然后，经过一连串假话和半真半假的话，我们瞒着父母混过了夏天，搬到伦敦。缪丽尔肚子里的宝宝，我们的儿子罗杰，于10月中旬在那里的产科医院通过剖腹产来到人间。护士长说得很清楚，她不喜欢三种人——美国人、犹太人和男人——我三种都占了。她建议我们把婴儿带回家（我们在西汉普斯特德租了一套公寓）后就开始训练大小便。我小心翼翼地说在美国，我们不相信应该这么早就训练孩子，她面无表情地说："洗尿布的人是你们。"

那时候我已经开始在剑桥的学业，住在彭布罗克学院，隔一个周末才去一次伦敦。大部分时间都是缪丽尔独自照顾一个她还根本不知道怎么办才好的婴儿。罗杰长得欢，我们却不快乐，虽然我远在剑桥，多少能自娱自乐。付出牺牲的人是缪丽尔：她身处一个陌生城市，举目无亲，不能继续求学，还没当母亲的准备，丈夫又长时间不在身边，近乎抛弃。那段时间真是不堪回首。

雪上加霜的是，我们还得继续欺骗父母，一旦他们知道真相，就不会再资助我们了。一年多以后，我们才告诉他们，结果可想而知：我母亲吓坏了，但对我还算纵容，我父亲却有一连四年不跟我说话。缪丽尔的父亲同样暴跳如雷，但令她痛苦的是，当我们都还在剑桥的时候他心脏病突发去世——缪丽尔在伦敦五个月后，搬到剑桥来和我团聚。伦敦那段日子唯一可乐的记忆是每周来一次的钟点工偶然提到，她曾经在弗洛伊德家（！）干活。弗洛伊德家离我们租的公寓就隔几户人家。我渴望知道细节，可面对我坚持不懈的盘问，她用她那一口优越的伦敦腔说："这么说吧，他们非常干净——

对外国人来说。”

这种对外国人和对犹太人的排斥反应，是英格兰令我惊讶的地方之一。我虽然非常清楚英国文学中不时出现的反犹主义，却不知道中产阶级犹太人和非犹太人在生活中是这么区隔。换句话说，我很奇怪地发现，大多数英国犹太人都觉得自己是“他者”，别人也是这样看待他们的：我在伦敦和剑桥认识的英国犹太人基本上都把自己界定为犹太人，我在纽约从没碰到这样的情况。在纽约，人人都开玩笑说，纽约就是一座犹太城市，而且在那里生活那么多年，我从没碰到反犹的情况。另外，在剑桥，我的身份标签是美国人，而不是犹太人。在五十年代初，美国人身份的缺点是当时对美国的厌恶和鄙视情绪还很深，但另一方面，拥有这一身份还会加分，因为关于美国的一切——它的电影、音乐、时装，以及它新的统治性国际地位——好像都带有魅力，令人兴奋，尤其吸引年轻人。我当然是个无可逃避的美国人，再加上其他情况——已婚，有孩子，有房子——别人就无暇顾及我是世俗犹太人的身份了。

当时的剑桥大学是个奇特的地方，新生中既有十八九岁的中学应届毕业生，也有二十好几的退伍军人。我则是个怪胎，是一个已婚的、拥有美国大学文学士学位的美国人。对这种美国学位，剑桥人是瞧不上的：他们认为在哥大（或者哈佛以及任何一所美国大学）读四年，只相当于在牛津、剑桥的三年本科生教育中读一年。但我知道，我来剑桥不是为了深造；我是为剑桥而来。我去听了几场讲座——听威利教授的讲座是出于礼貌；听利维斯的是出于忠诚——但这些讲座对我已经没有新意。已是半迫害妄想狂状态的利维斯在大部分时间里都在痛斥他认为是轮番反对他的势力：“布鲁姆斯伯里那群乌合之众”“《泰晤士报文学增刊》帮”，以及剑桥的所有其他人。

听课是自愿的。每周写一篇文章给学院导师看却是硬性要求。我很幸运，在彭布罗克学院发现一位紧跟学术潮流的年轻导师马修·霍贾特，他感兴趣的是詹姆斯·乔伊斯这样的作家，而不是《贝奥武夫》的作者。第一次见面，我就以一贯的狂妄自大告诉他，我在哥大写了四年论文了，不需要为剑桥的文学士荣誉学位考试（tripos）做准备，这一考试被视为剑桥教育的终极考试。他叫我给他看一篇例文，我狡猾地拿出霍桑研究成果给他，明知道他对霍桑的知识远比我少。但他很高兴能有个人可以交谈，这个人阅读涉猎还很广。我们就这样开始每周热烈地聊书，内容全都跟荣誉学位考试无关。（彭布罗克不是一个文学气氛很浓的学院，一般的本科生只有三本书——《圣经》《故园风雨后》和《萨默塞特·毛姆短篇小说选》，至于法国有个叫马塞尔·普鲁斯特的作家，只是听说过而已。）而我一直都是强迫症一般地阅读，通常读到早上五六点钟——比如说，我可以这样兴奋地通宵读一个月，把吉本的《罗马帝国衰亡史》读完。

但是，阅读还不足以把我的时间填满。剑桥本科生最热衷的文化活动是戏剧——有两个大的表演团体，加上一系列派生出的小团体，不断有戏上演，还有著名的剑桥脚灯社[1]经常排演成熟的时事讽刺剧（我那时候，该社培养出的名演员是乔纳森·米勒）。一天深夜，我正和三四个无所事事但精力又无处发泄的年轻人坐在我房间里，我突然想，我也能导一出戏。但什么戏呢？在哪儿排练呢？学院赖以自豪的礼拜堂是雷恩的早期作品，十分漂亮，于是凌晨两点，

1　剑桥脚灯社是剑桥的业余文艺俱乐部，于 1883 年由剑桥大学的学生创办。

我们溜进礼拜堂，印证了我的想法——这里是排演 T. S. 艾略特的戏剧《大教堂中的谋杀》最合适的场地。彭布罗克学院在文化上完全落伍，大概因为这个缘故，我去找礼拜堂的主管牧师的时候，他颇为紧张地批准了。鉴于他是虔诚的圣公会牧师，对美国人和已婚本科生都抱有深深的疑虑——他本人是拒绝婚姻的——他能这样实属非同寻常的勇敢之举。

我到剑桥只招女生的纽纳姆学院和格顿学院贴告示，招了十个合唱团女生，运气不错，还在彭布罗克学院找到一个长得奇帅的男生扮演托马斯·贝克特——他圣人般的气质（我是说真的）肯定遗传自他父亲，一位曾在非洲传教的圣公会牧师。圣诞假期我在伦敦多住几天，和缪丽尔一起长时间地工作，给合唱团的歌词断句，让每一个音节都有音调变化和重音。在随后的一个月中，每天跟合唱团排练三四小时，直到她们唱得音节完美（也筋疲力尽）。演出非常成功，托马斯、合唱团和礼拜堂的建筑师克里斯托弗·雷恩都成了明星。主管牧师乐坏了。每场演出门票都一售而空。令我们惊喜的是，斯蒂芬·史班德在《卫报》上写了剧评，我都不知道他是怎么知道我们这出戏的。概括来说，他在剧评中盛赞这是他所见过最好的《大教堂中的谋杀》演出版本。这样的评价不但令我们无比陶醉，对主管牧师来说，也证明他在人浮于事的彭布罗克学院并非可有可无。

既然无心学习，我就把时间都花在导演戏剧上。当时英国官方对戏剧还有审查制度。禁演黑名单上就有萨特的《禁闭》，它被禁并非因为内容涉及妓女、女同性恋，而是因为它被认为渎神。但这样的戏可以在私人家里演，也可以在任何不收费的场合演。我请缪丽尔和两位参演过《大教堂中的谋杀》的毕业班学生出演，改成一个更有说服力的版本，在六个不同的地方巡演，包括在某几个教授家里，成为小团体们用来获取人气的时髦活动。（为这两部戏如此忙碌地工作，带给我一个奇怪的心得是，我对艾略特的评价比我在排演前高得多，对萨特的评价则相反。）

制作了这样两部众人瞩目的戏剧，我就被请去担任剑桥下一年两大戏剧团体的总导演，因为现任总导演彼得·霍尔从剑桥毕业了，要去伦敦征服首次在英国排演的《等待戈多》。于是我又排演了更多萨特的戏剧、洛尔卡的《贝尔纳达·阿尔瓦之家》、萧伯纳的《伤心之家》、易卜生的《建筑大师》。这些我都能胜任，甚至做得很好，但都不如《大教堂中的谋杀》那么具有个人色彩，那么强烈。我意识到，艾略特的剧本具有文学性，那正是我知道怎么把它搬上舞台的原因，而我其实不知道在现实主义戏剧中如何帮助演员。我也逐渐认识到，我并不想让戏剧成为我的生活，正如这第二次上大学让我明白我并不喜欢一辈子待在学术界。不幸的是，我不知道回国以后还能干什么。

表面上，我们在剑桥的生活令人兴奋，令人知足——我们住在一栋又大又舒适的房子里；罗杰是个安静、容易照顾的婴儿；缪丽尔在演戏，当导演；我们的经济状况，虽然没有了家人的资助，也还能维持过日子，因为每当经济困难时，我并不羞于接受迪克·霍华德的借款。（他的慷慨和我利用他慷慨的能力，真是绝配。）

但我对自己的现状不满意，或者说，我内心不快乐。面对战后世界令人沮丧的现实，我对剑桥和英格兰的浪漫热情逐渐消失了；一切都是灰暗，这个国家的活力耗尽了。虽然我现在猜测，这种情绪更有可能是我自己还不太明显的抑郁症症状。已婚，有孩子，曾经透过玫瑰色眼镜打量的地方失去了吸引力，难以让我安心生活，这些现状无不动摇着我对前景的信心。我突然有一种强烈的感觉，我要回美国。

缪丽尔已经先回去了。因为父亲猝死，她带着一岁大的罗杰赶回去奔丧。（罗杰出生的时候，我们在美国大使馆给他登记了美国国籍，但没办护照。虽然大使馆答应连夜紧急办理，但时间仓促，来不及给他拍护照标准照片。啊哈！有个当地摄影师卖给我一张其他婴儿的照片，连我们都分不清谁是谁。）我留下来做完最后的戏剧演出（“演出必须照常[1]”），处理掉房子，然后——最后一次放纵自己——和好友，也就是《大教堂中的谋杀》合唱团里的简·卢埃林结伴做搭车客去意大利。（她后来还会在纽约和我们见面。）这次旅行我最得益的是在等待搭车的间歇，把《李尔王》的第一幕都背出来了。最荒唐的是我想以拜谒墓地的方式向我喜欢的一位作家致敬，在法国南部，我叫住一个农民，脱口说出一句法语，大意是“您知道英国大作家 D. H. 劳伦斯的墓在哪里吗”，不出所料，他一脸茫然，肯定是对我的破法语一个字也没听懂，何况他根本不可能知道二十五年前去世的“大作家”其人其事。那天我在一家当地书店才发现，劳伦斯确实是在旺斯去世的，但他妻子弗里达最后把他的骨灰带到新墨西哥州的陶斯安葬。另一个浪漫情结破灭了。

在罗马，我见到从剑桥来的美国好友梅格·格林菲尔德。她从史密斯学院毕业后，获得两年期富布赖特奖学金到剑桥留学，但她讨厌剑桥的一切，从天气到校规——她直接无视本科生不得有车的禁令——还讨厌女房东家的蜘蛛。彻底压倒她的最后一根稻草是：她把她最爱的一件大衣送到当地唯一的干洗店，全国连锁的“珀斯

1　英国谚语：“The show must go on.”意为无论发生什么，计划好的安排必须执行。（编者注）

的普拉”干洗店，结果一周后衣服拿回来时，它被紧紧扎成一个小方块。梅格不仅很有钱，还很挑剔，于是她离开了那里。

她在罗马待了几年才回国——别的不说，那里的咖啡好极了——我介绍了她第一份工作：加入阿德莱·史蒂文斯1956年的总统竞选团队。只要她在纽约住，每到圣诞节就来我家，我俩就组成“梅格和鲍勃”双人喜剧组合，比“尼科尔斯和梅”[1]还早呢，可惜观众只有缪丽尔、小罗杰和少数几个好友。（也许我们的表演并没有我们自以为的那么幽默？）

梅格又滑稽又刻薄，而且越来越热衷于政治。凭借她的写作才华，她先是在《记者》杂志工作，接着二十年又在《华盛顿邮报》担任评论版主编，还为《新闻周刊》写专栏；换句话说，她成了地道的华盛顿政治圈内人。然而她依然是一个坚持不懈揭穿谎言的人，就像是她那个时代的莫琳·多德或盖尔·柯林斯[2]。她还是凯瑟琳·格雷厄姆[3]最亲密的朋友和顾问——她罹患癌症以后，凯瑟琳每个星期都驾车送她从华盛顿到巴尔的摩的约翰·霍普金斯大学附属医院治疗——二十世纪九十年代中期我编辑凯瑟琳的自传时，梅格给了我莫大的帮助，她会对凯瑟琳直言不讳，让我对书稿可以处理得更有分寸。梅格于1998年去世，我悲痛欲绝——她是我的同龄好友中第一个去世的。我在华盛顿大教堂的悼念仪式上发言的时候，发现我肯定是现场她的朋友中年纪最大的——也是唯一见证过她“珀斯的普拉”干洗店时期的人。“梅格和鲍勃”的时代结束了。

梅格放弃第二年的奖学金以及离开剑桥的那种快乐，坚定了我

1 “尼科尔斯和梅”是美国活跃于1950年代的双人即兴喜剧组合，曾获得格莱美奖。
2 莫琳·多德和盖尔·柯林斯都是当代美国女记者，《纽约时报》的政治专栏作家。
3 凯瑟琳·格雷厄姆（1917—2001），《华盛顿邮报》发行人，以主持报道“水门事件”著称。

也要离开的决心。意大利之行是我最后一个不回到美国、回到真实生活的借口。我渐渐明白，即便抛开逃避责任不谈，我也已经变成一个我不喜欢的人，傲慢，只知道享受当一个本地名人。到我在学期中途离开时，剑桥的本科生报纸在头版上做了报道，标题是“戈特利布走了”。戈特利布就这样走了——或者更准确地说，是溜走了。我情绪低落，愤怒，后悔让缪丽尔独自先回国，也对自己接下来会怎样、要做什么感到茫然，还欺骗自己说不害怕——主要是不害怕工作。我当时不知道，正是工作拯救了我，我一生都是如此。

在西蒙-舒斯特出版社

有一年多时间，缪丽尔在餐馆当服务员，我间或找找工作——先是应征《纽约时报》上看似还可以的招聘广告，然后是不那么好的。用这种方式找到的一份工作是在梅西百货商店，我作为临时工被分配到一楼庞大的贺卡部——秋季卖的贺卡就是圣诞卡。由于我算术很好（邓纳姆走读学校的那些年没有白读），我很快被调到中心的两台收银台那里。我的算账速度飞快，导致担任部门主管的那个和气而做事慌张的女人过来站在我身后，低声说："罗伯特，你真的不用这么快。"但我必须这么快。这是我第一次作为劳动阶级的工作经历，我喜欢这份工作，也喜欢同事们。也许老顾客们都习惯了书呆子大学生店员季节性的出现；当然，他们都很友好，很配合，尤其是紧急情况下我从收银台被拉去帮忙浸香薰蜡烛的时候。

我的工资是一周 45 美元，但毕竟是工资，我很兴奋。拿到第一笔工资，还得知内部员工本店购物有优惠（应该是 85 折），我就跑到图书部，思来想去犹豫不决，最后还是给两岁的小罗杰买了两本小金书[1]—— 一本是童谣集，另一本是后来家喻户晓的畅销书《动作迟钝的小狗》。我记得含税总共 69 美分，这对我们的日常开销来说，算是一笔不小的支出了，但我对自己能为了孩子，鼓起勇气从洞里钻出来挣钱养家感到非常骄傲（房租则靠缪丽尔做服务员挣的小费来付）。

在我从剑桥回国之前，她已经在圣马可街[2]的一幢褐砂石公寓楼顶楼找到一套很合适的公寓，当时，这片区域的居民还大多是波兰和乌克兰移民，很久以后这里才以“东村”著称。除了我们，W. H. 奥登也住在这里，就在街对面（当然，如果我见过他，也不见得会认识他）；沿着街区往下走有一家脱衣舞夜总会，还住着一些抽象表现主义画家，其中有琼 · 米切尔，她和我们住在同一个顶层，是我们的好邻居，总是用各种有分寸的方式给我们食物，爱迪生电力公司的电线出问题的时候，又从她家里接电线到我家。她搬走的时候，还送给我们一幅最好的“琼 · 米切尔”作品作为纪念礼物。这幅画和我们的公寓风格真是绝配。我们按照五十年代纽约青年知识分子的装修风格布置了这套公寓——竹百叶窗，印度棉布床单，多层松木板书橱，下面垫街上捡来的砖头，当然还有著名的和风纸灯[3]，它有一个皱巴巴的白色纸灯罩。房租是每月 96 美元，我们通常都能按时支付——尤其是有两个（后来变成三个）剑桥好友来和我们同住之后：我们是一个前卫的群居团体。我记得那时坐地铁是一

1 “小金书”是西蒙–舒斯特出版社于 1942 年推出的儿童系列图画书，极为畅销，经久不衰，虽然出版社几经易主，这套书至今仍在出版。

2 圣马可街是纽约曼哈顿第八街的一段，在第三大道和 A 大道之间，得名于附近十街与第二大道处的圣马可教堂。圣马可街被认为是东村的主要文化街。

3 “和风纸灯”是日裔美国艺术家、雕塑家野口勇（1904—1988）于 1951 年旅日期间在日本传统灯具手艺基础上设计的纸灯，广受欢迎。

角钱，打电话也是；《纽约时报》五分钱。那时抽的香烟大约是一角五分一包。日子还过得下去。

但我并不快乐。我仍漂浮不定。不知怎么的，我碰到一位好心肠、但面无表情的女士伊芙琳·施里夫特，她经营的先锋出版社出过苏斯博士的早期作品，乔伊丝·卡罗尔·欧茨的早期作品，索尔·贝娄的早期作品，还即将出版《欢乐梅姑》[1]，可他们的经营状况并不好。伊芙琳喜欢我——倒不如说她是可怜我——偶尔会给我法文书请我读，写审读报告，每本付我大约15美元。后来，我为她翻译了一本很糟的加拿大法文小说，书名、作者、内容什么的，我一概忘光了。为了逃避家里学步期婴儿的干扰，我有时会趁迪克·霍华德外出上班的时候，带着法文书去他家，他当时在一家工具书出版社工作。没有一个工作能比翻译更令我痛恨了——还不如浸蜡烛呢——可迪克却逐渐成为美国最好的法语译者之一（还是一流的评论家、教授和普利策奖获奖诗人）。

我还是不知道自己究竟适合做什么，能干什么，还是不断地看招聘广告，到广告公司、杂志社（《纽约客》的人事经理尤其冷淡）甚至银行接受并不愉快的面试。还去过几家出版社，我的专业背景似乎最适合出版社。虽然梅西百货并不赞同这一点。梅西的试用期结束时，几百名临时工只有我和另一个人被正式录用，还要接受管理职务的培训。我的虚荣心当然得到极大满足，但我有自知之明，知道零售业和学术界一样不适合我。对一个英语文学专业的年轻人来说，没有多少选择余地。几个月就这样蹉跎了，我决定把注

1 《欢乐梅姑》是美国作家帕特里克·丹尼斯的小说，1955年出版后立刻成为畅销书，销量高达两百多万册。

意力放在出版业上——我还什么人都不认识。但如果你不断努力，总会遇到某个人把你介绍给另一个人。就这样，我被介绍到哈珀出版社。

出版业有一种传统，老手碰到有前途的新手，会把他们介绍给其他出版社的老手，这可能出于真心帮忙，也可能是为了把烦他们的人打发走。我就这样被哈珀出版社待人和气但性格倔强的推理小说主编琼·卡恩介绍给了她的朋友——西蒙-舒斯特出版社广告营销主管尼娜·伯恩。我读过一些写广告界的小说，第一本就是大畅销书《广告员》，所以能想象会见到什么样的人：一个铁石心肠、好胜心强的悍妇。伯恩倒没我想的那么坏，她送我到前台打发我走的时候，并不刻薄，她只是没把我的面试放在心上。眼下西蒙-舒斯特没有空缺职位，她心不在焉地说，转身走了。后来我才明白，这就是工作状态中的尼娜——满脑子除了正在写的广告文案，什么都没有——但在当时，我断定她已经审视过我，认为我既不合适又讨厌。当然，我的外表不可能给她好印象：我的全部行头就是一条灯芯绒裤子、两三件在英国买的设德兰羊毛衫和笨重的英式低跟镂花牛皮鞋。而且我的头发又长又乱，二十四岁的我看起来像十九岁。你想，这是在五十年代中期，还是衣着挺括的“穿灰色法兰绒正装的男人”当道的时代（当时，西蒙-舒斯特即将出版斯隆·威尔逊的小说《穿灰色法兰绒正装的男人》）。我连一条灰色法兰绒裤子都没有。

几个月后，我又来到一家职业介绍所——这几个月里我已经去过六家——有位待人友好、乐意倾听的女士似乎并不关注我的邋遢，我希望她有兴趣给我介绍工作。她问了几个合乎情理的问题。“只有一家出版社我可以推荐你去试试，”她肯定地说，没有解释为什么，“西蒙-舒斯特。”她为我约了西蒙-舒斯特的人事主管。我并不抱希望，如果说还有哪类人会比职业代理人对我更不感兴趣，那就是人事主管。而且无论如何，我知道就算那里有人想雇我，无情的尼娜·伯恩都会阻止，因为她已经把我打发走了，我居然又溜回来。最后还有一点：我对西蒙-舒斯特出版的书没兴趣，它们达不到我的纯文学标准。

即便如此，为了给自己（也是给缪丽尔）有个交代，证明我在努力，我还是去赴西蒙-舒斯特出版社的约，在那里，有个年轻人杰里·莫尔斯跟我谈了三十分钟，然后请我坐着等待，最后带回来的消息是周四下午四点，我再来和杰克·古德曼见面。他说这个名字的时候，语气带着敬畏，可我没听说过他，也就没什么感觉，虽然杰里解释说杰克是出版社的总编辑（出版社创始人之一麦克斯·舒斯特仍把持着“总编辑”的正式职位，但没人当真——除了麦克斯自己）。所以我来到古德曼先生办公室的时候，一点都不紧张。不过我原以为他是个老头子，结果不是，而是一个幽默、有魅力、说话带劲的四十多岁中年人，他一脸疲惫，但又好像随时会精神起来。他的面试技巧很简单、直接：“跟我说说你自己。”

这个话题我可以毫无压力地说个没完，我向他说了整整一小时自己——远远超出你想知道的范围。他全部都听进去了：我的读书瘾，在大学取得的成绩（哥大毕业又紧接着上了剑桥！），我对畅销书排行榜和出版史的浓厚兴趣，我的品位，习惯，童年，婚姻，孩子，养的狗。也许是觉得我有趣，也许是他累坏了，总之他坚持着听我讲完，然后说，他愿意雇我，但还得财务主管同意，而财务要到下周一才回来。在此期间，我能给他写封信，说明我为何想做出版吗？那太荒唐了。“就像写‘我的暑假生活’吗？”“正是。”

到这时，我开始了解这个怪人的部分个性了——相比一本正经，无礼的行为会使他反应更积极——于是，我当晚就在打字机上给他写了一封信，第二天留在出版社前台。我写道："亲爱的古德曼先生，您要我说说为什么想做出版。我发现这没法回答，因为我从没想过要做别的。"这么说不但是脸皮厚，而且是谎话，可是口吐莲花说一堆陈词滥调是更严重的犯罪。星期一上午，我接到一个电话，通知我再去他办公室。这时候我紧张起来，但已经无所谓了：我被录用了。杰克费劲地解释我具体要做什么——我将是他个人的编辑助理——但他以前从没有助理，也就无法说清楚我的职责到底是什么：大体上只要他有需要，什么事都做。毫无疑问，我要阅读书稿，提出编辑意见，写封面文案，提前准备他可能需要的东西。他唯一没提的事情是工资。他从没直接雇过人，我也从没有受雇做这种工作，我俩都太不好意思提这个问题。最后，一个小时过去了，他终于脱口而出，说我的周薪是 75 美元——这比我以前挣的工资多得多，也远超我的预期，我一时说不出话来。

几个月后，我才拼凑出这些事情的前因后果。杰克的工作负担过重，且身体状况很不稳定（高血压、心脏病），他的同事们很担心——既为他担心，也被他搅得心神不宁。他常常无法按进度推进工作，因为他的注意力常被打断，他不仅是首席编辑，还要管全社的出版（他以策划能引起争议的营销手段著称，比如宣传 S. J. 佩雷尔曼的时候，他突出一句广告语："在铸造 S. J. 佩雷尔曼之前，他们把模具弄坏了。"[1]），出版社离不开他。杰里·莫尔斯面试我

1 S. J. 佩雷尔曼（1904—1979），美国幽默作家、编剧，长期为《纽约客》撰写幽默短文，曾获奥斯卡最佳编剧奖。"在铸造 S. J. 佩雷尔曼之前，他们把模具弄坏了。"（Before they made S. J. Perelman, they broke the mold.）是一句双关语（"broke the mold" 亦有打破常规、别具一格的意思），原为佩雷尔曼自贬自嘲的话。

的时候，他想到我是一个解决方案，便去找西蒙–舒斯特令人敬畏的“密室推理”书系主编李·赖特（我后来会领教她更厉害的地方），她决心帮杰克一把，便逼他见我。

所以，是一连串偶然事件把我送进了出版业：职业介绍所有位机敏的女士在我身上看到某个和西蒙–舒斯特出版社契合的闪光点；有位抱有同情心的人事主管（他在西蒙–舒斯特的职业生涯不久就结束了）要解决问题；又有一位没当面见我的女士，认为我大概就是那个可以解决问题的人（我们后来成为好朋友）；然后这家出版社历史上的关键时刻就来临了。我一直就是这么想当然的——我的独特之处终究获得认可了。但更深层的真相是，我既欣喜又惶恐。

西蒙–舒斯特出版社当时的办公室位于第五大道630号——著名的洛克菲勒中心大厦，门前赫然站立着巨人阿特拉斯肩扛世界的塑像。这是五十年代中期真正的魅力，如今它依然具有魅力，至少在我看来。出版社位于二十八楼，杰克拥有一个俯瞰第五大道的大办公室。分派给我的办公桌就在他的门外。1955年7月5日我来到这里，跟我的办公桌相对的办公桌后坐着一位漂亮活泼、一头深褐色头发的姑娘，跟我年龄相仿，她叫菲莉丝·利维，和我一样也是第一天来上班。她来自斯卡斯代尔，毕业于拉德克利夫学院，曾为一个百老汇制作人工作。她是赫尔曼·沃克笔下的玛乔丽·莫宁斯塔[1]，而且更聪明。她是纯洁版的郝莉·戈莱特利[2]——事实上，你可以说她是犹太版的奥黛丽·赫本：时尚、幽默、可爱。她是杰克的新秘

1 玛乔丽·莫宁斯塔是美国作家赫尔曼·沃克（1915—2019）同名小说的主人公，梦想当演员。她长得很美，人人都喜欢她。

2 郝莉·戈莱特利是杜鲁门·卡波特名著《蒂凡尼的早餐》主人公。同名改编影片由奥黛丽·赫本主演。

书。不出几天，甚至不出几个小时，我们就成了最好的朋友。

菲莉丝喜欢预言她和我总有一天会被暴风雪困在一间山中小屋，孤男寡女，两人之间只隔一条睡裤，彼此轻声说："是你！"这事从未发生，我们也从没想要这样做。（抛开别的不说，我们也不会在一个山中小屋被逮个正着。）总之，她喜欢的是那种比她大很多的、已婚的成功男士。我虽然已婚，但既非老男人，也不成功，正经得根本没想过要出轨。也许这就是我们能够在她 2001 年去世以前做一辈子的好友、彼此信任的原因。

实际上，我们的关系从一开始就没有浪漫色彩，而是一种同谋，目标是让杰克工作轻松一些，让他为我们骄傲。我虽然有醒目的头衔（小伙子是"助理"，姑娘是"秘书"），每周的工资却比菲莉丝少 10 美元，我并不介意：她有完美的速记本领，还负责保管杰克的支票本。最最重要的是，杰克的（男）作者们，无不为她神魂颠倒：没过多久，S. J. 佩雷尔曼、罗曼·加里[1]、查斯·亚当斯[2]等人，显然全都宁愿跟她共进午餐，而不是跟杰克——而且都由他们掏腰包。

也许是因为菲莉丝和我从一开始就互相开玩笑，再加上有一个爱挖苦人、随便开玩笑、才华横溢的老板，工作开始几周的感觉真是好极了。但有一团乌云笼罩着。上班没几天，我就得知那个吓人的尼娜·伯恩正在欧洲度假，又额外申请了无比漫长的假期，还得再待六个星期才回来。也就是说，我还有六个星期的好日子过，因为一旦她在大楼里看到我，她肯定会竭尽所能让我走人。我也不知道这种受迫害妄想是怎么产生的，但确实如此，而且我越喜欢这份

---

1 罗曼·加里（1914—1980），法国小说家、电影剧本作者、外交官。

2 查尔斯·亚当斯（1912—1988），美国卡通漫画家，因其创作的富有黑色幽默的角色形象而闻名，在其卡通漫画中一般署名为"查斯·亚当斯"。

工作就越焦虑。当她回来的那一天到来，我俩被相互介绍认识，她狡猾地装作从没见过我。没过几天，我们就一起吃午饭了。没过几个星期，她就跟着我回家认识缪丽尔了。没过几个月，她就成了我们的家人，一直不变——先是成了我的大姐，后来又是我第二任妻子玛丽亚的大姐，也是孩子们钟爱的保姆、阿姨和仙女教母；是我的事业搭档，也是生活中的密友。我们在汉普顿斯[1]合租避暑别墅许多年（直到她后来买了房子），玛丽亚烤蓝鱼，尼娜一边练习竖笛，一边教我们的小女儿莉齐把鸡蛋打进碗里而不弄破蛋黄，我则大声读书（《我们共同的朋友》《白衣女人》）。

我们始终在一起，直到她九十三岁那年在我家附近拐角的公寓中去世。那套公寓也是我们帮她找的。虽然她从小就是纽约人，她的直系亲属却不住在纽约，因此是我们，她的另一个家，陪伴到她最后一天——确切地说，是最后一刻。尼娜心态年轻，精力充沛，似乎从不会老；她说在年过八十五岁以前，她一直觉得自己三十五岁。而且她一直在工作，小心翼翼地上下出租车，一直到她去世前六个月。她是一个传奇，是灵感之源，更是快乐之源。至于我们当初在前台的短暂遭遇，尼娜直接否认它曾经发生——她不可能那么粗暴地对待一个年轻的求职者，也不可能忘了我。我到西蒙-舒斯特大约五年后，有一天她在办公室里大叫一声，紧接着冲到我的办公室。“看！”她在清理杂乱的抽屉时发现一张潦草的备忘便签：“面试罗伯特·戈特利布，琼·卡恩。”日期是1955年年初的。我总算有证据了！

除了让我看书稿，杰克其实不清楚该让我干什么。起初两个明

1　汉普顿斯（The Hamptons），纽约以东的长岛东部村镇群的总称，曾是都市艺术家、音乐家和作家的隐居处。现已成为夏季避暑胜地。

确的工作是为《杰罗姆·克恩歌曲集》写说明，以及解决《〈妇女家庭杂志〉宝库》所收文章的授权问题——没人跟我解释需要什么样的说明文字，该怎样解决授权，我自己想办法解决。接着他派我去华盛顿找著名政治漫画家赫布洛克，看看能不能从他那里撬出一本书。他已经签过合同，可似乎把交书稿这事儿给忘了。赫布洛克有许多崇拜者，但不包括我；他显然不喜欢有个毛头小子围着他喋喋不休。不管怎样，他还是交稿了。我也用同样方式撬出了另一本书《电影》，这是一本庞大的图文书，它的诞生多亏了三位女主角——文字作者、图片作者和设计师——和我：杰克从不看我在做什么。

我在西蒙-舒斯特工作大约一年之后，有一天，他决定让我开一个公款报销账户，我说我没有人需要招待，他就给我找了一个吃饭喝酒的人：年轻的文学经纪人乔治斯·博哈特。当时他只代理法国书，他的单间公寓就是办公室。（乔治斯是在战后从法国来到纽约的，他极其专业的工作方式、完美的品位和诙谐迷人的风度，加上他美如天仙的美国太太安妮最终成为他的工作搭档，使他成为纽约重要的文学经纪人。在初次相见六十年后的今天，我俩仍然关系极好，估计我们是仍在工作的同一代出版人中年纪最大的。）当时，我是他认识的第二个编辑，所以我俩隔三岔五地一起吃午饭，本身就很愉快，对出版社也有成效，因为我从他那里签下了一连串有意思的法国作家，即使他们的书几乎不会赚钱。与此同时，我深陷在一部已经确定要出版但奇烂无比的译稿里，一边缓慢、痛苦地编辑改写，一边咒骂自己的法语不够用。从这本书开始，我还艰苦地编辑过从意大利文、德文、西班牙文、日文以及法文翻译过来的书，渐渐明白一个令人谦逊的道理——无论多么勤奋，你都不能把一本烂译稿变成好译稿：你只能使它不那么烂。

我对什么都要知道个究竟，因为我对一切感兴趣。我爱琢磨每日销售报表：《穿灰色法兰绒正装的男人》销量大增；杰克钟爱的"波哥"系列图书（沃尔特·凯利广受欢迎的漫画）要卖光了；詹姆斯·纽曼的《数学的世界》——四卷盒装，售价20美元！——意外获得巨大成功。对数学一窍不通的尼娜，却能拿出我见过的最精彩的销售方案——足有八页（我记得有八页）的宣传册，上面的内容琳琅满目，有内容介绍、激动人心的名人评语，使你很难拒绝这本被如此充满激情而郑重其事地推荐的书。我们针对邮购渠道的推广大获成功：订单、支票每天如雪花般飞来，心满意足地清点这些东西成了我和尼娜每天上午到办公室的第一件事——这本来不是我们的工作，可谁能忍得住呢？很快，销量就过了十万套。

这种文化普及类图书是西蒙-舒斯特出版社常销书中的一大特色，其中最典型的可能是托马斯·克拉文的《艺术杰作的宝库》，因为理查德·西蒙聪明的营销，这本书自1939年出版以来卖出了几十万本。从西蒙那里，杰克、尼娜和我先后都学会了怎样营销图书。另一位创始人麦克斯·舒斯特则代表了自命不凡的一面，他把持着杜兰特夫妇永远畅销的系列书《文明的故事》，这套用了四十年时间（1935—1975）完成的十一卷、数百万字的巨著确实给我们带来了……文明的故事，至少写到了拿破仑。（杜兰特夫妇还没把文明写到当代就去世了。）这当然是有史以来最成功的系列历史书，给两位作者赢得了普利策奖、总统自由勋章，给他们和我们都带来了巨大的利润。麦克斯紧紧攥着这类书，一味迁就"天才作者们"——尼可斯·卡赞扎基斯是另一位——还自恋地撰写、签发被我们所有人笑称"被风吹得到处都是的广告"："昨天我和伦勃朗共进晚餐……"虽然我在西蒙-舒斯特工作十二年，其中有几年担任总编辑，傲慢、苛刻的杜兰特夫妇也是出版社的作者，但我成功做到没有和他们见一次面。

最初几年我手头几乎没有书的时候，其他比较忙碌的编辑会大方地带我一起工作，请我协助处理他们在做的书，其中就有尼科洛·图奇精彩的自传体小说《在我的时代来临之前》。图奇是意大利政治流亡者。三十年代中期，他在罗马的墨索里尼政府外交部工作，被派到美国来做文化交流。他在这里见到的人和事促使他认识到自己信奉无政府主义远超过法西斯主义，所以战争爆发时，他知道必须尽快离开意大利。他直奔纽约，与一群年轻的政治行动派为伍：玛丽·麦卡锡、索尔·斯坦伯格、多萝西·汤普森、德怀特·麦克唐纳。1940年，在纽约待了几个月后，他设法把新婚不久的妻子和襁褓中的儿子从佛罗伦萨接了过来，一年后，第二个孩子玛丽亚在纽约诞生。1959年，他坚持请我去观看他当演员的女儿参演的苏联话剧《五个晚上》，这出戏在外百老汇的小剧院演，只演四场，我就去了。戏本身零分，但玛丽亚（亲朋好友都叫她 bimba，也就是意大利语中“小女孩”的意思）真让人神魂颠倒：她是一个黑眼睛、黑头发、身材苗条的美人，既有孩子般的天真，又有圆润性感的嗓音。她十八岁，看上去像十六岁，在我眼里，她就像一个美丽的孩子（我比她年长十岁）。五年后，我和缪丽尔的婚姻（其实始终不像真正的婚姻）走到尽头，玛丽亚和我坠入了爱河（那是在 1964 年世界博览会时，我们在西班牙馆共饮玛格丽塔鸡尾酒），经过五十多年，我们还在一起。我想那可能是她喝过最烈的酒（她一般喝葡萄酒），结果证明她喝对了。

其实在见到她很久以前，我早已邂逅她——图奇发表在《纽约客》上的一系列有趣的短篇故事写的就是她和她哥哥维埃里，其中一篇讲他带着这两个孩子去普林斯顿拜访艾尔伯特·爱因斯坦，他们有很深的家族渊源。爱因斯坦去世时，玛丽亚十三岁，图奇拖着害羞的她深夜去电视台接受采访谈这位伟人。她说，当时她舌头打结，人完全僵住了，而意大利、俄罗斯混血的图奇完全没想过应修正自己的行为。他的行为方式和我见过的任何人都截然不同。他有欧洲人的冲劲，有风流外表和男子气概，讲起故事毫无节制又令人欲罢不能。他会流利地说六种语言，移民前在意大利就是著名的青年作家，并且和康拉德、纳博科夫一样，能写一手风格独特的漂亮英文。他有一些气质绝好的贵族情人，却也不可能完全疏远妻子，也就是长年忍受他出轨的劳拉，她被迫成为家中那个务实的人。（其中一个情人，聪慧机智、爱挖苦人的米米·尼奥利，后来成了玛丽亚最亲近的终身好友，跟家人一样。）有图奇在，任何事情都变得紧张、热烈、富有戏剧性。玛丽亚习惯了收到他的绝交信，宣称“你再也不是我的女儿了”，紧接着是不理不睬，或者忘记联系，像李尔王一般给玛丽亚定罪。所以我俩在一起大约半年以后我开始自称是一个易卜生戏中的人物却闯进了契诃夫的戏，也就不足为奇了。

《在我的时代来临之前》出版时，多萝西·帕克在《时尚先生》杂志上发表了一篇长达三页的评论赞扬这本书。这种意想不到的好事正是出版商们梦寐以求甚至天天祈祷的。我还没怎么明白自己所在的这个行业到底是怎么回事呢。我和尼娜合作出版的第一本书还得追溯到五十年代后期，是西比尔·贝德福德精彩的小说《遗产》，这本书在西蒙-舒斯特已经转手两个编辑，他们都不喜欢这本书。但他们要我读，我发现这是本好书，就拿给缪丽尔读，她比我还喜欢，就催尼娜快点读，尼娜也爱上了它，编辑大度地让我们接手。这本书的英国版上有好几个名家的推荐语：托马斯·曼、伊夫林·沃、南希·米特福德、阿道司·赫胥黎、珍妮特·弗兰纳等。我们打破常规，把这些推荐语放在封面上。首印肯定是五千册，我们大约寄了三四百本给书评人、作家和布伦塔诺、斯克里伯纳等精品书店的采购员，凡是可能读了会有共鸣的人，我们都寄。每一本都附一封尼娜的信，写得言辞恳切、聪明、鼓动人，她写任何这样的推荐信都是出于对书的深刻理解和她个人读了以后燃起的激情。她收到过的、让她最惊喜的回复来自安德烈·马尔罗。此前她给他寄了一本小说，写马来西亚共产党人起义。他回信说，他从不写推荐语，可是这辈子头一次，他被一封写得如此之好的信和随信寄来的书稿清样所打动，他感到必须回信赞美写信者的敏锐和优雅。

我们都沉浸在出版《遗产》的兴奋之中，甚至认定（位于另一幢楼的）收发室的工作靠不住，肯定会出现把信寄到错误地址去的问题，于是在忙碌的收发室工人惊愕的注视下，我俩侵入他们的领地，亲自寄书。同样令同事们惊愕的是，我们疯狂的行动在公众当中起了作用，这本非常欧洲、非常出色、绝对小众、写一个德国贵族家庭（即西比尔家）的长篇小说最终卖了两万册。这在五十年代那会儿是几乎不可能的成功，更不可能的是《遗产》还在《纽约时报》畅销书排行榜的最后一名位置逗留了数周。我获得极大的成就感，因为西比尔满意而高兴，而且这是我进入出版业后职业教育的里程碑——我明白了所谓出版行为，本质上就是把个人激情传递给大众的行为。在随后的半个世纪中，每当我偏离这个原则，缺乏热情地出书时，结果总是不太好。

在四十多年时间里，我和西比尔这个无趣的、容易紧张的、说话刻薄但带点口吃的精英主义女人，通过她的六本书保持着良好的关系，而且这么多年居然毫无争吵。和她那个时代的许多英国作家一样，她也不相信书稿能通过编辑改得更好，虽然她确实允许我对她篇幅庞大的赫胥黎传记提建议。她童年起就认识赫胥黎，很崇敬他。西比尔充满热情，自我感觉良好，爱好美食。有一次，她对玛丽亚和我谈论茱莉亚·切尔德[1]："你一定要明白，茱莉亚的厨艺是非常好的——是酒店厨艺的那种好。你懂的。"

出于一种虐待太太的恶作剧心理，我心血来潮邀请西比尔来我家吃晚饭。可怜的玛丽亚。在曼哈顿最好的肉铺帮助下，她总算顺利过关，做出够好的牛排。（多年后，我在克瑙夫出版社工作时，又给玛丽亚找了一次这样的麻烦，邀请茱莉亚本人来我家吃午饭。这次玛丽亚端出来的是干酪蛋奶酥，同样成功。"没想到茱莉亚那么好相处。"玛丽亚最近回忆说，"她很高兴，就连在我们之前的公寓租客留下的墙纸，她大概都能兴高采烈地吃掉。啊，我原来挺担心，但实际上和这两位女士在一起是很愉快的。"）

西比尔对葡萄酒的热情和知识更甚于美食，有法国证书为证。在西比尔眼中，编辑和出版人其实只是名头好听的商人，招待她吃昂贵的美味大餐是他们的荣幸。有一次，她坚持要我带她去纽约一家顶级法式餐厅，我提议我俩分食一道烤羊排。"好啊，亲爱的鲍勃，"她结结巴巴地说，"可你一定记得吃羊肉不喝上等的波尔多红酒就等于不吃。"她挑了一种红酒，的确是好酒。她的密友（我还远远不够格）都叫她"小兔"。

1957年，《遗产》还在迈向畅销之路上，西蒙-舒斯特出版社便遭遇一连串变故。首先是杰克突然去世。这对所有人都是沉重打击，或者应该说是对几乎所有人——麦克斯·舒斯特和幕后经营的马基雅维利式总经理莱昂·希姆金似乎没有流露悲伤的神色。（杰克这样的才子已经改变了西蒙-舒斯特出版社，但改变不了希姆金。）

1 茱莉亚·切尔德（1912—2004），美国著名厨师、美食作家和美食节目主持人。

打击最大的是很崇拜杰克的尼娜，她一直觉得她是在为他工作，尽管他像所有欣赏她才华的人一样，早已让她独当一面。她花了很长时间才从他去世的阴影中走出来。不过在他去世前，她和我已经开始合作，每本书的文案、宣传广告一起讨论，就这样工作了三十年，是一种纯粹的团队合作的乐趣。杰克已经签下凯·汤姆森和希拉里·奈特的“艾洛伊丝”系列童书，尼娜几乎是从他那里“抢”了过来——她显然对这个住在广场饭店的淘气小女孩[1]很有共鸣，虽然她也不见得有多淘气。五十多年后，直到尼娜去世的那一周，她还向我津津乐道，当年我们俯身在她打字机前为“艾洛伊丝”推敲介绍文案时，是她，而不是我——想出把亨利·詹姆斯的名字放进文案中[2]，虽然是我影响了她，让她也喜欢上了亨利·詹姆斯。

菲莉丝和我也为杰克的死悲痛欲绝，虽然我此时回想当时觉得他的死并不意外——毕竟，他四十七岁了（我二十六岁）。但因为他的去世，我们都忙得要死。别的不说，他的作者们需要我们继续关照，眼下除了我，没人能够接手詹姆斯·瑟伯、西德·佩雷尔曼以及其他作者，比如即将在西蒙-舒斯特出版《强迫症》的梅尔·莱文。我在这本书的书稿上给了杰克无数编校说明，但现在，还得独自对付封面设计、封面文案和作者本人，他的不易相处是臭名昭著的。当时，梅尔·莱文已经因为著名的《安妮日记》戏剧改编权而陷入与安妮·弗兰克家族的法律大战中，他是最早、最热情地向公众介绍这部日记的人之一。《强迫症》这部以李奥波德和勒伯案为原

1　艾洛伊丝是美国著名音乐人、歌手、节目主持人凯·汤普森（1909—1998）创作的系列童书主人公，是一个住在纽约广场饭店顶层的六岁淘气小女孩。该系列由希拉里·奈特绘制插画，于1956年开始出版，成为一套畅销系列童书。

2　“艾洛伊丝”的介绍文案中有一句：“亨利·詹姆斯会研究她。”

型的小说获得了巨大成功，但丝毫没有消减他对自己不公正遭遇的愤怒和灼心的痛苦。我对他的痛苦都看在眼里，深感同情。我们又合作出了他的十多本书，其中两本——《疯狂》和《偏执》，写的就是他为“安妮·弗兰克案”讨回公道无休止地艰苦抗争。

杰克之死还只是那年出版社遭受一系列打击的开始。另一件事情改变了出版社的历史。1944年，西蒙-舒斯特出版社曾被创始人卖给百货业大亨马歇尔·菲尔德，他死后，处置他遗产的律师们没兴趣继续持有出版社——出版社的生意太小了，始终要为亏本提心吊胆，而且政治倾向肯定和菲尔德一样偏左。迪克·西蒙之前就早早把他的股份套现了，所以按照回购协议，麦克斯和莱昂又完全拥有了出版社。但他俩彼此嫌恶，几乎连话都不说，最后他们达成一致，分工管理：麦克斯负责大众出版业务，莱昂管理童书品牌“小金书”和专出廉价平装书的“口袋书出版社”，正是莱昂本人在1939年主导创办了这个美国第一个主流廉价平装书品牌。它第一批十本书中有詹姆斯·希尔顿的《失落的地平线》、阿加莎·克里斯蒂的《罗杰疑案》、艾米莉·勃朗特的《呼啸山庄》（专门为当时劳伦斯·奥利弗主演的改编电影出的，这是不是第一本专门搭配电影上映的书？）、桑顿·怀尔德的《圣路易斯雷大桥》、索恩·史密斯的《托伯》和《莎士比亚悲剧五种》。

这种权力划分在最高管理层造成了不和谐的局面，但不影响我们大众图书部门。因为古怪至极的麦克斯基本上都在他阴暗的办公室里隐身，偶尔召开几次编辑部会议，也会不断把他的圆珠笔插进自己椅子的扶手里。有人在他就紧张。结果，他最喜欢的沟通方式是写备忘，通常都用大头钉钉住一张便签纸，上面写着他要提请我们注意的所有事项。比如“PAAIIMA”，这个潦草的缩写意思是“回答的时候就当我不在场”(Please Answer As If In My Absence)；“DTN”：做你应该做的（Do The Necessary)。他挑剔的悍妻蕾不许他用女秘书，以免其中哪个勾引一本正经、瘦小的麦克斯不守规矩。于是这个秘书职务就落到不幸的男士头上，他的主要职责似乎就是给麦克斯做的剪报归档。有件事大家都知道：一天，他的某一任男秘书终于坐不住了，冲出来给每一个人看老板刚从一张小报上剪下来的照片，是一个妇女在她被汽车碾死的小孩身边哭泣。“悲伤主题档案。”备忘便签上写道。多年来，尼娜和我常幻想有朝一日要用“悲伤主题档案”做书名写一本小说，写西蒙–舒斯特出版社和它颇为奇葩的、乱伦的历史(奇葩之一是许多人被录用居然是因为他们桥牌打得好。而乱伦之处是男人们的妻子好像会交叉出轨)。

我的珍藏品中，有一本已经翻烂的小册子，叫作“海外乡思：蕾和麦克斯·林肯·舒斯特用短句和长篇回忆组成的非正式游记”——这是舒斯特夫妇在1954年一起炮制的自命不凡、自我吹捧集，与世人分享，共十九页。麦克斯回到办公室顺手写的典型备忘录如下:“比尔博姆［麦克斯爵士］[1]和贝伦森［伯纳德］[2]都欣喜若狂地拥抱、亲吻蕾，因而确定了他们在名人堂里必将占有带浴室的房间。”再来看蕾的一封书信片段：“B. B.［贝伦森］真妙。他说，亲爱的蕾，我从没遇见过像你这样的人儿。你的温柔让我沉醉，多么希望你来这里，在我身边，我无时无刻不想念你。”有几年时间，他们的一小群仰慕者会聚在一起朗读这些东西。有人言之凿凿地传言舒斯特夫妇在纽约城里四处散发这些油印小册子，却收到克瑙夫正

1　麦克斯·比尔博姆爵士（1872—1956），英国散文家、漫画家。

2　伯纳德·贝伦森（1865—1959），美国艺术史学家，是当时意大利文艺复兴艺术的权威人士。

式的拒收信。那有可能是真的吗？

紧接着杰克的去世和麦克斯、莱昂的东山再起，大众图书部门几乎每一个重要主管都突然走了——发行部、制作部、设计部、市场部的主管——还有几个编辑。桌子都空了，可麦克斯没有招新人进来，或者是不愿招，而他当然也不想什么都自己管。结果，我们六个人——我是当中年纪最小的——就开始挑起这些职责。既没人叫我们做，也没人叫我们别做。

当时我已经开始结识几位业内人士，其中就有强大的布伦塔诺书店采购主管莉莲·弗里德曼，她慷慨地教我各种事情。有一天她着重对我说："鲍勃，你得告诉他们你是谁！""可我谁也不是，莉莲。"我说。"那样等于没说。"她说，"告诉他们你是谁。"可怎么说呢？要认识业内人士并不容易。背着媚俗骂名的西蒙–舒斯特出版社与那些传统保守的出版社——道布尔戴、哈珀、哈考特–布莱斯、霍顿–米夫林、霍尔特、利平科特、利特尔–布朗——就像是两个世界。它始终是一家充满活力的出版社，但又被这些主流出版社轻看几分——看那些填字游戏书！看那些卡通书！创立于1924年的西蒙–舒斯特也是这个行业里最早由犹太人创办的出版社之一。艾尔弗雷德·克瑙夫是先驱，是被他们认可的：他是德国犹太人，是一位绅士（他不是对葡萄酒了如指掌吗？），曾经在超级体面的道布尔戴出版社工作，具有高级的文学品位和人脉，还用他那条超级优雅的狗做社标！贝内特·瑟夫严格来说不算绅士，可他很受欢迎，而且和他一起创办兰登书屋的合伙人唐纳德·克洛普弗是无可挑剔的贵族。维京出版社的金斯伯格家族在业内社交圈也是被认可的。反观我们的两个创始人，迪克·西蒙首先是个销售员——实际上就是个成天叫卖的贩子！麦克斯·舒斯特则不属于任何类型。莱昂·希姆金么……就是莱昂·希姆金。在我基本上掌舵的时期，这艘船似乎慢慢驶入了受尊重的水域，但别忘了可怕的《卡路里不重要》，这本有史以来读者最难拒绝的书，在1961年短短几个月就卖了两百多万册，直到食品和药物管理局介入，调查作者在这本大作中推荐某种红花油时究竟扮演了什么角色。

所以，我们基本上被视为一群古怪（的确如此）、粗野（也许是这样）的人。因为我们没有人在其他地方工作过，在出版界几乎没什么人脉关系，所以虽然我们出版了杜兰特夫妇和其他许多评价很高的畅销书，非虚构的有温德尔·威尔基的《一个世界》、玛格丽特·哈尔西的《对某些人抱有恶意》，热门小说有《金石盟》《岳父大人》《红衣主教》和《君子协定》等，甚至还有普鲁斯特早期的作品《让·桑德伊》，可别人眼中我们的招牌作者仍然是瑟伯、佩雷尔曼、鲍勃·霍普等幽默作家，查斯·亚当斯、彼得·阿尔诺等漫画家：都是杰克的出版领域。他在百老汇、好莱坞人脉特别广，和《纽约客》的人也很熟，但他不是“文学编辑”。他认识玛丽莲·梦露，不认识薇拉·凯瑟。

接着还有励志书，比如三十年代最畅销的非虚构图书，戴尔·卡耐基的《如何赢得友谊及影响他人》。它的畅销势头从未停止：据《出版人周刊》报道，2013年，此书的一个平装版销量就超过十五万册。（尼娜刚开始工作的时候——她喜欢说那是“1939年的第一个工作日”——她最早的任务之一就是给潮水般的戴尔·卡耐基读者来信写回信，这些来信说：“你在书里写，如果我对邮递员微笑，他可能会回以微笑。这真启发人。我也尝试这样做了，他真的对我微笑了！”）卡耐基是希姆金发现的，每年都畅销的《拉瑟报税指南》也是。不过，下一本心理励志类大畅销书，约书亚·罗斯·李普曼（拉比）的《心灵的宁静》则归功于迪克·西蒙。这本书在四十年代末有一年多时间占据《纽约时报》畅销书排行榜榜首。

杰克·古德曼永远缺钱，因为他的家庭情况非常复杂：离异，照顾孩子，有一个性感而有趣的女友，玛丽莲那种风格，名如其人，叫布洛森姆·普拉姆[1]。（布洛森姆爱讲她和一个好莱坞著名律师格雷格·鲍策约会的故事。鲍策也是猎艳高手，明星琼·克劳馥、拉娜·特纳、多萝西·拉莫尔都是他的情人。当时她和鲍策在一家夜总会，她去上洗手间，还没出来就有人送来一朵兰花和一张纸条："快回来！我已经想你了。"）杰克和电影大制片人杰里·瓦尔德（《欲海情魔》《金玉盟》《冷暖人间》）签了一份条件丰厚的协议，充当他所谓的书探，也就是提前告诉瓦尔德有哪些可能大卖的畅销书。然后，杰克又雇我给一堆最乏味的书写情节介绍（每个月100美元，这是我求之不得的）——虽说给任何书写情节介绍都是很乏味的工作。埃德温·奥康纳《最后的欢呼》就被他用这种方式押中了：他选中，杰里买下改编权，约翰·福特导演，斯宾塞·屈塞主演。然后瓦尔德又想出一个新点子：他找人写他能改编成电影的小说。早在1957年，他就开始这么干了。

菲莉丝有一个大学闺蜜，很有抱负的富家女孩罗娜·贾菲，正在当时主要的廉价平装书出版社福赛特工作。罗娜想当作家，接下来的事情可谓载入了史册。她拿着《冷暖群芳》的故事提纲给我和菲莉丝看，我们给杰克看，杰克给杰里看，我们就决定出版了。我们手上的是一个特别符合好莱坞套路的故事，因为在此之前的三十年，这样的故事就是不少热门电影的原型。三个（或四个，或五

1　英文为"Blossom Plum"，blossom 即花朵，plum 是李子，梅子。

个）姑娘来到纽约，想要找到人生方向。要事业？还是要婚姻？她们会找到如意郎君，还是所托非人，或者孑然一身？总有一个会一路登上事业巅峰，却以牺牲真爱为代价；另一个会嫁给邻家好小伙，安心成为幸福的家庭主妇；还有一个会事事不顺，悲惨死去。比如，《恋爱中的女人》（1936）中，康斯坦丝·贝内特嫁入豪门，却错失了真爱；珍妮·盖诺找到了真爱，唐·阿米契饰演的医生；洛丽泰·扬被泰隆·鲍华饰演的花花公子抛弃，悲伤欲绝要自杀（不过她最后回到她卖帽子的小店平静生活）。在《萨莉、艾琳和玛丽》（1925）中，悲惨死去的是琼·克劳馥，为她哀悼的是康斯坦丝·贝内特和萨莉·奥尼尔。在《三对佳偶》（1932）中，是安·德拉克用唇膏在她的睡衣上写下被黑帮绑架的小儿子下落后，为了救儿子而跳出窗外——另外两个女主角是琼·布朗德尔和贝蒂·戴维斯。

《冷暖群芳》与众不同的是许多细节并非好莱坞的胡编乱造，而是源自生活。有两个主要角色部分是菲莉丝贡献的：一个是卡罗琳，她在未婚夫移情别恋上一个达拉斯富家女之后，专心工作，取代了上司（在杰里制作的电影里，仍由琼·克劳馥扮演），另一个是格蕾格，她迷恋身为剧院制作人的老板，曾经的情人，被他抛弃而失魂落魄，竟翻看他的垃圾袋，最后失足掉下太平梯摔死（第三个主角肯定不是菲莉丝提供的素材。她从乡下来到纽约，但适应不了纽约快节奏的生活，最后和一个真心喜欢她的、单纯的好小伙儿回了科罗拉多家乡）。而且，罗娜工作过的一家出版社疑似就是书中写的那家；她把那里的气氛写得很冷漠。

退一步说，这是和《遗产》不同的另一种挑战，我们即兴发挥，聘请著名摄影师菲利普·哈尔斯曼在第五大道拍摄罗娜（当时我们刚出版他有趣的摄影书《跳跃书》不久）。他交出的作品成了这本书的封面照——无疑，这是第一次使用专门拍摄的作者彩照做小说的封面。接着我们决定在正式出版前先做一个营销推广用的平装样书版本，把哈尔斯曼的照片什么的都用上，在销售渠道中制造兴奋感。就我记忆所及，这种如今必不可少的发行手段，在当时也是首次出现，1958 年 6 月在大西洋城召开的美国书商协会（ABA）大会上，我们拿去散发，效果很好。（那时候，美国书商协会的年度大会主要是出版社发行部门向书商推新书的场合，还没有变成如今的经纪人、编辑、外国出版人云集的国际性书业盛会。）不过，把这本书的宣传意外推向高潮的还是罗娜自己，她和她当时的男友谢尔盖·奥伯伦斯基、菲莉丝和我围坐在一家夜总会舞池边上的桌子边，周围是几百号出版圈里的人。夜总会司仪说话越来越娘娘腔，而罗娜醉意越来越浓——突然，这个从来算不上优雅的姑娘站了起来，摇摇晃晃地冲他大喊："找个鸡巴去舔吧，我要上厕所。"《冷暖群芳》就这样发布了。

几乎整整五十五年后，根据这部小说改编的、制作精美而动人的戏剧在纽约市中心的一个小剧场上演。它出彩之处在于《广告狂人》[1] 尚未问世之前的复古效果——那些在出版社工作的"女孩"使用的是五十年代新潮的打字机、电话机，还有她们的小帽子、白手套，她们对贞操的忧虑。但它能成功也因为这个故事让观众难以拒绝的基本情境——那些带着困惑的姑娘努力寻找生活的方向。（即使在二十一世纪的今天，她们仍然如此——想想《都市女孩》[2]。）罗娜把她的这本书题献给"菲莉丝、鲍勃、杰伊（她的经纪人）、杰里和杰克"。这些人之中，只有我还活着，书也还"活着"，最近一次出

---

1 《广告狂人》是 2007 年开始在美国开播的热门电视剧，讲述的是六十年代纽约广告业的故事。

2 《都市女孩》是美国 2012 年开播的电视剧，讲述四个年轻女孩在纽约的故事，关于她们的工作、爱情、梦想和生活。

新版是 2005 年，卖光了。看着舞台上年轻迷人的女演员扮演的菲莉丝活灵活现，甚至就像是她本人，真让我坐立不安。我满脑子想的就是菲莉丝当时不能坐在我旁边真是太不公平了。

在 1958 年《冷暖群芳》出版的那个月，我在个人生活中迈出了大胆一步，开始接受长达八年的精神分析治疗：每周有四天上午，仰面躺在沙发上。这是一个非常艰难、痛苦的过程——有人认为谈论自己肯定像是兜风或者放飞自我的感觉，这些人肯定没有经历过弗洛伊德疗法的严酷考验。

我做此决定有两个原因。一个是身体原因——我开始有手脚麻木的感觉，我意识到这是身心失调导致的。此外我感到自己的行为越来越像我父亲，易冲动发怒。我给自己找借口，想缪丽尔当初选择嫁给我的时候就知道将要面对怎样的生活，可小罗杰没有选择。我向纽约精神分析研究所申请治疗费优惠，他们确认我作为精神分析对象很合适，找了一位费用我负担得起的医生。他的收费是一次 15 美元，一周就是 60 美元——这对我们是巨大的开销（当时我年收入在 12 000 美元左右）。但我别无选择。我相信这是对我唯一有效的疗法——用清教徒式的中欧犹太人疗法治疗一个清教徒式的中欧犹太人。

我不太善于分析，几乎不可能放松心态进入自由想象的状态，也就无法进入梦境，起到治疗的效果。然而，关键的事情发生了："移情"给心理医生，这样就可以展开治疗。而我对权威的抵抗、对它的反感如此之深，使我一直在抵抗心理医生和他的精神分析，一直到治疗的第七年年底，耐心的医生冷静地说，也许我们应该考虑"结束"了——到下一年的年底，也许就结束？最后期限！我停止了抵抗，全身心地投入，一年之后终于可以停止每周四天早上从市中心的家匆忙赶地铁到东九十六街（人称“心理医生之街”）。

那八年见证了我婚姻的消亡和我母亲漫长而痛苦的死亡，在她最后的日子，我有条不紊、一步一步地，每天去探望她，不允许自己情绪失控。之后一年躺在沙发上，我经常不能说话，只是流泪，泪水顺着脸颊流进耳朵——仰面躺着哭就会这样。没有灵光乍现，只有因为治疗而自我坦白的时刻，但到最后，我知道自己能够扭转心态，不再越陷越深，进入最糟的状态，而是能够向上攀登，成为我希望的人——不再有那么强烈的占有欲，不再那么好胜，那么愤怒，那么渴求别人的认可，我变得更加开朗。

精神分析治疗拯救了我，但我并不推荐（并不是说它现在过时了）；它让我这么严格自律的人都难以忍受，更别说受益了。菲莉丝也试过，想看看她能不能改变总是和已婚老男人谈恋爱的模式，一两年后，她和医生都认为，既然她在这种状态下生活很如意，中断这种状态的企图就没有意义。

那时候，菲莉丝已经是我的正式助理了，这在我俩之间当然像笑话一样。我一般是十点一刻从九十六街到达办公室，她则在那时候去开每日例会，然后吃午饭。而我也会在差不多时间去吃午饭——那时候出版业的午餐时间仍然很长——我们一般要到下午三点左右才会坐下来一起工作。不过这点时间对我们来说已经足够：迷人的菲莉丝工作也高效。我们快乐地同舟共济，直到蕾·舒斯特发现菲莉丝竟和她的女婿、声望很高的民权律师伊弗雷姆·伦敦在热恋，于是逼麦克斯开除了她。这听上去就像罗娜小说中的情节，事实上，她最好的一部小说《如意郎君死了》写的就是这段胶着的、后来延续了数十年的恋情。

蕾喜欢称我是“我家麦克斯的天才青年”，我对她的记忆中，最喜欢的一个场景是她为昵称“德卡”的杰西卡·米特福德出版《美国人的死亡方式》举办招待酒会时，站在她身旁迎接列队入场的来宾。“巴黎世家！”在客人鱼贯而入时，她冲他们叫道，同时猛地甩开她优雅套装的上装，“全衬里！”[1]

蕾本来可以成为德卡·米特福德（她是声名狼藉的米特福德六姐妹[2]之一，大姐就是南希·米特福德）绝佳的批判对象。德卡最爱干的事就是揭穿名流的荒谬可笑。是的，她曾是激进的共产党人；是的，她曾是为每一个人的权利呼喊的平权斗士；是的，她热衷于揭露欺诈。但我认为她最爱的是让愚蠢者、贪婪者、招摇者的白痴行径显形。她去参加这场活动，当然要谈论她在 *AWOD* 里写的他们（*AWOD* 是我们对她这本书的简称）。她认为有责任要揭露的不仅仅是殡葬从业者的诡计，还有他们的语言，他们的装腔作势。她批判他们越猛烈，他们就越显得麻木不仁——这是一场不对等的战斗，因为她远比他们聪明，态度也更坚决、更不留情。

德卡和我第一次见面就因为讨论套管而拉近了距离。这种干净的医用小器械是殡仪馆对尸体防腐前用来抽取液体的。（真正拉近我俩距离的是意大利馆的血腥玛丽鸡尾酒。意大利馆是当时出版圈消磨午餐时间的首选之地，我在事业上也刚好到达牛皮哄哄的阶段，以在那里拥有一张“我”的桌子而自得。伏特加永远都是德卡的心

1　这里蕾使用了双关语表现她的幽默。“全衬里”原文为“Fully lined”，既指她穿的“巴黎世家”品牌衣服是有全衬里的，显得高级，也是指来的客人很多，入场的队伍（line）排得很满。

2　米特福德六姐妹（Mitford Sisters）是二十世纪英国最著名的贵族姐妹。她们出身于贵族世家，在家里接受教育，其中文学成就最高的是大姐南希·米特福德。六姐妹中的老三戴安娜和老四尤妮蒂都是法西斯信徒，尤妮蒂甚至成为希特勒的情人。而杰西卡·米特福德（即“德卡”）则自小信仰共产主义，1944 年移居美国加入美国共产党，也是马丁·路德·金领导的美国黑人民权运动的积极参与者。《美国人的死亡方式》是她以调查记者身份撰写的非虚构名著，揭露了美国殡葬行业的贪婪内幕。

头所好。）年轻、有才华的文学经纪人坎迪达·多纳迪奥当时已是我在文学界最好的朋友和死党，是她介绍我们认识，看看我们是否处得来。大约一年前的某个深夜，我在电话里跟坎迪达发牢骚，别人都说我是编辑高手，我怎么想不出什么可以组稿的好选题？我说我只想到一个题目，就是殡仪馆的世界，可我还什么都没做。“太糟了，”她说，“我代理的作家杰西卡·米特福德跟霍顿-米弗林出版社签了合同要写一本这个主题的书。”

晴天霹雳啊。我读过米特福德的第一本书，妙趣横生的回忆录《女儿们和叛逆者》，特别喜欢。我说，那万一哪天这本书没有合同约束，请马上告诉我，不管他们付了多少钱，我加倍付。令坎迪达惊异的是，在德卡交了大部分书稿后，霍顿想要解约——他们最好的编辑都被写防腐的那一章吓坏了，他们的律师也很担心此书会引起法律纠纷。我像《第二十二条军规》结尾的约塞连那样，跳了起来。而当我见到德卡时，我又像约塞连一样——这回是《军规》一开始的约塞连——对她一见钟情，哪怕是最不像随军牧师的德卡都想不到。[1]

《美国人的死亡方式》的出版过程完美无瑕。内容上没有编辑观点的冲突，因为我们想法完全一致——谢天谢地。书名完美。构思独特的设计师珍妮特·哈尔弗森当时已经凭她为《生而自由》画谜一般的封面设计而创造出一种新的风格，她对此书的设计堪称我所见过的封面设计中最好的象征——用葬礼花圈上的花围成一个美元符号。它说明了一切。而且德卡也确实是一个绝佳的营销者。她准备充分，一口悦耳的英国上流社会口音，很会逗乐，碰到殡葬业有

1　约塞连是《第二十二条军规》主人公，随军牧师也是书中的一个重要人物。

人不知好歹竟敢指责她，她会驳斥得他们落花流水。这本书一路蹿升到畅销书排行榜第一名，德卡也被送上“扒粪女王”的外号。对于我们所有参与这本书出版的人来说，这本书在最好的时机获得佳绩还有双重的满足感：国会通过立法，令那些殡仪馆老板至少收敛一阵子。（三十年后，我们因《重探美国人的死亡方式》的出版而再次审视这个问题，发现情况又倒回去了——事实上比过去更糟。）在我保存的那本《美国人的死亡方式》上，德卡用她典型的幽默写道：“感谢你让我比殡葬业的人更有钱。”

1963 年尼娜的母亲去世时，德卡的书尚在校样阶段，我因而对操办葬礼有了切身体验。我和尼娜去了河滨的西岸（犹太）“纪念堂”，她要看看传统的普通松木棺材。表情严肃的销售员带我们穿过几英亩雕工精致的、白花花的石棺，一个比一个丑。尼娜显示出真正的毅力。经过好几个不令人愉快的来回，他非常不情愿地打开一扇隐秘的门，阴暗的室内放着两口松木棺——她知道她睿智、优雅的母亲要的就是这种棺。她选的那口棺顶上有一颗木质的大卫星，她要求把大卫星去掉，因为她母亲完全不信犹太教，有了它会不开心。我们这位销售员箭囊里还有最后一支箭。他解释道，这口棺材是新泽西的一个宗教团体制造的，他们不允许它毫无装饰地卖掉。我们多付点钱怎么样？我提议。于是我们多付了 75 美元成交。要不是读过《美国人的死亡方式》，我们早就被他绕晕了。

德卡又跟我合作出版了六本书，包括自传《过去的小冲突》。但我们之间并无冲突。即使她在我看到她要过分夸大叙述而干预提醒的时候发牢骚抱怨，她也都会承认她需要提醒。那些年和她交往中我最喜欢的记忆是她在一篇回忆文章中写到我的好几件事。“德卡，”我告诉她，“这篇太好笑了，我个人不反对，但我必须指出里面说的每一件事实都是错的。”“写出你的版本吧。”她说，“写准确——如果你一定要写的话。”（我的确不得不写。）我时常唠叨她要么不干，要干就全力以赴，然后看看能占到多少便宜；长达四十年的交往中，我们都喜欢日常的拌嘴，争论谁是咬人的谁是被咬的。（她给我的大部分信开头都是“亲爱的伤口”。）根据我的说法，你可以认为她“咬”了我很多次，可是她现在已经不在了，无法说出她的版本。

毫无疑问，德卡·米特福德在重要事情上都是诚实的，她真诚、慷慨，我行我素，又总是好玩得要命。我和她女儿康斯坦西亚·罗米利（人人都叫她“小不点”）至今仍是好友。小不点的两个儿子是和詹姆斯·福曼生的，他是民权运动中的黑人领袖，出于政治原因不能和白人女性结婚。德卡最广为人知的名言是某个南方人要求她回答假如她女儿嫁给“那种人”，她会怎么想，她的回答是：“哦，她要是能嫁就好了！”

德卡只是坎迪达介绍给我的许多作者之一（其他还有约瑟夫·海勒、布鲁斯·杰伊·弗里德曼、华莱士·马克菲尔德、威廉·加迪斯、罗伯特·斯通和约翰·契弗等）。坎迪达和我只相差一岁，我们一见如故，虽然我们的出身背景和性格相差极大。坎迪达是西西里人，她为此自豪——尤其喜欢西西里人那种冷酷的报复心。她身材矮小，胖乎乎的，气质庄重，总是一袭黑衣——活脱脱战后意大利新现实主义电影中走出来的人。她低沉的嗓音好像经常充满了末日和痛苦的感觉——“那些孩子！那些孩子！”她喜欢这样喊，还真的捶自己丰满的胸。她本人没有孩子，迈克尔·科达[1]后来这样

1 迈克尔·科达，生于1933年，是罗伯特·戈特利布在西蒙-舒斯特出版社时的同事。戈特利布离职后，他出任西蒙-舒斯特总编辑。1999年，他出版回忆录《因缘际会》。本书后文还会提及。

写她："所有作者都像孩子，但她的作家都是她的孩子。她对他们的感情就像是母亲对孩子。"她确实结过婚，有两次，但都是灾难。其中一次还是由我和缪丽尔在我们家设的婚宴，但没过几个星期，新郎去了洛杉矶，再也没有回来。（这让我想起乔治·艾略特的丈夫，比她小二十岁的约翰·克罗斯，在威尼斯度蜜月时从他们下榻的酒店窗口跳进大运河。）

我们这种在小圈子里被视为结盟的关系，在六十年代中期因为《时尚先生》杂志把我俩称为出版界"话题制造中心"而算是正式加固了——这虽然能令我满足一时，但与我们看待自身的关系相去甚远。把我们联系在一起的并非雄心壮志或者对公众关注的渴望，而是因为我们都嗜书如命，且品位极其相似，我们都抱持基本的信念：作者是第一位的。坎迪达住的小公寓离我们家仅隔几个街区，我住在五十几号街之间的第二大道一幢破旧的褐砂石公寓楼里，占了一个楼面——我们有漆成蓝色的地板，前面后面还有老式的太平梯。哪天她生病了，缪丽尔或我会送一碗我们自家炖的鸡汤过去；要是我们临时有事外出需要有人看孩子，她就会蹬着运动鞋过来照看小罗杰。碰到问题，我们会彼此分享，我们的好朋友艾琳·梅耶·塞尔兹尼克经常说，"我们会为对方洗衣服"。

1957 年 8 月 29 日，坎迪达寄来一封短信，上面写道："这是我们昨天谈到的约瑟夫·海勒的《第十八条军规》书稿。大约一年前[1]他在《新世界写作》杂志上发表第一章以后，我就一直关注他。他在《大西洋月刊》《时尚先生》等杂志发表过一些东西。下周一起吃午饭时我会告诉你更多他的情况。此致，坎迪达。"随信寄来了大约

1　约瑟夫·海勒在《新世界写作》上发表这一章的确切时间是 1955 年 4 月（《新世界写作》第七期）。

七十五页书稿，我被其中的声音、幽默和愤怒所击中。我们报价500美元买下优先出版权。其时，杰克·古德曼刚去世几个月，整个编辑部已经变得没什么固定章法了；要是我说“我想做这个”，没人会有兴趣说“不”。乔[1]和坎迪达决定等书稿写得足够长了再签正式的合约。

我第一次见到乔，是请他到我们办公室附近一家菜单丰盛的餐厅吃午饭。他一来就令我大吃一惊。我本来想象他是一个充满活力、爱逗乐的人。可我见到的基本上是一个身着灰色法兰绒正装的人——他当时在麦考尔广告公司做广告主管，看上去就是干这个的，说话也像。我发现他小心翼翼的（鉴于他的书中许多地方体现出的妄想症倾向，这其实并不奇怪），态度不置可否，显然就是来看我一眼。他后来告诉我，他觉得我当时挺紧张，而且简直乳臭未干。我其实只比他小八岁，但他是成熟的退伍军人、前大学教师、成功的企业主管。而我，二十六岁，长相比实际年龄小得多，没有当编辑、出版人的过往资历——当时离我出版米特福德和其他作者还早。

所以这次会面并不是“一见钟情”，而是后来证明重要得多的关系：一种从未褪色的工作与个人关系，尽管我们历次合作间隔时间很长，尽管我们陆续合作出书四十多年却极少在社交场上见面。（也许这反而是保持我们关系的原因？）如同我和德卡·米特福德之间的合作一样，我们从未恶语相向，始终是完全的信任。我知道我随时都可向他求助，也知道他对我同样这样想。确实，在我们未来的个人生活中，都有黑暗的时刻等着我们——通常都和孩子有关——最后都证明了这种信任。

最重要的信任是对书稿的编辑。我们初次见面之后大约过了

1　乔是约瑟夫的昵称。

三年，他写完了。他一交稿，我就对文本一通猛攻——我心态很放松，因为根本没想我面对的是将来会成为圣书一般的文本。另外，乔作为自己作品的编辑，也像他写作一样高明，绝对没有作家的自恋。对于《军规》一书，就和我们后来合作的所有书一样，他修改起来总是大刀阔斧，不知疲倦，（对自己）毫不留情，不管是对我们在处理的一个词、一个句子、一个对话片段，还是一个场景。我们就像两个外科医生镇定地给一个麻醉中的病人做手术。"这在此处没用。""移到那里怎么样？""不，最好砍掉。""好，可这样一来我们得改这个。""这样改？""不，那样改。""完美！"这样的对话中随便哪句话都可能是他说的，也可能是我说的。那时，我还没有足够的经验意识到，他的这种不设防是多么稀有，何况在他心目中，这本书毫无疑问是非同寻常的，我们正在创造文学史。直到最后一刻，我们付印前不久，我告诉他有一个章节风格突兀，我不喜欢——在我看来，这个实验性强的章节破坏了整本书的基调——我想删掉，他毫不犹豫就同意了。（几年后，他把这章拿到《时尚先生》发表了。）我也不知道我怎么就这么确信，但我对自己作为读者的判断力从不怀疑，尽管在生活的许多方面我都不太自信。

乔非常急于提到我的贡献，使得有一天早上我读完他给《纽约时报》的采访稿后，不得不打电话请他把提到我的地方删掉。我当时认为，现在依然认为，不应该让读者知道编辑对书的干预作用；他们有权认为，他们正在读的书全部来自作者。不过事情已经过去够久远了，现在我纵容自己重复乔的女儿埃丽卡在她最真实的回忆录《约塞连眠于此》所写的话，也没什么坏处："我爸爸和鲍勃有一种同志情谊，还有一种近乎神秘的相互尊重。不管鲍勃的铅笔划到哪儿，或者他建议删改、移动、重写什么内容，我爸爸都不以为忤。

对爸爸来说，编辑写的每一个词、划的每一条线都是神圣的。”这虽然是善意的夸张，但的确反映了我俩之间交往的事实。

这并不是说《军规》的出版之路上没有磕磕绊绊。首先，完稿送来后，有一些同事非常不喜欢——他们认为它粗俗，还说书中的重复是作者的粗疏，而不是乔有意为之的一种关键表达方式。接着，我们还有一个案头编辑，她一门心思只盯着文字，听不见作者的声调。她犯下了许多滔天罪行，比如乔经常故意连用三个形容词修饰一个名词，她就不能容忍。她问也不问我就把每一处的第三个形容词划掉。是的，她的每一处改动都被恢复了，但当时还没有电脑：全部得手工恢复，白白浪费了几个星期。

等到一切就绪准备出版，在确定秋季书目新书印数的会议上，唱反调的人报了五千册。这下唤醒了尼娜内心沉睡的老虎。是的，每个人心目中她都是一个天才，但也像一只可爱的小兔子。她突然站起来，扫视一圈，说：“如果凭我这么多年的经验看准一本书都不能保证有七千五百册印量的话，我在这里还有什么意思？”大家目瞪口呆。这不像是大家认识和喜爱的尼娜。“没问题，尼娜！”“你说得对，尼娜！”“你认为应该印七千五百册，那就七千五，尼娜！”整个场面变得极其滑稽，也让我特别满足，我和她把这次会议称为“尼娜·伯恩不再是小兔子”的转折点，我喜欢（私下里）把这个功劳归功于自己。后来，当她变得更决断一些的时候，我可能偶尔会后退，她就会说：“你可以把小兔子从某人身体里揪出来，但你再也放不回去了。”在这场把《第二十二条军规》推向世界的著名营销大战中，出版生涯七十年中对《军规》比任何一本书都要投入的尼娜，是秘密武器，也是“致命”武器。

但《军规》出版之路上最大的“军规”是书名。在乔写作这本书的整个七年左右时间里——包括他、坎迪达、尼娜和我越来越投入的四年——书名一直是《第十八条军规》(*Catch 18*)。接着到了1961年,《出版人周刊》有一期春季特刊专门预告每家出版社当年秋季新书，我们看见近来因超级畅销书《出埃及记》而名声大噪的里昂·尤里斯将要出版的新书叫《米拉街十八号》(*Mila 18*)。他们把我们的数字偷走了！今天你感觉不到这里面受伤的味道，但在那一刻，那岂止是创伤，简直是悲剧。显然，“18”只能弃之不用。换哪个数字呢?

“11”一度是我们认真考虑的数字，但因为新近上映的电影《十一罗汉》(*Ocean's 11*)而放弃。然后乔提出“14”，但我觉得“14”听上去没感觉，否了。时间越来越紧。一天晚上，我躺在床上冥思苦想，灵感来了。第二天一早我就打电话给乔喊道：“乔，有了！22！比18更滑稽！”一个数字比另一个数字更滑稽这种说法，显然只是一个自欺欺人的经典案例，但我们就是要欺骗自己。

多年以后，随着坎迪达健康状况和自信心日益下降，她对单纯的数据记忆越来越模糊，她开始跟采访者说，我们确定用“22”是因为10月22日是她的生日，所以这个书名是献给她的。我很难过，一个曾经那么有才华、那么睿智的人会降格到这样的地步，宽容地说是幻想，不那么宽容地说，就是撒谎了。乔喜欢她也感激她，但心里很清楚，无法从她那里得到严格意义上的真实，所以最终决定他的小说换经纪人代理。(为了避免让她感觉受辱，他同意让她继续代理他除了小说以外的作品。)坎迪达曾经拥有一个令人惊叹的代理作者名单，包括菲利普·罗斯、索尔·贝娄、马里奥·普佐、伯纳德·马拉默德、托马斯·品钦等等，却眼睁睁地看着几乎所有人离开了她。我的结论是，如同大多数男孩一样，她的这些“孩子”都要离开母亲。

我自己和坎迪达的关系则在《第二十二条军规》出版几十年后，以不堪收场。我发现她在一个涉及几百万美元交易额、与一位大牌作家有关的谈判中向我撒了一个非常严重的谎。出版界很少有欺骗，所以当她最后承认她确实欺骗了我，我既愤怒又伤心，再也不想和她说话。“话题制造中心”就这样画上了悲伤的句号。

但在辉煌时期，维系我们的不仅仅是个人的友谊，还有《第二十二条军规》带来的兴奋。要谈“营销活动”就好像给某种还不存在的事物加上标签。没有营销计划，没有预算：尼娜和我每天想到什么就做什么，尽情挥洒我们的精力（和西蒙-舒斯特的钱）。我们先是在每天出版的《纽约时报》打预告广告，突出这一代最杰出的设计师保罗·培根为封面设计的小标记，一个肢体扭曲、腾空的飞行员形象。我们寄出大量试读本，还附上尼娜写的推荐信，她称为“精神错乱的女管家之信”，比如她说“这个精神错乱的女管家相信这个宝宝是她亲生的”。盛赞的好评几乎立刻如潮水般涌来。尤其让乔高兴的是阿尔特·巴克沃德[1]从巴黎发来的电报：

> 祝贺约瑟夫·海勒写出杰作《第二十二条军规》。我认为它是史上最佳战争作品之一。欧文·肖和詹姆斯·琼斯也这样想。

第一批夸赞的人范围之广令人吃惊，从纳尔逊·艾格林（“多年来无论放在哪里都是最好的美国小说”）到哈珀·李（“《第二十二条

---

1 阿尔特·巴克沃德（1925—2007），美国犹太裔幽默作家，长期在《华盛顿邮报》写作政治讽刺专栏。电报中提到的欧文·肖和詹姆斯·琼斯都是当时很畅销的著名作家。

军规》是我读过的唯一一本有意义的战争小说”）到诺曼·波德霍雷茨（!）[1]。我们收到至少二十位著名作家的来信，而我们最喜欢的，反倒是伊夫林·沃以下这封信：

亲爱的伯恩小姐：

谢谢您寄《第二十二条军规》给我。您对这本书如此着迷真令我感到遗憾。其中有许多段落挺不适合女士读的。它不仅粗俗，还啰唆，这些都损害了它的价值。应该删掉一半篇幅。尤其是写米洛这个人物的部分应该删掉或者大幅缩减。

您称它为长篇小说是错误的。它是一本人物速写集——不同章节的内容时有重复——根本谈不上结构。

许多对话很滑稽。

也许您可以这样引用我的话：“这部小说对美国军官腐败、懦弱和粗鲁的揭露，只会令亲者痛（比如我本人）而仇者快。”

此致，

伊夫林·沃

我们没有采用他提议的这句话，也许应该采用的。

1 这里提到的三位作家纳尔逊·艾格林（1909—1981）、哈珀·李（1926—2016）和诺曼·波德霍雷茨（1930— ）背景各异。纳尔逊·艾格林当时是成名已久的大作家；哈珀·李则在《第二十二条军规》出版的上一年，即1960年才因《杀死一只知更鸟》一举成名；评论家诺曼·波德霍雷茨刚刚于1960年接任美国犹太知识分子杂志《评论》主编。

评论毁誉参半，有捧上天的，也有踩到底的，但书的销量节节攀升，虽然是缓慢的增长——从未好到把它送进畅销书排行榜的地步，但已足够让我们一再稳定地加印。同时，尼娜和我一看到有新的动态就发一波相关的广告宣传，把越来越多评论家、书商、学者和普通读者的赞美都用了一遍：我们在几千本书中附了包含邮费的卡片，收到几百封回信，既有正面评价（“极好笑”“滑稽”），也有负面评价（“纯粹浪费时间”“如果空军里有疯子——我们是怎么打胜仗的？”）。喜爱它的人很多都像尼娜那样成了“精神错乱的女管家”。比如下面这位大学教师写的：

> 一开始，我在室内时到哪个房间都得带着它。然后，每次外出都得带着它。我到哪里都读——公交车上，地铁里，杂货店收银排队时。看不到它我会抓狂……昨晚我终于读完了，放声大哭。我再也不是以前的我了……但在我因《第二十二条军规》而死之前，我要尽我一切所能让它活着。我要把地铁里的广告换成“答应她一切，除了给她《第二十二条军规》”。我要在我能找到的每一个平面上都写“第二十二条军规”。我明知侵权还要安排一辆“第二十二条军规”自由巴士[1]到处开……因为《第二十二条军规》，今天我更幸福了。更幸福，更悲伤，更疯狂，更理性，更健康，更智慧，更勇敢。就因为知道它存在。感谢你们。

---

1 自由巴士是指1961年开始，美国民权运动者们发起的“自由乘车”运动中所使用的巴士。为了检验最高法院对南方各州在跨州巴士上实施种族隔离为非法的判决执行情况，南方青年学生发起这一运动。

还有许多寄给乔或者给我们的信，即使不那么狂热，也可与之相比。来信的有期货经纪人，有新泽西的压铸设备制造商，有纽约的老奶奶，有俄勒冈尤金市的十五岁男孩，有家庭主妇（“这里是午夜，我正在接好几个人的电话，我送过书给他们，现在他们争着要读给我听”）。

正是这种毫无保留的热情奠定了乔的成功——读者们的冲动激情让球一直滚。（一个著名例子是国家广播公司的节目主持人约翰·钱塞勒捣鼓印制了几千张写着“约塞连万岁”[1]的贴纸到处贴，然后这个贴纸在校园和公共建筑遍地开花。另一个书迷则设计了“约塞连比扶轮社好”[2]的贴纸广为散发。）的确，《军规》因其挑战权威和建制的精神而引起大学生的广泛共鸣；评论者一再把它对年轻人的影响与《麦田里的守望者》和《蝇王》相比。

所有这些现象都为我们持续策划的宣传大广告提供了有用素材。庆祝出版六个月，我们就打出巨大的广告“《第二十二条军规》报告”。庆祝它成为英国畅销书排行榜冠军（还赢得肯尼思·泰南、格雷厄姆·格林、菲利普·汤因比的极高好评），在《纽约时报》又打一整版广告。最后，又是一整版，高喊“生日快乐，《第二十二条军规》！”到那时候，我们已经卖出大约三万五千册精装版，但巨大的商业成功将随着戴尔出版社推出的廉价平装版到来，这个版本卖出了几百万册（它也创造了平装书史上出版第一年销量最高的记录）。当时人们就广泛认为，大家读它是对越南战争的一种激烈反抗，我相信乔在一开始坐下来写作的时候，还压根不知道越南这个地方。

1　原文为“Yossarian Lives”。

2　原文为“Better Yossarian than Rotarian”。

我自己读这本书的体会多少跟大多数狂热书迷不同：我当它是悲剧而不是喜剧读的。它的幽默与其说是滑稽的，不如说是痛苦的。帮助我加深对它理解的是迈克·尼克尔斯改编执导的电影——电影拍得聪明，不惜成本，表演逼真，但就是哪儿不对劲。我想我知道原因。《第二十二条军规》，即便它确实反映了战争状况，但毕竟是超现实主义的。当摄像机把一切如实拍下来的时候，它的本色就消失了。

因为《军规》成了如此轰动的出版现象，因为尼娜和我为了销售所做的大量工作引来大量眼球和出版界的讨论，也因为乔不停地告诉别人我的编辑工作对书起了关键作用，我本人也非常受关注——在关心此类问题的人看来，它至今仍是与我关系最紧密的一本书。但在它出版后的许多年中，我基本上就不再惦记它了。我再也没有重读——因为担心自己会不如当初那样喜爱它。2011 年人们隆重纪念它出版五十周年之际，我同意参加一些纪念活动。但碰到一条"军规"：《第二十二条军规》。如果我不重读就没法谈论它。所以我发现自己依然那么爱它，发现尼娜、坎迪达和我，还有乔——以及全世界的读者——没有因为我们对它的激情而被误导——不由松了一大口气。我再一次被小说结构的精彩、写作的快感、传递的痛苦和幽默所打动。

但是，我的阅读被一段两页长的情节所打断，我觉得发挥过头，也不太好笑，接着我就想起半个世纪以前，我在这个地方有过一模一样的体验。为什么当时我没有处理？是乔有过这么一次仅有的反抗？是不是在无休无止的删改之后累得不想再看一遍？没法知道了。不过，我还是感到欣慰，我的编辑直觉，无论对错，这么多年至少还是一致的。

在《军规》旷日持久的编辑出版过程（出版以后还持续很久）

一开始，我又陷入了另一个情况完全不同的编辑项目中，这次打交道的是一个新西兰女人西尔维娅·阿什顿-沃纳（别把她和英国小说家西尔维娅·汤森-沃纳混淆起来）。当时正处于梅尔·莱文一次典型的危机爆发高潮之时，《强迫症》改编百老汇戏剧碰到问题，我把他的戏剧经纪人请出来吃午饭，看看有什么法子能让梅尔·莱文冷静下来。我们没辙——没人有这本事——但她和我倒是一见面就很谈得来。她是一个强悍的苏格兰女人，名叫莫妮卡·麦考尔，中年人，眼睛炯炯有神，言辞犀利，为人正直。（多年以后，她都已经七十好几了，还独自坐着轮椅去华盛顿参加盛大的“我有一个梦想”游行。）我们将要离开餐厅的时候，她随口问我对写新西兰学校一个女教师的小说有没有兴趣，小说写的是那个女教师用一种突破常规的方式教毛利人孩子读书。这显然不是美国的小说读者会感兴趣的理想主题，但我当时已经认识到，如果小说的写作和营造的氛围足够好，足够有说服力，主题是什么其实不那么重要。这本书叫《老姑娘》，那个周末我一口气读完，星期一就买下了版权。

那是《遗产》成为畅销书之后的几年，尼娜和我都陷入了《遗产》模式，到处推书，不计代价地花钱。《老姑娘》也成了一本销量还算可以的畅销书，被改编成一部糟糕的好莱坞电影，片名叫《亦师亦友》，西尔维娅笔下的女主人公安娜·沃龙佐夫在电影中被改成宾夕法尼亚州一个做事死板的女教师，由雪莉·麦克莱恩扮演，演得很差。西尔维娅本人是一个多才多艺、充满热情的人，有一个很爱她的丈夫，但不见容于他们国家的教育系统和所有人，除了一个志同道合的、“具有艺术气质”的朋友小圈子。她觉得深陷于自己讨厌的国家中的一个小社群：她给我的信都用薄薄的蓝色信纸，信头上写着“发自羊毛幕帘之后”。多年中，我们总共出版了她五六部长篇小说，但最成功的是一部非虚构作品，叫《教师》。

1961年左右，她来信告诉我，她把各种文件、照片、剪贴本、书信和日记（有些已经在一间从未用过的小屋里尘封多年）都捆起来，打算寄给我，随我怎么处置：把它们变成一本书，或者扔掉，反正就是让它们从她生活中消失。当然，我可不打算扔掉，我试图破解它们，重新编排。显而易见，这么多年中她写的每一件事情都写了许多版本——旧版本，新版本，更新版——从现存的页码看，说是杂乱无章并不夸张。有几百张，甚至可能几千张纸基本没有条理，也没什么线索可以说明哪些有关联。

不过，核心内容还是依稀可见的：也许可以追溯她的教育理念、她这么多年教育“土著”孩子发展出的“自然教育法”（“organic”这样使用可能就是她首创）理出一本书的思路。由于毛利族孩子们对《迪克和简》[1]反映的外部世界毫无概念，学习没有进步，她就用一些她称为“核心”的词汇去代替相关的意思：包括鬼魂、女巫，甚至谋杀。孩子们彻夜不眠地读书。

她的剪贴本里可能有杂志上漂亮的树叶或猫咪的彩色插图（教学用具）；有写给新西兰教育当局愤怒的信，他们当然被她吓坏了，反对她革命性的教学方法；还有诗歌（她写的），食谱，情书。在这里面她写了与其他女人的真挚友谊、她可爱但也纠结的婚姻、她的三个孩子、她对绘画和音乐的尝试——她喜欢弹钢琴——这么一个有创造力、感情丰富的人就远离尘嚣，活跃于一所海滨小学校。我要做的，就是从这些材料中挑选有用的内容，把它们编成……某种东西。

我把所有材料在我们漆成蓝色的长地板上摊开，一连两个月，

1 《迪克和简》是二十世纪二十年代到六十年代美国和其他英语国家流行的儿童读物。

利用空闲时间分类、比较、调整、丢弃、简化，直到整理出比较完整的、也许能够找到一种结构的文本。最后在那些照片（有些因为保存它们的小屋条件太差已经沾了水渍）的帮助下，有了一本像样的书稿。我给这本我认为成形的书起了书名《教师》，寄给西尔维娅，请她写序言，也征询她的意见。她回给我这个书名和另一个书名，但我感觉她挺犹豫的——她毕生的工作不再是她的了，它是一个陌生人缝补起来的产物。《教师》的前途令人惊叹。《纽约时报书评周刊》把它放在封面上发表了一篇评价极高的书评，在美国，那些想要改变教育方式的年轻教师和家长（以及一些更年长的人）都把它当作必读书。那是在六十年代——《教师》出版于1963年，蒙台梭利教育法正在回潮，因而它很快在美国和全世界收获忠实读者和信徒。到西尔维娅的丈夫1969年去世的时候，她已是名人，很快，她冲破羊毛幕帘，逃出新西兰，花了几年时间在纽约、印度、英国和其他一些地方教学、推广她的教育法，四处奔波。她那动人、热情的长篇自传《我这样度过此生》出版于1979年，而我也不得不再次事先干预控制一个作者凭借想象去描述我的作用。我曾是她走向宽广世界的生命线，她赋予我许多优良品质，唉，我愧不敢当。

西尔维娅与我通过无数航空信，合作了四分之一个世纪。她丈夫去世时，我给她打过电话，但她没接到。多年后，在她自己去世前不久，有一度我们恰好都在英格兰，本来是可以相聚的，但她觉得为时已晚，相见会让她情绪太激动。所以，我们既没有通过电话，也从未见面。即便如此，我们的交往仍不失为一段爱的史诗。

莫妮卡·麦考尔还把另一位有个性的杰出作家带进我的生活，那就是加拿大小说家莫迪凯·里奇勒。当时，他的新书《杜德·克拉维茨的学徒生涯》正大卖。我们在这之后的时间里合作，一直到他 2001 年去世——期间出版了六部长篇小说，加上一部分类编辑的散文集，其中许多是他对祖国，尤其是魁北克分裂主义者的评论，极其好笑。与那些虎头蛇尾的小说家相反，莫迪凯越写越好：他的最后一本书《巴尼的版本》在我看来是他最饱满、最好的作品，评论家们大体也这么认为。

我们的编辑过程简单、直接，毫无冲突。偶尔我会提出实质性建议，但通常只是标准的修饰工作——修改重复、标点使用不当、声调的问题等等。进展这么顺利是因为莫迪凯的太太弗洛伦丝起了很大作用，她总是他的第一个读者和第一个编辑。他绝对信任她的判断，我也是——因为我几乎没有不同意的。

弗洛伦丝和他们家的五个孩子是对我与莫迪凯一起工作的额外奖赏。不是说他和我相处得不融洽，而是说他的本事是用来交朋友的——打趣，逗笑，闲聊；一杯酒，一个熏牛肉三明治，一支雪茄（但不是给我的）。而弗洛伦丝和我几乎一开始就彼此感觉亲近，这种亲近感一直持续到我们八十多岁。她是一个大美人——早在五十年代，当模特儿的她就第一次去了伦敦——她也是一流的厨师、家庭主妇和母亲，以及最重要的一项：好妻子。早上，中午，晚上，她总是在为莫迪凯做事，而他，仍旧像近五十年前第一次相遇一样对她神魂颠倒。（早年他们在伦敦时交好的多丽丝·莱辛忍不住写道，强壮的莫迪凯跟着平静、优雅的弗洛伦丝走来走去，就像一头发疯的小牛。）我从没见过比他更迷恋妻子的男人。每次他们来纽约，基本上都住在我们家，莫迪凯因为多年担任每月之书俱乐部的选书评委，经常要来纽约参加每半个月一次的评委会议。要是有几个小时听不到她的声音，他就变得越来越焦虑。他总是表现得像个追求者：“我要带弗洛伦丝出去晚餐。”他骄傲地说。我反唇相讥：

“你为何不直接说，‘弗洛伦丝和我出去吃晚餐？’你们结婚啦，不是在约会。”但他永远处于和她约会的状态中——除了当他变得像所有男作家（或者说，所有男性？）那样脾气暴躁、自私、挑剔的时候。

在伦敦充实地生活了二十年之后，里奇勒“部落”收起“帐篷”，迁回故乡蒙特利尔。莫迪凯知道，因为工作关系，他必须回到加拿大故土，但弗洛伦丝对加拿大的根并不热衷，她喜欢英格兰的生活。他们一家带着全部家当坐船（我记得是一艘波兰班轮）回国前的那一晚，我和玛丽亚恰好在伦敦，我们去了他们位于里奇蒙的家。一片乱糟糟：疲惫不堪的莫迪凯，意志刚强的弗洛伦丝和五个兴奋过头的孩子，如果我没记错的话，还有一条兴奋过头的狗。活像契诃夫戏剧《樱桃园》的场景，只是更忙乱，不那么悲伤。

几十年过去了，我们看着这些孩子长大，弗洛伦丝也热切地看着我们的孩子长大。无论过去还是现在，我们都像是一家人。五个小里奇勒都聪明、有趣、迷人。我一直都和五人中最小的杰克很亲近，他是我们可爱的教子，如今也是四十好几的男人了。（唉，我不能自称作为精神向导对他有过什么用。）我也和老大艾玛很亲近，如今她已是一个风格鲜明独特的小说家。她十二岁、我四十五岁时，我们在汉普顿斯的海滩上走过很长很长的路，从此结下永远的友谊。回到尼娜家的时候，我们已是亲密好友。我曾给我自己的女儿莉齐编两只小狗“小棕”和“小黑”的故事。那些海滩散步的日子之后，艾玛和我就变成了小棕和小黑。于是我们有了共同的狗，以及共同喜爱的书。但那也不足以解释歌德在小说《亲和力》中所说的“亲和力”之谜，以及这么多年的友谊中我们的快乐。

莫迪凯和我都生于1931年，只相差几个月。奇怪的巧合是，我还有三个合作多年的作者也在我出生前后的十二个月内出生：埃德娜·奥布莱恩、托妮·莫里森和约翰·勒卡雷。后面两位是我离开西蒙-舒斯特出版社以后才认识的，但和埃德娜的交往要追溯到更早。她的成名作《乡村女孩》出版不久我们就认识了。这本书使她在英国成为明星，在祖国爱尔兰则引起巨大争议。我们合作出版了至少六本书。我们的工作关系总是愉快、平静的，但更重要的是私人关系——她和我的，也包括她和玛丽亚的关系。埃德娜来纽约也经常住我们家，晚上外出“探险”时总是回来得很晚，她会扑通一声重重地坐在我们床边，讲述当晚的各种奇遇——比如她碰到一个英俊的出租车司机，说服他让她坐在副驾驶座位后，他却提议陪她回家，把她惊吓得不轻。

她真是光彩照人——又美又性感，令人窒息，苍白的皮肤，一头耀眼的红发，装扮充满异国情调：长及脚踝的薄纱裙，鲜艳的复古蕾丝衬衫，戴着大大小小的首饰、手镯、念珠。她走起路来飘飘荡荡。（有一个我们认识的六岁小女孩被她的形象所吸引，盯着她问：“你是从印度来的吗？”埃德娜柔声答道：“不是，亲爱的。”小女孩接着说：“那你至少是从夏威夷来的！”）但她的思想并不怪异。她是敏锐的读者，敏锐的观察者，也很幽默。在我们家里办睡衣派对的时候，她会夸张地叹息：“夜晚的武装（Arms in the night）！”我们随声附和：“夜晚的武装！”

埃德娜一直都是个爱挥霍的女人——如果有一本她的传记，我会拿这做书名——但她是那种慷慨大方的挥霍。她是两个男孩的单亲母亲（他们跟她来纽约时也住在我们家），厨艺一流，还特爱送礼物，压也压不住。她也是一个勇敢的人：保持这种自我的生活方式并不易，尤其是在她的独特才华尚未在文学界被充分认识的时候。她既是那么精彩迷人、富有个性的人，又是如此才华横溢的作家，她是怎么做到的？我到《纽约客》工作以后，我们就在工作领域里渐渐疏远了，但我们的友谊不变——玛丽亚最近在伦敦与埃德娜见面，不久，她就给我们寄来她最新（也是最好）的小说《小红椅》。

五六十年代之交，西蒙-舒斯特开始出现人事动荡。先是聪明的年轻人理查德·格罗斯曼，他是迪克·西蒙和杰克的爱将，也已是我们出版核心团队的要员。他辞职去办自己的出版社了。管理层从外部招进一个年轻的发行员托尼·舒尔特代替他，既担任助理出版人，也是编辑部与发行部之间的联络人。我们后来成为非正式的搭档，先是在西蒙-舒斯特，后来是1968年跟尼娜和我一起去了克瑙夫出版社。托尼去世的时候，《纽约时报》对他的“高贵气质”和“温和性情”做出了难得而敏锐的评价。高贵气质无疑来自他的家庭背景——他父亲是雷曼兄弟公司的合伙人，祖父是非常成功的大企业家，他相继就读于迪尔菲尔德中学、耶鲁大学和哈佛大学——但温和性情完全发自他内心。对于任何需要帮助、支持、建议的人，他总是极其慷慨地提供帮助，对朋友他一贯忠诚，对别人欠妥当的行为，总是宽容得不可思议。尼娜当然不存在让别人宽容的问题，但我知道自己经常随意而粗心的举止肯定给了他很多心理压力。但他都极克制，不把沮丧情绪流露出来，虽然我感觉得到。作为搭档关系中存在感更强的那一个，我从来感觉不到他对我浮夸的风格有哪怕一丁点愤恨。妒忌和愤恨在托尼的性格中是不存在的，他也知道我是多么尊重他、喜欢他。

在工作中，托尼务实，机敏，也是正直的楷模。虽然他的正式职责是负责经营，但他具有一流的编辑直觉，带来了不少作者，诸如阿利斯泰尔·库克（《阿利斯泰尔·库克的美国》是整个七十年代最畅销的书之一）和沃尔特·克朗凯特。后来，他从克瑙夫出版社擢升为兰登书屋高层，但我们从未疏远；在他 2012 年去世前几个月，我跟他和他太太——文学经纪人丽兹·达汉索夫共进了最后一顿午餐。什么都没有变——唯一变的是我们都老了五十多岁。

与托尼来到西蒙-舒斯特差不多同时，迈克尔·科达也来了——他跟我年纪一样大，但来自完全不同的世界。他是科达家族的成员：他的伯父是匈牙利裔英国大牌电影制片人亚历山大·科达，他父亲文森特·科达是一流的电影美术指导，另一个伯父索尔坦·科达是著名导演（代表作《四根羽毛》）。迈克尔（只有少数几个人叫他米奇）上过牛津大学，在英国皇家空军服过役，二十岁出头就移民来到纽约，最终在出版业找到自己的方向。他一开始是给迪克·西蒙的弟弟亨利·西蒙做助理。亨利的审美品位和兴趣都比较狭窄，其实更像是学者，而不是出版人。他是那些竭力要把《第二十二条军规》判处死刑的人之中音量最大的。

有一阵子，亨利把他自己的项目都丢给迈克尔做，迈克尔的表现堪称模范，我则相反。我痛惜这么聪明能干的年轻人陷在一堆显然毫无希望的选题里——你从他的眼睛中可以看出，他在观察、留心一切，但保持一定距离；他觉得自己跟能自主做事的团队肯定是无缘的。我当时跟他还不熟，但正如他极好看的回忆录《因缘际会》中所述，有一天，我走进他的办公室，说："你得摆脱这种状况。我希望在亨利没有让你围着他的项目团团转的时候，你跟着我做点事情。但你得先调整一下办公室——帮我把你的桌子转过来，让它面对门，这样别人经过你就不用背对他们了。"我们一起把书桌抬起，转了个方向。显然，我看到不顺眼的内容就压制不住编辑的冲动，都延伸到别人的办公桌上去了。

在迈克尔和我共事的那些年中最古怪（也最有成果）的项目是

编辑一本远远说不上优秀但很有商业潜力的小说，书是声名狼藉的经纪人雅克·尚布伦给他的。尚布伦名声坏是因为他侵吞过不少他所代理的作者的钱，从萨默塞特·毛姆、《佩顿镇》作者格蕾丝·梅塔琉斯，到身无分文的年轻作家梅维斯·迦兰。这本小说的作者达里埃尔·特尔弗是科罗拉多州一位温和的中年女性，在一所大型精神病院工作过，对那里有许多不可磨灭的记忆。她写的这本书情节夸张，文笔也在水准之下，还有许多（按照当时的标准）露骨的性描写，这对西蒙-舒斯特出版社年纪大的那些人来说永远都是问题。迈克尔把书稿给我看，第二天上午，我告诉他，我们可以把它做成一本适合出的书——如果他去对付讨厌的尚布伦，我去说服麦克斯那帮人。我们对付烂人尚布伦的办法是在合同上规定把作者应得的90%直接给她——这在当时和现在都是闻所未闻的，我则威逼由麦克斯、亨利和彼得·施韦德组成的正式编委会同意，虽然他们同意得很勉强。

然后我们开始工作，把稿子拆散，重新组合，把某些没必要的人物和支线砍得一干二净，重写——能做到重写完全是依靠迈克尔有一手模仿别人写作的神奇本事——他新写了一些段落，甚至好几页内容，加一些场景。（他后来的发展证明他就是天生的作家。）完成之后，我们就有了一本像样的东西。尼娜起了一个书名《照看者》，然后我们在媒体上大造声势，而且，因为我此时还负责附属版权部门，我让几家平装书出版社竞价争夺它的平装版权，以90 000美元的惊人价格卖给了新美国文库出版社（NAL），创造了1959年处女作小说的版权销售纪录。这本书卖得还不错，但改编的电影引起了轰动——由琼·克劳馥扮演那个邪恶的护士长（当然得由她演）——所以平装版也成了大卖的畅销书。达里埃尔高兴极了，并且以她一贯朴素的方式，真心感谢我们为她做的一切。为了充分表达她的感激之情，她给我们寄来超大一箱芹菜——又创了纪录！谁知道科罗拉多州的阿瓦达是世界芹菜之都？

几年中，无论是工作还是私交，迈克尔和我的关系越来越紧密——我特别喜欢他的小孩克里斯托弗。随着事业迅速发展，他也得到了应有的回报，却日益陷入选边站的矛盾之中：他既要与我以及和我最紧密的同事保持好关系，又要顾虑对亨利、对麦克斯的忠诚义务。西蒙-舒斯特分裂严重。虽然还不像内战——表面上还没有公开的斗争——但已经像是同一个屋檐下有两家不同的出版社。脾气暴躁但与人为善的彼得·施韦德比我大二十岁左右，编辑出版 P. G. 伍德豪斯的书、体育类和纪实类图书（比如科尼利厄斯·瑞恩的《最长的一天》），我以为我们相处得很好，然而迈克尔在回忆录中写了彼得对我的厌恶，是对竞争对手的那种厌恶。就算真是对手，我也不知道，因为我从没往那方面想。事实上，我真心实意地把一位后来他最畅销的作者交给了他负责，那就是风格独特、擅于讲故事的回忆录作家亚历山大·金。他的第一本书——根据他在杰克·帕尔脱口秀中许多次出场的经历写的《我的敌人老了》（他的敌人就是他自己）稳步占据所有畅销书排行榜榜首位置。第二本书《但愿这幢房子可以阻挡老虎》也很畅销。是他的老朋友 S. J. 佩雷尔曼把他先介绍给了我，我们相处得极好，但彼得非常想出他的书，所以我很愉快地介绍他俩认识，成就一段完美的“姻缘”。

我与彼得的这种“竞争对手关系”是迈克尔世界观的一种投射，或者至少是他对西蒙-舒斯特出版社认识的投射。他的这本回忆录最令我困惑不解的是他对我的“雄心”的看法，以及他认为出版社里什么事情都可以归结为权力之争，这种观点对社内的最高层当然是适用的：莱昂·希姆金对迪克和麦克斯的憎恶促使他用几十年时间逐步控制了整个公司。但恰恰是迈克尔自己写了一本叫作《权力》的书[1]，而不是我。我一心想要的是自主权——跟那些老家伙打交道真是太烦了。当麦克斯质疑我出版约翰·列侬的《他自己写的》时，我烦透了。那是在“披头士热”席卷美国的前夕，但因为我对流行音乐的强烈兴趣，我对英国发生的事情了如指掌。此书的英国出版社乔纳森·凯普出版社才华横溢的少壮派汤姆·麦奇勒正催促我进口一万五千册他们这本奇特、迷人的书，先在美国销售，我也很想做这件事。麦克斯从没听说过披头士乐队（他怎么会听说过呢），对此嗤之以鼻，我因而更下定决心，再次逼迫这些老家伙默许。汤姆通过航空邮包寄给我两本成书（这对英国出版人来说是奢侈的事），而此时，“披头士热”开始升温。出版制作部就把一本样书拆散复制，在英国进口的那一万五千本书运达之前就把我们的版本赶出来，这样等第一批书卖完就可以随时加印。

尼娜、托尼和我想出各种有创意的营销手段，找电台音乐主持人推荐，在公交卡上印广告，在报纸杂志上发巧妙的广告。同时——那是1964年1月——《我要握握你的手》和《她爱你》都成为单曲排行榜冠军，披头士男孩们“入侵”美国了。他们那次在卡内基音乐厅的著名亮相，我带着儿子罗杰去了，在年轻粉丝的尖叫声中，你根本听不见他们唱的是什么，但在我们从音乐厅出来到第五十七街的路上，我无意中听到一个显然是在私立学校上学的少女对同伴说：“西尔维娅，我这辈子都没有这么爽过！”怪不得列侬的书在书店里供不应求，我们只能五万册五万册地不断加印。一天上

1　指迈克尔·科达1975年出版的书《权力！：如何得权，如何用权》。

午，我对尼娜说："都停下来！我们都被假象冲昏头脑了！就好像我们站在海岸边对海浪说，'来吧，去吧。'以为我们在做什么了不起的事情。"我们一下子停下来，但世界并不注意我们的停顿，正如它也没有注意我们的开始，于是我们继续加印。

我不是要抱怨迈克尔在《因缘际会》里怎么写我——事实上，1999年这本书出版的时候，我还受邀写书评，我写道，这本书对我太宽容了，如果不是里面有太多的事实错误，我真可以把评论它的任务推辞掉。书评发表的那一天，迈克尔的反应充分说明了他的大度和幽默感。他给我打电话，一边笑一边问："我怎么可能说了那些事情？"我对他说："因为你当作家的时候，首先是个撒谎的人。"这种情况后来发生了变化，他把自己变成了一个负责任的、受尊敬的传记作家。

想到我真的是迈克尔带着爱意描述的那个我，这种感觉也不错，但当时我一心想的是让一切都按照我们的想法、按照我们作者的想法来做；做事情要有效。我工作的激情是为书，为出版，为人，而不是为金钱和地位——我职业生涯中只有过一次主动要求加薪，而那次是出于愤怒，而不是对钱的欲望。

十五六年前《因缘际会》出版的时候，看到迈克尔对我的分析，我既惊又恼：他分析我想把自己视为一个毫无雄心、只想履行责任、与人为善的人，但在这种愿望之下，有一种隐藏得很深、甚至是无意识的控制欲。这是我？我承认，我痛恨权威，反对权威，但就我所知，我只是不想让人干涉我把事情办完。但是，面对现实吧，鲍勃：除非你继承这家出版社，你是无法主事的，除非你真想那样。迈克尔可能说到点子上了。

我被任命为总编辑的时候，我首先要做的当然就是根据我自己的偏好并鼓励其他编辑根据各自的偏好来拓展我们的出版方向。每一个编辑都应该在出版社的大体定位之内，出版他们各自喜好和根据本能判断的书籍，而西蒙-舒斯特设立的界限一向非常宽泛。多多益善。我自己身为编辑，似乎更侧重我们以前不怎么出版的那种有格调的流行小说，不过我强迫症般的阅读口味很杂，无论是拉辛的戏剧还是护士言情小说都读，对于一家综合性商业出版社的总编辑来说，带一把“大伞”是稳妥健全的做法。并不是说签下哪些书的版权都由我说了算：还是有编委会，只不过如今我是其中最大声的成员。

签下雷·布拉德伯里令我很高兴。他在创作生涯的中期转投我们，希望我们能比他原先的出版社道布尔戴做得更好。这种事情经常发生：出版社开始对一位成名作者销量不再显著增长熟视无睹，而这位成名作家也有新想法。布拉德伯里是所有科幻小说家中最受推崇的，可是他为何要把自己局限为科幻小说家呢？要知道，他尊崇的神是莎士比亚。

我们合作出版的第一本书是长篇小说《必有恶人来》——它集恐怖、幻想、怀旧于一身，风格上与他最有名的小说《火星编年史》毫无相似之处。我们竭尽全力履行对他和他经纪人的承诺，要明显拓宽他的读者面，但效果有限：他的读者想要的还是《火星编年史》。

接着来的是性格热烈、颇为年轻的小说家 J. R. 萨拉曼卡（即杰克·萨拉曼卡），他的第一部小说《失落的乡野》像是托马斯·沃尔夫式情绪大爆发，他带有幻想色彩地写了一个高中男生爱上老师的故事。这本书得到一定关注，杰克赚了不少钱，因为我把电影版权卖给了我的老朋友杰里·瓦尔德——我在洛克菲勒中心“十二恺撒广场”餐厅吃午餐时敲定了这桩交易（该餐厅的店员一身像是古罗马人的打扮，端上来的每道菜都冒着火，包括沙拉）。当时，我让店员拿来一台电话机——我唯一一次这样做——杰里先开条件。我要求一旦这本书获得普利策奖，他还得额外支付一笔奖金——这个异想天开的提议敲定了这笔交易。杰里顺利把小说拍成电影，片名叫《乡间野趣》，由“猫王”埃尔维斯·普莱斯利主演，演得很好，实际上是给他做宣传的工具。

杰克的第二部小说《莉莉斯》为他赢得了真正的关注，甚至达到了畅销书级别。故事围绕一个患有精神分裂症的迷人姑娘和一个为她痴狂的小伙子展开（在同名改编影片中由沃伦·比蒂和珍·茜宝主演），但小说开头有好几章没有出现姑娘，我觉得读者需要有一个信号暗示他们，她即将出现。她有一个诱人的名字莉莉斯，于是我们用她的名字做书名[1]。格雷·福伊在封面设计上对她精妙的诠释向读者预示了将有某件事发生，某个人登场。书名和封面能令一本书的表现大不同。

我不仅对我自己编辑的书感兴趣，还对西蒙-舒斯特出版的所有书感兴趣，所以我一头扎进书目中所有图书的市场营销——参与封面设计、封面文案、定价、印量、书名等一切引起我注意、我认为可以改进的环节，尼娜和我仍然共同创作所有广告——这太有乐趣了！尼娜蜷在她那张办公椅中，敲打着打字机，一支香烟要么夹在她指尖，要么在她桌上的烟灰缸中烧尽——她几乎只抽一两口——而我则在她周围踱步，催她加油，拟定规则（虽然我还不懂有什么规则）。代理我们广告的苏斯曼-舒格尔公司不断送来广告校样：

1　莉莉斯是《旧约》里亚当的第一个妻子，由上帝用泥土所造。因不满上帝而离开伊甸园。她也被记载为撒旦的情人、夜之魔女，也是法力高强的女巫，并教导该隐如何利用鲜血产生力量以供己用。

"尼娜，苏斯曼派送校样的人来了！"然后我们撕开校样，重新设计，加一句广告语，突出标题，调整页边距，移动图片的位置——快把广告公司逼疯了，但人人都承认，我们的广告是出版业内最好的。(1968年我们跳槽去克瑙夫出版社以后，也把我们的风格带了过去，至今，克瑙夫的广告仍是业内最佳水准。)别忘了，那是你在电脑上花几分钟微调就可以大功告成的几十年前，也是在复印机（忘了施乐吧）和电子邮件广泛使用之前——那是电话、铅笔以及最最糟糕的复写纸的世界。

一个星期里我最喜欢的时候大概是开营销会，出版社内各派人马聚在一起确定营销策略和具体方案。我什么事情都要插几句，有时候没人听，有时候还颇为奏效。1960年我们在准备出版威廉·夏伊勒的《第三帝国的兴亡》时，我的介入就起到关键作用。在这之前，威廉·夏伊勒已经写了多年，希姆金也因为这本书25 000美元预付金迟迟不能赚回来而不断试图解约。夏伊勒的编辑乔·巴恩斯曾是优秀的资深记者，每个人都很尊敬他，但我几乎没与他打过交道，而且他一直非常低调。直到迈克尔提醒我这本书有可能畅销的那一天，我才在傍晚抓了一套校样带回家读。第二天我在办公室大呼小叫，丑陋的封面一定要换，书名也得改：夏伊勒起的书名叫《希特勒的噩梦帝国》。尼娜建议我们把原来被处理得不起眼的副标题改成书名，书名问题解决了；艺术设计部在抗议声中，拿出了吸引眼球但也引发争议的新封面，用纳粹卍字符作为封面重点。

更关键的是，在下一次会议上，我发现有人已经决定把这本书分成两卷做套装出版，定价15美元。这种做法对这样一本有望大卖的书简直是疯了，而且并不明智，我强行要求把两卷并成厚厚一本大部头出版，定价是当时闻所未闻的高价10美元，已经确定的首印量五千册也推翻。这本书获得惊人的成功——连续六个月占据排行榜冠军，好评如潮，连连获奖。（瞧瞧西蒙-舒斯特当时书目的多样性：1960 年至 1963 年间我们登上排行榜第一名的四部非虚构作品是夏伊勒的书、亚历山大·金的《我的敌人老了》，以及《卡路里不重要》和《美国人的死亡方式》。）

我与夏伊勒这本书另外的关系就是销售平装版权。原来负责销售附属版权的托尼，为了和平队的志愿工作延长了休假期，所以我接管了他的这部分工作。那时候竞价已经成为业内处理平装书版权这一“现金奶牛”的常规做法，但是一部这么厚的纳粹德国历史书，还不是平装书市场上常见的品种。我决定等到它确保成为美国顶级畅销书，再把它发给各家平装书出版社——可是由于每家出版社只能报一次价的行规，来回拉锯的竞价就不会出现了（对夏伊勒来说这样也太庸俗），我就要求他们报价不能低于 30 万美元。这么傲慢的门槛在当时很稀罕，还没有人为任何书花过这么多钱。但即便最后谁都不报价买平装版，我也不在乎，因为我相信哪怕没有平装版，精装版也会成为长销书，为我们赚很多钱。话虽这么说，但随着时间推移，快到平装版版权开放销售的时候，我越来越紧张，犹如一只小猫。

矮脚鸡出版社没有报价，戴尔出版社没有出价，新美国文库出版社没有出价，口袋书出版社（我们自家的平装书出版社）也没有出价。但我的好朋友，福赛特出版社的高级编辑利昂娜·涅夫勒打来电话，一口报了 40 万美元。我大度地接受了。后来利昂娜发现她是唯一报价的人，有点儿尴尬，但她笑到了最后：福赛特的平装版极其畅销，一年内就把预付金全赚回来，福赛特稳赚了。

看看那个时期西蒙-舒斯特是怎样管理的——或者说，看看我当时变得多么自大——我从没想到要让任何人知道我在做什么，也没有人问我。谁会问？没人管。（一年后我和尼娜大笔花钱为《第二十二条军规》做广告时，我们仍然如此充满活力和强势。）这可能不是运行一条铁路的好办法，不过火车倒是都准点了。我不记得彼得·施韦德——他的正式职务是出版人——对夏伊勒平装版权的销售妙计说过什么。乔·巴恩斯听到消息反应迟钝。至于夏伊勒，我不知道他怎么想，因为我从未见过他。

我发现办公室生活的一切——协作、谈判、压力——都很有趣：我甚至喜欢许多人头疼的开会。我不休假，我恨漫长的周末，我迫不及待地要工作。但真正的工作——也就是阅读、编辑书稿——都是在家里完成的。在办公室那种狂乱的氛围中我根本没法干这些活。几十年中，基本上每个工作日，我下班回到家，吃完晚饭，便开始翻开书稿，通常手里都拿着一支铅笔。幸好我的阅读速度仍然很快，所以我可以很快对新书稿做出判断：它值得出版吗？如果值得，它可能需要哪种基本的修改：重新考虑？重新结构？简单的修饰？或者是最好的情况，什么都不用改！（唉，这种情况很罕见。）真正的编辑工作很容易变成一再延长的过程，有时候让人抓狂，但这是出版的核心，作家理应得到编辑全身心的投入。而且，这真的很有意思。

周末和假期的唯一优点是它们给我更多时间工作，但我从不以此为苦或者是牺牲；这就是我想一直做的事情。（对我的家人来说是一种苦。）我经常去看舞蹈演出，但基本不看电影和戏剧，除非玛丽亚在其中演出。我们会见好朋友，但不参加晚宴派对，不参加出版界聚会，不看电视，当然也不运动。如果我不在纽约，那就是去了伦敦，都是为公事——买新书版权，拜访作家、出版人和文学经纪人——当然，和多年中逐渐认识的一群英国朋友在一起也很有乐趣。

在西蒙-舒斯特工作的那些年，我编辑的大部分书是小说——有《冷暖群芳》《照看者》之类纯商业的小说；有坎迪达代理的作家：布鲁斯·杰伊·弗里德曼出色的小说《斯特恩》和《母亲的吻》，华莱士·马克菲尔德的《早入坟墓》；有詹姆斯·利奥·赫利希的《午夜牛郎》（令人惊奇的是，约翰·施莱辛格根据小说改编的同名电影的两位主演达斯汀·霍夫曼和乔恩·沃伊特，虽然都获得奥斯卡最佳男主角提名，却败给了根据我编辑的另一本小说《大地惊雷》改编的影片主演约翰·韦恩）；有法国新小说，诸如米歇尔·布托的作品；有我非常骄傲有幸服务的著名作家，比如艾维·康普顿-伯内特——哪天我收到她热情洋溢的明信片，那一天就是红色明信片日。最令我喜欢的是一系列传统意义上的长篇小说，它们各有千秋，但是都有独具匠心的故事、非常好看，并吸引了广大读者。（今天的《所有我们看不见的光》可以与它们相比。）

第一本是《月光花藤》。我是从一个名字古怪的怪人鲁多·格罗布斯那里接手这本书的。他本来是迪克·西蒙的手下，后来去从事更环保的行业时，不仅把这本书留给了我，还有他那只特别神经质的卷毛狗胡珀（小名“扫兴鬼”），格罗布斯夫妇像待亲生孩子一样把它养大，但生了一个真的孩子以后，它就多余了。（胡珀各种突出性格中有两点：极其聪明，对任何人类都毫无兴趣。）

《月光花藤》的作者叫杰塔·卡尔顿，她曾经是跳现代舞的，如今是成功的广告人，和她那和蔼可亲的丈夫住在与曼哈顿隔河相望的霍博肯市。杰塔有一头亮红色的卷发，戴着造型夸张的珠宝，穿着华服（简单地称其为衣服对它们是不公平的），是一个迷人的、非常聪慧的波希米亚族，当时的霍博肯就是纽约波希米亚风的前哨站。

这本复杂、感人的小说她已经写了好几年，写的是密苏里州一个农庄家庭和他们的秘密。我对书和她本人都很着迷。

《月光花藤》被文学公会俱乐部、《读者文摘》俱乐部选中，成了畅销书，也出版了平装版（还是福赛特买的版权），为杰塔和她丈夫赚够了钱，他们在圣塔菲郊外买下一座梦寐以求的牧场（这里我要骄傲地说，他们将之命名为戈特利布牧场）。这部小说在1960年代初大卖之后，又被重新发现，再版了三次。最新一次是简·斯迈利在她2005年出版的《观看小说的十三种方式》中将它选入她的一百本书单后的新版。

《月光花藤》之后过了几年，一本畅销得多但同样意想不到的大书造成了轰动，罗伯特·克莱顿的《圣维多利亚的秘密》。这个篇幅很长的故事滑稽、有趣，讲了“二战”期间德军占领的一个意大利村庄里农民们的故事，他们决心与德国人斗智斗勇，把当地盛产的大量上等葡萄酒藏起来。克莱顿是一个叙事大师、天生的编故事能手——我过去常说，他去街角买支雪茄的工夫，就能想好一个《奥德赛》那么长的传奇故事。我如往常一样做了编辑工作，然后和尼娜如往常一样“敲锣打鼓”，即便如此，我仍对《圣维多利亚的秘密》的畅销程度感到吃惊——五十周进入《纽约时报》畅销书排行榜，其中十八周占据榜首。一个可爱的小插曲：它第一次取代长期在榜首位置的《迷魂谷》时，克莱顿接到一封电报，来自风度极好的《迷魂谷》作者杰奎琳·苏珊，说如果她不得不被赶下冠军宝座的话，她很高兴是被他赶下的。

在《圣维多利亚的秘密》登顶之前很久，玛丽亚和我就时常受到克莱顿一家的欢迎：他、他妻子朱迪和四个孩子。多年来，我们经常共度夜晚和假期——我们非常乐意加入这个热闹、知足的大家庭（弗洛伊德把这种亲近的家庭关系称作“家庭罗曼司”）。

正是因为朱迪与托尼·舒尔特的终生友谊，《圣维多利亚的秘密》才来到我们这里。朱迪是理查德·罗杰斯的侄女，人长得又高又美——克莱顿一家都是巨人——她作为电视纪录片制片人的职业生涯也十分出色，那个时代女性要获得这样的成功是很罕见的。她自己的童年并不快乐，所以她内心有强烈的愿望要为自己的孩子们创造一个安全、身心健康的环境。而玛丽亚和我童年时都没有宽松的家庭环境，所以正合适做鲍勃和朱迪的……称呼什么好呢？兄弟姐妹？表弟表妹？当然，我们都是鲍勃-朱迪脱口秀热情的场边观众。这些都不影响鲍勃与我作为作者和编辑的特殊关系，我猜在这当中我是强势的那一方。许多年以后，我们的关系却以不愉快告终，但在此之前，鲍勃基于自己的苏格兰家族历史几代人的故事，写成了第二本畅销小说《卡梅伦家族》。

不过，无论发生什么都不会影响我们与克莱顿家的两个大女儿萨拉和珍妮的友谊，我们认识她们的时候，萨拉十二岁，珍妮九岁或者十岁（就在去年我还参加了萨拉的六十岁生日聚会）。这种关系是多重的。萨拉如今是一位重要的出版人，在 FSG 出版社拥有以她名字命名的出版品牌“萨拉·克莱顿图书”（FSG 也就是我这本书的出版社）；珍妮则是布鲁克林公园坡一所一流中学的明星教师，我们家两个双胞胎外孙就在她的学校上学——今年她是奥利弗的英语老师。她们的父母都为她们俩感到骄傲。

接着来的是哈伊姆·波托克的精彩小说《特选子民》，写了“二战”期间和战后几年布鲁克林两个男孩的故事。它关于深厚的友谊，关于父与子之间会留下心理创伤的隔阂，关于现代犹太教正统派和哈西德派的冲突，关于宗教与世俗的冲突。驱动故事发展的隐喻之一是棒球。这样的配方似乎不可能使它成为大畅销书。

一开始就挺悬的。有一个我从未合作过的经纪人寄来书稿，书稿的边卷得很厉害——在尚未出现施乐复印机的时代，这说明书稿只有这一份，已经被一连串出版社退稿。通常我会在收到书稿的当晚就读，但我那天正好没空，就请我头脑活络的助理图瓦内特·里斯先读。图瓦内特是位年轻的英国女士，很有主见。她写了长长的报告，说这本书绝对精彩，要出版却毫无希望，这倒激起了我的极大兴趣。图瓦内特也会这么自相矛盾？那天晚上工作忙完后，我迅速过了一遍书稿，明白了她为什么说得对：是写得很精彩，但就现状来说，肯定无法出版。第二天上午，我打电话给经纪人，告诉她，我可以很快出版它，假如波托克先生同意我的看法，即这本很长的小说实际上在书稿当中的某个地方就结束了，后面的内容实际上是另一部完整的小说。波托克先生表示同意，于是我们见面讨论，我们的合作关系就这样确立下来，充满温情、毫无芥蒂地持续了三十多年。

哈伊姆是一个专注的作家，他的文学偶像是海明威，幸好他自己的作品与海明威并无相似之处。他是专职的犹太拉比，曾是拥有哲学博士学位的宗教专业学生，是美国犹太出版物协会的总编辑，还是一个把家庭放在第一位的幸福男人——这是他成功的关键。他热情而强大的妻子埃德娜是一位精神病学社会工作者，轻轻松松就把三个孩子、他们在费城的大房子和哈伊姆都管理得服服帖帖。

把他写的两部小说缩减到一部、常规的编辑工作做完，还剩下一个主要问题：书名。我不记得原来的书名叫什么了，但肯定是荒唐到毫无希望的那种。有些书一开始就有完美的书名，有些则不然，而这本就属于后者中问题严重的典型。没人想得出一个哪怕是貌似可行的：这本书包含了许多方面的内容，好像根本就没有什么书名能涵盖整本书。那天到很晚我们还没想出来，设计师等着做封面，出版计划也得赶快对外发布，接着发生的事情堪称我这辈子撞到的少数奇迹之一，甚至可以说是唯一奇迹。当时我一边从办公室沿着过道走向洗手间，一边苦思冥想，碰到一个叫阿瑟·希克曼的人，他是格鲁乔·马克思[1]最好的朋友。我当时也在负责编辑出版《格鲁乔书信集》，格鲁乔请他到东部来租个地方整理这些书信，我就给了他一间办公室。阿瑟是编剧，给马克思兄弟的电影写过许多剧本，第一部就是《胡闹》，他也为埃迪·康托尔、丹尼·凯等许多人写过剧本。他那友好、优雅的风度使他成为我们楼层最受欢迎的人。“你好像有心事。”我们在过道里擦肩而过时，他说，“怎么了？”于是我告诉他，有一本书的书名快把我逼疯了，讲的是战时布鲁克林的几个孩子、哈西德教派、棒球之类的话题。“就叫《特选子民》。”他随口说完，继续往前走。就这样，因为我去撒一泡尿，文学史上留下了一本书。

《芝加哥论坛报》的书评版在头版刊出了那种我们梦寐以求的评论。“让人们到大街上手舞足蹈吧。”书评开头就说。最关键的是，评论者写道：“快，别慢吞吞地走，快跑步奔向离你最近的书店。”随后书的销量就像坐着火箭一般直线上升。尼娜、我和图瓦内特都在大街上手舞足蹈，至少在我们办公室走廊里。《特选子民》一路升到畅销小说排行榜榜首——我觉得那是真正的奇迹，是那种让人感到做出版非常有成就感的奇迹。作者完全是无名小卒、主题这么艰涩

1　格鲁乔·马克思（1890—1977），美国喜剧演员，被公认为美国史上最佳喜剧演员之一。他与四个同胞兄弟一起拍摄过十三部成功的喜剧电影，后来个人演出的电影、主持的电视节目也非常成功。

偏门的小说要赢得这么多读者是不可能的。但它就是做到了。如今，《特选子民》仍然在市面上有售，出版社在庆祝它出版五十周年。

这一切是怎么发生的？当然，首要的原因是它众多的优点。而且它向读者展示了一个他们不知道的异域——这种情况我已经多次发现。比如另外一些畅销书：汤亭亭的《女勇士》，以及方向完全不同的勒卡雷的《柏林谍影》。但还有一个原因，我们一致相信波托克的小说不仅写得好，而且会被大众所接受。

我做讲座谈出版和推动出版的个人信念时，就会讲这个故事：书稿一切就绪后，我把它交给尼娜——在书稿百分百满意之前，我不想让她看。第二天一早她就冲进我办公室说："我昨晚读完，太喜欢了，要马上找个人说，但给你打电话时间又太晚。所以我泡了一杯茶，坐下来，跟我自己讲！"

一年后，这种情况又发生了——这次是查尔斯·波蒂斯的《大地惊雷》。几年前我出过他的小说《诺伍德》，喜欢它完美的声音和众多令人捧腹也令人叹息的形象（最喜欢"信用王"格雷迪·福林、"神奇的母鸡"乔安——"上过大学的鸡"）。《诺伍德》无可挑剔但比较单薄，《大地惊雷》无可挑剔但更为饱满。假如我们对它加以编辑，我难以想象它会是什么样子。我肯定做梦都不会去碰十四岁的女主人公马蒂·罗斯。谈谈完美的声音！从头到尾，她坚持不懈要为被害的父亲报仇，而这都是多年以后年纪大很多的马蒂用非常严肃的口吻追述往事，用第一人称叙述的。她的同行者——不服老的执法官罗斯特·考伯恩和热心、年轻的得克萨斯骑警拉伯伊夫——都比不上她执着的韧性：他们动摇不了她的决心。可惜啊，两个电影版本里的马蒂都没有小说里的马蒂那么好，怎么可能做得到呢？她那一根筋思维的滑稽、优点和其他特点都是通过她说话的条理呈现出来的，而不是动作。不过，在第一个电影版本中，约翰·韦恩把罗斯特演得非常精彩，为他赢得了唯一一座奥斯卡奖。在我看来，后来科恩兄弟改编的电影与最早的版本相比就显得苍白。

《大地惊雷》后，我继续和查理一起工作，不过说“一起工作”不太准确。我几乎不认识他。他是出名的隐居派，至少是注重隐私；他毫无兴趣当名人，隐居在小石城——是一个很可爱的人，但对我来说是保持距离的可爱。他的书稿几乎不用编辑，我们之间的通信也就很有限。但我非常喜欢他的作品，比较《大地惊雷》中半戏仿、半真实的老西部与《月光花藤》《圣维多利亚的秘密》和《特选子民》中那些截然不同的世界，是一种乐趣。

当然，你很难愿意相信，我这一路上也有失败——关系破裂，出版冒险失败，机会错失。每一个编辑都退过那种后来被其他编辑看中出版并获得巨大成功的书稿。我努力忘记这些或愚蠢或大意的错误，但当年拒掉约翰·福尔斯《收藏家》的记忆实在太清晰了。我觉得它缺乏新意，不够聪明，但别人的看法跟我都相反。几年以后，我又愚蠢地拒了拉里·麦克默特里的《孤独鸽》。无疑，这种错误还一犯再犯。但我最显著的错误是错过约翰·肯尼迪·图尔的《笨蛋联盟》。

1964 年他突然把小说原稿寄给我，他后来告诉我，是因为他对布鲁斯·弗里德曼的《斯特恩》印象很深，这体现出他有很好的品位。接下来我们来来回回讨论书稿好几年，因为我被他的能量和创造力所折服，想要帮助他把《笨蛋联盟》写成他所能写出的最佳作品（那就是编辑的工作）。

但我无法让自己信服做到了这一点。他随后的人生，以被我退稿三年后的自杀到达终极的悲剧，这个悲惨的故事已经被说了许多遍，正如后来沃克·珀西[1]鼓舞人心的故事也被说了许多遍，他把书稿给他自己的（也是我的）出版社 FSG 看却遭退稿，拿到路易斯安那州立大学出版社出版后最终获得普利策奖。好几本传记曾经完整引用我与图尔留存下来的通信，如今重读它们，我既惊讶于他在信中表现得那么可爱、理性，那么乐意接受建议，也惊讶于我那么耐心地花费大量时间与一个陌生的、还没有承诺要出版的作家交流，但之后随着时间推移，我感到他的思维，或者说心智开始不稳定，在他那次考虑不周（不请自来）地出现在我们办公室，制造出一个失去理智、令人不安的场面后，我决定必须结束我们的交往。他可怕的妈妈希尔玛认定我应该对她亲爱的儿子之死负责，发动了一场诋毁我的造势运动，最过分的是说我这个东岸犹太精英蓄意毁掉肯。我考虑过起诉她，至少回应她针对我的胡言乱语，但冷静下来，又觉得如果这样愤怒的妄言有助于缓解一个因儿子自杀而失去理智的母亲的悲伤，我就把愤怒闷在肚里算了。

我以前知道图尔在自杀前重写了他小说的许多内容，但不知道后来出版的书是重写的结果，抑或大体仍是我最早看到的那份书稿。最近读到文章说是后者，我决定再读一遍书，然后发现我的反应和五十年前几乎一模一样。其中有我记忆中的那种爆炸性能量，有才高八斗的想象力，令人如痴如醉的幽默——还有对生活超负荷的焦虑和一知半解的理解。这么多年我的看法并没有改变，我既难过，也感到释然。

---

1 沃克·珀西（1919—1990），美国作家，代表作为经典小说《看电影的人》。约翰·肯尼迪·图尔自杀后，他母亲带着《笨蛋联盟》寻求在新奥尔良洛约拉大学任教的沃克·珀西帮助，珀西几经周折安排小说于 1980 年在路易斯安那州立大学出版社出版，翌年获得普利策小说奖，此时离图尔自杀已过十二年。

我一直不断地把新的作者带进西蒙-舒斯特，同时仍然与过去杰克负责的作者合作，其中就有两位伟大的幽默作家：詹姆斯·瑟伯和S. J. 佩雷尔曼。他们在《纽约客》上的文章是我十来岁那些年追着读的。瑟伯非常成功的作品集《瑟伯嘉年华》出版于1945年，我当时十四岁——那一两年这是我最喜欢的书，所以当我发现将由我负责照料他在西蒙-舒斯特的书目，我很兴奋。我不用做什么——他已不再写新书；我只要代表西蒙-舒斯特与他和他太太海伦维持好关系。（瑟伯通常都很鄙视出版人，对杰克却另眼相看——谁不喜欢杰克呢？）

我当了四年他的守护人，一直到1961年他去世。那段时期瑟伯夫妇很少在纽约，从没来过我们办公室，只是隔着老远发牢骚。当时他不仅眼睛基本全瞎，而且认定《纽约客》不再欢迎他。那是我认为我应该用大餐款待作者的年代，有一次我和缪丽尔紧张地请瑟伯夫妇出去吃晚饭，席间会发生什么，心里完全没底。这顿晚餐的四十多年后，我在《纽约客》上写文章描述过当时的情景。“他前言不搭后语地发泄对杂志尤其是对肖恩[1]的不满……面对这样一个醉醺醺的、骂骂咧咧的瑟伯，以及不那么醉醺醺但同样骂骂咧咧的瑟伯太太，我完全倒胃口。无论我事先怎么预料，也不会预见一个李尔王在意大利餐馆喋喋不休地谩骂一个我如此崇敬的杂志和它的主编。”不管怎么说，我们还是忍到了晚餐结束；我把瑟伯夫妇打发上出租车，从此再也没见过他们。

西德·佩雷尔曼则完全是另一种“客户”。如果说瑟伯是满腹怨气，西德就是一腔苦水。瑟伯外表邋遢；佩雷尔曼则总是穿着定制的英式正装和优雅的皮鞋，整洁端正。他的行为举止完美无缺，我

1 威廉·肖恩（1907—1992），美国著名编辑，于1952年至1987年间长期担任《纽约客》杂志主编。

们融洽地相处了十年——佩雷尔曼夫妇时不时操办派对，我们偶尔会参加。有一次我们去他们位于巴克斯县的乡间宅子做客，那是我的乐事，因为我很喜欢劳拉·佩雷尔曼，一位高大的、曾经的美女，但我觉得她的神色之间带有悲戚。（她确实有许多悲苦的事情。我估计她从未完全走出她哥哥纳撒尼尔·韦斯特[1]早逝的心理阴影；佩雷尔曼的子女都有严重的问题——尼娜记得多年前在玛莎葡萄园岛观察这两个完全没有人管的孩子；西德不是那种忠诚的丈夫；她有酗酒自毁的过去。在我看来她是一只高贵的、受伤的小鸟。）

我从头到尾负责了好几本佩雷尔曼作品集的出版，当然，内容本身不用再编辑。我对他的职业生涯唯一的贡献是策划出版他厚厚一本作品精选集，取了一个幸运的书名：《S. J. 佩雷尔曼精选集》。（我们沿着这个思路，还出版了《P. G. 伍德豪斯精选集》《雷·布拉德伯里精选集》，以及半个多世纪以后的《诺拉·艾弗隆精选集》。）整个六十年代，佩雷尔曼对《纽约客》日益不满——像瑟伯一样，他极其讨厌有时竟敢退他稿件的威廉·肖恩。为了钱他给其他杂志写文章，写电影剧本，他的书仍然有销路，但维持他的品位是很昂贵的。有一本佩雷尔曼传记里引用了我的话："他非常有魅力，非常友善，是一个讲故事高手，很有趣，和他相处会让你很开心，但在我看来，他又是一个非常自我、自私和愤怒的人……他逃避麻烦。他逃避真正需要感情上、精神上投入的承诺。他完美无缺，但并不慷慨大方。"他是一个非常幽默的作家，即使随着他的不满与日俱增，他的笑料可能是硬挤出的，甚至带有恶意。我离开西蒙-舒斯特

1　纳撒尼尔·韦斯特（1903—1940），美国作家、编剧，1940 年因车祸身亡。代表作为《寂寞芳心小姐》。

后，我们的工作关系就结束了，我并不感到遗憾。我觉得他到写作生涯这么晚的阶段再换出版社，对我们双方都不好。

辛西娅·林赛则可爱得多，她也是杰克最喜欢的作者。她来自康涅狄格州盎格鲁-撒克逊白人新教徒家庭，父亲是电影导演。她在好莱坞长大，做过各种工作，还是特技替身演员（你可能在巴斯比·伯克利导演的电影《华清春暖》著名的歌舞场景“在瀑布边”中瞥见过她的身影）。替身演员做厌以后，她又在好朋友鲍里斯·卡洛夫[1]的资助下，成了编剧——许多年后她跟我合作，满怀深情而深入地写他的传记。

辛西娅是最好的那种见多识广的老朋友。杰克去世后她首次东行来到纽约，我带她去一家奇特的餐厅午餐，这家餐厅的特色是可以俯瞰洛克菲勒中心的溜冰场，她还没落座就点了一杯干马蒂尼（请记住这是在五十年代）。出于礼貌，我也点了一杯——对我来说是破天荒。她很快要了第二杯，我觉得我也得跟着喝。她点了第三杯。这之后在我的记忆中一片空白，直到第二天早上醒来。我肯定回了办公室，再回家，爬上床，可这几个小时发生的一切都在我记忆中消失了。

早先，辛西娅喜欢一路跋涉到东村的圣马可广场来看缪丽尔、罗杰和我，还兴致勃勃地爬三段楼梯，她称之为“融化的楼梯”（不是融化，只是倾斜）。我从没有到她住的马里布[2]去看她。她住在一栋堪称名胜的滨海别墅中，同住的有时是丈夫有时是孩子，但总有一只名叫戈特利布的大猫，不过玛丽亚到那里拍片时会住在她家。

1　鲍里斯·卡洛夫（1887—1969），英国演员，以恐怖片出名。

2　马里布是洛杉矶西南部的海滨小城，以沙滩、阳光著称，是富人、好莱坞明星聚居的地方。

辛西娅作为自由撰稿人的一桩经历是我们家常挂在嘴边说的。她接受《妇女家庭杂志》的约稿，写一个关于灵犬莱西的圣诞故事，她为此做了所有要做的工作——去看多年来扮演莱西的苏格兰牧羊犬帕尔（它活了十八年）和它著名的训练师拉德·韦瑟瓦克斯[1]；沉浸到他们家里的氛围中。结果她写的文章被退稿，好在她对杂志支付的退稿费[2]很满意。下一次她来纽约时，和约她写稿的《妇女家庭杂志》编辑吃午饭，就问编辑，她哪里写得有问题。“哦不，辛西娅，”编辑告诉她，“你没有什么地方写得不对。你的文章做了充分研究，当真写得很好，也很有意思。”“但是？”“但是它只缺一样：崇高的元素。”

那是一种职业亮点。在社会学或精神病理学范畴，辛西娅对反犹太主义研究做出了一种特殊的贡献。她在康涅狄格州有一位她很爱的姑妈，老太太对犹太人抱有很深的成见。（辛西娅的丈夫就是犹太人。）有两次她请姑妈解释解释。第一次姑妈厉声说：“他们在巷子里乱窜！”第二次：“他们在草坪上只会聚作一堆！”姑妈活脱脱就像瑟伯的《我的人生与艰难时世》里走出来的人物，只不过瑟伯家的人无论怎么古怪，并不错乱。

这些作家的书，以及当时我在编辑的另外一些作家的书，都被视为“我的”书——自欺的编辑就是这样看待他们服务的作者所写的书的。当然，尼娜、托尼和我还要关注全部书目的出版，虽说乐在其中，但也很头疼，因为我们人手奇缺。幸好，西蒙-舒斯特天

1 《灵犬莱西》是英国作家埃里克·奈特（1897—1943）1940年的小说，讲述苏格兰牧羊犬莱西长途跋涉回到它喜欢的小男孩身边的故事。小说于1943年被米高梅公司拍成电影，牧羊犬帕尔扮演莱西，大获成功。帕尔在后续的莱西电影和电视连续剧中继续扮演莱西。

2 退稿费（kill fee）是指杂志、报纸等刊物因为各种原因不刊发原本由编辑向作者约的稿，为了安慰作者而支付一定比例的稿费，通常是稿件正常发表的稿费25%左右。

翻地覆的大乱刚过几个星期，凯·哈特尔于1957年9月入职成为尼娜的助理。她冷静，能干，可爱，出落得就像《冷暖群芳》里的姑娘——好比五十年代的电影里有些姑娘一开始看似图书管理员，摘掉眼镜、披散头发就变成了多丽丝·戴[1]。（如今已经八十岁的她依然和那时候一样美丽。）

亲和力又一次起了作用。不出几周，她和尼娜就成了好搭档——事实证明凯是一流的文案写手，能够完全贯彻尼娜的思路和写作要求——她和我持续终身的友谊也由此开始。每周总有两天，我们会在午餐时间跑到楼下的“国际药店”对付午饭（我只要熏肉花生酱黑麦三明治加一杯麦芽酒就行了；凯的口味就精致多了）。我们都爱尼娜，因而也迅速成了亲密战友。接下来在西蒙-舒斯特的六年里，凯成了我们出版团队的重要一员。比如，我们每年得写两次书目，对外公布我们即将出版的新书——五六十本书的文案既要把书描述清楚，又要写得吸引人，（最难的是）还不能陈词滥调。这真是烦得令人发指的工作。但我们把写文案变成了搞派对。一连两个晚上，我们三个加上托尼，都待在办公室，备好比萨和可乐，在各自办公室之间跑进跑出，互相帮助，有时互相表扬，一鼓作气写出来。

凯来了不久，就和男朋友艾略特·卡塔卢拉结婚了。1963年末，他因为工作调动，带着凯搬去伦敦了——他要去负责埃索石油（后来是埃克森石油）的英国业务。（后来他成为该公司的董事会秘书。）缪丽尔和我在11月22日晚上为他和凯举办了一场告别派对，几个小时前，肯尼迪总统遇刺。我们给许多朋友打电话，说他们可以不

1　多丽丝·戴（1922—2019），美国歌手、演员，活跃于二十世纪五六十年代的乐坛和影坛，以邻家女孩的灿烂笑容征服影迷。

必来，但他们全都认为还是聚在一起更踏实，于是，我们怀着沉重悲伤的心情聚在一起，互相安慰。

在伦敦，凯去了乔纳森·凯普出版社工作。这是英国最活跃的出版社。但后来卡塔卢拉夫妇还得因为工作调动而搬家：他们去了沙特阿拉伯、迈阿密、利马，又回到伦敦，再去了雅典，在外飘荡十年之后，最后于1973年回到纽约。在找到一套公寓装修好之前，他们带着两岁的儿子约翰，在我们家住了半年，跟我、玛丽亚和两岁的小女儿莉齐相处得很好。换句话说，我们成了一个大家庭，至今仍然是。

玛丽亚和我是1969年结婚的。之前我们已经在一起生活了四年，因为我们都想要孩子，婚姻似乎就顺理成章了——当然，我们之前并不是通过不结婚这种手段表达立场。而且玛丽亚那笃信天主教的母亲、“佛罗伦萨最美的女人”劳拉，一直因为女儿跟一个离过婚的犹太人同居这一罪过而耿耿于怀。这倒不是说她反犹；事实上，她本人就有一半的犹太血统，只是她自己的母亲，一位的里雅斯特的女继承人，嫁给一位佛罗伦萨伯爵之后，对天主教的信仰甚至比教宗还要虔诚。我的真正问题在于我不是一个罗马王子。不过劳拉和我相处得很好：令她抓狂的人是玛丽亚。玛丽亚曾在圣心女修道院接受教育，在那里她表现得应该是虔诚的——直到她从学校毕业、离开教会。在她心里，她已经属于舞台了。她的确已经属于舞台——十六岁就参加约瑟夫·帕普在中央公园演出莎士比亚戏剧的项目了——当时这个项目正式演出刚满一年。

我们是在达奇斯县的普罗文森家后院结婚的。我到西蒙-舒斯特出版社工作不久，尼娜就带我、缪丽尔和当时还是婴儿的罗杰到艾丽丝·普罗文森、马丁·普罗文森夫妇家去过。普罗文森夫妇是当时重要的童书插画家，虽然他们画过的最有名的书可能不是童书，而是《炉边民歌集》，这本书自出版至今近七十年仍然在印刷，每一个有点追求的、音乐教养一般的家庭，家里的钢琴凳上都会放着这本书。他们一起画了四十多本绘本，得过凯迪克奖，有八本书入选《纽约时报》“年度十大儿童绘本”；马丁去世后，艾丽丝独自创作，依然精彩。

对于我和后来的玛丽亚以及我们的孩子们来说，普罗文森夫妇童话一般的农场充满了魔力，我们又发展了一段家庭罗曼司（并且持续至今）。枫树山农场是如此淳朴，如此完美——在真正的艺术家精心照料下，环境不知不觉间越来越美——那里有红色的谷仓，一排排多姿的树，池塘中挤来挤去的鹅，还有各种仿佛画中出现的动物（某次去做客，我们看见几只山羊、几匹马、一只鹦鹉、一条大猎犬，还有你从没见过的异域家禽——要是还没有被狐狸吃掉的话）。我们在那里跟艾丽丝、马丁和他们亲爱的女儿凯伦不知道度过了多少个周末，多少个圣诞假期。我一直爱越过田野，穿过树林，打量他们农场毗邻一片地的风光，终于有一天，我有能力买下它，虽然那是许多年以后的事，但不管怎么说，醉心于自然的玛丽亚终于在这片土地上建起了我们宽敞、通风的大房子，她也变身为园丁——虽然不到薇塔·塞克维尔-韦斯特[1]那样的造诣，但也相当可以了。

来到普罗文森家后院花园参加我们小型婚礼的大多是我们来往最密切的亲朋好友——比如尼娜和克莱顿夫妇。严肃的罗杰已经

---

1 薇塔·塞克维尔-韦斯特（1892—1962），英国诗人、小说家和园艺设计师。她是弗吉尼亚·伍尔夫的密友，伍尔夫的代表作《奥兰多》即取材于她的生活背景。

十六岁了，担任我的男傧相。婚礼由一位当地执法官主持。小鸡们、狗们也在场。玛丽亚的父母当时已经分居，但日常还保持联系，在婚礼现场，他俩围着彼此转圈，像两只警觉的热带鸟类。令我们高兴的是，我亲爱的黛博拉·罗杰斯也在，她的事业已经起步，日后将成为伦敦最受敬仰、最成功的文学经纪人。我们的友谊持续了一生，后来，她和我还在巴黎一起庆祝这个吉日的四十五周年（那天玛丽亚在美国，但发来了最温暖的问候）。

六十年代中到七十年代初那六年是我人生的重要转折期：我父母相继去世；开始新的幸福婚姻；新生儿莉齐 1971 年诞生；我父亲去世后我有能力买下一套褐石公寓，开始一种新的生活；还有（对我而言）如同心灵受到重创一般地从西蒙-舒斯特跳槽去了艾尔弗雷德·A. 克瑙夫出版社。

迈克尔·科达在《因缘际会》中形容我决定放弃西蒙-舒斯特是因为莱昂·希姆金拒绝让我负责整个大众图书部门而心怀不满。情况并非如此——那时我已肩负许多责任。西蒙-舒斯特是我此前职业生涯唯一的家，在这里我始终受到格外的优待，也心满意足。在这个地方，从你还是一个小船员开始，似乎每一个人都在周围为你加油鼓气（可能也不是每个人），让你成为舰队司令。并且由于杰克令人痛心的英年早逝，出版社所有权的变更，我实际上很早就开始管理许多事务了——我不需要像许多人那样为了爬升职的阶梯跳槽：我面前没有阶梯。

真相很简单：随着时间推移，任何事情对我来说都太容易、太舒适——办公室生活变得像每天开派对——我日渐焦躁不安。这算不上悲剧，当然也没严重到需要出走的地步，但它影响到我的精神状态。真正的问题是当我努力想得长远一点，往坏里打算，我预感西蒙-舒斯特将要面临公司层面的变化。（我们是多么正确：海湾-西部公司和维亚康姆公司将会相继接管出版社。）尼娜、托尼和我开始讨论我们的将来，但并没有认真考虑具体怎么做。接着有一天，麦克斯彻底退出，莱昂成为出版社单一股东，此时我们已经发展成为一家大出版社，有一天他把所有高管召集起来，沾沾自喜地发表了一通简短的午后讲话。每天一杯的马蒂尼酒下肚，他红着脸庆祝自己的加冕，说："多年前我就想有朝一日要把西蒙-舒斯特所有部门合而为一。我花了这么多年才实现这一目标——挡道的人太多！"尼娜和我面对面坐着，可以用许多二流小说家常写的句子描述当时的场景："我们的视线在房间中央交会。"莱昂的未来不是我们期待的未来。

不出两个星期，我像往常一样和坎迪达半夜打电话时，随口说起我实际上已经开始考虑换工作，但不知道怎么做。（托尼谈过考虑买下一家出版社——达顿出版社貌似要出售——但我毫无兴趣：我不想自己拥有一家出版社，无论是冒险还是图利，当然也不希望我们为不擅长的事情分散精力。）坎迪达立刻说："适合你去的地方只有一个，那就是兰登书屋。"我对那里也不是特别有兴趣。那里好像跟西蒙-舒斯特没多少差别。坎迪达没有告诉我她要干什么，但第二天一早就打电话给兰登书屋人缘很好的编辑乔·福克斯，把我们的对话告诉了他。

不出几个小时，我接到兰登书屋时任社长鲍勃·伯恩斯坦的电话。他说这通电话也代表兰登书屋创始人贝内特·瑟夫。他直奔主题：我愿不愿意考虑离开西蒙-舒斯特，去掌管克瑙夫？他们刚刚收购克瑙夫出版社，但不知道接下来让它怎么发展。我告诉他，如果我去，尼娜也得去。他说他已经料到，他知道我们是最紧密的工作搭档——而且，在他入行初期、也在西蒙-舒斯特工作时，他就认识尼娜，有一阵子还在她手下工作，像所有人一样佩服她。我又说，还得加上托尼·舒尔特。鲍勃和贝内特都不认识托尼，但听过别人对他的夸赞。“你一个人来还是两个三个，都没问题。”他说。

突然之间，这事儿就认真了。我本来从未考虑去另一家出版社，但这可是克瑙夫！它堪称本世纪最伟大的文学出版社，他们出版的作者陪伴我的成长：托马斯·曼、纪德、卡夫卡、翁塞特、汉姆生、凯瑟、加缪、萨特、波伏瓦、E. M. 福斯特、D. H. 劳伦斯、H. L. 孟肯、伊丽莎白·鲍恩、麦克斯·比尔博姆、华莱士·斯蒂文斯、埃莉诺·怀利、兰斯顿·休斯……

几天之内，我们三人和鲍勃、贝内特在不同的家中私下会面，开始谈判，对于离开母星这件想想就可怕的事，我们还没有拿定主意（用尼娜以前的话说，在西蒙-舒斯特工作就好像你有一个大大满足你需要，甚至给你更多的家庭——它就是我需要的那种家庭）。说是谈判，也不尽准确。通常最关键的报酬问题不用谈：我一开始就说他们不用付我更多的薪水（我记得我在西蒙-舒斯特的年薪是40 000美元，在当时是很多钱了）；跳槽是事关人生的决定，不是为了钱，我不想混为一谈。尼娜和托尼跟我想法一致。但是，有一个问题。没错，我们可以在克瑙夫出版社完全做主，可怎么向艾尔弗雷德·克瑙夫本人解释这一切呢？虽然他已经把自己的出版社卖给兰登书屋，不再管业务，但他人还在办公室，更重要的是，怎么向克瑙夫出版社的员工解释呢？我提出这个问题，得到的回答是，没人会去解释；顺其自然。那也太怪了，所以我们犹豫来犹豫去。我记得尼娜说：“你们的意思是，有一天那些可怜的克瑙夫人一觉醒来，发现有三头外来的熊从天而降压在他们头上？”

我们从1967年6月开始谈，过了六个月还在谈。整个事情一开始，我就出于责任心去找彼得·施韦德和财务总监西摩·特克，告诉他们，我有史以来第一次考虑离开的问题。他们拍了一下我的脑袋，向我道谢。犹犹豫豫过了三个月，我又回去警告他们说，我们的出走可能即将成为现实。得到的是更多道谢。到12月，贝内特这个用“大嘴巴”来形容都算是委婉的家伙，已经开始在业内放风声了。留恋之情已经耗尽，有一天我们终于决定搭上自己的前途，信任贝内特和鲍勃，也不妨信任他们为克瑙夫出版社规划的最佳方案。于是我们不知不觉就答应了：他们将正式宣告我们的加盟，我们抵达的那一天就开始负责出版社。

1967年的最后一个工作日是12月29日星期五，我和托尼走进彼得的办公室宣布消息。我快哭了，托尼快吐了。彼得的反应则是他典型的圆滑：他首先抱怨我们毁了他安度新年这个周末的心情——我们就不能等到周一再宣布吗？接着他抱怨道：“我让你做了我的工作。现在我得自己做了。”

在消息公开之前，我们得先告诉西蒙-舒斯特的同事们。彼得想开一个大会，在会上告诉每个人。但我坚持要逐个单独说，由于尼娜和她兄弟一家在得克萨斯度假，托尼也休假去滑雪了，所以挨个儿告知的任务就交给了我。这太糟糕了——就像艾丽丝和眼泪的池塘[1]，其中许多眼泪是我流的。打击最大的是迈克尔·科达和迪克·斯奈德。迪克是莱昂聪明绝顶的门徒，他的雄心壮志在西蒙-舒斯特无人能及……除了莱昂本人。但迪克和迈克尔一样，既难过，又困惑，感到被抛弃了。但是，我们不可能带所有人一起走，除了“无价之

---

1 这是《艾丽丝漫游奇境》中“眼泪池塘”的典故。

宝”图瓦内特，因为我们对克瑙夫出版社的人事关系一无所知。

我们不希望我们的离开导致西蒙-舒斯特的一部分工作陷入瘫痪，决定陆续走。我得先走，因为作者和经纪人需要尽快确定信息。尼娜过三个星期走，托尼再过三个星期，这样马上待出的书可以确保顺利出版。我拉了一个“我的”作者名单，有四五十个，分成三栏：肯定会跟我转到新出版社的，更愿意留在西蒙-舒斯特的，以及因为眼下还没有新书或者尚未写完而拿不定主意的。从合同角度，约瑟夫·海勒有权因为我的离开而换出版社，另外好几位作家也是如此。西蒙-舒斯特是可以为其他一些作家的换社而找麻烦的，但他们没有选择这样做——他们也跟我们一样，希望和和气气地过渡。还有少数几本书，包括《大地惊雷》和莫迪凯的《自以为是》正在出版流程中，我觉得此时带走它们会令各方误会，所以我们跟两边都谈好，我和尼娜到克瑙夫后仍把这些书的出版事务做完：安排封面设计、写护封和广告文案、协调营销宣传和销售平装版权。

一月时，我邀请克瑙夫的一些核心人物来我办公室，彼此有个初步的认识，包括高级编辑阿什·格林、朱迪丝·琼斯、安格斯·卡梅隆；还有受人欢迎的比尔·科什兰德，他名义上是克瑙夫出版社社长，但更像是一辈子服侍艾尔弗雷德·克瑙夫、布兰奇·克瑙夫夫妇的“奴隶”。（我是实际过去工作以后才见到艾尔弗雷德的。）我马上开始看封面和封面文案——有一本书我记得太清楚了，那是一本意大利伟大的历史学家圭恰迪尼的传记，文案竭力强调他是一个多么没有魅力、多么无趣的人。我和尼娜忧心忡忡地想了片刻，觉得我们犯了一个严重的错误，但她又兴高采烈地修改起来，改得拿得出手。我把茱莉亚·切尔德的一本新书定价提高了1美元；否决了克瑙夫出版社长期以来在封底的作者照片上加一种色调的糟糕做法——这本是绿色的小说家，那本是紫色的诗人。之后，我就离开了西蒙-舒斯特。

是啊，我迫不及待要开始在克瑙夫的工作，直面考验，但也需要从之前几个月难受的紧张状态中恢复过来。所以在正式上班前，我和玛丽亚南下迈阿密，和卡塔卢拉一家共度了一周。正是在那个星期里，我最后一次在酒类专卖店被要求出示身份证。那年我三十六岁。

在克瑙夫出版社

我们一头扎进工作。虽说克瑙夫出版社并没有死，但也是死气沉沉了，要让它重新焕发活力是一种挑战。我不是泛泛地思考这个问题——我总是做完一个任务（每一个细节）就做下一个任务，不怎么考虑长远的计划——但是责任增加，知名度提高，驱使我比以往更努力地投入工作。我爱这工作，甚至学会温和地接触上一辈同事中那些难免抱着畏惧的心理看待我们空降的人。即便有些人抗拒我神经病一样的激情，也抗拒不了尼娜俘虏人心的活力和托尼的正直——谁都抗拒不了。原来的团队照旧工作，大家随着事态迅速好转而松了口气，一群新人也陆续到来，有的是提拔的（如凯西·胡里根、简·弗里德曼），有的是应聘时在某些方面打动了我而招进来的（如薇姬·威尔森、卡罗尔·詹韦、艾丽丝·奎恩）——碰巧全是女的。不过在七十年代，没有多少年轻人一门心思要挤进出版业：他们都想跨进“电影”的门。

人们很容易把过去浪漫化，但我不是什么浪漫的人，可以说，我在克瑙夫工作的那些年是一段富有成效、令我满足的经历，更是一段好时光。那真是一个我为人人、人人为我的地方，大家都心情愉悦而高效地工作。我为此骄傲，正如我为任何具体的成功案例和我们持续的盈利骄傲一样。我的意思是，如果你能，何不让工作也变成乐事呢？那为何要执掌一家以盈利为目的、却不盈利的机构呢？既要业绩好，又不能降低克瑙夫理应坚持的高品质声誉，这是要有技巧的。

我们能否做到，当然是出版业内大家都在想的问题。有一篇写我们跳槽的报道标题叫“嗜读者执掌克瑙夫”，这样写本身是准确的，不过这篇报道颇为恰当地把重点放在克瑙夫出版社，而不是“嗜读者”。假如我们跳槽去的是道布尔戴、利特尔-布朗或者麦克米伦出版社，那就是行业新闻；而艾尔弗雷德·A. 克瑙夫出版社的命运，就是文化大事件了。尽管它已经渐渐丧失活力，克瑙夫的名字依然代表着超乎所有出版社之上的品质——它所出版的图书的品质，还有这些书的设计、制作的品质。艾尔弗雷德的一大成功之处，就是自出版社 1915 年（他二十三岁）成立后的数十年中，他令文学界和公众信服：他出版的书是与众不同的；那个出现在书脊、扉页和出版社广告上的俄国猎犬社标，就是品质的保证。

它有资格这样说。艾尔弗雷德出版的诺贝尔奖和普利策奖获奖者之多，无人能及。我自己的书架上塞满了他出版的书，其中不仅有文学大师的，还有他那些高级的消遣小说：雷蒙德·钱德勒、达希尔·哈米特、詹姆斯·M. 凯恩、埃里克·安伯勒、罗尔德·达尔。他积累起来的作者名单，有最重要的一批美国历史学家（比如理查德·霍夫斯塔特）、南美作家（他最喜欢的是若热·亚马多）、日本作家（川端康成、谷崎润一郎、三岛由纪夫、安部公房），还有他阵容无人能比的美食作家——其中的明星无疑就是茱莉亚·切尔德。他还出版了至少一位当代美国重要小说家的作品：约翰·厄普代克。

他还有一件秘密武器：纪伯伦的《先知》，这本1923年偶然出版的书没有什么广告宣传就卖了一千多万册。它的销量在七十年代达到巅峰——根本不用我们任何推动——每年都能卖出大约四十万册。尼娜、托尼和我谁都没有读过纪伯伦的一字半句，也没有参加过有人庄重地吟诵他作品的婚礼，我们决定硬起头皮看看他的东西让人多么尴尬：毕竟，我们的薪水拜他所赐。一个夏天的周末，我们在汉普顿斯轮流朗读《先知》，松了一口气。虽然它正如我们所料，从头到尾都是故弄玄虚的华丽语言，但表达的感情倒也无害，甚至是天真得动人："你们是弓，你们的孩子是从弦上射出的生命的箭矢。"我们可以安心吃我们的蓝鱼、玉米和草莓大黄派，不用心怀愧疚了。

在布兰奇·克瑙夫1966年去世以前，克瑙夫出版社一直都是艾尔弗雷德和布兰奇的私人领地，也是他们的战场；从创社伊始，她就一直在那里，是一支独立的、令人生畏的力量。有许多年，他们可以说是分居的，她（养着她的贵妇犬——而不是她讨厌的俄国猎犬）住在他们的曼哈顿公寓里，他则住在韦斯切斯特的豪宅中。在她负责的各种工作中，一大重点是欧洲作者的编辑出版，这儿出一本纪德，那儿出一本加缪（她花了250美元买下加缪的《局外人》美国版权）。我从未结识她，但有一次我和老朋友乔治斯·博哈特吃午饭时，他向我指出一个刚走进餐厅的女人就是她——她身材瘦小，看上去就像是从达豪集中营出来就直接去了伊丽莎白·雅顿化妆品柜台。怪不得每个人都怕她。

每个人也都怕艾尔弗雷德，他的霸道是出了名的，经常一不高兴就大发雷霆，把气发泄到员工身上，他的儿子帕特（正式的名字是小艾尔弗雷德）也与他疏远，最后没有像大家料想的那样留下来继承家业，而是出走跟人合伙创办了神殿出版社。关于这家人的紧张关系你只要从下面这件事情就足以了解：那年美国书商协会在华盛顿开大会，布兰奇去世的消息刚传开，我碰到帕特，我们只是点头之交，我停住脚步，说我对他母亲的去世感到很遗憾。我问他什么时候去纽约奔丧，他断然说："为什么她死了我一定要去纽约呢？"我说不出话。

帕特出走之时，克瑙夫夫妇把出版社卖给了兰登书屋的贝内特·瑟夫和唐纳德·克洛普弗，不过艾尔弗雷德仍旧以一种模糊的身份留在出版社，他不再说了算，但仍经常来。每周一次，兰登书屋的一位高管会来到相隔几个街区的克瑙夫办公室，做点例行检查工作。但他和所有其他人一样，对这位高傲的大老爷小心翼翼的。几十年来，每一个有才华的年轻编辑怀着远大理想来到克瑙夫出版社，往往不是被辞退，就是难以忍受愤而辞职，没有一个富有个性的编辑能够带领出版社走向未来。有声望的老编辑则安于现状，凭着经验按部就班继续工作，缺乏激情。你可以说，整个出版社陷入了慢性的衰退。

艾尔弗雷德对我们极其和蔼、热情，坚持要我们直呼他名字；他当然已经得知，我们三个人是来接管出版社的。即便如此，我们一方面要接管他的出版社——尽管它实际上已经不属于他——另一方面还要让他每天和秘书来办公室，这真让人紧张。他来做什么呢？观察我们？不过，让他高兴因而也让所有与他有关的人高兴的新情况是，他在布兰奇去世以后不到一年娶的第二个妻子海伦与布兰奇截然相反：她热情，开朗，全身心地照顾他。他们早在多年前的四十年代初就认识了，当时他出版了她唯一的小说。海伦理解他，爱护他，竭力排遣他的怒气，甚至帮助他和帕特达成一定程度的和解。她是一个有主见的独立女性，来自美国西北部，那是艾尔弗雷德特别喜欢的地区。在我们心目中，她就像一只来自俄勒冈州的苹果，当然，她也积极地推动他接受我们成为他的遗产守护人。

很快，她和艾尔弗雷德就邀请我们三人到他最爱去的四季餐厅的撞球厅吃饭。我们相谈甚欢，甚至乐不可支，因为餐厅领班（据我所知，他是餐厅老板）不断疾步冲到我们餐桌旁，不仅是要确保一切都让艾尔弗雷德满意，还要告诉他，某些特色菜的量不够每人份了。“克瑙夫先生，”在某个时刻他热情地说，“我们刚有少量爱尔兰空运来的蕨菜到货。我想您会喜欢！”艾尔弗雷德就告诉他要。

即便如此，艾尔弗雷德只要在办公室就会让人紧张，至少我会紧张。托尼待人一向大度，对父辈人物尤其有耐心，经常和艾尔弗雷德在一起。我既不那么大度，也没那么有耐心，对待父辈特别抱有对抗情绪，所以对他总是恭恭敬敬的（希望如此），但办公桌尽可能离他的远一点。只出过一次“事”，要不是尼娜的智慧，“意外”可能会恶化变成冲突。当时我们决定“我们的”第一本书是约瑟夫·海勒的剧作《我们轰炸纽黑文》，1968 年刚入秋，我们急急忙忙把书赶出来付印。保罗·培根已经为这本书设计了一个炸弹标识，所以我们在《纽约时报》投放的大广告上，开玩笑地在固定放俄国猎犬社标的位置放上了炸弹标识。广告刊发的那天上午，尼娜来到我的办公室，看上去受了惊吓。她给我看她收到的艾尔弗雷德暴跳如雷的便签，痛骂她胆敢玷污他花了一辈子建立起来的“克瑙夫”品牌、历史和美感。从来没有人这样对尼娜说话，哪怕是莱昂·希姆金（实际上他对她说话客气得不同寻常)。我怒不可遏，不仅是为尼娜，也因为我认为他在干预我们的自主权，我几乎要冲进艾尔弗雷德的办公室，让他滚蛋。别，尼娜说，她要用她的方式处理这件事。

她的方式就是给艾尔弗雷德回一份便签，大体是说："亲爱的艾尔弗雷德，我把您刚给我的这张便签还给您，我相信等您冷静下来以后，会懊悔别人手里有您一封这么粗鲁的信笺。现在您可以把它和复写纸本一起销毁。祝好。尼娜。"没过几分钟，艾尔弗雷德就站在她的办公室门口，忙不迭地道歉。"尼娜，尼娜，我很抱歉——我没意识到这样写是粗鲁的。"显而易见，以前没有人跟他说过，他不能这样行事。我开始对他另眼相看——不再当他是一个暴君，而是一个被宠坏的婴儿，当奶头从嘴里被拔出来就发脾气。这一"事件"结局良好——艾尔弗雷德认罚，我克制，第三次世界大战避免了。后来再也没有发生过这类事件。真的，之后的那些年，艾尔弗雷德成了我们的头号支持者，当他觉得什么事情做得特别好的时候，他就在他洋红色的便签本上用有点潦草的笔迹写几句祝贺的话，撕下来派人给我。重要的是，他首先是一位出版人，看到优质的出版，他能够辨识、欣赏。当然，我很高兴。有句出自十九世纪初一部戏剧的名言说得好："胡伯特爵士的赞扬才是真正的赞扬。"[1]

有一次在我非常需要艾尔弗雷德帮助的时候，他挺身而出。薇拉·凯瑟可能是艾尔弗雷德最引以为傲的作者，她当年坚持要在合同中禁止出版社发行她的作品平装版。但是她去世于1947年，那个时候的"平装版"指的是小开本的廉价平装版，但是到六十年代末

1　原文为"Praise from Sir Hubert is praise indeed"，出自英国剧作家托马斯·莫顿（1764—1838）的剧作《头疼良方》，用来形容一个人得到至上的赞美。

的那个时候，让她的作品以我们当时称作“高级平装版”的形式再版就显得非常迫切了——“高级平装版”这种出版形式是杰生·爱泼斯坦在铁锚图书首创的，克瑙夫出版社效仿他们也推出相应的图书品牌佳酿图书。大多数文学作品的精装版，过了当季新书阶段，书店就不再备货，因此当时市场上广泛销售的凯瑟作品只有她在转到克瑙夫出版社之前，在霍顿-米弗林出版社出的四本书，因为霍顿-米弗林被凯瑟抛弃了，也就不顾忌尊重她的偏好。所以，《我的安东妮亚》和《哦，拓荒者！》到处都有售，但后来的作品如《大主教之死》就绝版了。我向艾尔弗雷德求助，他马上就明白了问题所在。他找到代表凯瑟已经去世的继承人的律师，他们很快就授权我们出版新的版本，就这样，八本凯瑟后期的作品又重新进入主流市场。换了是我去找他们，他们肯定不理我这个自命不凡的新来的。

我对艾尔弗雷德最深的印象是在某次克瑙夫出版社中午大聚餐的一刻。每年总有那么一两次，我们会一起到公园里野餐，人人都会骄傲地带来自家烹饪或者烘焙的食物——这简直是一家美食家出版社——在冬天我们就聚在办公室接待区，大吃特吃，交换各种传闻轶事（说实话，也不是每个人都自己做食物。某些人有秘密武器；我的秘密武器是玛丽亚）。这次我们决定尝点新的食物：从著名的意大利超市和熟食店曼加纳罗买来的六英尺长的潜艇三明治，还有大桶的巴斯金-罗宾斯冰激凌。我们自然也邀请了克瑙夫夫妇，他们显然很乐意参加。碰到这种时刻我就进入了人来疯模式，站在前台接待员的位置给大家挖冰激凌球装进圆锥形筒里。人们因为糖分摄入过量而兴奋得到处乱窜，只有吃了大量垃圾食物才会引起这种反应。我走近艾尔弗雷德和海伦问他们想吃什么口味的冰激凌，艾尔弗雷德抬头看着我，平静地说：“没想到这里能变成这样。”海伦探身过去摸摸他的手。

我知道要建立一份强大的新书书目是需要时间的，即使跟着我们从西蒙－舒斯特一起转过来的许多作者快要交新书的书稿了。有一件事情我们可以马上就做，就是废除这么多年在出版社内衍生出来的许多毫无意义的常规工作。比如，每一本新书签下版权后，布兰奇和艾尔弗雷德都各自要求编辑填写一份长得离谱的表格，归档——绿色的表，粉色的表。布兰奇要的表在她去世两年后，大家还在炮制：因为没人说要停止。艾尔弗雷德要的表也好不了多少。每天大家都在机械地做许多填充工作时间的无用功。我们还有一个"办公室女主任"每天走来走去欺压秘书们："打字快点儿，姑娘们，快点儿。"还有每周有一次例会，资深员工会讨论在版书目中哪些书需要加印：比如说，某一本 1938 年出版的关于美国历史的学术书要加印 750 册，印制成本宣布后，这本书就在与会者之间传递，大家继续讨论，直到达成一致意见。必须达成一致意见，因为没有人负责。自远古以来，被吓破胆的克瑙夫人主要干的事情之一就是逃避直接责任，以免天神降怒。

我和托尼参加过两次这样的会议。我拼命让自己表现得文雅一点，几乎要成功了。这种会议必须终结，可我不想只是简单宣判它们的死亡。然后我就想到，既然现在是我们在这种会议上说了算，那只要我们不出席，会议也就开不了。想法提出来，大家接受，面子也就保住了。我们到克瑙夫大约一个月后，我请年轻的助理主编凯西·胡里根（近五十年后的今天，她仍然是我亲爱的朋友和不可或缺的同事）贴出一份告示，宣布要召开一个破坏制度的会议，感兴趣的人都可参加。全社的人都来了。一堆规章制度——包括绿色卡片、粉色卡片——就在那天废除了。秘书们不用那么快地打字了。

就是在某一次这种敲打灵魂的加印会议后，我完全领会到了克瑙夫出版社的精神。那天我们从内部会议室走出来，发现无论是走廊还是办公室，基本上一个人都没有。只有一个勇敢的人留下来告诉我们，整个大楼的人都撤出去了，因为楼顶发生了爆炸，一块钢梁飞了下去，砸死了一个坐在咖啡馆窗边的人。显然，大家都觉得我们的会议太神圣了，不能中断，哪怕生死攸关。

但我们一边与克瑙夫陈旧的管理体制种种怪异之处缠斗，一边考虑我们的首要问题：让书目焕发新的活力。琳恩·内斯比特给了我们莫大帮助。那时候，她已经替代坎迪达，成为纽约年轻一代主要的文学经纪人。琳恩和坎迪达截然不同。坎迪达是深情的，多变的，要让你费劲猜的，甚至鬼鬼祟祟的——她会给自己再加上“西西里人的”这一形容词。琳恩呢，始终是通情达理的，务实的，诚实可靠的；她会再加上“中西部人的”。我们的业务合作关系保持了四十五年以上，从来没有过不愉快的时候，甚至没有过争论，因为我们对谈判的看法一致：谈判是为了解决问题，而不是挑起争端。“那些问题对作家是关键的；这些问题对出版社是关键的。为了达成A，就得放弃B。”工作上没有哪一方只顾自己，都一心要让双方满意，只有这样，这些真正的工作——写作、编辑、出版——才能顺利进行。

琳恩还有一种天赋——她有一种判断哪个编辑适合哪个作家的直觉，基本没有不准的。她介绍给我的许多作者除了都跟我合得来之外，几乎毫无相似之处——她知道我擅长什么，不擅长什么，她不会浪费我们彼此的时间让我看不适合的东西。所以我知道，只要她给我寄一本书稿或一个写作计划，那肯定是适合我的东西。我不记得自己拒绝过琳恩提交的任何书稿，只有一次，她打电话来说：

“我要给你寄一本书稿，因为作者一定要给你看。”保罗·里维尔给我预警都不会比她更清楚。[1]

我在克瑙夫的初期她介绍给我两个完全无名的作家：迈克尔·克莱顿（与罗伯特·克莱顿没有任何关系，除了两人长得都很高）和罗伯特·A. 卡洛。迈克尔当时才二十五六岁，还在哈佛医学院读书，已经用笔名出版了好几本小说。他的新书《天外细菌》将是第一本作者名为“迈克尔·克莱顿”的小说，也将启动一个后来逐渐被称为“科技惊悚小说”的无敌舰队。这一类型小说也许可以说是由 H. G. 威尔斯在十九世纪九十年代开创的，当然我们也不能忘记玛丽·雪莱的《弗兰肯斯坦》和柯南·道尔的《失落的世界》（这个书名后来也被迈克尔借用）。但是，与这些先驱不同的是，迈克尔有很强的科学知识背景。而且他对可能拿来作为惊悚小说素材的科学尖端领域有着敏锐的眼光或者说嗅觉，后来对社会学也是如此，所以他可以一边吸收一边把这些硬核知识巧妙地普及给大众读者。你在被他的书吓坏的同时也上了一课。

迈克尔什么都好，唯独不算特别出色的写作者。《天外细菌》概念绝佳，但写得乱糟糟——情节松散，文笔欠佳，最糟糕的是无论怎样都写不好人物。他笔下的科学家都没什么区别——缺乏人的个性特征；唯一可以区别他们的是有些死了，有些没死。我很快意识到，以他敏锐的思维、迅速接受编辑意见的能力和工作上的好习惯，他可以修补情节漏洞，强化悬念，把科学解释得更清楚——事实上，他可以改进任何必要的地方，除了塑造出有说服力的人物。（他从未

1　保罗·里维尔（1735—1818），银匠、实业家，美国独立战争时期的爱国者。他最著名的事迹是1775 年 4 月在列克星敦和康科德战役前夜，他连夜骑马警告殖民地的民兵，英军即将来袭。

写好任何一个人物；最后我得出结论，他不能写人，因为他对他们根本就不感兴趣。）于是我想到，与其试图帮助他写好人物，还不如放下心理包袱接受他写不好的事实，索性放弃，把《天外细菌》从一部纪实性虚构作品变成一部虚构化的纪实作品。迈克尔完全同意——我觉得他也松了口气。

编辑进度是一稿又一稿地修改——但速度奇快。我会当晚就读完最新文本，给迈克尔打电话提意见，两天之内我就会拿到新的版本。这样你来我往的编稿就像打乒乓。有时候我感觉他的耐心快耗尽了，当然我也快耗尽了。那又怎么样？我们有同样的目标，也都有用不完的精力。由于我的科技背景知识就像宗教一样几乎为零，所以我从不质疑迈克尔要把我们带往什么科技领域，也正因此，我对《天外细菌》的编辑出版最骄傲的一点，就是它的情节能够做到真正合理有效，我所起到的作用是独一无二的。多年以后，迈克尔在《巴黎评论》的访谈中也回忆了这一方面：谈到情节的高潮，他说："我想到，有一个人物应该去打开核设施，这里要有一个悬念，这件事会不会发生。鲍勃说，不不不，应该让那个开关自动启动，人去把它关掉。他对极了。"这证明即使在你完全不懂的领域，你也可能有好运气。

《天外细菌》成了超级畅销书，这既归功于保罗·培根独具匠心的封面设计，也因为它半真半假、让你仿佛身临其境的刺激情节。由罗伯特·怀斯执导的改编影片同样成功，迈克尔在成为他这个时代顶级类型小说家的道路上大步前进。我们又高效地合作了六本小说，包括情节新鲜好看的《火车大劫案》，还有好几本我离开克瑙夫去《纽约客》前出版的非虚构作品，我最后经手的是《侏罗纪公园》的第一稿。经过这些年，他在写作上并没有变得更加成熟有深度——《神秘之球》和《刚果惊魂》本质上都是青少年小说，而《侏罗纪公园》的这个初稿在语调上甚至适合更年轻的读者。我把我的感受告诉他，彼此达成谅解，他的书由克瑙夫出版社的其他人负责编辑。这是一种解脱：我越来越不愿意编辑那些我认为不怎么好的书，虽然我们的私交仍然很好，但我发现他这个两米高的大个子跟我在一起实际上是不怎么舒服的，尤其我只是比他年长一点，在他面前却具有某种权威性，他特别有拘束感。

与迈克尔的合作让我对类型小说有了更全面的认识：类型小说是怎样运作的，某个作家怎样让其自身成为一种类型。侦探小说是类型小说，而阿加莎·克里斯蒂把她的侦探小说变成一种类型；间谍小说是类型小说，而约翰·勒卡雷把他的间谍小说变成一种类型。我总是欣喜地发现，阅读大众的选择通常都是对的。的确，是有很多二三流的类型小说家非常畅销，但总体来说，最畅销的是那些在他们的领域写得最好的作家。几年前我在一个自己毫无经验的领域浪漫小说测试了一把。我浏览了巴诺书店数量众多的浪漫小说，选了其中三位顶级作家——诺拉·罗伯茨、朱蒂·蒂弗洛和桑德拉·布朗——每人各三本买了带回家。这是什么阅读感受！但对我是值得的，因为证实了她们当中最畅销的罗伯茨，也是写得最好的。她不迎合读者的趣味，而且至少在我读的这三本书中，她给读者的信息是最健康、最令人向往的：是的，女读者，你也可以同时拥有这一切——令你满意的职业生活（和性生活），还有你的白马王子。不用做出取舍。（这与禾林出版社那些无处不在的浪漫小说真有天壤之别。在西蒙-舒斯特时我们一度发行过禾林小说，尼娜曾这样说这些小说："全都是发生在蒙特卡洛、孟买的故事，可是作者都是最远也只去过多伦多的加拿大女士。"）大众终究是知道的：斯蒂芬·金、约翰·格里森姆、丹尼尔·斯蒂尔在他们的领域里都无人能及。

迈克尔虽然在写作上有缺陷，但无可争议是科技惊悚小说的王者，获得他那种巨大的成功也是理所当然的。《侏罗纪公园》后，他写了一部又一部轰动的畅销书，包括非常不讨喜的《升起的太阳》（反日）和《大暴光》（反女权），我无法想象我会编辑这两本书。幸好我离开克瑙夫时，奖杯从我这里得体地移交给了别人，这对我俩都好。

我和鲍勃·卡洛的交往则是完全不同的故事——很长的故事。我是在1971年第一次看到《权力掮客》书稿的，而在我此刻写作时，也就是2016年，鲍勃正在写（我也在期待）他的林登·约翰逊传记的第五卷。这肯定也是漫长的等待，因为我们四年前才出版第四卷。

我们的合作如有神助——但也曾经相当棘手。在个人层面上，我们相处融洽，不过要用“个人”这个词来形容与鲍勃的关系还是有点夸张：他的内向程度超乎常人。我过去常开玩笑说，就连别人对他说“你感觉怎么样”这样的话，他都可能感觉其中有进攻性而退缩。但应该说，我们之间有一种有力的纽带，使我们在过去几十年中从职业上的相互尊重发展为对彼此的信任和喜爱。他像琳恩那样绝对正直，像迈克尔那样强迫症一般地写作，像我这样偏执地追求完美。但我们对完美的看法并不总是一致的。

琳恩把《权力掮客》推荐给我的时候，我挺意外的。我曾把《先驱论坛报》“图书周刊”的编辑理查德·克鲁格招进西蒙-舒斯特负责非虚构类图书的组稿，我觉得我始终不擅长这类在出版业中越来越重要的图书。在他提过选题的书中，有一本人称纽约“建设大师"的罗伯特·摩西的传记，作者是《新闻日报》的年轻记者。虽然我从小到大都是纽约人，但我对罗伯特·摩西的兴趣为零，我想不出谁会看这种书。但我既然把人雇来了，为什么不放手让他去做呢？克鲁格以很低的预付金签下了这本书，过了几年他找到待遇更好的工作跳槽去神殿出版社，也把这本作者叫卡洛的书稿带去了。后来他又离开神殿出版社当全职作家去了，琳恩接管了这本书，拿来给已经在克瑙夫的我看——整个书稿有一百多万字[1]。我读了几页就意识到，这是一本不可多得的好书，要立刻签下来，但篇幅必须砍——要么缩短，要么浓缩，要么压缩，无论你怎么委婉地表示这个意思。撇开别的不说，我们就没法印刷、装订这么厚的一本书——书稿在我办公室堆起来几乎有近一米高。而且多卷本出版也不具实际可行性：我对卡洛说，我们只能让人对罗伯特·摩西感兴趣一次，但不会有第二次。

编辑《权力掮客》整整花了一年，我还是个快手呢。删减不单单是这里砍、那里削的问题——你得读懂整本书才能判断哪里写得太多（以及哪里写得太少，不过这个问题对卡洛来说从来都不存在）。部分困难之处在于，因为某些素材不得不舍弃而痛惜的不仅是鲍勃，还有我。我大概读了两倍的篇幅，但不能印这么多文字。我们勉强达成一致意见，把《权力掮客》缩减三十万字，允许有十万字的增减空间——这真不是愉快的体验。我们还为语言、标点、重复等问题激烈地斗争——整小时整小时地斗争（鲍勃经常担心读者第一遍可能看不懂；我却经常担心读者看到一件事情作者反复讲而不耐烦）。有时我们的讨论很激烈——反正不是我就是他，就会咚

1　这里的字数实际是指英文中的单词，为便于表述，全书统称字。

咚咚走出我的办公室冷静一下。他觉得我在侮辱他，我觉得我在履行职责。但我们的分歧都对事不对人——我们有相同的目标，对语言有相同的敬意，哪怕我们连一个分号的使用都常常不能达成一致意见。

他最了不起的地方是研究的深度和细节。我从没见过这样的研究，《权力掮客》出版时，他同辈的那些大众历史学家，比如大卫·哈伯斯坦、盖伊·特里斯、西奥多·H. 怀特、罗伯特·马西，都一片赞叹。我像他们一样叹服，但材料积累太多，也让人担心有“翻船”的危险。我从不怀疑它的准确性，但有时也会想不通他究竟是怎么挖出某些特定细节的。比如书中有这样一件事，既非常具体，信源又很神秘，我决定问他这个故事是怎么来的。1926 年，罗伯特·摩西的父母在专收贫民区孩子的卡茨基尔夏令营待了一个星期。这个夏令营是由罗伯特·摩西的母亲贝拉·摩西资助（并控制）的犹太社区服务中心“麦迪逊之家”办的。那年六月，纽约一家法庭在一起媒体高度关注的复杂官司中做出对他们的儿子不利的判决。第二天早上，麦迪逊之家一名年轻的社工把《纽约时报》送到他们习惯居住的小屋。《权力掮客》里是这样写的：“判决后的那天早上，他把报纸递给他们，他们翻开报纸——审判的报道全都在里面的版面——他们看到要他赔偿 22 000 美元的判决，不禁呻吟一声，贝拉·摩西说，‘啊，他这辈子就没挣过钱，现在只能由我们替他付这笔钱了。’”这故事不错，但我不禁问自己——然后问鲍勃——他怎么知道四十多年前发生在一栋小屋玄关的两人之间的对话？两人早已去世多年。

“那很简单，”他说，“我在‘麦迪逊之家’研究贝拉·摩西的档案时，找到一份那个时期的露营者和夏令营工作人员的名单，就开始找他们的下落。”在现在使用的纽约电话簿上，他找到许多名字相同的人，然后给他们所有人打电话，其中一个就是1926年6月那天早上给摩西夫妇送报纸的那个年轻社工，他听到了摩西太太的话，没有忘记。在我看来最了不起的是他讲述这件事情的样子就好像这种层面的研究是理所当然的——每一个传记作家都会不假思索地这样工作。他似乎觉得这没什么了不起的，但我觉得了不起，并且再也没有要他向我证明材料的真实性。

《权力掮客》获得一片膜拜般的好评（除了罗伯特·摩西和他阵营中的人），荣获普利策奖和弗兰西斯·帕克曼奖，对于关心城市、城市规划、政治和权力本质等问题的人来说，它已经是一部里程碑式作品。（巴拉克·奥巴马就写过，他在芝加哥早期作为社区组织者，是怎样受到这本书影响的。）它也使鲍勃·卡洛成为备受尊敬的人物。谁能料到这仅仅是他后来所取得杰出成就的开始？

接下来他会写谁是个大问题。我们基本已经一致选定纽约历史上的著名市长菲奥雷洛·拉瓜迪亚，在我长大的那些年，他恰好也是我家的偶像——他简直就是学校教师的守护神，我母亲非常崇敬他。在《巴黎评论》的访谈中，鲍勃曾回忆当时考虑写拉瓜迪亚传记的事情发展：“我已经通过梳理罗伯特·摩西的一生研究了权力在城市中如何运作，我想在国家的层面通过林登·约翰逊的一生来研究同样的问题，因为我觉得他对权力的认识比其他任何一位美国总统更深刻。我也想用不止一卷的篇幅写他，因为《权力掮客》被砍了不少我认为不应该砍的内容……预计会大战一场，因为那时候除了学者，没人写多卷本的传记。（他忘了桑德堡的林肯传记和道格拉斯·索萨尔·弗里曼的罗伯特·李传记。）于是我去出版社找鲍勃（指我）讨论。我还什么都没说呢，他就对我说，鲍勃，我还在惦记你呢，想你接下来应该写什么。我知道你已经在打算写拉瓜迪亚了，可我觉得你真正应该写的是林登·约翰逊传记。然后他说，我觉得你应该写好几卷。这也太让人惊奇了！”我对自己想出这个主意也挺惊奇的，因为我对约翰逊并不是真的感兴趣，也毫无认识。但完全说得通——卡洛的写作主题是权力，还有比约翰逊更戏剧性的权力缩影吗？

约翰逊传记的写作计划是三卷本，但我们脱轨了。第一卷大获成功后，他埋头为第二卷做研究时跟我提到，1948 年约翰逊竞选参议员“偷选票”那件事就能轻易写出十万字的章节。我鼓励他全写出来，因为我也很想读——这对编辑来说是最安全的信号。但《升迁之道》[1]铺展开来将达二十多万字，我们要等到八年以后才出版。它也导致我们在书稿编辑上最激烈的争执。我觉得鲍勃把约翰逊击败的竞选对手寇克·斯蒂文森浪漫化了，但他不同意我的看法。我们从未谈论过我们谁对谁错。但长远来说，那不重要。一个比“偷来的竞选”更大的故事被揭示出来，迄今已出版四卷的约翰逊传记每一卷都是如此。《升迁之道》用罕见的细节和深度解剖地方政治——正如看卡洛所有书的感觉一样，我们看完只能说：“原来政治就是这样的。”《权力之路》讲述的不仅是约翰逊童年和青年的成长故事，还是大萧条时代贫瘠的得克萨斯州的传奇故事。《参议院大师》更是如此：是的，这本书写的是约翰逊如何操弄权力，但也写了参议院究竟是怎样的。《权力通道》不仅惊心动魄地讲述了肯尼迪遇刺事件和约翰逊与肯尼迪家族剧烈的冲突，也戏剧性地揭示了在美国，权

1 《升迁之道》是《林登·约翰逊传》的第二卷书名。第一卷书名是《权力之路》，第三卷是《参议院大师》，第四卷是《权力通道》。

力是怎样交接的——也就是我们的民主制度如何运作。虽然卡洛不断地探索这些大问题，他从未偏离他为约翰逊本人刻画的热烈、真实但感人的肖像。和他成千上万的读者一样，我也迫不及待地要读他写的约翰逊和越战以及他戏剧性地退出公职，但我能怎么样？他从不和我谈论写作内容，直到整本书稿，或者部分书稿交到我手上。

我们一开始决定做约翰逊传记这个项目时，我写信给人称“小瓢虫”约翰逊的约翰逊夫人，恳请她与鲍勃合作。我告诉她，卡洛是非凡的传记作家——他第一本书引起的反响足以证明——尤其重要的是，他是一个诚实的传记作家。我不知道他对她丈夫的最后评价会怎样，他也不知道，但我能保证他不带偏见，而且他将带着对约翰逊成就的无比崇敬开始工作。那绝对是真的，因此约翰逊夫人一开始是热情、合作的——直到卡洛明显开始调查某些事情，某些他们私人的、她和其他约翰逊家族的人不想被调查的事情。于是铁门咣当关上了，他成了不受欢迎的人。但你能指责她吗？

卡洛写过：“在为《权力掮客》工作的那么多时间里，鲍勃从没说过一句好话，一个赞美的词都没有，不管是对书整体性的评价还是书中单一的部分。我的第二本书《权力之路》同样如此。但之后他就温和点了。当我俩改完合作的最后一本书《升迁之道》的最后一页时，他拿起书稿片刻，慢慢地，好像根本不想说的样子，说，不坏。这就是他对我说过的仅有的表示赞许的两个字，迄今为止。”用李普利那句名言说：“信不信由你。”[1] 但鉴于他至今仍对我怎样看待他的作品耿耿于怀，让我在这里说出来：罗伯特·A. 卡洛是一位伟

1　罗伯特·李普利（1890—1949），美国漫画家、企业家、冒险家。他于 1918 年在报纸上开办了一个叫“信不信由你”的漫画专栏，用漫画形式介绍世界各地的奇闻趣事，这一栏目一直持续三十七年。他还把“信不信由你”发展成广播、电视节目。

大的传记作家，很荣幸这四十多年来我与他并肩作战。

琳恩·内斯比特推荐给我的另一个作者是布鲁克·海沃德[1]，她正准备写家庭回忆录《乱套了》。这本感人而痛苦的回忆录讲述她的成长和她一家的故事：她的父亲利兰·海沃德是好莱坞顶级经纪人、百老汇顶级制作人，母亲玛格丽特·苏利文是优秀演员，还有她的妹妹和弟弟。这是一个悲剧故事——苏利文，疑似自杀；妹妹布丽吉特，自杀；弟弟比尔，多年后也是自杀。布鲁克是家族的幸存者，她活下来讲述这个故事。但让她讲出来也是一种挣扎。她知道自己想讲，当然也具备才能，但她有心理障碍。朋友们鼓劲，琳恩鼓劲，我鼓劲，但她还是缺乏勇气。我意识到她的问题部分是技术性的，也就是她不知道怎样按年代顺序讲述全家人的故事，就提议她分章节写；让这些章节基本集中到单独一个人身上；换句话说，多讲几个故事，最终构成一个故事。我的提议好像让她释然了。《乱套了》入选了每月之书俱乐部目录，备受好评，也在畅销书排行榜上逗留了好几个月。之后几年里，我们偶尔会提议她写下一本书，讲讲她嫁给丹尼斯·霍珀[2]后那些年的婚姻生活。她始终没有写——但仍有可能。

过了几年，还是从琳恩那里，来了芭芭拉·戈德史密斯的《小格洛丽亚……最后获得了幸福》，这本书生动讲述了格洛丽亚·范德比尔特悲惨的童年，她怎样成为其魅力四射但不成熟的母亲“大格洛丽亚”（她的双胞胎姐妹曾是英国王储爱德华的情人）和有权势、有决心的姑妈、惠特尼博物馆创始人格特鲁德·范德比尔特·惠特

1　布鲁克·海沃德（1937—　），美国戏剧、影视剧演员。

2　丹尼斯·霍珀（1936—2010），美国电影演员、制片人、艺术家，因 1969 年的经典电影《逍遥骑士》而知名，他与布鲁克·海沃德的婚姻维持了八年（1961—1969）。

尼之间一场法庭秀的典当品。[1] 芭芭拉是一个如痴如醉的研究者，一个勤奋忘我的写作者，也是一个非常善于讲故事的人。《出版人周刊》预言《小格洛丽亚》会成为大畅销书，果然如此——还入选了每月之书俱乐部。像《乱套了》一样，它也被拍成风靡一时的两集电视剧。

接着来的是 1982 年的《伊迪》，琼·斯泰因和乔治·普林顿写的伊迪·塞奇威克短暂、狂乱一生的口述史。伊迪是安迪·沃霍尔的爱徒和明星，出身于新英格兰贵族家庭，她有厌食症，又吸毒，二十八岁死于巴比妥酸盐中毒。这本书的出版对我来说不是愉快的体验。乔治是个好人，也是个工作狂，无可指摘。而琼这个电影业大亨的女儿，本来也是很迷人的，但是碰到这本书写作上哪些部分应该归功于乔治的问题上，她就不可爱了，甩出电影大亨那样的强硬手段，我迫于无奈也强硬报以颜色，她被迫让步，所以虽然《伊迪》也入选了每月之书俱乐部目录，成为畅销书，但书一付印，她跟我就再也没有说过话。

这三本书都聚焦于轰动而悲剧性的美国家族，在我感受不到与他们有任何联系的情况下签下版权，最终在我心里无形中构成一幅三联画。也许它们反映出我本性中强烈的偷窥倾向。毫无疑问，它们的确代表了目前人们阅读习惯中强烈的偷窥倾向。

---

1 美国著名时尚设计师、艺术家格洛丽亚·范德比尔特（1924—2019）经历传奇。她的母亲格洛丽亚·摩根出身于美国外交官家庭，少女时代和她的双胞胎姐妹泰尔玛就是纽约社交名媛。1923 年，格洛丽亚·摩根（“大格洛丽亚”）十九岁时嫁给美国豪门范德比尔特家族的雷金纳德·范德比尔特，翌年生下女儿格洛丽亚·范德比尔特。1925 年，四十五岁的雷金纳德即因病去世。作为女儿监护人的格洛丽亚·摩根生活奢侈，花钱如流水，引起雷金纳德的姐姐格特鲁德·范德比尔特·惠特尼的日益不满，她听闻格洛丽亚·摩根在丈夫去世时未满二十周岁的法定成人年龄，不具备监护人资格，最终于 1934 年发起诉讼争夺小格洛丽亚的监护权，并最终胜诉，成为美国历史上最著名的儿童监护权官司之一。

出版这些书最意外的衍生事件是格洛丽亚·范德比尔特本人来找我出版她的童年回忆录《从前》。我们本来不认识，所以有一天她突然打电话来问我愿不愿意读她的书稿并考虑合作时，我吓了一跳。之前我听说她痛恨《小格洛丽亚》，所以我马上告诉她我与这本书的关系。她已经知道了，但这根本不影响她找我——这是我证明她是严肃之人的第一个证据：换个气量小的人肯定对我咆哮了。与她一起工作绝对让人有满足之感，这并非是说，她的书需要投入很多编辑工作。它能自洽的最重要一点是它的语气，如果这个错了，编辑也没法改。书名暗示了这个故事的童话本质：一个可怜的富家小女孩（还是美国最有名的一个）的艰难历程，如果换一个性格比格洛丽亚软弱的人，身临的各种压力可能轻易就把她毁了。她的写作带一点童话的味道，或者说是诗意，但显而易见，这本书写得准确、诚恳。

我逐渐钦佩、喜欢格洛丽亚。她还有一种强大的职业道德和决心，要尽其所能把事情做到最好（我相信到四十年后的今天，她仍然如此）。这意味着她绝不辩护、不宣泄——就是为一个认真的目标而认真地努力。我稍微感觉到她好像生活在一个保护性的泡泡中，但怎能不这样呢？从来到这个世界开始，她就被迫在公众的注视下设法熬过最坏的日子。从幼儿时期开始，她就是一个名人，与秀兰·邓波儿不无相似之处（她俩出生于同一年）。但正是她的智慧、坚强、正确的生活选择和决心做任何事都全心全意投入，最终让她活出了自我，无论是设计牛仔服，还是写书。她也是一个拥有惊人的美貌和魅力的女人，根本不需强装性感，虽然可能有一点点自恋。她著名的微笑可能已经凝固，但她的智慧和精神不会凝固。

令我吃惊的是，不知不觉我竟出版了一系列名人回忆录——

这完全不是投身出版时的我所能预料的。其中最耀眼的一本是劳伦·白考尔的《我独自》。我无法抵抗她——部分原因是我见过她几次，觉得自己理解她，能够与她合作。毕竟，她是一个聪明的犹太女孩（本名叫贝蒂·佩尔斯克），出生于布朗克斯，成长于布鲁克林，又去曼哈顿就读茱莉亚·里奇曼高中；要不是她比我年长几岁，我们可能就约会了！（真要是那样，她可能也不会看我两眼，而我也会吓得不敢看她一眼。）是那个时代顶级的好莱坞经纪人、既可爱又无耻的欧文·拉扎尔拉拢我们的，他们两人之间有一种粗暴但亲密的关系，这还得追溯到他在亨弗莱·鲍嘉与全盛时期的劳伦·白考尔夫妇交好的年代。我的一部分工作就是听他俩相互抱怨。

贝蒂不需要合写者，也绝不会忍受别人帮她写。她需要的是安心写作。过了一两个月，她告诉我在家没法写作：太多事情分心。于是我在克瑙夫给了她一间办公室，她每天都来——是每天哦——她一来就去工作，在长长的黄色拍纸簿上手写，只穿着袜子光脚在办公室走来走去，自己弄咖啡喝，和年轻人们聊天。碰到有好事的日子，她会带一盒甜甜圈给我们吃，先到先得。每天下班前，前台的小淘气们会在打字机上把她写的打出来给我看。虽然她在戏剧界和好莱坞都是出了名的难伺候，但在我们这里，她放松，大方：我渐渐明白，在美貌和盛名之下，她对自己在演艺界处于什么位置没有安全感——是的，她是明星，但并不像鲍嘉或者她的第二任丈夫杰生·罗巴兹那样被认真看待——所以她仍然需要在她状态最好的时期电影公司给予她的那种有力支持。尤其是在别人怎样看待她这个问题上。我怎能忘记，那年我去亚特兰大，在美国书商协会的年度大会上与她公开对谈——她是明星嘉宾——我的主要任务不是采访她，而是在去得克萨斯的火车上给她带着电动卷发夹？（那时候有很长一段时间我不愿意，也不能坐飞机。）

这本书写得很顺利——作为作家的她文笔流畅得令人羡慕——虽然书稿仍然需要许多常规的编辑加工，但从头到尾都不需要重新考虑，改动结构。关键在于页面上写的是她的名字：贝蒂·白考尔。我们只有过一次争执。书的封面上有一张她美丽的照片，封底上我放的是她和鲍嘉的照片。绝对不行，她发作道：这是她的书，不是他的。这就触到了我的神经。“听我说，白考尔，”我说，“人们想知道你俩的事，何况你都写了几百页关于他的事。我的工作是卖你的书，他是大卖点，他得在封底上。”“好吧。”她说，就像大多数演员服从强势的导演一样。那时候我们的关系已经上升到真正的……友谊？不完全是，因为我认为她不擅长发展亲密关系；她太警惕了。但她是一个忠诚的好伙伴，我想，可以说我们是一种真正的伙伴关系，并且持续数十年。

《我独自》是一部惊人的畅销书，一个又一个星期占据排行榜榜首，精装版销量超过三十万册，更令人吃惊的是它还赢得了国家图书奖。贝蒂很激动，但并不惊讶。我也为它的畅销程度而激动，但有点惊讶。我没有料到会有通常不读明星回忆录的、庞大的犹太读者群。她最近去世后，人们潮水一般表露出来的悲伤、充满爱意的怀旧，说明她的成功对于她同时代成千上万的犹太女性是多么重要。

我对她特别温情的记忆是1993年拉扎尔刚去世后，她组织少数几个拉扎尔的好友聚会。在洛杉矶已经办过一场非常盛大的追悼会，但在纽约没有任何公开活动。我们一共五六个人，我清楚记得的有基蒂·哈特、贝蒂·康姆登和阿道夫·格林，在白考尔的达科他公寓[1]里喝茶怀念拉扎尔。（贝蒂·白考尔不是乱花钱的人。）大家轮流讲自己和拉扎尔交往中最喜欢的故事。我讲的是这样的：

一天他给我打电话，照旧是他高价推销的那套。“小子，”他说，“我一般不发小说给你，可我手上有一本很棒的处女作，准保达到克瑙夫的标准。你知道你想要的任何书，我都让你尝第一口，我还没给别人看过这本书。你要是付二十五万，它就归你了！”从欧文那里来的一本要价这么高的新人小说，又是文学小说，这可不牢靠，但令我吃惊的是，我当晚读完以后很喜欢这本书——其中有真正的声音，技巧也很好，虽然整体比较淡。第二天上午我打电话告诉他，我觉得这是本好书，很乐意出版，但基本不可能畅销。“我最多付你两万块钱。”他几乎毫无停顿。“成交！”他大叫道。这就是为什么他的绰号叫“滑头”。（实际上我从不这样叫他——我认为这个绰号把他变成了一个笑话。虽然某种程度上他是挺可笑的，但他也聪明，慷慨，顽强，在我心里他甚至是悲伤的，尽管他的事业总是如有神助。）

在白考尔的书出版前一年，我们已经出版了另一位著名演员丽芙·乌尔曼的回忆录《改变》。和贝蒂一样，丽芙也是自己写书，不过是用挪威语写的；我最初读的书稿是她请人翻译、她自己审过的译本。贝蒂写得活泼，充满轶事，论点武断；丽芙写得严肃，思辨，追根究底。她是那种罕见的女演员，男人、女人都爱她，既性感又有母性，英格丽·褒曼也是这样的演员。许多人崇拜她，崇拜者们在《改变》中找到了他们心目中的她，我也相信这就是真实的她。

---

1 达科他公寓楼是纽约地标建筑，位于曼哈顿七十二号街和中央公园西路口西北角。许多名流在此居住。约翰·列侬 1973 年开始在此居住，直到 1980 年他在公寓的拱廊中被杀害身亡。

他们也跟随着作为演员、妻子、情人和母亲的她追寻年轻时的自我，并在书中发现温和但坚定的女权主义。这本书写得发人深思、坦率、包容，广受好评，也非常畅销。

《改变》写得认真、感人，编辑工作仅限于翻译书大体都需要的那种润色。正是通过出版，我逐渐认识、欣赏丽芙本人。我们第一次见面颇有征兆。那是刺骨寒冷的一天，她独自来到我热过头的办公室，很快就脱下那身包裹着她的昂贵狐皮外衣。我们谈论书和出版进度，看得出她开始放松。过了一会儿我提议带她在出版社各办公室转转，认识一下她以后会打交道的各部门人员。她站起身，又穿上狐皮外衣。我问她为什么，她脱口而出："因为我太胖！"大概是因为我习惯了听到我的演员太太（也是美人）说这样的胡话，我不假思索地说："第一，这里很热。第二，你不胖。第三，你并不想穿外衣。"和白考尔一样，她对建议也立刻积极回应——对自己的形象也放心了。

更重要的是她绝对自律：没有无理要求，不发明星脾气。我们的出版进度很赶，到后来我得尽快决定一个非常素雅的封面设计。当时丽芙正在拍摄《蛇蛋》——应该是在柏林。她说她白天都在片场，但如果封面设计及时送到（我们用特快专递寄给她），她可以在我这边时间的上午十一点溜出来一会儿打电话告诉我她的反馈。不出我预料，她的反馈非常热情，但令我印象深刻的是她真是十一点打来的电话——分秒不差。不仅如此，与《变化》和她的第二本书《选择》有关的一切事情，她的表现都完美无缺。这源于她的性格本质：丽芙·乌尔曼不仅是一位美丽、有才华和高贵的女人，也是一位具有专业精神的人。

专业主义。我一遍又一遍地向憧憬出版业的新人灌输让他们扫兴的“新闻”：你不能给自己强加天赋，但你可以强加效率。我一个晚上或者一个周末读完书稿的习惯对我事业的起步肯定是有帮助的——经纪人高兴，作者更高兴。我这样做不是为了分数，只不过是抑制不了好奇心。而且读书稿、做编辑工作有什么可延迟的呢？你迟早都得做这些事，马上就做并不会比无论出于什么错乱的原因而以后再做要多花时间。莉齐在我八十岁生日派对（我成年后另一个“遭罪”的生日派对是四十岁那年）时回忆道，她是在“现在就做。把事情做好。检查，检查，再检查”这些口头禅的陪伴下长大的。我是在自己的晚年不知不觉开始写作，才完全体会到这样做是多么正确。当我向编辑交一篇约稿或者书稿的一部分，然后等几天，有时是几周，等编辑的回复，这真让我抓狂——既焦虑得抓狂，也愤怒得抓狂。我期望别人对待我就像我以前对待别人那样。

出版名人图书虽然曝光率很高，但也只是我工作中的一小部分。我仍然首先视自己为小说编辑。一位非常重要的小说家来到了克瑙夫：约翰·契弗。当时他已经进入他的鼎盛时期——好几本精彩的短篇小说集和成功的沃普萧小说[1]已经出版。他在我们这里出版的第一本书是《欢迎来到弹园村》，这是一部阴郁的、有点隐晦的当代美国生活寓言。我认为这部小说比他以往任何作品都好，可惜销量只能算还不错。接着出版的是一部短篇小说集《苹果的世界》，然后是《猎鹰者监狱》，这本书好评如潮，还升至畅销书排行榜第一名，挽回了他作为美国重要作家的盛誉，令我大吃一惊。《猎鹰者监狱》具有耸人听闻的元素，写得很有力度，但在我看来不如《欢迎来到弹

1　沃普萧小说是指约翰·契弗以沃普萧一家为主人公的两部长篇小说《沃普萧纪事》（1957）和《沃普萧丑闻》（1964）。

园村》有趣。

我想到既然他的声誉如此之高，那是时候出一本他的短篇小说精选集了，把公认他最好的作品收进来，出厚厚一大本。我提出这个建议，他说无法理解我怎么会想做这种事情：这些短篇小说已经收进不同的短篇集里，根本没人买。不，比如我这样的就想要——读它，拥有它，出版它。我说他什么都不用做：他写的每一个短篇我都读过，并且已经拉了一个篇目让他精选。也许他可以再写一篇序言。果然就成了。我们先达成共识，他战前写的那些故事实际上只是速写，应该忽略，我记得他当时拿掉了我篇目中的一篇，又加了两篇。我们卓越的美术总监罗伯特·斯库代拉里（“美国文库”就是他设计的）设计了令人过目不忘的封面：重磅的银色字母铺在鲜艳的柿红色背景上。就这样，1978 年《约翰·契弗短篇小说选》诞生在热烈的掌声、赞誉和花束中，好几个月跻身畅销书排行榜并赢得普利策奖，为约翰提供了财务保障。几十年后我们可以看清，它的出版确保了契弗跻身二十世纪美国最优秀的作家之列。

另一件让我与契弗产生重要联系的事情发生在他去世以后，他的家人为了他的日记联系我和另外一两位出版人。可恨他已经把日记用打字机打出来了，夹在许多小笔记本里放在一起，总共有三四百万字——我看到的是出于阅读需要请专业打字员重新录入的版本。当时我正在从克瑙夫出版社去《纽约客》工作的过渡期，但我心里是毫无疑问的：这么一大堆材料当然是参差不齐的，但非常可观——这是独特的内容，令人难以抗拒。即将接替我在克瑙夫职务的桑尼·梅塔也认同这一点，所以我们付了过高的钱，才得到它的独家出版权。但我们作为契弗的出版社，怎能眼睁睁让它逃走呢？

《约翰·契弗日记》是我经手过的最难处理的编辑项目，这既因为我自己设定的编辑准则，也因为材料本身，其中许多内容阴郁、痛苦。能做下去有赖于契弗家人的支持——他们始终恪守决定，让我拥有绝对的编辑主导权。考虑到某些材料的痛苦和残酷——是的，有些部分的确残酷——编这本日记真是一项勇敢得惊人的工作。

我先安排好长期发表契弗作品的《纽约客》刊登大部分日记。当时克瑙夫出版社和《纽约客》杂志社都隶属于纽豪斯家族的公司[1]，所以这么做没问题，我能同时为杂志和出版社编辑日记。我决定每一篇日记全部照登，不作任何删减，除了契弗永远需要的那种文字“修剪”（他的才华没有延伸到标点和拼写，所以他过去也感激这种“修剪”）。最终，杂志上发表了九个部分的日记，共分三批、每批发三段节选，每批间隔六个月。不仅是读者需要这种间隔，我也需要——编辑工作极其艰苦，而且一直沉浸在契弗内心的黑暗世界中，是一种令我不安的非常体验。但编辑这些日记又令我欣喜，因为写得特别好，我佩服他令人痛苦的诚实。我猜我们在杂志上发表了十五万字。（最终出版的书大概就多两万字。）

著名编辑、评论家特德·索洛塔罗夫也是收到契弗家人的邀请考虑出版日记的几位出版人之一，我们出版日记后，他在给《民族》杂志写的书评中承认，最初他看了一两个小时的日记打字稿，觉得它们“单调”、令人沮丧。“所以，”他写道，“当我发现，自己被《纽约客》去年开始连载的日记节选迷住时，我非常意外，也很沮丧。”他接着写道：“现在我们有了日记的完整版本——编辑罗伯

1　纽豪斯家族的先进出版公司于 1980 年收购拥有克瑙夫出版社的兰登书屋（后于 1998 年卖给德国贝塔斯曼集团），于 1985 年收购《纽约客》杂志社。

特·戈特利布从全部文字中砍掉了5%左右篇幅——因为他整合了连贯的文本，我对他愈加钦佩。它用一种也许可以称为定稿的文本呈现了契弗的一生：简洁，明晰，感人，意味深长。这是自《天使，望故乡》以来最出色的编辑成就。"我这一代编辑，无论怎样谦虚，也会忍不住引用他说的这句话：在托马斯·沃尔夫的伟大编辑麦克斯·珀金斯去世七十年后，他依然是模范编辑中的模范[1]。

我在契弗去世后的这段漫长的工作经历让我感觉与他很亲近，相比之下，他生前我们一起工作时的不亲近反而近乎滑稽地凸显出来。契弗和别人在一起时，显得彬彬有礼而冷淡，至少对我是这样。我不记得跟他吃过饭，但记得我和玛丽亚至少去过一次他们在奥西宁的家。（玛丽亚的父亲和契弗关系很好，都是《纽约客》的作者，对杂志社的小说编辑们抱有相同的怨恨，就像瑟伯和佩雷尔曼对肖恩先生那样。）作为作者，他从不为任何事情抱怨，也不为任何事情热心，永远都是礼貌、合作的态度，虽然在他晚年有一阵身心都陷入严重的崩溃状态，他在金钱问题上变得异常刻薄。实际上他对克瑙夫出版社和我基本满意的态度，从他嘴里说出来我只听到过一次，还纯属偶然。那是一个周末，我在家里开着收音机工作，突然听到他的声音。那是一个音乐节目，邀请名人推荐自己喜欢的曲目，那一周请的名人就是约翰——我记得他挑的曲目之一是歌剧《茶花女》中卡拉斯演唱的一首咏叹调。在音乐切换之间，节目主持人问他各种问题，我听到他问："你的短篇小说集这么成功，赢得了普利策奖，纽约每一家出版社都追着你吧？""是的，"约翰回答道，"可我

1 《天使，望故乡》是托马斯·沃尔夫的代表作，他的编辑麦克斯·珀金斯为了小说的编辑修改耗费了大量心血。特德·孛洛塔罗夫把罗伯特·戈特利布对《约翰·契弗日记》的编辑贡献与珀金斯对《天使，望故乡》的相比，是很高的评价。

的出版社克瑙夫和我的编辑罗伯特·戈特利布为我做得这么好，我为什么要换出版社？”我想这样的评语对他来说还是太私人了，他不想直接对我说。

是契弗的最后一本书，中篇小说《恰似天堂》，令我一反常态在编辑上犹豫不决。我觉得这本书非常美，但不确定它的结局是否完美：就是感觉它没写透。我记得当时我自问你算老几，竟然想让约翰·契弗重写小说的部分内容。但我又提醒自己，他选择来到克瑙夫，是为了让我做他的编辑，而建议作者修改书稿，正是克瑙夫雇我的目的，想到这里我就心定了。他马上就明白了我的意思，非但没有抵触、不满，反而立刻就强化了最后那几页。我如释重负，也获得了宝贵经验。

几乎在我们接手出版约翰·契弗的同时，克瑙夫出版社开始出版托妮·莫里森。她曾是兰登书屋的编辑，先是在大学图书部，后来在大众图书部，在那里，她建立起一个重要的非洲裔美国作者名单。她的处女作《最蓝的眼睛》当时已经在霍尔特出版社出版，获得一片好评（非常正确），鲍勃·伯恩斯坦说，兰登书屋的编辑写得这么好，何必在别处出版（非常正确）。但在兰登书屋本社出版又不合适，结论是在克瑙夫出版——尤其是因为托妮和我彼此有好感，相互尊重，虽然当时我们还不太熟。那是1972年，翌年我们就出版了她的第二部小说《秀拉》，那也是我编辑她作品的开始。四十多年后的此刻，我写到这里时，我们刚出版了她最新的作品《上帝拯救孩子》[1]。

我们是命中注定的搭档。虽然我们的背景迥然不同，但我们是

1　该书中文版书名为《孩子的愤怒》（南海出版公司2017年版）。

同龄人，更确切地说，我们身后书架上的书都一样。最重要的是我们阅读的方式也一致，所以当我提某个建议时，她立刻就会明白为什么，不管是一个句子还是牵涉到大的结构问题：譬如说，我认为她后期的某本书应该大幅增加最后三分之一部分的篇幅；她知道原因，马上完美地解决了问题，丝毫不生气。

除此以外我还对她起过什么作用？我对书稿的编辑介入并不留底，但我的确记得要她放弃《秀拉》初稿中开头的段落，因为其中写到一些对读者来说莫名其妙的小鸡。我还对她好几本书的书名插过一手，其中我觉得最有趣的是把《恩惠》改为《一桩恩惠》[1]——如果你了解这本书，就会知道这样的改动意义重大（它也正好是我认为她写得最好的作品之一）。我们唯一真正的分歧是逗号的使用，她讨厌用逗号，我喜欢。我把逗号放进句子，她就拿掉，然后我们讨价还价。我猜她不像我这样强烈地需要使用逗号，是因为她能在内心听到自己的声音朗读加了标点的文本，而我读的时候没有她迷人的声音可听。

我最近因为写这本书向托妮提问，想起跟《宠儿》有关的一次编辑介入。当时我忘了她原本计划要写一部很长的小说，讲述黑人在美国的经历，《宠儿》的内容是该书的前三分之一，后面两部分的故事要发生在很久以后。我读完《宠儿》这部分就对她说："就在这里结束。这就是一部长篇小说。"（多么棒的一部小说！）

即便如此，回顾过去，我觉得我为她所做的最有用的两件事都与文本无关。《秀拉》出版后，我对她大致这样说过："托妮，《秀拉》很完美——它从容，精确，充分节制，就像一首十四行诗。但

1　该书中文版书名为《恩惠》。

你不必再写这样的小说——你可以敞开自我，写其他风格。”她完全明白我的意思，因为她已经在努力改变方向，但我的话打消了她的疑虑，放手写作《所罗门之歌》这部大胆的小说。《所罗门之歌》大获成功后，我对她说：“你得放弃你的编辑工作，成为全职作家。那才是你。”当时她的经济收入已经有了更多保障，但她提醒我，她还得独自抚养两个男孩。我说：“钱的事情，我会和你的经纪人一起帮你安排。你专心写作就行了。”理智告诉她应该这样做，我又推了她一把。

我写出这些作家与编辑之间不同形式的交往，是要说明当双方信任对方的判断和善意时，这种关系在各种情况下都能富有成效：作家能够以开放的心态、不自以为是地听编辑的看法，编辑知道作家能够灵活、自信地消化他的建议——无论是接受还是不接受——就会无所顾虑地说出看法。许多人认为托妮喜怒无常、不易相处，实则完全相反：她首先是艺术家，是一个勤奋的人。

我当然不是克瑙夫唯一的小说编辑。朱迪丝·琼斯就比我早得多，自约翰·厄普代克在克瑙夫出版第一本书开始，她就是他的编辑。约翰的书我们几乎不用编辑，只要设计、印制让他满意就好——实际上，他的书基本上可以算是他自己设计的，封面文案也是他写的。要是他当出版人，那可不得了！但他对营销、宣传、销售并不上心，对金钱尤其不上心，甚至严格限制我们每年付给他的版税金额。我对他不肯要预付金颇感头疼。他从不用经纪人，我们可能不小心占了他的便宜，这令我不安，但我向他提出这个问题时，他解释说他不希望让孩子们在成长过程中觉得家里很有钱。（他第二次婚姻后，这个规矩就变了。）

除了身为他的出版人与他有过这种愉快的交往，我是直到去《纽约客》以后才跟他熟悉起来的，当时他已经觉得自己在《纽约客》被渐渐疏远了——我记得他对我说，他越来越感觉克瑙夫出版社是他事业上的家。在杂志社，我花了不少精力约人写书评，请他评了几本书：有一本是美国文库版辛克莱尔·刘易斯的作品集，还有一本很厚的科幻小说选集。他非常投入地写这种约稿，我们因而相处愉快。他是少数敢直面杂志社首席文字编辑埃莉诺·古尔德严苛评判的作者之一。记得有一次我们坐在一起看“古尔德校样”——大家这样叫她改过的校样——他用尽可能不在乎的口气说：“哦，还是把埃莉诺加的括号给她留着吧。”她抓到了他的差错。

厄普代克是艾尔弗雷德视为其专有的作者之一，他们在工作上相处融洽，但厄普代克总是避免跟他在一起。另一个艾尔弗雷德青睐的作家是约翰·赫西，他也始终在克瑙夫出书——从《钟归阿达诺》《广岛》到其他令人印象深刻的作品。朱迪丝负责他，也负责伊丽莎白·鲍恩、威廉·麦克斯威尔和彼得·泰勒。她也是安妮·泰勒的编辑。我到克瑙夫之前，安妮·泰勒已经是他们的作者了（四十八年过去了，至今仍然是）。安是我认识的作家中最淡泊的，她和家人在巴尔的摩过着宁静的生活，几乎从不接受采访，对出版社为她设宴款待也没兴趣；实际上我在克瑙夫近二十年，只记得她在出版社出现过一次。（后来我在《纽约客》刊登她两部长篇小说的节选时，我本人要跟她沟通捋顺个别段落，把长篇小说的片段改得像短篇小说，才跟她有所接触。她跟约翰一样听得进意见，很有效率，对自己的写作绝不自恋。也跟约翰一样有风度。）

她的书一直销售得不错，属于平稳那种，因为她渐渐拥有了一批追随她的忠实读者。我对她的成功做出的唯一贡献是她 1982 年出版的第九部长篇小说。朱迪丝把书稿给我时说，安要把它定位为

"短篇小说集"，坚称它不是长篇小说，我们不应称它是长篇。我觉得它是长篇小说，提议我们索性不给它定位——让评论家和读者自己判断。这本书就是《思家小馆的晚餐》，事实证明，这是她畅销的突破之作，从此她的许多小说成为畅销书。一个与文本无关的决定可能改变一本书的命运，这是另一个典型案例——如果把它称作"短篇小说集"，它的表现绝不会这么好。

朱迪丝绝对是纽约出版界最典型的新英格兰人，在克瑙夫出版社五花八门的同事中，她是一种沉着稳定的存在，除非被逼到墙角，否则绝不会张扬武断，享受着自己的工作和生活。她可以把阿图尔·鲁宾斯坦哄得开开心心，引导他把他庞杂丰富的两卷本回忆录改到付印，而且对我们的财务状况至关重要的是，她能够在她那些极度自我的美食书骨干作者之间游刃有余。茱莉亚·切尔德的自我意识太顽固，幽默感太强，要迎合宠爱她，但她还得对付和蔼可亲的詹姆斯·比尔德，折磨人的玛塞拉·哈赞，脾气暴躁的迈克尔·菲尔德，迷人的克劳迪娅·罗登，同样迷人的玛德赫·贾弗里，还有那些难缠的《芬妮·法默食谱》[1]监护人，朱迪丝一手指导新版从头到尾的大改。可惜啊，在这方面，我对她一点忙也帮不了，因为我在厨房里顶多只会煮鸡蛋，大家都认为我是食物白痴。朱迪丝一直工作到八十五六岁才退休，退休时已成为深受读者青睐的作家。我希望她也喜欢我，就像我始终喜欢她那样。

是薇姬·威尔逊（薇姬就是维多利亚，如果你一定要叫她正式的名字）在1976年为我们带来了安妮·赖斯的《夜访吸血鬼》。迈

1　芬妮·法默（1857—1915），美国烹饪专家，1896年出版《波士顿厨艺学校食谱》成为广泛被使用的烹饪教科书，不断更新再版，1965年的第十一版更名为《芬妮·法默食谱》至今。从1979年的第十二版开始，该书由克瑙夫出版社出版。目前通用的是1990年出版的第十三版。

克尔·科达从西蒙-舒斯特给我打来电话请我招收她时，她才二十三岁，在那里干得让不少人满意，于是我招了她。谁能抗拒她呢？她聪明，活泼，好学，有趣——还不听话（现在还是不听话）——薇姬总是很有主见，乐于和我们分享她知道的事，这些品质使她成为出色的出版人。她立刻喜欢上尼娜，尼娜也喜欢她，她一辈子都全心全意地爱尼娜。（在她最近出版的那部大部头的芭芭拉·斯坦威克传记中，她题献给了她母亲、尼娜和我。）更重要的是，她从尼娜那里受益匪浅，我愿意相信她也学了我。不知道究竟是她认我为干叔叔，还是我认她为干侄女，总之这种关系对我俩都很好——我们不是在拌嘴，就是在拥抱。她在克瑙夫出版社四十多年，建立起她自己的优秀作者群，从劳丽·科尔文、洛丽·摩尔到威廉·加斯，从重要的电影类图书，到斯文·伯克茨、玛蒂娜·纳芙拉蒂诺娃和游泳冠军琳恩·考克斯。

我们将要共同经历一次不寻常的冒险。薇姬在编辑一本玛丽亚·里瓦写她母亲玛琳·黛德丽的书，写得非常好，我印象很深，因而考虑在《纽约客》刊登节选。一天——黛德丽去世的那一天——薇姬打来电话，用她一贯有力的语气说："现在别说不！我要你跟我和黛德丽的家人一起去巴黎和柏林参加葬礼和落葬仪式！"我正要说不，突然想起我的莉齐正在巴黎念大学三年级。于是我同意了。

我在机场见到里瓦夫妇。玛丽亚·里瓦还非常悲戚，她丈夫身体不适，她的三个儿子令人喜忧参半——基本上是老大指挥一切。在巴黎，我们住在雅典娜广场酒店，离我习惯的"有情调"的左岸诸地很远。葬礼在被狗仔队包围的马德莱娜教堂举行，由一位神父主持，他有一个显著的头衔"名人的神父"（Prêtre des Célébrités），只有法国人才会这么做。莉齐和她男友跟我们住到一起，在酒店里享受了几个月来最舒适的泡澡；雅典娜广场收的每一个法郎都值。在葬礼上，我们和家属、巴黎市长等要人坐在前排。玛琳的灵柩缓缓经过我们，上面放着她获得的法兰西骑士荣誉勋章。

我们跟在灵柩后面，一起去机场飞往柏林，黛德丽生前要求葬在过去属于“东德”的墓园，她母亲就葬在那里。之前还有一场争执：德国人要在灵柩上盖德国国旗，玛丽亚·里瓦要盖美国国旗——她和她妈妈都是美国公民。最后他们折衷，盖柏林市旗。我从没去过柏林——身为“二战”中成长的犹太孩子，我之前始终拒绝一切德国的东西（除了音乐），离得远远的。我们遇见的德国人都对黛德丽抱持莫衷一是的态度：一方面，她很可能是他们历史上最著名、最受爱戴的女性；另一方面，她在战时坚决站在盟军一边反对他们。

落葬那天我和薇姬早早地到了，等她的家属来。那天非常热。到处都有供记者和摄影师使用的高台。墓园对面房子里的居民都探出窗子，脸颊红彤彤的，光着膀子张望。墓园前门外聚集着一小群人，他们举着一面粉红色的横幅，上面写道：“柏林同性恋者送别玛琳。”

墓旁的人不多：几位德国官员、一位年迈的表亲和她的陪同，没有美国电影界代表，倒是有几位德国电影明星——海蒂嘉德·纳福、霍斯特·布赫霍尔茨等。我们走向敞开的墓穴时，一个演员在轻声对另一个演员说他在拍的一部电视剧：“你的经纪人给他们打过电话吗？我相信他们会给你找点事做的。”棺木下沉时，一台电视摄像机伸到墓穴上方拍摄，玛丽亚跪在地上，尽力无视摄像机的存在，向母亲作最后的告别，显然怀着矛盾的复杂情绪。（可以想象，做玛琳·黛德丽的女儿！）这是令人难忘的一幕，显得那么不真实、悲伤而感人，我庆幸薇姬逼着我跟她一起来到这里。

在薇姬准备出版《夜访吸血鬼》的同时，我也要出版另一本独特的处女作：《亲情瞬间》，这是一个大胆、炫目、非常幽默的成长故事，作者是大胆、炫目、非常幽默的年轻人丽莎·奥尔瑟。毫无疑问这也是唯一一本同时有多丽丝·莱辛和琼·克劳馥评语的书。奇怪的是，《亲情瞬间》上了畅销书排行榜，《夜访吸血鬼》却没有。但它之后销量就一直很好，至今卖了近一千万册——跟《第二十二条军规》的出版史一模一样。当然，安妮后来的许多书，经薇姬之手，销量还要多几百万。

让我们永远记住诺莫尔斯维尔吧。那是薇姬、我和其他人在一间无人用的后勤办公室中，在一张乒乓桌上用玩具火车和铁轨搭建的小乐园，我们都爱它，但它以悲剧收场——有一个邪恶的前台接待员某天一大早溜了进来，带领玩具海军陆战队员入侵，大肆破坏，留下了一摊塑料血池。胜景不再。

另一位永远都在克瑙夫的编辑是安·克洛斯。她是 1970 年从哈珀出版社来的，本来招她是为了加强案头编辑部门，但她以一种盖过她本身南方女士魅力（她来自萨凡纳）的执着劲头，说服我让她当编辑。我又干了一件好事。她为我们的作者名单做出的贡献包括以《交配》获国家图书奖的小说家诺曼·拉什，以《巨塔杀机》获普利策奖的劳伦斯·赖特。好像是要完成她的作者获奖三连胜，她还为我们带来了我们最近一位诺贝尔文学奖得主，加拿大的艾丽丝·门罗。从艾丽丝在美国出版的第一本书《乞丐新娘》开始，安就一直是她的编辑。那是 1978 年。

阿什·格林虽然主要编辑非虚构图书，但他发现了乔治·V. 希金斯。他的《艾迪·科伊尔的朋友们》溅起一个大水花，之后他就接着写了六部这种风格硬朗、完美的波士顿犯罪小说。阿什还出版罗斯·麦克唐纳。我们把他从一个备受爱戴的侦探小说家提升为主流的畅销作家。更准确地说，是《纽约时报书评周刊》在封面聚焦他、刊登了包括尤多拉·韦尔蒂在内的评论家文章，发现了他的文学价值，我们适时跟上。通俗的类型小说家成为文学经典作家的现象并不新鲜——克瑙夫以前出版的侦探小说家如钱德勒、哈米特都是如此。约翰·伦纳德在《纽约时报》上是这样表述的："十年前，没有人看到的——或者应该说，人人都看错了的——写侦探故事的作家成了美国重要的小说家。"这样的现象现在还有。埃尔默·伦纳德就是最近一例。

阿什还以奉献精神出版了许多异议作家的书，他们大多数是通过鲍勃·伯恩斯坦与大赦国际了不起的工作而来到我们这里的，其中有安德烈·萨哈罗夫、罗伊·麦德维杰夫、雅各布·蒂默曼，但我对蒂默曼也有贡献：是我紧张地打电话给《纽约客》主编威廉·肖恩（当时我还不认识他），向他介绍蒂默曼记叙他在阿根廷军政府手下遭受折磨的力作《没有名字的囚犯，没有号码的牢房》；肖恩第二天就买了杂志版权。阿什还为了加夫列尔·加西亚·马尔克斯的版权，和已故的、（对出版人）近乎施虐又令他们神魂颠倒的西班牙经纪人卡门·巴塞尔斯展开了曲折而漫长的斗争。仅此一项，他也应当获得荣誉勋章。

阿什一开始并不适应我惹眼的工作方式，后来习惯我了，我也习惯了他表面上的礼节。我们保持了数十年相互尊重、相互敬爱的关系，他始终是克瑙夫出版社的核心编辑，直到几年前他令人悲痛地去世。

另一位涉猎广泛的编辑是南希·尼古拉斯，因为她的法语优势，她顺理成章就成了我们翻译书的编辑——用我的话说，这是比下地狱还要可怕的工作。正是她经手编辑了三四本我们有幸能够出版的米兰·昆德拉的书，她还是我们在巴黎的传奇书探玛丽-克劳德·德·布吕诺夫的主要联络人。玛丽-克劳德知道法国出版界的所有人和事，出版界以外的事情也什么都知道。在我眼中她就是完美的法国女人，我们一直保持着密切联系，直到她去世。而南希就像大多数好编辑一样，做各种各样的事。是她发现、培养了标新立异的威廉·沃顿，他的第一部小说《博迪》既受好评又畅销（还获得国家图书奖）。多年来，是她从我这里"接管"了雷·布拉德伯里，悉心照顾他——但那是很愉快的事，因为雷本性善良。是她负责要求苛刻但赚钱的梅达·希特，后者用一系列甜食书占据了食谱市场的很大份额。甜点、巧克力、蛋糕、饼干，凡是你能想到的甜食，梅达写，南希编。

了不起的卡罗尔·詹韦则是我们公认最聪明的人，她是克瑙夫的国际版权女王，而且因为她精通德语，她为我们带来了伟大的托马斯·伯恩哈德、帕特里克·聚斯金德的畅销书《香水》和本哈德·施林克的《朗读者》（由她本人翻译，在我们的姐妹出版社万神殿出版）。我认识卡罗尔的时候，她刚从剑桥毕业到伦敦做文学经纪人。我们很谈得来，所以她嫁给一个美国人搬到纽约后，我就聘请她，随便她挑适合自己才能的工作。我们在编辑上的最佳合作时刻在 1973 年降临。当时，我们对罗哈尔-根特·布赫海姆扣人心弦的潜艇战小说《潜艇》僵硬的英国版译文深感绝望，我们决定尽可能改写。（没有预算重新请人翻译。）你没法在办公室做这类工作，那是在夏天，非常非常热。一个个周末和假期，卡罗尔都到我们家来，到楼上的卧室（只有那里有空调），重重地坐在玛丽亚和我的大床上，艰难地梳理混乱的译文——这真是消磨精神的工作，只有碰到对的合作者才有乐趣可言。每隔一两个小时，玛丽亚会送来吃的喝的——有时是喝的比吃的多。我们改完，《潜艇》成了大畅销书，后来德国改编拍摄的电影《从海底出击》非常成功，我们的书又大卖。但卡罗尔的兴趣远远不止德国：她还为我们带来多样的作者，比如历史学家西蒙·沙玛、亚历克·吉尼斯，后者的回忆录《掩饰的祝福》非常成功，就是她在八十年代中期设法挖来的。卡罗尔最近去世，实在太年轻了。她很难容忍别人的愚蠢，我大概是她能容忍的少数蠢人之一吧。在我们多年的友谊和通力合作中，她只让我失望了一次：由于她的口才令人印象深刻，我让她答应我，将来要在我的追悼会上发言，可结果变成我在她的追悼会上发言。

跟着我从西蒙-舒斯特转到克瑙夫的作者陆续出版新书了，其中就有哈伊姆·波托克的力作《我叫阿瑟·列夫》和乔·海勒的《出事了》，我当时认为后者是约瑟夫最好的小说，现在还是这么认为——它确实是那个时期最出色的作品之一。它写了一个普通的公司管理人员同时也是顾家的男人的工作和日常生活，荒凉，自残，毫不留情——那是一个像乔的男人，实际上就是成名以前的约瑟夫·海勒——在我看来，那是他小说中压倒一切的主题“焦虑的影响力”的隐喻。在《第二十二条军规》中，危险是外在的——“他们”要杀死他。现在，危险是内在的——他焦虑得要杀死他自己。而这种焦虑感又是现实存在的：“某件事”，某件坏事，确实发生了。这次没有约塞连坐救生艇逃向瑞典那样的情节，没有幽默去中和乔内心世界荒凉的现实。

我不是唯一发现《出事了》是一部巨著的读者。库尔特·冯内古特在《纽约时报书评周刊》封面书评上就毫无保留地盛赞，很快它就成了排名第一的畅销书。但也很快被遗忘——更准确地说是被忽视了；读过它的人不会很快忘记的。但它不是乔的读者想要的《第二十三条军规》那种书。如今，我却经常碰到一些人想跟我聊聊这本书和它对他们的影响。我也很高兴在萨尔曼·拉什迪的自传中看到他说这本书“伟大”。它受重视的那一天会来的。

我和乔编辑修改这本书的重点和配合度就像当初改《第二十二条军规》一样——同样是改变结构、修修剪剪、改动章节顺序、推敲句子。快改完时，我对他说：“最后一个问题。你的主人公叫比尔·斯洛克姆。但我感觉不对头。我觉得他不应该叫比尔。”乔问我什么名字听上去合适。我说：“鲍勃。他应该叫鲍勃。”我很少看到乔有困惑的时候，这是其中一次。“他本来是叫鲍勃，”他说，“我改成比尔是因为我以为你可能会不高兴。”我说我毫不介意。“这个人一点都不像我。我们只是恰好同名而已。”于是比尔又恢复成鲍勃。这是我跟一个作者感觉最接近于完全一致的时刻。（补充一段奇怪的说明吧：我十一二岁的时候，特别讨厌自己软绵绵的名字。而且我们人数不多的小班级里还有两个人也叫鲍勃。我渴望自己有一个响亮得多的名字：比尔。那段时期我的理想是长大以后当农民。所以我本来也可能成为农民比尔·戈特利布。）

乔的下一本书《像高尔德一样好》写到三分之一的时候，坎迪达给我看书稿——她有时候会表现得很狡猾，这一次故伎重演，把书稿也给另外两家出版社看。（乔平静地把这件事告诉了我。）我觉得这一本写得不如他前两本书，也把我的看法和理由如实告诉他。我当然愿意出版它，但他要的价太高了。西蒙-舒斯特拿出了这笔钱——迪克·斯奈德显然认为这是把乔争取回去的反击机会。从托尼、尼娜和我离开西蒙-舒斯特的那一刻起，他就发起了一场与克瑙夫、兰登书屋的争夺战，但这是一场单方的战争：我们根本不知道身在其中。

《像高尔德一样好》出版并获得相当成功后不久，乔差点死于一种叫古兰-巴雷综合征的罕见疾病[1]。我到医院去看他，他笑着跟我说他正和斯奈德闹可笑的矛盾，我记得是为了该书加拿大平装版的版税；但是他并不是真的认为此事可笑。这件事情让我意识到：与维护长期利益相比，迪克更渴望胜利。我记得我当时对乔说，我本来以为他要在西蒙-舒斯特出版两本书以后，我们才能重新合作，现在看来只要一本。后来果然如此。最后举个例子说明乔性格冷静、不慕虚荣：我刚告诉他我认为《像高尔德一样好》不够好，他就告诉坎迪达尽可能把预付金抬高，因为如果我的判断是对的——很可能是对的——那这笔预付金出版社是赚不回来的。

在所有随我们从西蒙-舒斯特转到克瑙夫的作者中，跟我共事时间最长、最亲近的作者是多丽丝·莱辛。《金色笔记》（1962）影响很大，但精装版销量很低——我记得是六千册。但这六千册卖对了人：书的影响迅速扩大，多丽丝·莱辛作为作家和女权主义者，拥有了世界知名度。（她讨厌被贴上女权主义者的标签，并竭力辩白几十年，没用。）我们很快把她自传式小说“玛莎·奎斯特”系列前四本分成两卷出版。（她也始终否认它们是自传性的，同样没用。）我们出她的短篇小说集，一本接一本地出她的长篇小说。我爱她，继续和她合作了二十多年，直到她去世。

我第一次见到多丽丝是我早年有一次去伦敦的时候，当时是去她位于圣潘克拉斯车站附近的公寓，我迷恋她惊人的美貌，也敬畏

---

1 古兰-巴雷综合征是一种因免疫系统损害周围神经系统，而导致的急性肌肉瘫痪疾病。

她严肃的智慧。她的魅力并不是刻意的，我本不该蠢到试图吸引她的地步。但不管怎么说，多年来我们越来越亲近，在工作上相互支持，也分享各自的生活；牵挂彼此的孩子——他的儿子彼得、我的儿子尼基都有相同的障碍；关心彼此的精神状态；像家人那样拌嘴。是的，她不止一次对我说，我们就像姐姐和弟弟，不能生活在一起，但又离不开对方。

不认识多丽丝的人以为她本人就像她作品那样严肃、毫不妥协。她的确人如其文。但她也是温暖、幽默、善于持家的——她住在我们纽约的公寓和乡间别墅时，会聊我们读的书，也会聊做布丁、种植物（她和玛丽亚都爱铁线莲）。和许多自学成才者一样，她是一个大量阅读又头脑清醒的人，家里到处都堆着书。像我们家一样。只有一件事情我们从不讨论，她对苏菲派和苏菲派最著名的代言人伊德里斯·沙赫[1]的信仰。我对苏菲派一无所知，也不想知道。

有一个我们经常讲的笑话，讲了几十年，我声称她从不接受我的任何编辑建议，而她声称她全都接受了。好的，多丽丝。我的确偶尔会让她理解我的建议。但事实上，她就是不喜欢重新想、重写。她是被动地写作——我记得她说过，她感觉自己从没有一天不是在写作——但她并不非常认真地看待她已经写好的东西。她写完《天黑前的夏天》时，我说我非常喜欢，相信它会成为她商业上最成功的书。"真怪，"她说，"它肯定不是我最好的书。"我们俩都说对了。

多丽丝最突出的特点也许是固执。她的观点越出格，她越是固执地维护。特别令我抓狂的一次是七十年代她坚称，世界将在核灾

1　伊德里斯·沙赫（1924—1996），伊斯兰神秘主义教派苏菲派思想家，生于印度的阿富汗贵族家庭，在英国受教育、生活。

难中毁灭（详见“玛莎·奎斯特”系列最后一部《四门之城》），我们都要搬进瑞士阿尔卑斯山中深挖的山洞。她锲而不舍地说啊说，哪怕我这么一个毫不激烈的人，都幻想着到伦敦冲到她家，等她应门的时候伸出两手掐她喉咙。可当我真到了伦敦，去她家摁了门铃，她打开门时，我见到她太高兴了，我能做的只有拥抱她。

她最鬼扯的想法可能是坚持要用笔名出版两部小说。她让她忠诚的经纪人乔纳森·克洛斯把第一本用笔名“简·萨默斯”写的小说发给我和乔纳森·凯普出版社的汤姆·麦奇勒看。汤姆不仅从一开始就是她的出版人，也是她的好友。汤姆让手下的编辑看了书稿，收到一份并不积极的报告，就退了稿。乔纳森发给我的时候（我当时在伦敦），我一眼看出是多丽丝写的——但正如我跟她所说的，看穿这是她的笔名并不难，因为就在一天前，我们绕着玛丽女王玫瑰花园散步时，她就在解释贯穿于这本书稿中的那些想法和概念。她肯定不想听到这句话：她更愿意相信我是才子，汤姆是白痴。荒唐的是她制造这场闹剧的理由。她一定要证明，完全无名的作者写的小说受到的关注比世界著名的作家写的小说要小。谁不知道这个！（我还是心甘情愿地让她用笔名出版了这本书，结果可想而知。）

当我第无数次批评她顽固维护自己的胡思乱想时，她要我说说还有谁认为她固执。“没问题，”我说，“就问问汤姆。彼得。还有珍妮。”（彼得是她儿子。珍妮就是后来令人生畏的作家珍妮·迪斯基，近乎多丽丝的养女。）“不必问了。他们说的跟你一模一样。”你怎能不爱她？

我离开克瑙夫去《纽约客》后，多丽丝就换了一家美国出版社，但她仍然让我第一个看她的新作。跟以往一样，她专心听我不得不说的意见，然后什么都不改。“多丽丝，你跟我解释解释吧，”我说，

“我建议你改的，你从来都不改，那你为什么还要听我的看法？我并不生气，只是好奇。”“这很简单，”她说，“我一直都希望得到你的认可。”我完全惊呆了。这是多丽丝·莱辛吗？是的，这就是她，因为多丽丝·莱辛有许多面，全都是原原本本、不可预测的她。在她获得诺贝尔奖的那天晚上，全世界看到电视画面中她坐在家门口的台阶上粗暴地表达对自己生活被干扰的愤怒，人们第一次亲眼看到她的另一面，不免惊愕——除了那些最了解她的人。

多丽丝要我和她一起去斯德哥尔摩，于是我做了一番复杂的安排，打算从当时所在的巴黎出发。但在最后一刻，她背痛难忍，无法出行。我取消了一切安排去了伦敦，尽管她催促我去斯德哥尔摩和她其他至亲好友参加颁奖典礼。对我来说，去看望多丽丝比去斯德哥尔摩更为迫切。我最后一次见她时，她九十多岁了，神智已经不太清楚。我很难过。唯一让我感到安慰的是这次见面后不久她去世时，她不知道自己照顾了一辈子的儿子彼得已经在几个月前去世了。

我还有两位合作过的作者是诺贝尔文学奖得主——托妮·莫里森和 V. S. 奈保尔。我在这里用“合作”这个词，并不是指编辑层面上的，因为奈保尔不欢迎编辑意见，幸好他也不需要。《自由国度》《河湾》《游击队员》都是热烈的小说，他从《失落的黄金国》开始的纪实作品也同样强烈。我们维持着客气的工作关系——偶尔在伦敦或纽约一起吃晚饭，我都很紧张：我能感觉到他的自恋，以及太多压抑的，甚至快压抑不住的愤怒。他也是个势利眼。但他写得多好！

另一个我不喜欢的大牌作家是罗尔德·达尔。艾尔弗雷德发现了他发表在《纽约客》上的那些恐怖至极的短篇小说，就邀请他在克瑙夫出书，但到我在克瑙夫那会儿，他大多数极为畅销的书都是在童书部出版，比如已经出版的《查理和巧克力工厂》和《詹姆斯与大仙桃》。他对出版社员工的态度实在太挑剔、粗鲁，没人愿意跟他工作，也没有一个他觉得水平足够高、可以为他设计书的人愿意跟他相处。罗尔德是一个非常会施展魅力的人，玛丽亚和我也曾经喜欢和他在一起，和他美丽而不幸的妻子帕特里夏·尼尔相处甚至更开心。但他对克瑙夫出版社的态度越来越无礼和不可理喻。秘书们像用人一般被使唤，他既会当着人的面也会在信中发泄怒火，当兰登书屋社长鲍勃·伯恩斯坦不接受他在金钱上无度的挑衅般的要求时，我们在他愤怒的回复中感觉到反犹主义的味道。

不知为何，他没有对我施加那些讨厌的行为，我们又友好地合作出版了三四本书，可后来，他寄给我一封牢骚满篇的信，威胁如果我们不顺从，他就离开克瑙夫，我决定再也不能忍让了，迅速给他回信说，问题并不是他是否会离开，而是我们是否要继续迁就他。结果就到此为止了。从财务盈亏角度来看，这是非常愚蠢的举动，但又令我感到痛快，尤其是这么一来，我在所有被他凌辱过的同事当中成了英雄。在出版他的过程中，我把他推荐给汤姆·麦齐勒在乔纳森·凯普出版社出版，作为对汤姆的报答，因为他也曾把约翰·列侬和萨尔曼·拉什迪推荐给我出版，但我对他的报答更为丰厚——我估计罗尔德·达尔最终是乔纳森·凯普出版社最赚钱的作者。汤姆·麦齐勒从他辉煌的出版生涯一开始，就具有一种点石成金的本领——既能发现有才华的作者，又善于推广他们。（每当我在英国偶尔被人称作“美国的汤姆·麦齐勒”，我都不知道自己是该觉得受用呢，还是恼怒。）

汤姆是难民家的孩子，在英格兰长大，是一个标准的自学成才者[1]——他既是出色的出版人，也是天生的企业家，还是狂妄的冒险家。多年来，我们一起度过了许多相互得益的时间，既有私人交往，也有工作关系，并且最终我帮了他的忙，说服 S. I. 纽豪斯[2]收购凯普出版社，使他成了有钱人。

另一位我曾合作的英国著名作家安东尼·伯吉斯则从不为难人——他始终保持着迷人的风度——但他总是有点奇异或者怪异。他是他当时的经纪人、我的朋友黛博拉·罗杰斯介绍到克瑙夫来的。黛博拉告诉我，他第一任妻子（因酗酒）去世后，他觉得自己有欠于黛博拉，出于绅士风度向她求婚。但她对这样的婚姻和他一样不感兴趣，因此两人保持着良好的工作关系，直到他的第二任妻子、曾是他作品意大利文译者的利亚娜勾引他。利亚娜是个意大利悍妇，仇视一切在她之前与他关系密切的人，包括他的经纪人（黛比[3]）和美国出版人（我）。

即便如此，为了避税而住在马耳他的伯吉斯夫妇还是会不请自到，来纽约时住到我们家——还带着利亚娜六岁的儿子安德里亚（后来我们才知道他也是伯吉斯的儿子）。那正是酷暑当头，玛丽亚大着肚子，还有一个玛丽亚的意大利朋友、名模贝妮代塔·巴尔齐尼也住在我们家。贝妮代塔是《意大利人》的作者路易吉·巴尔齐尼[4]的女儿，她那当电影导演的丈夫是一个不会说英语、坚持禅宗健康饮食的毛派人物。哦对了，贝妮代塔的肚子比玛丽亚还要大（怀

1 汤姆·麦齐勒于 1933 年生于奥地利犹太人家庭，五岁时随家人逃难到英国，他念完中学后就去旅行、工作，没有上大学。

2 S. I. 纽豪斯（1927—2017），美国豪门纽豪斯家族的继承人之一，他主导了八十年代在英美大举收购出版社的狂潮，从 1980 年在美国收购兰登书屋到 1987 年在英国收购乔纳森·凯普出版社。

3 黛比是黛博拉的昵称。

4 路易吉·巴尔齐尼（1908—1984），意大利著名记者、作家和政治家，他 1964 年出版的《意大利人》向英语读者介绍意大利文化和民族性格，深受欢迎。

了双胞胎），她食欲旺盛，要聊的全都是关于倡导母乳喂养的国际母乳会意大利分会的事情。利亚娜和贝妮代塔一见面就相互讨厌，一有机会在角落里逮到我们中的谁就用意大利语悄悄说对方坏话。伯吉斯这个烟鬼一支接一支地抽雪茄，令两个孕妇纷纷呕吐，而且他还经常大声地弹钢琴。（从他那里我学会了那首动听的歌曲《一只夜莺在伯克利广场歌唱》。）

近三个星期后的一天，利亚娜把玛丽亚拉到一边，愁眉苦脸地小声说我们可能得把她和伯吉斯睡过的床垫扔掉——“马耳他人人都有！”“有什么？”“床虱！”我们的狗斯威尼时常扑在安德里亚背上，伯吉斯咕哝道：“哈哈！狗奸，狗奸！”热浪愈发让人难以忍受——我们的房子没有空调。用意大利人的话说，就是 Basta（受够了）。我们耍了一把经典的花招，一天之内溜走，留下一张纸条，去玛丽亚的演员朋友布莱恩·贝德福德在乡下的家暂住。据我所知，贝妮代塔夫妇和伯吉斯夫妇都没注意到我们走了，但是等我们回家时，他们都不见了。伯吉斯后来写道，他和利亚娜、安德里亚与我们一起住了“一两天”。

伯吉斯和我之间就书稿而言始终没有真正的编辑互动，因为不需要。又出了五六本书以后，利亚娜就把他从克瑙夫撬走了。他（或是她）在他好笑的回忆录《你的时间用完了》是这样写我的：“戈特利布是最聪明的那种纽约犹太人。他一路读过哈佛和剑桥，老师的指导从来都满足不了他的胃口，他当真把他家书架上所有纽约版亨利·詹姆斯作品都读了，而且能敏锐地发现既有文学价值又能赚钱的书。”我就这样被安东尼·伯吉斯送进了哈佛！

我与作者更不愉快（对我而言）的一个时刻是我与萨尔曼·拉什迪在一起的时候。经麦齐勒提示，我在伦敦时读了《午夜之子》

的书稿，对它的印象正如后来读过它的所有人一样深刻，因而为克瑙夫买下版权。我记得在每个月例行的编辑会议上描述它，说我知道写印度的书都是赚不到钱的，但这本书如此非凡，如果我们不出版，我们就不是克瑙夫。萨尔曼来到纽约，和气，随和，友好。（我记得带他去看了巴兰钦编舞、纽约城市芭蕾舞团的演出《珠宝》，他很高兴。）

《午夜之子》荣获英国布克奖，我们出版两年后又出版了另一部杰作《羞耻》。但情况有了变化：萨尔曼变了。从他赢得布克奖的那一刻起，他似乎就变得苛刻、冷淡起来。他过去的合作者们都深感失望。我离开了克瑙夫，他也离开了克瑙夫。我在《纽约客》刊发了他写《绿野仙踪》的文章，跟他交往挺愉快，但之后就没有接触了，直到 1993 年在切尔滕纳姆音乐节，我们都出席迈克尔·伯克利的歌剧《黑绵羊咩咩叫》首演。我去那里是因为迈克尔是我挚友黛博拉·罗杰斯的丈夫，自然也是我的朋友。

萨尔曼曾非常冷酷地对待黛博拉（和其他许多人），但他最早被伊斯兰追杀令威胁的时候，她曾召集许多人集会声援他，他们也恢复到某种程度的缓和关系[1]——她和迈克尔一次又一次用他们位于威尔士边界上的僻静别墅为他提供庇护。我和他在切尔滕纳姆偶遇时，他几乎立马就开始抱怨警察，抱怨他们不断对他的行动施加限制——几年来他们一直在保护他，用的是英国的国家经费。我感到尴尬，试图向他表示同情来转移话题，我说如果他能预见这样的结果，他可能会删去或者修改《撒旦诗篇》少数几行，那几个因为工

1 黛博拉·罗杰斯曾是萨尔曼·拉什迪的经纪人，后来拉什迪转投纽约经纪人安德鲁·怀利。1989 年拉什迪因《撒旦诗篇》被伊朗宗教领袖霍梅尼下达追杀令后，黛博拉·罗杰斯不计前嫌声援拉什迪并帮助他。

作关系而被刺杀的人就不会死。这本来也是事实，但他在盛怒中对我脱口而出：“我为什么要那样做？他们被杀不是我的错！”

在他那本颇为奇怪但可信度挺高的、用第三人称叙述的自传《约瑟夫·安东》中，他基本无误地讲述了这件事，只是把发生地写成伦敦热门的格鲁乔俱乐部，在为他的两个好友（也是我的好友）、杰出的出版人丽兹·考尔德和卡门·卡里尔举办的生日派对上。为什么在这件事情上他的记忆出了问题呢？倒不是说这个发生地本身很重要，问题是它会让人对他所述其他事情、更重要的事情的准确性产生怀疑。不过看到他在书中特意提到我们在出版上的合作、提到我们发表那篇写《绿野仙踪》的文章时相处融洽，我还是感到高兴；在那点上，我们的记忆一致了。

萨尔曼有个忠实朋友安东尼娅·弗雷泽，也是我四十年的好友。认识她以前，我觉得她的《苏格兰玛丽女王》写得很好，虽然它更像是一本圣徒传记，而我一向认为玛丽女王是个愚蠢的挑事者。不过我还是坚定地找到她，宣布我要出版她，我们接着合作出版了六本她的力作——从《克伦威尔》到《亨利八世的六个妻子》，后者是安东尼娅有一天来《纽约客》编辑部看我，发愁说不知道接下来写什么的时候，我突然冒出的主意。

她后来在其他出版社出书，但我们的友谊从未褪色，这并不仅仅基于我们的合作经历，很大程度上也因为我们什么书都读的疯狂热情——从约翰·契弗到“摄政罗曼司小说女王”乔洁·黑尔这种类型迥异的作家。几十年来，我们的交情越来越深。安东尼娅嫁给哈罗德·品特时，他对美国根深蒂固的反感使我担心我们的友谊会受影响。但他对我和玛丽亚都好得不得了（我们从不谈论政治），我跟他和安东尼娅最后一次在一起是在伦敦一家安静的餐厅共进一顿安静的晚餐，在许多杯葡萄酒的帮助下，隔阂冰释了，反而有一种近乎亲密的感觉。他病得很重，不久就去世了，我不仅为安东尼娅难过，也为失去一个新朋友而难过，同时庆幸自己及时获得了这段新的友谊。

没有比安东尼娅更勤奋、更精力旺盛的写作者了——而且她才貌双全，这是她的幸运，也是我们的幸运。奇妙的是，可以说我竟成了她一家的出版人，因为在安东尼娅的母亲、杰出的传记作家伊丽莎白·朗福德晚年，我出版她的书，有幸通过好几本书的合作见到她（她的《惠灵顿传》是一部经典，可惜不是我们出版的）。还有最后，我出版安东尼娅的女儿弗洛拉·弗雷泽的书，合作至今。她也集智慧、勤奋和美貌于一身。我们合作出版了五本书，写的人物从有争议的汉密尔顿夫人艾玛、保琳·波拿巴，到无可指摘的乔治·华盛顿和他夫人玛莎。有件事情弗洛拉很喜欢讲。她的《宠儿艾玛》出版后，我们讨论她接下来写谁的问题，我提出那个臭名昭著的卡罗琳王后审判案。“太好了！”弗洛拉说，就开始写她。多年以后我们已经成了好友，她才跟我坦白，她当时根本不知道卡罗琳王后的事情（她是英格兰摄政王、后来加冕的乔治四世的妻子），也不知道她为什么受审（因为通奸）。但凭着研究的热情，她很快就了解了一切。她嫁给索罗斯家族的人以后，安东尼娅和我爱开玩笑说，哪天我们俩谁落魄了，可以到弗洛拉华丽的家里落脚。

随着这些书的出版，我对人物传记越来越感兴趣——读传记，编传记，最后动手写传记。还有什么能比看他人的人生更吸引人的？安东尼娅和弗洛拉笔下的传主当然就是这种吸引人看的人，罗伯特·迈锡写的盖世传奇人物彼得大帝也是。迈锡的文笔没问题；在我看来，他需要的是有人帮他在森林中清道，让重要的树木显露出来。历史学家、传记作家乃至编辑都各有所好，鲍勃·迈锡爱好的是海战（他接着写了两本关于第一次世界大战中海战的书）。彼得大帝的经历自然会吸引迈锡：他不仅二十多岁时就在荷兰的船厂干活，而且他坚持不懈要把俄国变成海洋霸主。但是有特定兴趣的传记作家可能会在不经意间把一本书写偏方向。我记得这本书出版前，我为了尽陪审义务，在陪审厅坐了好几天，一边等候法庭挑选陪审员，一边拿着铅笔在《彼得大帝》的校样上改，再送回办公室。《彼得大帝》大获成功，获得普利策奖。如果书稿里那些关于海军的内容原封不动，它肯定也能获奖。但还是要删改，因为编辑的阅读直觉告诉我，那样可以把一本书推向柏拉图式的自我，而不是商业性的成功。第一位的是（也应该是）书，而不是营销策略和自我满足。

另一个转到克瑙夫来的历史学家是著名的芭芭拉·塔奇曼，她之前已经凭《八月炮火》和写“二战”将军约瑟夫·史迪威的书两次获得普利策奖。她的加盟就像在我们的帽子上插上羽毛那样值得我们骄傲，她也有同样的感觉——这是贵族的义务。她是一个多么奇特的人：某些方面谦逊、慷慨，另一些方面不稳定、苛刻。芭芭拉的外祖父是罗斯福政府的财政部长亨利·摩根索，父亲是金融家莫里斯·沃特海姆：换句话说，她具有上流社会顶端的德国犹太裔家庭背景。他们家在康涅狄格州的科斯科布有一个家族住宅群，各家房子散落在一大片树林各处，但风格都朴素、低调。这是老派新英格兰世家的犹太家族翻版。芭芭拉的丈夫莱斯特是一位友善的医生，随时都会为你倒一杯喝的，芭芭拉也很可亲，并不端着优雅的样子，对我们孩子很好（她自己有三个女儿），她风格朴素，但骨子里……还是很高贵的。

我们合作出版的第一本书是《远方之镜》，她以非常独到的观念和写法，透过一个法国大贵族的一生，写了十四世纪的灾难——黑死病、百年战争、罗马教廷分裂——也反思我们自己身处时代的灾难。她每写完几章就会寄给我，我会很有分寸地（我希望做到了）做有限的修饰性编辑，也许偶尔会建议删减或增加内容。然后我会去她的公寓——我极少为作者这样做——我们痛苦地、紧张地过一遍我所有标注的地方。她不喜欢被人挑错，但她很诚实，至少会接受部分纠错，即使不是全部接受。当我看到她在书的致谢辞中感谢我“对这本书的热情、信任和明智的改进”，我真的惊呆了（也被逗乐了）。《远方之镜》获得巨大成功——它出得正逢其时，当时（1978 年）恰逢美国人日益怀疑美国的方向，读到这样一本书写的是糟糕得多的时代，可能感觉松了一口气。而且芭芭拉的叙事天赋让书中的人物栩栩如生。

正是这种天赋奠定了她的书有如此广泛的读者基础。她在《愚政进行曲》一书中举例的人类愚行都有挑衅性——特洛伊木马屠城的自我毁灭；文艺复兴时代的教宗拒绝改变天主教会的贪婪作风，引发了宗教改革；乔治三世及其众臣的无知和犯下的大错导致美国革命；还有美国在越南的灾难性冒进——她对不同意她观点的人所持有的轻蔑语气让人不太能接受。但即便是学术界最严厉的批评者也得承认，她讲故事很有效。她的最后一本书《第一声礼炮》再次涉及美国革命，获得的也是同样不情不愿的赞赏。

不幸的是，我们发生了剧烈的争执，最后彻底绝交，因为她得知，我们按照克瑙夫处理美国历史类书稿的惯例，把她最后那本书的文本给几位美国革命史学界权威看，而他们反馈说她的许多研究都过时了。我对这件事没怎么上心，因为这就是按部就班的流程，当然，我们应该事先征询她的意见，而且事发以后，也只能是我去向她解释，争取平息她的怒气。只能说我没成功。芭芭拉一辈子都因为别人指责她没有真正过硬的学历而竭力维护自己的声誉，这下她觉得受辱了，所以虽然没有闹到公开的地步，她还是怒气冲天。我尤其难过，因为她身体并不好，《第一声礼炮》出版一年后，她就去世了。

即使在我们吵架最激烈的时候，我仍然喜欢她如箭猪一般的个性，钦佩她的成就。但是她那种理所应当的感觉有时候让人很难应付。比如说，在我合作过的作者中，唯独只有她斥责我不花心思说服诺贝尔奖评奖委员会把文学奖颁给她——就算我想，我也不知道怎样才能办到啊。

为什么像塔奇曼、弗雷泽、迈锡、契弗这样的著名作家这么愿意来克瑙夫出版社呢？也许有些情况是因为我在这里做编辑，但我也逐渐认识到，克瑙夫的名声并不仅仅因为我而在读者中具有那么强烈的共鸣。一旦出版社焕发出新的活力，吸引作家来到这个俄国猎犬之家并不困难。我们的设计和出版品质也是一种吸引力。说来反常，我起先对这个现象感到不自在——甚至有点着恼。尼娜、托尼和我曾经费了多少力气让出版界相信西蒙-舒斯特也是有特色的出版社——“请关注《遗产》！请读《第二十二条军规》！”——而在新的环境中，我们有点不知所措，因为任何我们出版的书都自然被视为是有特色的，因为我们是……克瑙夫。当我们出版的某些书没什么特色却能享受自由通行证一般的好处，我们感到特别不自在。不过我们渐渐适应了，就像一个人总是会适应受宠一样。

到七十年代中期，克瑙夫出版社开始热火朝天。大家看到，我们既延续了艾尔弗雷德和布兰奇建立起来的声誉，也拓展出许多新的方向。书单丰富多样得近乎怪诞：从布鲁诺·贝特尔海姆到《猪小姐的生活指南》；从我个人建立的舞蹈类书单，到奥杜邦自然指南丛书（销量上千万册）；从吉尔·克雷门兹以《小小舞蹈家》（卖掉十万册！）为开端、又好看又畅销的“小小……”系列到布鲁斯·麦考尔的《滑稽古怪的下午》；从巴里·康芒纳的《闭圈：自然、人类与技术》到 B. F. 斯金纳的《超越自由和尊严》；从鲍勃·迪伦到戴安娜·弗里兰[1]。

虽然我愉快地帮助“猪小姐”那本书推进畅销书排行榜，但“她”跟我从未因此而亲近[2]。至于戴安娜·弗里兰，我都不知道会看到什么结果。在我接手她的回忆录《D. V.》之前，我没见过她，而且我不是穿着时尚的人，每个留意过我怎么着装的人都可以作证。(我记得阿什·格林曾评论道，我可以在穿上一件新衣服的半小时内让它变得好像被我穿着睡过了。)

人容易忘记，那些“偶像级”人物对他们自己来说并不是“偶像”，除非他们是笨蛋，戴安娜当然不是笨蛋。她是一个天马行空的人——集无所节制、慷慨大方、标新立异和惊人的创造力于一身。她著名的妆容，她以镜子、红色华彩和黑人造型装饰闻名的公寓，还有她沙哑而性感的嗓音，如果不是让人觉得那么好玩，那也许就是可怕了。她毫不掩饰她喜欢幻想胜过只是真实的数据——既然真相常常是枯燥的，那何必说出真相呢？要么改进，要么忽略。但在幻想之下是钢铁意志的核，在妆容之下是尊严和内心深处一种自我保护。毕竟——这是她整个人生的标志——D. V. 是一个职人。和真

1 戴安娜·弗里兰（1903—1989），美国时尚界著名编辑、专栏作家，出生于巴黎，先后担任《时尚芭莎》和《时尚》主编。

2 “猪小姐”是 1976 年至 1981 年间吉姆·亨森制作的一档布偶节目《大青蛙布偶秀》中的一只风情万种的美女猪，她个性凶悍，很受观众欢迎。《猪小姐的生活指南》是一本用猪小姐的口吻讲述生活方式的心理自助畅销书。

正的职人一样，她爱工作，不只是爱结果，而且是爱工作本身。她知道工作中的她，才是活生生的她。

只有职人懂职人。接着又有第三个勤奋的职人加入了：又是乔治·普林顿[1]，这次他成为戴安娜的共同执笔者，不仅怀着对写作过程本身的尊重，也怀着对他合作者的尊重（和爱意）。他一遍又一遍倒回去听磁带里他与戴安娜对话的内容，在我的催促下，新录的磁带越来越多，我迫切地要更多故事，越多越好。它们都是真的吗？她真的二十多岁时在巴黎参加了布里吉特·赫尔姆[2]主演的一部电影，深入黑非洲去拍摄，结果发现自己坐在阳台上，隔壁就是约瑟芬·贝克[3]和她当时的宠物？"亲爱的，"约瑟芬轻声说，"我带了我的猎豹来看这里的猎豹！"你会在乎这真的发生过吗？我不在乎。

布鲁诺·贝特尔海姆[4]当然与戴安娜·弗里兰几无相同之处，虽然他偶尔也被指责歪曲事实，而且也是一个充满热情的职人。我们共合作出版了六本书，其中最著名的是他对童话富有独创性、引起争论的评论作品《童话的魅力》。布鲁诺担任芝加哥的发展矫正学校校长多年，留下了专制、近乎残忍的名声，但作为作家，他有一种令人惊讶的谦虚、不张扬。他知道他的英语不足以表达他的意思，所以总是雇一位兼职编辑先润色书稿，再提交给出版社编辑。即便

1　乔治·普林顿（1927—2003），美国文学杂志《巴黎评论》的创始人和长期主编。本章前文提到，乔治·普林顿和琼·斯泰因执笔写了伊迪·塞奇威克的口述史《伊迪》。

2　布里吉特·赫尔姆（1906—1996），德国电影女演员，活跃于二十世纪二三十年代，1935年以后退出影坛。

3　约瑟芬·贝克（1906—1975），移居法国的美国非裔歌手、演员，1937年成为法国公民，"二战"时被法国情报局吸收为间谍。

4　布鲁诺·贝特尔海姆（1903—1990），美国心理学家，生于奥地利，并在那里开始精神分析医生的生涯。1938年被囚于达豪和布痕瓦尔德集中营，因美国第一夫人埃莉诺·罗斯福的干预而于1939年获释，并移居美国，在芝加哥大学附属的索尼亚·香克曼发展矫正学校长期担任校长。他是儿童自闭症研究的权威学者。

如此，他的文字仍需大量修改，他对我们为他做的工作感激不尽。我觉得《童话的魅力》是一部杰作，但有些部分很难读，有些段落我觉得言过其实，缺乏说服力。由于我深受弗洛伊德心理分析理论的影响，我对布鲁诺运用弗洛伊德理论分析童话很有共鸣，但有时我感到困惑，有时完全接受不了他让人费解的推论。

我打字列出我的看法和问题，忧心忡忡地寄到他在芝加哥的地址。等到他寄来改写的文本，我大吃一惊，也很失望，因为有好几处他只是原封不动地把我写给他的句子插了进去。可是我知道什么？我所做的只是编辑的本分：追根究底。我对自己的"洞察力"是否正确毫无信心；我只是尽量提醒他要把问题阐释清楚，或者再想想。我近乎恐慌地打电话求他说出他自己的想法，而不是（囫囵吞枣地）照搬我的想法，但他很坚持。我感觉他这样做是出于礼貌和对那些花时间处理文字的人的尊重。他肯定对"文化人"有一种老派人的尊重，也衷心希望他的写作能够得上他们的标准。

玛丽亚几乎从不主动要求见我的作者，但布鲁诺是例外。她在他写的某本书里找到了支持她超过当时普遍主张的母乳喂养期（只有九个月！）继续喂养莉齐的依据，对他心存感激，还想问他莉齐晚上睡眠频繁醒来是不是应该担心。（他认为她不必担心——但整晚无法安睡的人不是他。）布鲁诺接受了我的邀请，来我们家吃午饭。他的到来尽显维也纳人的礼貌风范。我们吃饭的时候，莉齐正光着脚愉快地玩，他突然说："我一直在观察你们可爱的女儿，我突然想到……"他停顿下来。"然后呢？""不行，我不该说——我不想冒犯你们。"毫无疑问，我们肯定拼命要听他可能会说什么，最后总算让他肯说下去。"好吧，既然你们一定要听，请原谅我的无礼，我突然想到你们女儿的安全感其实已经大大胜过你们了。"这个世界上还有哪对父母能比听到这样的权威结论更激动的吗？“安全——布鲁诺·贝特尔海姆。”这是莉齐人生得到的第一个评语。

鲍勃·迪伦也来过我们出版社一次，但情况完全不同。之前我和他的律师谈好出版一本他的歌词集——书名也是够怪的，就叫《歌词集》——将收入他自1961年至1982年写的所有歌词。几乎从他一出道起，我就喜欢他的歌，1965年单曲《像一块滚石》发布那天，我在广播里听到，顿时被击中，那是我整整十年前第一次听到猫王的《伤心旅馆》以来再没有过的体验——流行音乐一直都是我人生中的一大爱好。我与迪伦之间的事务大部分是打电话或者通过他的“女星期五”[1]内奥米·萨尔兹曼联系的。这位和蔼的犹太女士像鸡妈妈一样帮他安排好每天的活动，也很容易打交道，因为她全心全意维护他的利益，务实而理性。一天晚上，她请我和我的“女星期五”玛莎·卡普兰去她家吃饭，同席的还有她丈夫和鲍勃。这真是出乎意料。这个天才叛逆者和超级明星活像个孩子——你会感觉他大概连鞋带都不会系，更别说写支票了。最让人感动的是他还努力要帮忙洗盘子。这么天真的举动怎么能跟《像一块滚石》的那种令人咆哮、暴躁的愤怒对得上号？鲍勃·迪伦不只有一面。

《歌词集》的文本整理、调整到他满意，接下来要跨过的大桥就是书的设计。书中要收入不少他的画，他很关心这些画和整本书的视觉效果，但又说不出或者不愿意告诉我他到底是怎么想的。我请我们最嬉皮的设计师拿出一个漂亮的设计方案，寄给内奥米让鲍勃过目。这个方案没有获得他的认可，我提议见面讨论一下，但我不

1 这里借用《鲁滨逊漂流记》中鲁滨逊救下的野人、后来成为他助手的“星期五”来比喻鲍勃·迪伦的工作助理。

想让他到出版社来引起全社同事的好奇，决定请他午饭时间去我们家。他穿着乱糟糟的便装来了，跟我乱糟糟的便装差不多。事先他已说好要金枪鱼三明治，所以他到了以后就可以吃了。大约有二十分钟时间，我们绕着他此行的目的兜圈子，可他像是舌头打结似的——解释不了他不喜欢第一稿设计哪些地方，也说不清他想要的设计方向。最后，我在绝望中告诉他我得有个线索，又经过更多时间的犹豫迟疑，他终于结结巴巴地说也许我们可以试着做得更……“中西部”一点儿？

有了这个线索——假设他说的是这个意思——我向我们的首席设计师贝蒂·安德森求助，她是一位柔弱的、上了年纪的女士，来自南卡罗来纳，戴着白手套上班，每天午饭都在淑女们去的女子俱乐部吃。贝蒂听说过鲍勃·迪伦，但从未听过他的音乐，于是我把我收藏的所有迪伦唱片借给她，她居然还勇敢地跑去看 D. A. 彭内贝克拍摄的纪录片《别回首》[1]，当时该片正在她家附近的影院重映。她爱这些音乐，爱这部电影，爱迪伦，很快就拿出朴素、漂亮的设计稿，我派人送到内奥米那里去。两小时后，我办公室里的电话响起。对方的声音我几乎听不出是谁：“鲍勃吗？我是鲍勃·迪伦。我拿到设计稿了。我爱它们。千万别改。感谢那位女士。”他好像变了一个人——这个鲍勃·迪伦主宰着世界；自信，兴奋，由他说了算。我没有告诉他，贝蒂是南方人，不是中西部人。

说到我的“女星期五”玛莎·卡普兰，她是我的老朋友菲莉丝·利维赠予我的最好礼物。菲莉丝在七十年代担任《妇女家庭杂志》的小说编辑，她知道我在找人协助图瓦内特的工作，就推荐了

---

1 《别回首》（1967）拍摄的是 1965 年鲍勃·迪伦到英国巡演。

玛莎。玛莎当时在杂志社做荒唐的工作，比如做诗歌编辑。我一见到她就喜欢，渐渐爱上她。她是一个意志坚定的年轻人，没有一丝高调，而她的正直、庄重简直是她专属的标志，要是我不为我们、为我自己把她留下来，我就是疯了。时间证明，在她的谦逊之下还有工作中的精明细致和对别人的严格要求。她很愿意说出她的看法，但一旦她认为你的行为越过了她能够接受的界限，你就完了。

短短几年，我跟她就无话不说——棘手的问题、疑虑、得意之事——始终都需要借助她的常识和合理判断力。接着我们又发现有相同的兴趣和癖好。我们开始一起出行：去中西部，去新英格兰，逛跳蚤市场和旧货店，吃路边摊，住汽车旅馆。（玛丽亚高兴坏了：她不用跟我们去！让她更高兴的是她还不用因为不去而感觉内疚。）我完全被自己的各种收藏癖冲昏了头脑：我在一家旧货店偶然撞见五十年代产的塑料手提包，根本不知道是什么，只是迷上了它们浮夸的设计和夸张的材质就开始买。它们属于那个凯迪拉克火箭尾鳍式汽车流行和枫丹白露酒店在迈阿密海滩诞生的年代。至少有六七年时间，我就以亚哈船长追踪白鲸“莫比·迪克”那样的坚定搜集这些怪东西，虽然结果不像亚哈船长那么有破坏性。我离开克瑙夫以后，薇姬·威尔逊出版了我写它们的书[1]。

不仅仅是手提包。我还收藏苏格兰犬纪念品（喜爱程度不亚于我讨厌苏格兰犬），天知道还有什么——哦对了，还有流苏花边针织猫头鹰和一套套露台玻璃杯。（玛莎有自己的收藏喜好，最喜欢的是鹿纪念品——我可以骄傲地说她的收藏里有我的功劳。）我们会飞到芝加哥，租辆车，一路开过印第安纳、俄亥俄、西弗吉尼亚——通

1 这里指的是1988年克瑙夫出版社出版的《一种风格：1949—1959年塑料手提包的艺术》。

常是两周时间筋疲力尽的活动，那是我真正的休假，远远比在卢浮宫、乌菲兹美术馆闲逛更对我胃口。我每天得往出版社打一次电话处理公务，做出一连串决策，有时候得顶着烈日站在车库旁的电话亭打一个小时电话。玛莎和我是绝佳旅伴，我们有说不完的话但又不必说个不停。我们可以一连开车几个小时心照不宣地不说话，知道彼此需要什么。我知道她要是不能马上喝到橙汁就会崩溃。她知道我要是一连住了四五家条件一般的汽车旅馆，就得住一晚真正的酒店，带有一个真正餐厅的那种。

有几年我们会跟写美食评论的作者简·斯特恩和迈克尔·斯特恩夫妇见面，比如有一年夏天，我们一起驾车去内布拉斯加州的内布拉斯加城，品尝一家他们打算写食评的炸鸡店。在那里，我们和当地农民坐在一张长隔板桌旁，吃炸鸡前先品尝大碗的西米布丁。得梅因有名的牛排馆那巨大的沙拉台上，各种绿色蔬菜中夹杂的大碗巧克力布丁味道怎么样？

这些旅行额外的好处主要是让我见识到我从未想去接触的那部分美国，并且使我逐渐尊重、喜爱那些地方。我永远忘不了那次玛莎和我在宾夕法尼亚州南部一条昏暗的公路上开车时看到的一群中年男女，他们衣着考究、举止得体，却围着一个小型购物中心抗议。为什么？我们停下车，走过去问他们。他们拿着的标语牌表明他们在抗议一家小小的录像租赁店出租色情录像带。但他们根本不是我以为的狂热信仰重生的偏执教徒，显然都是体面的中产阶级，为他们世界中突然发生的事情感到困惑、窘迫。是的，性解放思潮即将到来，而且恰逢其时。但对这些人来说，来得太快——我想，这些人就构成了尼克松所说的沉默的大多数，他们还来不及理解我们的文化正在发生的变化。这短暂的时刻使我改变想法，逐渐意识到把与你观点不同的人妖魔化是多么丑陋的做法。

即便玛丽亚想跟我一起深入印第安纳和内布拉斯加荒凉的腹地，她也没法去。从1971年年初莉齐出生的那一刻起，她就无法忍受与莉齐分开；塞维涅夫人以来就没有比她更投入的母亲了[1]。她几乎一刻不离莉齐所在的房间，更别说房子了。分娩很顺利——我当时在产房里陪着她，一边数玛丽亚运用拉玛泽呼吸法时子宫收缩的次数，一边检查辛西娅·奥齐克新书的校样——分娩几乎还没开始就结束了。像所有父亲一样（其他在场的人也一样，我想），我发现看着一个婴儿诞生是一种不可思议的体验。前一刻产房中有五个人——我们俩、医生和两名护士——下一刻就有六个人了。

从莉齐出生的第一分钟起，她就是快乐、友善的，对世界感到好奇，也充满乐趣。（很早就暴露出唯一的缺点：晚上不肯睡觉。）对玛丽亚来说，照料莉齐、一心惦记着她，意味着她自己的事业就得暂停，当时很难完全做到。所以虽然场次不多，她竟然能把她和布莱恩·贝德福德在百老汇演出的莫里哀剧作《太太学堂》演完，演出开始前她冲下我们在四十八街的褐砂石公寓台阶，一路跑到剧院，演出（戏不长）结束后冲出剧院，跑回家，刚好来得及照顾莉齐：她一次喂奶都没错过。

玛丽亚在演员生涯早期扮演过许多具有诗意或者遭受迫害的少女角色——在“广场圆环”剧院的《特洛伊妇女》中饰演卡珊德拉；在康涅狄格州斯特拉特福德的莎士比亚节，她各种角色都演，从朱丽叶、奥菲莉娅到安提戈涅，《冬天的故事》中的埃尔米奥娜和珀

1　塞维涅夫人（1626—1696）是法国著名书信作家，奉女儿为掌上明珠，她现存大部分书信都是写给女儿的。

迪塔，《三姐妹》中的伊莉娜，《萨勒姆的女巫》中的伊丽莎白，还有《李尔王》中的里根（幸好不再是受伤害的单纯角色），她把里根那种扭曲的歹毒演得把我都吓坏了。她还曾在迈克·尼科尔斯著名的复排戏剧《小狐狸》中饰演年轻女孩亚历山德拉，她因此成为尼科尔斯终生的好友。她在引起争议的德国戏剧《基督代理人》中饰演“女孩”一角，还因为在《玫瑰刺青》著名的复排演出中饰演莫琳·斯特普尔顿的女儿而获得托尼奖提名（几十年后，她又饰演了母亲）。一连六个月，她又得忍受《白人的大希望》中与亚菲特·科托对立的女主人公备受折磨的痛苦。她似乎都是从一部大戏转到另一部大戏的制作。

到莉齐两岁的时候，她准备回到剧院全职工作，但实际上很难。她已经变了——不再是那个诗意的纯真少女。戏剧也在变。百老汇和非百老汇的剧团流行经典戏剧的全盛时代结束了。幸运的是，取代斯特拉特福德那些夏日时光的是在马萨诸塞州西部的威廉斯敦戏剧节度过的许多充实的夏日。她可以带着孩子们驻扎在那里，表演契诃夫、高尔基、田纳西·威廉斯的戏剧。她尤其爱演威廉斯的戏（她在百老汇得到第一个角色就是《慢速列车此站不再停》[1]在美国首次排演时），他也爱她。在给好朋友玛丽亚·圣加斯特的信中，他提到她：“我并不相信有人会散发光晕，犹如七彩光环笼罩。而我至今想到玛丽亚，她似乎总是笼罩在一种美丽的、傍晚的琥珀色之中——那是发自她无比温暖、幽默和智慧的光芒……我不知道是什么让玛丽亚一直表演，只有她对表演无私而永恒的爱可以解释。这样的演员是罕见的——只因为对戏剧的热爱、为了戏剧的传播而

1 《慢速列车此站不再停》是田纳西·威廉斯 1962 年的戏剧，1963 年在美国首演。

表演。”

她成为实力派戏剧艺术家——她的表演在诸如《女继承人》这样的戏剧中震颤人心。（与丈夫合写剧本的露丝·格茨告诉艾琳·塞尔兹尼克，玛丽亚扮演的凯瑟琳是她所见最感人的凯瑟琳。[1]）后来，她会在与詹姆斯·厄尔·琼斯、哈里斯·于林一起演出的阿索尔·富加德戏剧《芦荟的教训》中，找到她最好的角色，也就是剧中那个情绪崩溃的妻子。她还是一个令人敬佩的读者和有天赋的写作者——她后来翻译了伟大的那不勒斯剧作家爱德华多·德菲利波的一系列剧本并且参与演出。最近她又在百老汇参加档期很长的席勒剧作《玛丽·斯图亚特》的复排演出。该剧了不起的主演珍妮特·麦克蒂尔已经成了她在戏剧界最好的朋友，珍妮特的个人魅力甚至胜过她作为演员的魅力。

无论如何，她做到了既不耽误要求很高的工作日程，又尽到自己作为母亲的责任。许多女演员很晚回家，很晚睡觉，照顾好自己就不错了。而我们家里有帮手——有一位管家，还有几个互惠生[2]——但孩子的事玛丽亚都要亲力亲为，这就意味着我们得开着旅行车在曼哈顿东奔西走，把他们送去学校，去和其他孩子约好一起玩耍的地方，去生日派对，然后再去接他们，急忙赶回家把晚饭做好，做完要正好赶得及在演出开幕前三十分钟到达剧院，三十分钟是传统上为演出预留的时间。但她无法忍受陪孩子入睡的人是我或她妈妈或尼娜，无论那晚轮到谁值班。时间越来越晚，莉齐和我就

---

1 《女继承人》是美国剧作家露丝·格茨和奥古斯都·格茨夫妇根据亨利·詹姆斯小说《华盛顿广场》改编的剧本，1947 年在百老汇首演之后长盛不衰，先后被复排四次，并被改编成电影。该剧的女主人公叫凯瑟琳·斯洛普。

2 互惠生（au pair）是指寄住在别人家里的年轻人（多为女学生），她们为家庭照顾孩子、做简单家务，以换取免费食宿。

会像仪式一般唱道："现在该看到……几……点……了。"而当她冲出门去时，电话铃就会响起：舞台监督打来电话要知道她人在哪里。"一刻钟以前就出门了。她随时会到那儿。"我知道这不是真的，他也知道，但我们也都知道她会及时赶到。幸好她不是那种需要在后台准备的演员：我五十年来一直这样说玛丽亚，对她来说如果有什么事情值得做，就值得迅速做。她有一个忙碌而又能满足她理想的工作，不过如果不是她对事业的规划也像对表演本身那样感兴趣的话，情况可能就不是这样了。

我在克瑙夫那些年，在家和在办公室一样不停地工作，帮助运营纽约城市芭蕾舞团那些年也是如此，所以玛丽亚和我都没有时间做无关紧要的事情。所幸也没有这类事情找上我们。我们对社交的概念就是在家和好朋友在一起。我讨厌外出吃晚饭。餐厅对我没有吸引力。我不去看电影，不参加酒会，既不运动也不在电视上看体育节目。实际上我都不知道怎么开电视机。但所有这些都与牺牲毫无关系，玛丽亚对家庭的投入同样如此。工作和家庭生活都是我们所爱，除此以外的所有事情就是不同程度的分心。在海滩度周末时，我就待在尼娜沙丘上的小房子里，除了睡觉就是编稿。尼娜则摆弄她的录音机，教莉齐铺床叠被。当时养的狗叫啊叫。玛丽亚要么做好美味的食物放在餐桌上，要么就是在康涅狄格的斯特拉特福德戏剧节扮演奥菲莉娅或安提戈涅，角色在剧中死去以后，她就坐小飞机飞到东汉普顿的小机场。

我们刚开始一起生活的时候，我狡猾地说："缪丽尔的厨艺很棒，我习惯了可口的菜，你得练好厨艺啊。"我的话（自然）被当真了，我把茱莉亚·切尔德的《掌握法国厨艺》带回家后，玛丽亚就埋头学习起来。但她没有照搬茱莉亚的做法。食谱给她灵感，但她会即兴发挥，最后真的变成一个厨艺高超的人（只要她愿意）。告诉她周四会有十一个人来家里吃饭，她就把自己关起来忙活。七点打电话告诉她，八点我会带六个人回家吃饭，到时候就会有一顿大餐。

1978年，我们的儿子尼基诞生了。之前我已经当了两个孩子的父亲——先是罗杰，再是莉齐——并不渴望有第三个孩子，但我很清楚，如果玛丽亚没有第二个孩子，她始终会觉得人生不完整。而且莉齐吵着要有一个小弟弟或者小妹妹——以至于我还去问布鲁诺·贝特尔海姆的意见。他颇感同情，但意见很明确："亲爱的鲍勃，问题不在于你女儿是不是要你们再生一个孩子，而是你和你太太是不是想再要一个孩子。"

尼基从一开始就很麻烦：怀孕难，分娩难，婴儿期也难。他不爱吃，不爱睡，是个不快乐的小东西。就连七岁的莉齐，虽然还沉浸在当姐姐的喜悦中，都看出情况不对劲。过了几个月，玛丽亚注意到他会反常地抽搐，近乎小范围的痉挛，没有别人注意到。那天我在伦敦，在埃德娜·奥布莱恩家吃晚饭，就我们俩，玛丽亚打来电话，用非常平静的语气告诉我，她带尼基去看了纽约著名的儿童神经科医生，诊断结果刚刚出来：是一种跟大脑有关的罕见病，没有人知道到底是什么病，也不知道用"可的松"能不能缓解。这种病症会消失，但可能有后遗症，从"轻微的学习障碍到彻底像植物人那样停止发育"。对了，还有可能癫痫发作。我住在黛博拉家，她第二天就送我上了回去的飞机，我还记得飞机在飞越大西洋时我想："我们的生活永远改变了。"

这话对，也不对。我们的所有时间和感情必然都集中在这个婴儿身上，但生活得继续。渐渐地，我们看出他不是那种极端糟糕的自闭症，但本质上，他封闭了：对周围的世界几乎没有反应。癫痫发作过两次，当时玛丽亚独自带他和莉齐在沙滩上。（用了狄兰汀才止住。）我们最亲近的人都来了，可还能说什么、做什么呢？有个朋友对我说："世界上人这么多，为什么这样的事情会落在你和玛丽亚身上！""不，那不对。"我听见自己说，"如果一定要有人遭遇这样的事，我们至少还有能力应付——能看最好的医生，有钱支付最好的治疗，情绪足够稳定，不至于沉沦。"在四十七岁的年纪，我第一次意识到，我大概真的是一个成年人了。

内心痛苦的玛丽亚保持着克制和坚强。至于莉齐，当尼基长到九个月大的时候（她八岁），有一天我对她说："你知道，亲爱的，我知道这一切对你来说多么难。首先，这个宝宝不是你本来那么想要的宝宝。而且最重要的是，在尼基出生以前，妈妈的全部注意力都在你身上。可现在她要全心全意照顾尼基，你只能跟着我。"过了一会儿，她静静地说："是啊，有时候我很想要妈妈，但我也爱尼基，我知道他需要妈妈，所以这没问题。"在那一刻，我知道我不必为这孩子将来会成为怎样的人而担心。

随着时间的流逝（仍在流逝），尼基的表现超过所有人的预期。他到三岁才开始学说话，进步很慢，一个词一个词地学，好像在学一门外语；可今天，他算得上是我认识的人当中话最多的之一。他不能跟别人交流——比如他不会回答问题；你得给他选择——但他又希望跟人接触。所以他喜欢施展他非同常人的算术天赋，如果有个陌生人跟他打招呼，他会回答："你是哪天出生的？"那个人告诉他生日以后，他会马上说"那天是星期四"或者其他正确的日子。（有一天，他在中央公园接近一个女人，她厉声对他说："你不应该对陌生人说话。""你是陌生人吗？"他问。）他说不清他午饭吃了什么，但如果你问他（他喜欢你问他），76 乘以 83 等于几，他会马上回答："6308。"他跟我单独相处的许多时间里都在算平方根。这让人挺伤脑筋的，幸好随着他慢慢趋于正常，他的这种自闭怪才行为也没有了。

要找到适合他的学校几乎是不可能的。到他适龄上学的时候，他对智障儿童学校来说显然太聪明，也不适合招收精神受创伤的孩子的学校，因为他很善于自我调节，也很快乐。他想要做"正常人"，但是长到青春期，他还不知道怎么和同龄人交往。有一所高中愿意接收他，那就是意大利学校。（他具有双语才能，他的语言天赋和数学一样出色。）救了他、也救了我们的是他的幽默感、魅力和他天生的乐观自信，还有他的才能和责任感。凡是他做的工作，他都做得很好，但如果他不能建立某种联系，做了什么不恰当的事，或者说了什么不恰当的话，问题就会出现。换句话说，他是阿斯伯格综合征轻度患者——在他小时候，美国没人知道这种病，当它成为一种现象时，我们才恍然大悟。今天的学校和神经心理学家马上就能辨别他的症状，并且采取相应干预措施。而在我们那时候，我们从教育者和心理学家那里听到的答复只有"我们从没见过他这样的人"。他是一个大块头，体重超重，长相英俊，从不抽烟、酗酒、吸毒，对性也没有强烈的兴趣。（他始终忠诚地爱着他的第一个偶像罗杰斯先生[1]，并且用他的魅力和执着，与弗雷德·罗杰斯了不起的遗孀保持着电话联系。）

当然，一开始他病得那么重，后来也不见好转的时候，我们

1 罗杰斯先生，即弗雷德·罗杰斯（1928—2003），过去几十年里最有名的美国儿童电视节目主持人。他主持的《罗杰斯先生的左邻右舍》节目，深受一代又一代美国小朋友的喜爱。

都深陷痛苦和焦虑。玛丽亚会把她的感受表达出来——对我，对朋友——可我习惯压抑自己的感受：越是痛苦，我越不表现出来。但这不是我封闭自己的时候。有一次，我允许自己在玛丽亚面前哭——我觉得应该让她知道我是多么难过。后来有一天中午，我在办公室把门关上——我从来都不关门——给我当时堪称心心相印的朋友艾琳·梅耶·塞尔兹尼克打电话。我在电话里哭了一个小时，她就听着。当我们挂了电话，我打开门，就好了。

艾琳是剧作家沃尔特·克尔和琼·克尔夫妇介绍给我的。他们都喜欢她。她是路易·B. 梅耶（米高梅公司创始人之一）的女儿，大卫·O. 塞尔兹尼克（《乱世佳人》的制片人）的前妻。她是标准的好莱坞贵族，与大卫离婚后搬去了纽约，制作了《欲望号街车》，又成了百老汇贵族。但是她第一次来到我办公室的时候，我对她一无所知——她安静，从容，但也充满激情。她告诉我，她决定写一本回忆录，尽管她担心写得不慎重，还有一种自己的隐私被人窥视的抗拒心理——书名叫《私人观点》。是家庭纠纷促使她打破沉默：她决心澄清真相以正视听。但她有写作能力吗？她带来大约三十页书稿给我看，是她口述给助理记录下来的内容，由我判断。她并不苛刻，也毫不摆谱，但她是我多年中唯一一个陪着下楼、送上出租车的人。那年肯定是 1975 年，她六十八岁。

我们约定，第二天下午我到她在皮埃尔酒店宽敞的（四面都有窗的）公寓讨论她给我看的这些书稿。她在那里已经住了几十年。我大约六点到了那里，先喝一杯酒。然后我们开始谈——谈啊谈——谈到午夜，把吃饭的时间都谈没了。这本书的事很快就谈妥了：她已经开始写的这本书令人激动，语调独特，引人入胜，她的文字展现出充分的诚实和毫无保留的自我认识。我一开始就说我会出版。但我们竟一连聊了六个小时——从今往后的十五年，直到她去世的那一天，我们都经常聊——因为一种强烈的亲和力把我们联系在一起，几乎使我相信有一种“双胞胎一出生就分离”综合征。她比我大二十四岁但这无关紧要。我们不仅想法和反应非常相似，而且她对生活的艰难敏锐的认识让我深有共鸣。

艾琳以她百折不挠的风格进入了战斗模式。她既然已经同意写书，接下来就要开始写了，要集中精力、一心一意地做这件事，这种专注倒是我前所未见。“我要邀请所有我认识的人来参加一个大派对，那将是一种告别式露面。派对以后我就潜心写作，除了写书什么都不干。”她果然这样做了。在接下来的七年时间里，她和她聪明、投缘的助手、人称“小甜点”的安妮·格罗斯曼一起工作。安妮差不多每天都来，快速记下艾琳的回忆和思考，刺激她，鼓励她，应付她高高低低的情绪。（和艾琳在一起，任何事情都有戏剧性——难怪她在百老汇这么成功。）这些速记稿，有的长不过一个句子，随后就会插进贴有标签的文件夹里，标签上写有主题：母亲、白兰度、伊迪姐姐（她最讨厌的人），《乱世佳人》。一年一年过去，这些文件夹渐渐变厚，最后两个女人把这些内容“缝补”成连贯的叙事。

所以这本书是在日积月累的素材基础上写成的，却极有洞察力，也非常流畅。当进度停滞下来，或者说艾琳的信心下降，我决定必须干预了。那时候，我们彼此已经完全信任，这是我们这种警惕心重的人不轻易做的。我决定搬到她家住三天，亲手把剩下的缝补完。除了睡觉，我们忙个不停——不外出，也不吃正餐。我翻阅这些著名的文件夹，惊讶地发现同一个故事可能用一模一样的语言讲了三个版本，只是在不同年份讲的。到第三天结束的时候，书就编成了。这本书出版后获得好评，甚至获得不错的销售业绩，尽管艾琳近乎病态地不愿公开露面、配合宣传。她曾有口吃，虽然矫正好了，但让她公开讲话仍是一种折磨，而且她总是避开闪光灯，虽然因为她父亲和前夫的缘故，大家一开始就熟悉她，并寻求她的忠告。她是许多王冠背后的人。

那段时期以及之后的五六年，我们经常联系。至少每周一次，通常是午夜，我们会打电话聊一两个小时。我也经常去皮埃尔酒店与她长谈——谈我的家人，她的家人，好莱坞，过去，现在，未来。

她严厉的评判和丰沛的感情始终吸引着我，我喜欢评判的天性就这样与她欢快地一拍即合，我们彼此尊重。我们只在她对两个儿子杰弗里和丹尼尔的问题上有不同意见。他俩对她的态度时好时坏。我强烈反对她用金钱的方式控制或者影响他们，她父亲就这样试图控制她和伊迪。有一次，她对他说（她很爱他）："爸爸，我不能再拿你的钱了。"但她不会想到用自己所领悟的道理去对待那两个"男孩"，他们快五十岁了，她提到他们还用这样的字眼。我也对她无能为力。但她明白路易·B. 梅耶对她人生的伤害，他不让她念大学（你在那里会遇到男孩，失去贞操），也扼杀了她当医生的强烈愿望。在她托付给我的早年生活纪念物中，有女童子军徽章，还有维斯理学院的录取通知书，那是她偷偷申请的学校，可是被父亲禁止去。

她对我的家庭和生活都很感兴趣。她喜欢玛丽亚（玛丽亚也喜欢她，虽然和大多数人一样有点怕她），也喜欢莉齐，但尼基是她最牵挂的孩子。她自己没有孙辈，所以把对孙辈的爱倾注在这婴儿身上。尼基生于南汉普顿[1]的医院里，出生才一两周，艾琳决定来看他。她雇了一辆车，在某个工作日让司机载着我和她去海边探视。结果让她满意，她就发话了："他让我想起我父亲。"我记得当时想，如果你的婴儿才一周大就跟路易·B. 梅耶有相同之处，那你以后的日子可要坎坷了。然而在他病得最严重的那段时间，他展示出惊人的意志力和坚强——强迫自己走，哪怕他走向的那些人跟他毫无关系——我们就想起艾琳的断言。

多年来，艾琳每年圣诞节和大多数感恩节都和我们一起过。我们热烈地讨论礼物，她的胃口很好。（她非常结实——年轻时曾是运动员，她做肩部按摩简直会要你的命。）她对另一个家族传统——立遗嘱——也很执着。她经常为遗嘱心神不宁，然后修改，快把她的律师们逼疯了。她一再试图跟我讨论这个问题，但我就是不愿意。"我可不想考虑万一你死以后的事情。""不是'万一'的问题，而是'到时候'的问题。"过了六年，我不情愿地决定，退一步说，这是我可以为她做的事，于是我同意参与她的遗产划分安排——但条件是她要留给我的遗产，只能是她书房里那把难看的人造革沙发椅，我曾舒坦地坐在上面消磨了无数时间；还有那块我盖在身上的针织毛毯。

另一件我能为艾琳做但再三推辞的事情，是担任路易·B. 梅耶基金会理事。当时，理事会主席是她的长子杰弗里，无疑艾琳还是这座王冠的幕后掌权人。最后我说，如果基金会主要的慈善项目（投入不大）能把电影修复包括进来，达到医学研究那样的投入

1　南汉普顿（Southampton）又译为南安普敦，和前文提到过的东汉普顿都属于长岛东部村镇群落汉普顿斯的一部分。

水平，我就做。电影修复是梅耶先生的主要兴趣，但我对医学研究知道多少呢？基金会理事越来越少，当杰弗里突然去世的时候，基金会管理人告诉我们两个剩下的理事——我和精力充沛的医学专家卡罗尔·法卡斯——得有人接任主席。权力斗争是这样展开的——“你上！”卡罗尔说。那已经是近二十年前的事情了，如今我仍然执掌着基金会，与卡罗尔（现在是与她女儿朱迪）和我的好朋友艾略特·卡塔卢拉配合十分默契。我把艾略特拉进来帮我维护基金会的运营。我们在电影业和医疗业做了不少好事。相信艾琳在天之灵会感到高兴[1]。

艾琳还介绍我认识凯瑟琳·赫本。她们俩都生于1907年，三十岁出头时成了好友，经常穿着宽松长裤结伴外出（这种装束至今仍被视为大胆），擅自闯入陌生人家的游泳池以示勇敢。路易·B. 梅耶欣赏赫本——她要把她控制版权的百老汇戏剧《费城故事》电影版权卖给米高梅公司，他对她来谈判时表现出来的务实风格印象深刻。在那之前他们从未有交集。

艾琳是极少数知道高度保密的赫本、特雷西[2]恋情内幕的人之一。她最喜欢凯特[3]的一点是她对隐私的坚决保护，也非常认同她不顺从好莱坞规则和潜规则的态度。赫本不喜欢住在加州，不喜欢电影事业的起起落落（今天是超级巨星，明天是票房毒药），认为自己是纽约人，她早在三十年代初就在曼哈顿买了一栋联体别墅，把它和康涅狄格州的家族房子当作生活根据地。巧的是，她在纽约的房子就

1　艾琳·梅耶·塞尔兹尼克于1990年去世。

2　凯瑟琳·赫本与斯潘塞·特雷西这两位好莱坞巨星从1941年到1967年特雷西去世，保持了长达二十六年的恋情。

3　凯特是凯瑟琳的昵称。

在我们家所在的龟湾花园社区里，所以我们是邻居。

艾琳用她热情而有节制的方式向她发起了进攻，目的是迫使赫本与我见面，同意写一本书。她警告我，凯特有控制欲，好胜心强，要求很高，但也是一个认真践诺的职人。她还预言凯特会把我从她那里夺走，但这更像是她的想当然。听上去荒唐绝顶。凯瑟琳·赫本为什么要跟我在一起？过了一段时间我才开始明白，她需要的不仅是关注，还要有狂热追随者。

这本书就是《拍摄〈非洲女王号〉》（副标题：我和鲍嘉、白考尔、休斯顿去非洲并且差点丧失理智的始末[1]）。工作进展很顺利——我经常步行穿过我们公共的花园，从后门进入她家，跟她核对新写的书稿，通常是在她卧室里：她喜欢待在床上接见我。整本书稿差不多完成的时候，《纽约时报》突然抢发新闻说我要离开克瑙夫出版社去《纽约客》。那天上午，她不请自来，也未事先通知，怒气冲天地冲进我办公室谴责我的背叛：我诱骗她签了一个出版合同，明知自己不会一直待在那里负责编辑她的书乃至出版。我告诉她准确的真相（不管她想不想听）才让她平静下来：我不到一个星期前才开始准备离开克瑙夫，除了家人、玛莎·卡普兰（她跟我一样渴望变动）和两个好友，没别人知道。而且无论如何，我都会继续编辑这本书，负责它的出版，因为克瑙夫和《纽约客》同属一个集团，我不会断绝跟前者的联系，只不过换了一个办公室而已。

她冷静下来，生活继续。但随着时间推移，我感觉到她要持续得到公众关注的欲望越来越疯狂。她接一些明显不入流的电影、电

1 《非洲女王号》是由约翰·休斯顿执导、亨弗莱·鲍嘉、凯瑟琳·赫本主演、在非洲拍摄的影片，于 1952 年首映。亨弗莱·鲍嘉凭此影片获得他唯一一次奥斯卡最佳男主角奖。

视项目——她当然不缺钱。与保护隐私相反，她高调宣扬自己的存在感：她会侧身探出出租车窗外，向人们招手，或者超过正常时间地一直站在四十九街的家门口，享受被人认出的感觉。这一切都令注重隐私的艾琳抓狂。她们关系的转折点是凯特参加一档关于特雷西的电视特别节目，邀请艾琳和我在百老汇一家剧院参与拍摄。当她描述特雷西临死前她跪在他床边，然后在改变主意的特雷西太太赶到之前收拾自己的东西离开时，我感觉艾琳快被她的自贱气得要爆发了。致命一击是：赫本把她其实并不认识的、特雷西极为寡言的女儿推到台前，好像要把她跟特雷西著名的恋情神圣化。“太卑鄙了。”艾琳一边和我逃出现场，一边喃喃说道。

从那时起，她就想尽一切办法躲着凯特——但凯特可不是那种能被轻易打发的人。有源源不断的邀请：她甚至会来皮埃尔酒店“顺便”看看艾琳，但艾琳拒绝让她上楼。一天上午，艾琳往我办公室打电话——她几乎从未在我工作时给我来电，她父亲曾告诫她“不要打扰忙于工作的男人”——电话中她很激动：“你肯定不会相信她干了什么！她竟敢邀请我跟迈克尔·杰克逊吃饭！她脑子还正常吗？”在她看来，迈克尔·杰克逊只不过是凯特低俗可怜地不顾一切刷存在感、吸引闪光灯的又一个征兆。“你怎么跟她说的？”我问。“我说我老得爬不动她家楼梯了。”正面冲突不是艾琳的风格。最让艾琳伤感的是她日益感觉这么多年都被骗了，凯特从来都不是她使艾琳相信并且熟识的那个好人。我并不相信，直到艾琳去世前不久，她把凯特写给她的所有书信交给我，写了许许多多，大多数信里都叫她“艾琳姐姐”，落款是“凯特妹妹”。这些信写得随意，轻松，信息量大，我还感觉到一种温顺——凯特到好莱坞拍片时，经常住在艾琳在贝弗利山的别墅，老老实实地写这些平淡的感谢信向她的房东汇报情况。“我可不想让这些信落到错误的人手里，”艾琳说，“尤其是她！”这是她指定我担任她的文字遗产执行人的原因之一。

这两个女强人之间最后一场戏剧性事件跟一条比萨拉比亚地毯有关——那是艾琳家里铺在走廊里的长条编织地毯。凯特想要它。许多年前，她让艾琳答应在遗嘱里把地毯送给她。现在艾琳反悔了。“她休想得到那条比萨拉比亚地毯！”她宣布，“她什么都得不到！”我觉得这很好笑，但丹尼·塞尔兹尼克想得更周到，他给我打电话说：“鲍勃，你得说服妈妈别这么做。那会是个耻辱！然后杰夫和我得处理她留下的这个问题。”他跟我解释他所说的“耻辱”[1]是家族污点，我就明白了他的意思，慢慢劝她，即使凯特现在跟她没有交集了，她也应该尊重她们过去长久的亲密。“好吧，”她最后同意道，“但不能把地毯给她。”留给凯特的是她梳妆台上的一面无伤大雅的镀金手镜。尊重保全了。

我和凯特第一次见面时，我对她敬畏地说：“有天晚上我看了你的一部电影，你的脸是我见过的最美的，只有嘉宝可比。”“《寂寞芳心》。”她说。说对了。但我跟她的交往中我印象最深的是一天上午的电话。当时一场暴风雪导致积雪很厚，纽约瘫痪了。平时凯特的秘书和厨师每天上午去她家，但晚上她就一个人。这天上午他们都没法去她家。她年纪大了，我决定给她打个电话，看看她需要什么。电话铃响了很久，我正开始担心，她终于接了电话。“抱歉我这么久才接电话。”她上气不接下气地说，“我在屋顶铲雪。那可是大事。如果你不知道怎么办，我过来帮你铲。”这老太太！或者至少可以

1 这里的“耻辱”在原文中是一个犹太语词汇“shonda”，是指犹太人在非犹太教徒面前所做的可耻之事。

说，这表演！克瑙夫出版她更完整的回忆录《我》的时候，幸好我已离开那里很久了。那真是写得一团糟。但至少书名是准确的：从头到尾，她写的都是“我”。

你很难找到一个像杰出的摄影记者伊芙·阿诺德那样跟赫本差别如此巨大的老太太。她在六十年代末来到克瑙夫出版社出书，一直都没有离开，直到高龄无情地夺走了她往常的精力和活力。我们合作的第一本书是《未修饰的女人》，收入了好几组她最著名的专题摄影——拍她的朋友玛丽莲·梦露，拍五十年代哈莱姆的时装秀，拍英格兰的贵族及马尔科姆·X，还有长岛的移民工人。她的摄影基本上是靠她自己摸索出来的，阿列克谢·波多维奇推了一把，后来又得到亨利·卡蒂埃-布列松的支持，成为最早加入玛格南图片社的两个女性摄影师之一。

伊芙娇小，坚强，有爱心，很好合作。我们很有默契地紧密配合，多年中合作出版了六七本书，其中包括《在中国》。这本反映这个国家面貌的摄影集令人惊叹，而她能在艰难的时期去中国拍摄，是因为她的老朋友周恩来的介入[1]。（她的另一个老朋友约翰·休斯顿让她到《乱点鸳鸯谱》以及他的许多其他电影摄制现场拍摄——信任她的不仅是他，还有梦露、盖博和阿瑟·米勒。后来人人都信任她，从琼·克劳馥到蒙古牧民，到深闺中的女人。）她是又一个我们全家都爱的作者——不管是在纽约还是伦敦，在城里还是乡间，她经常和我们一起玩。最美好的是，她就像莉齐和尼基的奶奶。

1　作者记述有误。《在中国》是伊芙·阿诺德 1979 年去中国旅行两个月拍摄的摄影集。六十年代中期，她在《星期日泰晤士报》工作时每年都向中国使馆申请签证，但一直到 1978 年中国改革开放以后，她在七十年代后期结识的朋友、周恩来的泰国养女常媛出面向中方求情，她才获得签证。

再说说一本独特的、整个出版过程非常愉快的非虚构畅销书：罗伯特·汤森的《提升组织力：别再扼杀员工和利润》。我们想到这是个大卖的好机会，但不知道会是这么好的机会。汤森是一个特立独行的人，也以此自豪。他在担任安飞士租车公司总裁期间策划了该公司“我们更努力”（We try harder）这一大获成功的营销宣传。我们团队与他见面时，他就认定我们是最佳团队，适合出版他那些奇特、好笑、具有挑衅性的企业经营之道，或者说得更到位一点，是企业经营的错误。

我记得，他一开始就不要预付金，或者只是象征性收一点；他只要求我们按照顶级作者的待遇条件对待他。他不用经纪人，还宣称他没有看我们的合同，也没有给他的律师看就签字了，因为一旦他们介入，肯定是我们书都出版很久了，合同都还没签。（他说到做到。我们也是如此。奥杜邦自然指南丛书卖了两千多万册以后我们才跟丛书制作者签约。）由于这也是我的做事风格，我们的联姻似乎注定会成功。汤森完全不介意我们做必要的编辑加工，也愿意为他的书卖力宣传。唯一的问题是书名，从我开始，我们出版社所有人都讨厌。他愿意改书名，但经过几个月的徒劳，我们仍想不出一个能让每个人都喜欢的书名。《提升组织力》仍是《提升组织力》。

《哈珀》杂志在书出版前刊登了一篇书摘，接着就发生了一件我以前从没见过、至今也没有再见过的事情。（那是 1970 年。）那一期《哈珀》杂志在书报亭发售当天，书还没有上市，人们查到克瑙夫出版社的地址，跑到我们办公室前台，要求买书。这是什么兆头！《提升组织力》一连几个月占据畅销书排行榜榜首位置，很快卖了三十万册。后来，汤森又写了一本畅销的新版，但没什么真正新的内容，这让我很失望。他做家长的理念和他经营企业的那一套一样激进——他有五个孩子，对他们都很了解。我希望他写一本书，书名就用他的口头禅："不到四十岁别打电话给我"，但他始终都没写。

所以汤森就是这种一次性作家，但在我们这些年出版的成功作者中，还有这样的。有个朋友给我看一本极好笑的插图版"小说"片段，反文化报纸《太平洋太阳报》正在每周连载。因为在连载，书名就叫《连载》，副标题叫"马林县史上的一年"，讽刺的是"新时代运动"的要害，"新时代运动"[1]是慢跑、有机食品、换妻、艾哈德研讨训练课程、塞拉俱乐部等各种现象的起源或者温床。我们把这些画排在大尺寸的对页上一共排了五十二个对页[2]，螺旋装订——这是我离图像小说最近的一次——在乔治·威尔[3]、林肯·柯尔斯坦等各种狂热爱好者的支持下，书出版后销量大增。可惜啊，作者塞拉·麦克法登后来再也没有写续集，但写了一本一流的回忆录《不是雨就是晴》，讲述她在牛仔竞技场长大的经历。

接着是一本跟新时代运动有点关系的法国书，法国产科医生弗雷德里克·勒博耶图文并茂的《无蛮力分娩》，由卡罗尔·詹韦和我翻译。作者在书中令人信服地倡导胎儿出生时马上放在温水里，让他们从母亲的子宫来到外部世界能够平稳过渡。（南希·尼古拉斯在巴黎时，去找勒博耶拿更多图片。他担心起她的重感冒，让她泡个温水澡，因为"重新创造诞生时的体验"总是有助痊愈的。）和《连载》一样，《无蛮力分娩》销量很快突破十万册。

---

1 "新时代运动"（New Ageism）又叫"新纪元运动"，是一种去中心化的宗教及灵性的社会现象，起源于二十世纪七八十年代西方的社会与宗教运动及灵性运动。新时代运动所涉及的层面极广，涵盖神秘学、替代疗法，并吸收世界各个宗教的元素以及环保主义。

2 对页是出版术语，指打开书所见的相对两页。

3 乔治·威尔（1941—　），美国政治评论员、《华盛顿邮报》专栏作家。

至于《猪小姐的生活指南》，那真是非常好笑、也非常轰动的畅销书。《纽约时报》评论道："《猪小姐的生活指南》一个奇特之处是它由艾尔弗雷德·A. 克瑙夫出版社出版，这家出版社的文学作者们经常带回家的可是熏猪肉哦。"媒体引用我的回应说："克瑙夫并不总是人们印象中的那个出版社。"

我们还出版了一本令有些人惊讶地扬眉毛的书：《海蒂男性性学报告》。此前，雪儿·海蒂的女性性学报告已经获得巨大成功，轰动一时，而把这本后续作品签到我们出版社的编辑当时恰好不在纽约，就让我接手。我意外发现，我喜欢雪儿——喜欢她的进取、智慧和全身心投入。还有她醒目的红发。（她在哥伦比亚大学读博士期间曾为《花花公子》当裸照模特。）有许多科学家抵制她的研究方法，但她绝不是业余的社会学家，她对研究一丝不苟。为了获得书中需要的数据，她发放了几千份详尽的调查问卷，再从七千多位男性填好的答卷中归纳出研究成果。我感兴趣的是那些回答。读那些原汁原味、未加筛选的答卷——我肯定读了好几千份——让我大开眼界，倒不是因为那些你料想的性爱材料，而是因为有许多男人谈自己的感情生活。他们从不和父母、兄弟姐妹、妻子或朋友沟通，把自己封锁起来，很痛苦。（我本来还以为我是感情内向的人！）这些材料属于我最痛苦的阅读体验，但也坚定了我的看法：这本海蒂报告值得出版。

虽然雪儿·海蒂、弗雷德里克·勒博耶、《连载》和猪小姐都足以体现我们的包容性，还是有许多完全没问题的书我觉得不必由我们出版。我用三个字母拒绝这类书：NFK，即"不适合克瑙夫"（not for Knopf）的缩写。我这么说挺自命不凡的：虽然我们能够、也应该出版一切种类的书，包括大家意想不到的书，但我们不应该出版那些各门类中不出类拔萃的书：要出最好的美食书、最好的自然指南、最好的类型小说。没人想要克瑙夫出版二流作品，如果我们这么做，只会导致我们丧失克瑙夫品牌给予我们的优势。《夜访吸血鬼》就是一个具有开创性的、特色鲜明的商业小说绝佳案例。另一例是汤姆·泰伦的第一部小说《另一个人》——这部心理恐怖小说文笔出色、扣人心弦，赢得书评人和普通读者一致好评。

汤姆的经历与你通常知道的畅销小说家不同。他是耶鲁大学毕业生，也是好莱坞的毕业生，他在那里短暂的演员生涯以饰演奥托·普雷明格执导的《红衣主教》中的主角为巅峰。他四十岁出头决定转向写作，很快就写出《另一个人》和一连串又吓人又畅销的小说。

我们的关系从头到尾都充满阳光。没有人拼命赶工，没有人难以共事——汤姆决心竭尽所能成为好作家，吸收编辑意见。是的，他是一个明星（看起来也像）——无疑是我合作过的最帅的作者——但他严格控制住自毁的性格特点，绝不影响到自己的写作。有一个例子足以说明他的专业和谦逊：由于保罗·培根的《另一个人》封面设计非常震撼，我向汤姆提议封面上不放作者名字——大学时学艺术与设计专业的汤姆立刻明白了设计意图，欣然同意。我想不出会有第二个作者同意我这种提议，更别说是电影明星了。

另一个我觉得我们做得最好的领域是间谍小说。在二十世纪七八十年代，我沉迷于出版英国两位最成功的间谍小说家约翰·勒卡雷和莱恩·戴顿，其中部分乐趣在于他们大得近乎荒诞的差别。

莱恩坦率、直接，是出色的“二战”军事题材研究者（我编辑他的第一本书是征服广泛读者的非虚构作品《战斗者》），是英国极受欢迎的美食书作家，也是高水平的平面艺术家。他是一个多产的小说家，第一本小说《机密档案》后来被改编成电影，由迈克尔·凯恩主演，奠定了他的星途。把想法付诸行动，莱恩不会拖泥带水。他写作很快，无所忧虑，解决问题也干脆，几乎从不发脾气，除非有人败坏他情绪。

我们基本上不用见面——工作都是通过打电话或写信沟通，大部分是后者，要做的基本上只是简单的修改。我看到他情绪最兴奋的时候是他的《战斗者》英国版出版后，我们给他安排了一位一流的案头编辑。（英国版先出的书，我们总是要重新编辑，我得说当时英国版图书的编辑质量真是粗糙得令人难以置信。）她挑出了几百个错误，硬伤、语法错误都有。起初的震惊过后，他宣布她为国宝，后来每次他写完纪实作品，就会带着书稿到她住的地方——我想是冰岛，或者是爱尔兰——出钱请她一起工作几周。换句话说，他既粗疏又追求完美，对作品涉及的问题并不盲目自信。他肯定也不怎么在乎外界如何评价他的书，不管是书评人还是公众。我觉得对他来说，写作是一种轻松、有效而且有利可图的工作；倒不是说他对写作冷漠、怠惰，肯定不是，而是说在他内心生活中，写作占据了一个相当大、但不是核心的位置。但我又知道多少呢？我喜欢他，尊重他，但肯定不了解他。

至于勒卡雷，从哪儿说起呢？从头说吧，我们怎么认识的。六十年代我还在西蒙-舒斯特时，有一次到伦敦出差，去拜访很商业的霍德-斯道顿出版社，现在想不起是为什么。他们安排我见了好几位负责附属版权的人，其中有一位非常漂亮、和善也很能干的年轻女士简·尤斯塔斯，后来她把 R. F. 戴德菲尔德的《骑马经过的人》授权给我，我在伦敦哈查兹书店的橱窗里留意到这本“家族小说”。

无论我什么时候在伦敦，简都会和我见面——只要我需要有人陪，她都会和我去吃晚饭或去看戏；会帮我到商店买给玛丽亚的礼物；交换各种小道消息。这是一种愉快、平静的伙伴关系。时光飞逝，简突然消失了——听不到她任何音讯，连张圣诞卡都没有。好像没人知道她去哪儿了。然后到1970年我和玛丽亚在伦敦时，我们约好要去一位出版人朋友家吃晚饭。突然，简打电话到我们所住的黛博拉家找我，说她也会参加当晚的饭局。“哦，”她说，“我应该告诉你，我现在跟一个男人住在瑞士，他也会来。他叫大卫·康威尔，也就是约翰·勒卡雷。”又和她取得联系，我高兴极了，都没怎么留意她话中透露的信息。但是当我们到达饭局主人家，简把我介绍给这位大师时，我立刻意识到这是一场面试：我这辈子从没被人这么专注地观察过。饭后走回去的路上，我对玛丽亚说：“这个人的心思比我复杂得多——比任何人都复杂——所以不管结果是什么，我可不会试图跟他比智商。”在我与他保持关系的许多年中，我始终恪守自己的这条忠告。

第二天上午，简给我打来电话（我面试通过了），说大卫想换美国出版社，愿意让我读他最新的书稿，是一种全新的风格——不是惊悚小说、间谍故事——还没有别人读过。不过，我只能去他们住的公寓读，以免……以免什么？我感觉身在一个间谍故事里却不知缘由。但我还是为这个机会而兴奋，去了，独自待在房间里读。这就是最无迹可寻的《天真善感的爱人》，因为这是他所有书中最个人的，是对大卫漫长、痛苦的第一次婚姻不刻意的重构。它肯定不会像《柏林谍影》《德国小镇》《镜子战争》那样迅速成为畅销书，但很有意思，甚至令人激动，我当然想出版。

于是，我作为编辑与作者的工作交往中最激励我的一段就这样开始了。在个人层面上是很令人愉快的，因为大卫有魅力，很幽默——极擅长模仿那些对别人抱有恶意的人——智商也很高。他爱美酒佳肴，爱在康沃尔[1]的田野中大步走路，他和简大部分时间住在那里，避开压迫（他）的伦敦文学圈。我无所谓美酒佳肴，尽可能不去野外活动，在伦敦的世界里过得很快活。但至少阅读是我们的共同爱好。我想这么说还是恰当的：哪怕不考虑职业关系，我们的确喜欢彼此，尽管我总是忍不住感觉我是在被审视，他总是在琢磨没有必要琢磨的事情。保持警惕、在比赛中领先一步只是他的本能，哪怕没有比赛。（给美酒佳肴加个注解：大卫一度让他的经纪人在一本新书的协议中加入一条要求，只要他在纽约，我必须请他去至少一家顶级餐厅吃饭；他烦透了在我办公室吃三明治午餐和去我喜欢带他去的那些俗气的、有异国情调的地方吃晚饭。我并不像他那么觉得这条要求很幽默。多年后我发现，麦克斯·珀金斯的吃饭习惯跟我一模一样。至少在这方面，我做到了他所树立的榜样。）

《天真善感的爱人》令勒卡雷的忠实读者困惑不解，但销量相当不错，接着就是精彩的“史迈利三部曲”，先是《锅匠，裁缝，士兵，间谍》把他送回顶级作家之列，他本来就属于那里。它的情节极其复杂，我们花了许多工夫——完全心满意足，因为大卫是那种少有的喜欢反复看写完的书稿、反复考虑、愿意重写的作家；只要有一条让他感觉有道理的建议，他就开动。我还记得对他说，书中那个记忆超群、退休的情报部门研究组“女王”康妮·沙赫斯太特别了，读得不过瘾。他迫不及待又去写她，大约过了一星期，我拿到二三十页棒极的新书稿——太多了。没问题。稍稍修剪，完美的康妮就有了。

1　康沃尔郡是英国西南端的半岛。

我爱大卫乐此不疲做这类工作。其他作家，正如我在写多丽丝·莱辛时所说的那样，完全不会再考虑一本写完的书稿——写完了就是写完了。我曾要莱恩·戴顿重新考虑一本书，他非常乐意，可他基本上只是重新打了一遍字。我记得我向他指出另一本书里，比方说第四十九页上，有个次要人物中弹死了，可一百页后的某个鸡尾酒会上，他又活蹦乱跳地出现了。"太好了！"他叫道，"谢谢！我会改。"他确实改了。现在的第四十九页上，这个人物改成"中弹，差点死了"。

大卫的出版事务由简管理，非常复杂，因为每一本书都像火箭发射一般，在许多国家以各种文字出版。"火箭发射"这个词很准确：大约每隔三年就会来一次，就像全面入侵。由于编辑方案是我做的，他的美国出版社因而成了"发射台"……这令大卫感到遗憾，因为他是一个爱国的英国人，无论他怎样哀叹英国的态度和方法。

他的生活安定了。他和简有了心爱的家，有一个更心爱的儿子。（他第一段婚姻生了三个儿子。）作品一本接一本反响热烈——史迈利三部曲的第二部和第三部，还有《小鼓女》《完美的间谍》（我认为这是他最有趣、最感人的书，其中刻画了他的骗子父亲）。我是在书稿中某处找到"完美的间谍"做书名的，但在我心里，大卫本人，比他笔下的主人公马格纳斯·皮姆更像是那个完美的间谍。

有的作家整个创作生涯只待在一家出版社：克瑙夫出版了所有厄普代克的作品，除了他第一本诗集；所有安妮·泰勒的书，所有约翰·赫西的书，几乎所有安·赖斯的书，几乎所有艾丽丝·门罗的书。还有一些著名作者是因为他们的编辑转到克瑙夫工作而跟着来的。这些编辑中最有才华的是大卫·西格尔。他对文学的热爱加上他无可挑剔的文学趣味，使他在出版界成为一个重要人物，当哈珀出版社想要重新定位确定出版方向时（这件事情他们花了几十年时间，找到简·弗里德曼才成功），他们竟让他担任总编辑。这是错乱的做法，因为他既不适合当管理者也不是当老板的料；他只对他编辑的书和作者有强烈兴趣。结果可想而知，彼得原理[1]该死地应验了，他被辞退了。

我跟大卫·西格尔有点认识，因为他妻子洛尔·西格尔是我编辑而且喜欢的作者，所以我马上给了他一份工作。他带来了他豪华的作者阵容——辛西娅·奥齐克、约翰·加德纳、威廉·加斯、盖尔·戈德温，等等——虽然这并非我请他来的主要原因。我只是觉得，像他这样有才华的人不应该失业，正如克瑙夫出版社应当出版某些其他出版社可能犹豫躲闪的书，我们也应该成为某些才华出众之人的避风港湾。（多年后戈登·利什失去《时尚先生》的工作时，同样的事情又发生了。）大卫不是一个特别放松的人，但非常适应克瑙夫，无疑，不仅是因为我信任他的判断，基本上让他自己做主，也因为克瑙夫出版社是一个工作环境轻松愉快的地方。

因此，他加入我们才一年的猝死[2]真是一个沉重打击。尽管他对小说的欣赏品位比我的更前卫——这是我请他来的另一个原因——在他死后我还是接手了他的许多作者，最令我满意的是奥齐克和加德纳。我很喜欢与加德纳平稳、有趣、富有成效的工作关系——他肯定在克瑙夫出了十几本书，最早是《格伦戴尔》，接着是《阳光对话》《镍山》《十月之光》，还有其他长篇小说、诗歌、短篇小说、乔

1 “彼得原理”是管理学家劳伦斯·彼得在1969年出版的《彼得原理》中提出的理论：在组织或企业的等级制度中，人会因其某种特质或特殊技能，被擢升到不能胜任的职位，相反变成组织的障碍物（冗员）及负资产。

2 大卫·西格尔于1970年12月27日在纽约家中因心脏病突发猝死，年仅四十二岁。

叟传记以及引起争议的《虚构的艺术》。他愿意接纳编辑意见，但编辑意见肯定没有产生什么影响，我印象中没有。令他惊奇（也令我惊奇）的是，他成了畅销书作家，但那并没有改变他的生活方式，而我的生活方式跟他完全不同，所以我们始终没有成为超越工作关系的朋友，也不奇怪。在我看来，约翰有一种大气、无私的品质，带有一丝自毁倾向。他会让人喜欢，但我只是喜欢，还不够了解他。

辛西娅则是可爱的——她观念大胆，举止却像少女。她的写作很强大，有时写得出类拔萃。要把这个女人和作家联系起来并不容易，而我两者都喜欢。在我们合作的那些年，她过着一种隐士般的生活，一心照顾丈夫和女儿，尽管她家住在纽约附近的韦斯切斯特，但基本上不和文学圈来往。我们大概一年见一次面，但见面都是热情而亲切的；我想我在帮助她打消疑虑犹豫、鼓励她更自信方面还是起作用了，虽然我能感觉到，在她的不安和辩解之下，她很清楚自己是多么优秀的作家。评论界当然也知道。

我在《纽约客》工作时，她为我写了好几篇精彩的长文——有堪称典范的小说，也有犀利的评论和生动的回忆文章，我想这是我们之间一种默契的馈赠，我不懂犹太教或者对犹太教缺乏兴趣，这却从未造成我们不和，至少我没有意识到。[1] 我们当然没有不和，但有一天她突然问我要一缕头发的时候，我还是有点吃惊——这是我第一次、也是最后一次碰到有人提这样的要求。我太尴尬了，没有答应。(现在她否认有这回事!)

我还短暂与盖尔·戈德温合作，但不成功。她不想被视为“文学”作家，而愚蠢的我正是这样看待她的。所以她去了另一家出版

1　1928 年生于纽约的辛西娅·奥齐克也是犹太人，父母来自俄国。

社，他们给了她许多钱，把她的下一本小说《怪女人》做成了大畅销书——真是幸运的成果，虽说不是我的。

作家换出版社有许多原因。钱当然是其中之一：作家或者他的经纪人想要的金额出版社不愿意出，或者另一家出版社亮出大把的钱。作家和他的编辑不能真正理解（或者喜欢）彼此。作家觉得他的出版社对他缺乏真正的信心。作家觉得换出版社可以带来好运。作家觉得自己陷入了职业生涯中期的危机，需要改变一下生活，这通常意味着换配偶以及换出版社。有时此举果然有效——改变带来了事业的新生。无可避免的是，当作家弃船而去，被抛弃的编辑会很受伤，尤其是已经和作家建立友谊的编辑，你很难说服同事（或自己），这跟编辑个人无关——作家主要关心的是用他认为合适的方式保护他和他的书。编辑和出版人如果无法提供作者那种安全感，他们就是没有做好自己的工作，这份工作，自始至终就是一种服务性工作：我们要随时服务作者和书。但那并不意味着我自己看重的作者离开时，我无动于衷。

唐·德里罗就是这样一个作者。我读过他的前三部小说，都很佩服，然后我出版了他接下来的四部小说，之后就受到了冷遇。我喜欢他，但跟他交往并不自在——而且感觉到他对我也是这样想的。我不喜欢他的经纪人，无疑，她也不喜欢我。他改换门庭时，我一连几个星期都没缓过来，总觉得自己被利用了，随后我想起，有多少作家是因为相似境遇而投奔我的。

我和丹尼斯·约翰逊合作，编辑了他的前三部长篇小说——他的经纪人发我《天使们》书稿的第二天我就买了版权。丹尼斯不仅是非凡的作家，也是一个有魅力的、有风度的人。他在我离开克瑙夫去《纽约客》一段时间后才换出版社，我一点都不怪他。

我还出版了迷人的罗伯特·斯通两部超强的长篇小说——《黎明的旗帜》和《光的孩子》。我认为他是我最好的小说作者之一，前者尤其获得评论界盛赞，但商业上确实没有获得成功。是因为这个原因他离开的吗？

我不能说我编辑了威廉·加迪斯的《小大亨》，虽然记得当时努力过。他总是不高兴，也许用“过分敏感”形容更好——但作家都是过分敏感的。问题是虽然书评人都盛赞，这本书就是卖不动。（国家图书奖来得太晚，对销售没有帮助，而且当时这个奖基本上刺激不了销售。）我付给他的经纪人坎迪达的预付金已经超过正常范围，肯定赚不回来，加迪斯却责怪克瑙夫不尽责，导致他不能财务独立。但我钦佩他的写作和才智，对他早期小说《认可》获得的巨大声誉印象很深，认为它和《小大亨》太概念化，不够像小说，基于这些感受，我本来不应该签下他的。再举另一个例子，我还很喜欢埃文·康奈尔和他的《布里奇先生》——他是一个言简意赅的人，给我品行端正、自然优雅的印象。他的写作生涯很奇怪，我的注意力也转移了，我们也就疏远了。

至于戈登·利什，我之前说过，他丢了《时尚先生》小说编辑的好工作时，我觉得像他这样才华独特的人应该来克瑙夫——而且与大卫·西格尔的情况相似，戈登和我的审美趣味相差很大，比大卫大得多。我希望这会是一种互补。他与我更大的不同是编辑理念。他有一种复杂的心理，要在小说中留下他的印记——要把作者的作品改得符合他的审美。这不是自我中心的问题，尽管他肯定也很享受他获得的那种宗师地位；这是一种狂热。

几十年来，戈登作为编辑、教师和榜样，确实为美国小说界做出了相当大的贡献；作为作家则没有。在这期间，他扭曲了某些作者写作的本色，从而伤害了他们。正如我向无数有抱负的编辑反复强调的，编辑对作者可能造成最大的伤害，就是试图把一本书变成不是它本来面目的另一样东西，而不是使它在现有基础上变得更好。但令人感动的是，戈登始终乐于帮助他的作者，喜欢取悦作者。

事实上，戈登是一个善于施展魅力的人——那是真正的魅力，类似于憨第德那样的魅力[1]。他又像是个混蛋，但那是他魅力的一部分。我离开克瑙夫以后，他仍在那里待了许多年——证明他对克瑙夫的忠诚和桑尼·梅塔能够容忍他的雅量。也证明戈登很有说服力，对某些他带来的作者（比如埃米·亨佩尔）而言意义重大。

许多年来，他与雷蒙德·卡佛的合作一直被高调宣传（过分高调）[2]，当他们闹翻时，我尽量帮助雷蒙德，比如帮他结集出版短篇小说集《大教堂》。我发现他能引发强烈共鸣——我想我看见了一个被生活所困、苦苦挣扎的男人，即使我不懂酗酒、吸毒，或者跟这些相联系的西部偏远地区的工人阶级生活。在我看来，他是一个从这种生活中挺过来的、找到内心平静的人；他让人难以捉摸的晦涩是他不能分割的重要部分。我能为他做的，就是给他一个可靠、舒适的出版环境。

然后还有哈罗德·布罗基——才华横溢、令人发狂、难以捉摸、自我毁灭、惹是生非、难以抵抗的布罗基；他和戈登互相折磨了许多年。他是肖恩先生主编《纽约客》时期的圣像，可能是肖

1 憨第德是伏尔泰的小说《憨第德》（又译《老实人》）中的主人公。

2 这里指戈登·利什从《时尚先生》时代起就编辑雷蒙德·卡佛的短篇小说，他的编辑工作某种程度上虽然奠定了卡佛的文坛地位，但也埋下了他与卡佛决裂的种子。许多人包括本书作者在内，认为利什过度编辑，改变了卡佛作品的本来面貌。

恩在塞林格之后最喜欢的小说家，而且哈罗德的光芒跟塞林格是一样的——对童年和青春期有着同样自恋般的痴迷。(《纽约客》的小说编辑们对肖恩的这种偏袒很不以为然。）他当时已经开始写他计划中的、宣称（叫得最响的是他自己）将是一部大作的《动物派对》。

琳恩·内斯比特是他的经纪人，她已把书的版权卖给兰登书屋的乔·福克斯，但随着时间推移，这本书越写越长，但不是越来越接近结尾，而在哈罗德的坚持下，合约转给了 FSG，因为他们出更多钱。它在那里也好不了多少，当我自大地断定只有我能从他写的大堆素材中拧出一部小说，它就传到了我手上——代价是花更多的钱。当时哈罗德已经与作家爱伦·施瓦姆结婚，我曾编辑她的两部小说——后一部《他是怎样救她的》讲述了他如何主宰了她的日常生活。(哈罗德这种邪乎的精神控制力和模糊的性取向使他不会成为每个女人的梦中情人。)

《动物派对》和杜鲁门·卡波蒂的《应许的祈祷》成为当时两部最著名的未出版小说，但《动物派对》绝不是没有写的书。没有什么可以阻止哈罗德把他在圣路易斯度过的童年和家人写个几百页，哪怕书的开头已经在讲述他在纽约的一种生活方式。我们有过友好的长谈，好几年后我才意识到那完全是白谈。最后我得出结论，他从未想把这些素材融入书中。虽然他非常想成为普鲁斯特，但他没有普鲁斯特的那种自律，更别提才华了。我让他把现有的上千页书稿给我，尝试从中理出连贯的叙事。我也告诉他，我完全清楚他会反对我整理出来的版本。但至少是一本书啊。

我花了几个月时间努力编辑，拿出一个在我看来是连贯、有说服力的文本。才气归他，可读性归我。正如我预料，他不想让这个版本出版；他赞美我的工作，但这不是他的书。他是对的——对他来说，它太常规，太整齐。我对他的决定也感到满意：我做了我能做的，就尽到责任了。不幸的是，永远都不会有一本尽如人意的成书了，虽然它大大小小的片段后来在这里那里到处发表。哈罗德的才华是巨大的，但他的自我堪称庞大，这毁了他——并不是因为他否决了我辛勤努力的成果，而是因为他太把自己当天才了，反而不能使他的才华开花结果。

值得我付出的作者是艾尔弗雷德·卡津，我是读着他的杰作《城市漫游者》和《在故土》长大的。他是玛丽亚从小就有接触的那批作家和知识分子中的一员——玛丽·麦卡锡、索尔·贝娄、索尔·斯坦伯格、阿尔贝·加缪、汉娜·阿伦特——所以我在接触他之前就知道他的坏脾气、好斗和魅力。我看他似乎总是在争斗中，但跟谁呢？为了什么争？三四十年代文学、政治思想的斗争早已远离我的时代，但没有远离他，他仍处在它们之中。作为作者和编辑，我们之间没有争执——也许他感觉到我对他的成就充满敬意。我希望我对我们合作的两本书是起到作用的：《纽约犹太人》（毕竟我是其中一员）和《美国队伍》，后者是他对我们十九世纪文学的深刻反思。

我在克瑙夫末期遇到的最复杂、最有趣、最有挑战性的作者是伊利亚·卡赞。他是我青年时代心目中伟大的戏剧人——是田纳西·威廉斯、阿瑟·米勒等人戏剧的导演；是演员工作室和方法演技的创始人[1]。再然后，他成了那个向非美活动调查委员会提供名单的

1 演员工作室是1947年伊利亚·卡赞和戏剧导演谢丽尔·克劳福德、罗伯特·刘易斯在纽约创办的会员制职业演员训练场所。1951年，李·斯特拉斯伯格出任演员工作室主任，他在俄罗斯戏剧导演斯坦尼斯拉夫斯基表演体系基础上的“方法演技”培养出许多优秀演员。伊利亚·卡赞也用这一理论指导演员。

人[1]。他的小说《安排》在1967年成为畅销书、获得巨大成功后，欧文·拉扎尔建议我担任他未来作品的编辑，我谨慎地同意了。我敬佩他在那本书里不加遮掩的力量，但它的自传色彩如此明显，我怀疑他是否还能写出任何其他类型的小说。而且他执导由艾琳担任制作人的《欲望号街车》时，艾琳与他有过冲突，因此提醒我要警惕他的口是心非和危险的迷惑力。

我能看出他确实有艾琳所提醒的特质，但也发现他严肃、率真得要命。他决定写自传时，我出的价高得离谱，但我绝不后悔：《一生》是我所读过最出色的回忆录之一，就我所知，肯定也是关于戏剧界和好莱坞最引人入胜、最深刻的一本书。更了不起的是卡赞的激情和正直，他以此去努力理解自己人生中的黑暗旅程，并为之赎罪，写下他为了成为真正的自我而痛苦挣扎的历程。

我即将去《纽约客》时，书稿成形了——编辑工作既艰巨也顺利——从那时起，卡赞的书就由我最宝贵、最受重视的“秘密武器”凯西·胡里根经手，她主导他后来几本书的出版，甚至至今仍在开拓他的遗产，最近出版了他非同凡响的书信集。这一次，只有这一次，艾琳错了。让人难忍、脾气暴躁、不可信的卡赞是完美的作者。

今天的世人想到他基本上只知道他是电影导演。他的小说没有人读，没有人在乎戏剧史；电影取代了戏剧成为娱乐的主要形式（正如后来轮到电影被电视取代）。但我属于成长过程没有受到电影影响的奇特例外：我父母对电影没什么兴趣，除了被要求看的儿童电影——某些迪士尼电影（《幻想曲》，因为文化元素多）、《绿野仙

1 伊利亚·卡赞年轻时曾短暂加入美国共产党，后退党。1952年麦卡锡主义时期，他在美国众议院非美活动调查委员会（HUAC）作证，提供一份他年轻时参加团体剧场（Group Theatre）时参加美国共产党的同伴名单，在演艺界引起巨大争议。这一争议伴随他一生。

踪》《玉女神驹》《灵犬莱西》、阿伯特和科斯特洛的电影（我记得我父母表情像烈士一般被我拖去看《列兵巴克》[1]）。直到我上大学，才开始对电影有兴趣。而且我喜欢的大多是小众文艺片：在现代艺术博物馆看卡尔·德莱叶的杰作《圣女贞德蒙难记》；在塔利亚电影院看《恐怖伊凡》《战舰波将金号》《亚历山大·涅夫斯基》或连着看哈里·鲍尔主演的《罪与罚》和《悲惨世界》；或者看被我们统称为“外国电影”的战后意大利新现实主义电影，看米歇尔·摩根和让·伽本受苦的法国电影[2]，还有《天堂的孩子们》。

后来我才爱上好莱坞电影，尤其是三四十年代的好莱坞，首先是弗雷德·阿斯泰尔和琴吉·罗杰斯的歌舞片，有阿琳·克罗斯写他们的开创性专著指引我。（如果你热爱舞蹈，你就会热爱弗雷德和琴吉。乔治·巴兰钦就认为阿斯泰尔是世界上最伟大的男舞者，而且内心深爱琴吉。）我到克瑙夫时，出版社刚出版凯文·布朗洛影响巨大的书《游行队伍已经过去……》。不久我就开始编辑沃尔特·克尔的《沉默的小丑》，它至今仍是关于卓别林、基顿、劳埃德和马克·森内特[3]那帮人最出色的一本书。沃尔特是著名的戏剧评论家——我在西蒙-舒斯特出版过他好几本书——但对我来说，《沉默的小丑》是他最重要的作品。

接着就来了一个大项目，肯定是关于电影制作的书中最丰富、可能也是信息量最大的一本：罗恩·哈弗的《大卫·O. 塞尔兹尼克

1 “阿伯特和科斯特洛”是一对喜剧演员组合，演过许多脱口秀、喜剧电影，活跃于四十年代前后，《列兵巴克》是 1941 年他们主演的一部大获成功的电影。

2 米歇尔·摩根和让·伽本都是法国著名演员，曾搭档主演过多部影片。

3 巴斯特·基顿和哈罗德·劳埃德是美国默片时代与卓别林齐名的电影喜剧演员。马克·森内特（1880—1960）是美国默片时代喜剧电影制片人、导演，被称为“喜剧之王”。他 1912 年创立基石电影公司，拍摄了大量喜剧默片，卓别林、基顿、劳埃德等大量美国早期喜剧演员都曾与他合作。

的好莱坞》。罗恩是洛杉矶县艺术博物馆电影部主任，他不仅是疯狂的研究者和文笔流畅的作家，也是一个慷慨无私的朋友。他的书制作复杂得令人发疯，有折叠式插页、纸板插页、烫金印刷等等——真是像用超豪华的特艺七彩技术拍摄的《乱世佳人》那样的大制作。(幸好，只有我知道这种超级制作要花多少钱。)

在这本书遥遥无期的制作过程中，我们跨越北美大陆，紧密联系。这段时间见证了独立电视台的兴起，许多新电视台除了很老很老的电影，没有多少节目可播。这些老电影老得都不会在深夜电影节目中播放，现在被挖出来满足那些老电影爱好者，他们渴望看海伦·特威尔翠丝（人称“含泪的海伦·特威尔翠丝”）演的哭片、扎苏·皮茨[1]演的闹剧之类早被遗忘的电影。那也是电视节目刻录技术出现的时期，因为许多电视台只在洛杉矶本地播放节目，我就残忍地利用罗恩的好脾气：每个星期天上午，我们在电话里过一遍下周的电视节目预告，他就开始录制……录制……录制。最后，我积攒了大约两千部电影，其中许多我相信三十年里都没人看过。(他们能到哪儿看呢？好莱坞对他们过去制作的老电影没兴趣——既没兴趣也不尊重。直到最近，某些电影公司仍是犯罪般忽视他们的、也是我们共同的遗产。）正是把华纳兄弟公司旧片库翻个底朝天的罗恩发现了朱迪·加兰主演的《一个明星的诞生》失踪多年的胶片[2],并写了一本书（由玛莎编辑)。他和我做了许多年只打电话不见面的朋友，

1 海伦·特威尔翠丝（1908—1958)、扎苏·皮茨（1894—1963）都是活跃于二十世纪二三十年代美国默片时代的女演员。

2 《一个明星的诞生》是身世坎坷的传奇演员朱迪·加兰（1922—1969）主演的经典歌舞片，由乔治·丘克执导，1954 年试映版长达 196 分钟。由于该片是华纳兄弟公司当时投资最大（五百多万美元）的影片之一，为了保证票房，片方在导演不在场情况下剪辑出 154 分钟版作为正式上映版本，导致原版一些重要场景缺失。1981 年，罗恩·哈弗开始在华纳的片库中寻找当年被剪掉的胶片。

直到他病重乃至去世。他的身体一直很好，因此直到去世前几个月，医生才发现他患的是艾滋病。

我参与的最出乎意料的电影书是默片时代的“女神”露易丝·布鲁克斯令人惊喜的散文集《露露在好莱坞》。露露是她主演、帕布斯特导演的影片《潘多拉的魔盒》中的主人公。这本书没有让追随者失望，他们从肯尼思·泰南在《纽约客》上写她的著名文章《戴黑头盔的女孩》中重新发现了她。（威廉·肖恩也是她的崇拜者之一。）她隐居在纽约州罗切斯特，没兴趣来城里。我像白痴一样，没有去罗切斯特朝圣，所以我们关于书的讨论仅限于一通客气的书信和几个电话，她始终都是低调而通情达理的，全无她那著名的古怪脾气。书的出版大获成功，她寄给我一件礼物致谢，虽然我才是应该表示感谢的人。别猜了：是一本罗伯特·本奇利[1]签赠给她的现代文库版《查拉图斯特拉如是说》。

我对流行文化日益浓厚的兴趣从电影（和舞蹈）蔓延到如今被我们称作“美国流行金曲曲目”[2]的那些歌曲的伟大作词人。1983年，我们出版了权威性的“歌词全集”丛书第一卷《科尔·波特歌词全集》，由当时和现在都是头号波特专家的罗伯特·金伯尔选编。他既有无所不知的渊博知识，又有强迫症一般的严谨，像是这个领域里的鲍勃·卡洛——而且也和鲍勃·卡洛一样，他花了很长时间打磨他编的作品。金伯尔接着又编了洛伦兹·哈特、艾拉·格什温、欧文·伯林、弗兰克·罗瑟和约翰尼·默瑟的歌词全集，通常是他一个人，偶尔跟人合编。这些书都制作复杂，成本高昂，定价很高，

1　罗伯特·本奇利（1889—1945），美国幽默作家、演员。

2　“美国流行金曲曲目”也叫“美国经典曲目”，一般指二十年代到五十年代之间诞生于百老汇舞台剧、音乐剧和好莱坞歌舞剧电影中，深受大众喜爱、传唱的经典歌曲。

读者有限——要按照盈亏标准算的话肯定不是赢家——但好运再次眷顾，没有人管我。我只是觉得这些都是必不可少的书，我们必须出版。

金伯尔本人起了锦上添花的效果，认识他、与他工作就是一种乐趣，除了他那无可救药的拖延症。但我有我的报复办法。有一次，我和玛莎开车穿过纽黑文，在街上看见鲍勃。我们放慢车速，靠近他，我摇下车窗冲他喊道："我的稿子呢？"男孩之间一定要逗乐。

我到克瑙夫的时候，已经不喜欢在中午请客吃饭，人们以为这种饭局是避免不了的，许多编辑喜欢假装这对他们促成交易至关重要。当你是第一次见某些人、确立你自己位置、建立将会影响你未来事业的人际关系时，那确实重要。而且令人陶醉：花公款吃饭、喝酒、嬉戏作乐。但这得有个度。我很快意识到，在克瑙夫有太多事要做，每天不能花两个小时大吃大喝。（那个年代喝酒喝的是马蒂尼或血腥玛丽之类的鸡尾酒，不是一杯白葡萄酒而已。我会喝得晕乎乎回到办公室，什么事也做不了。）所以我索性戒除外出午餐。在办公室吃一个三明治，去附近快餐店逛一圈，和某个作者到公园散步，成了我的新规矩。

这个习惯本来不值一提，但它给我带来一段非常愉快的工作关系和友谊。《纽约时报书评周刊》一本正经地认为，他们需要向世人呈现一篇特稿，写一些优秀编辑的午餐习惯，他们把这个任务派给了年轻的自由撰稿人诺拉·艾弗隆。她来到我办公室（因为我吃三明治的习惯），几分钟内，我就感觉到她和我一样也对这个傻乎乎的、不是话题的话题感到尴尬。一小时内，我们就知道彼此会成为朋友。

很快，我成了她的出版人。很快，我们经常来往。很快，她和玛丽亚成了好朋友。诺拉与卡尔·伯恩斯坦[1]结婚，住在华盛顿，但夏天待在汉普顿斯，把家收拾得温馨完美，饭也做得很好吃。她怀第一个儿子雅各布的时候，玛丽亚正怀着尼基——她们俩都开心有这样的巧合。谁能忘得了我们在汉普顿桥的糖果厨房[2]为这两个学步中的宝宝一起办的一岁生日聚会呢？但诺拉的这段婚姻快散伙了，她在纽约生第二个儿子麦克斯时，雅各布才十五个月大，她自己证实了那个丑闻，卡尔仍与英国驻美大使夫人玛格丽特·杰伊有私情。

诺拉受够了。玛丽亚曾对她说，如果她哪天要在纽约找地方住，可以随时来我们家。现在她从医院产房打来电话，告诉玛丽亚发生的一切，说她不会回到卡尔身边（也不回华盛顿），问她能不能再带着雅各布、麦克斯、互惠生和麦克斯的保姆暂住我们家。（而那时候的“我们家”有玛丽亚、我、莉齐、小尼基和我们的互惠生苏珊·芬克尔斯坦。苏珊当时还是医学院预科生，后来成为成功的儿童精神病医生，如今是我们家的密友和后盾，也是长大后的莉齐和尼基的后盾，是深受莉齐两个双胞胎儿子喜爱的“阿姨”；就像是他们的尼娜。）

这是济济一堂的家，即便诺拉有苦恼，仍是一个充满欢乐的家，我们一起度过了感恩节、圣诞节和新年。卡尔又是打电话又是跑过来，既来探望新生儿，又争取诺拉回去，但她不愿意。（他恳求她，说只要她同意跟他去做婚姻谘商，他就会“把玛格丽特晾在一边”，这样的话毫无作用。）他伤了诺拉的心，也伤了她的尊严，但她了解

---

1 卡尔·伯恩斯坦，《华盛顿邮报》记者，他和同事鲍勃·伍德沃德一起揭穿了“水门事件”丑闻。诺拉·艾弗隆与卡尔·伯恩斯坦的婚姻维持了四年（1976—1980）。

2 汉普顿桥是作者一家和诺拉·艾弗隆一家夏天居住的汉普顿斯地区南汉普顿的一个小村，“糖果厨房”是当地一家冰激凌餐厅。

自己，决心不向世人公开她的痛苦。我们很高兴能够给她需要的庇护和清净，跟无数坏事相比，一个拥挤的家算得了什么。所有这一切就可以解释为什么她把痛苦转化成喜剧写成的、获得巨大成功的小说《心痛》（配有菜谱）题献给玛丽亚和我。但在这种紧张环境中生活在一起，把我们愉快的友谊变成一生的亲情，这才是我们得到的真正回报。

在整个七八十年代，我基本上每年去一次伦敦，住在黛博拉家，拜访出版人（汤姆·麦奇勒是名单上的第一个）和经纪人，和已成为朋友的作者见面——多丽丝是名单上的第一个；大卫·康威尔夫妇；安东尼娅·弗雷泽；玛格丽特·德拉布尔，我非常喜欢她，出版了她六本小说（不需要我花很多工夫）。还有麻烦挺多的理查德·亚当斯，那是在他的《沃特希普荒原》获得辉煌成绩之后的某个时期。我猜理查德在伦敦文学、出版界不受欢迎，因为他政治不正确的观点和他有时目空一切的姿态。但我们相处得很好，这既因为他发现编辑过程有意思，也因为他跟我一样嗜好读书。有一天他按他的标准赐给我最高级的赞美："你知道，我亲爱的鲍勃，有时候我想，除了我自己，还有考虑到你是美国人——你是我认识的人里最会读书的。"你能明白他是怎么用错误的方式激怒别人了吧，但我觉得他这么说很慷慨，也令我感动，这足以看出他根本不知道他是怎么感动别人的。

我伦敦之行最意外的成果也许是开始我与历史小说家多萝西·邓尼特的合作与友谊——对我来说，无论在当时还是现在，这都是真正的意外。从第一部《国王的游戏》开始，她厚厚的六卷本"莱蒙德编年史"系列小说我都读过——准确地说是一口气狂读。她扎实的研究、有点像多萝西·塞耶斯写传奇故事的诙谐写法，还有像大仲马那样精心设计、极其逼真的场景，风格独特，令人眼花缭乱，而且她编故事的能力也很高超：悬念始终绷得紧紧的。我读最后一部《败局》读到只剩六十页的时候，已经凌晨四点，必须睡觉了。可天亮以后我做了一件过去现在都从没有做过的事情：待在家里不去上班，把书读完。

那天我去礼节性拜访伦敦大经纪公司柯蒂斯·布朗的负责人格雷厄姆·沃森。安东尼娅·弗雷泽和V. S. 奈保尔都是他们代理的作者。他正一个接一个地向我介绍他的严肃文学作者，我则一一礼貌地回绝，突然我注意到他办公室书架较低的一层排满了邓尼特的书。我告诉他我非常想出版她时，他惊讶极了，因为他已经把我归类为“严肃文学”出版人。我说我想出版不仅是因为我爱读她的书，也因为她虽然在英国是畅销作家，但在美国还没有起色，而我相信那是由于她被包装成一个典型的艳情小说家而非想象力丰富独特、不可抗拒的作家，这才是她的本色。

多萝西有空！他往她爱丁堡的家里打电话。她和她著名的丈夫——《苏格兰人报》总编辑（后来是苏格兰近海石油工业的首脑）阿拉斯泰尔住在那里。她赶到伦敦来见我。又是编辑与作者一见如故的一幕。多萝西精力充沛，从一位成功的肖像画家毫不费力地转型为成功的小说家，同时还有美满的婚姻，养育了两个出色的儿子。她向我透露，她的秘诀是一辈子没做过一顿饭。

我们的合作从《后来的国王》开始，这是她引起争议的独创性小说，写的是历史上的麦克白，接着是连续几本有趣的侦探小说。可我希望她能动笔再写一个规模庞大的系列小说，有一次她来纽约，我跟她这样说，她说她愿意写，可用什么东西做比喻来统摄整个系列小说呢，像“莱蒙德编年史”里的象棋那样？“黄道十二宫。”我想都没想就脱口而出，结果就是八卷本的“尼科洛家族”系列：故事发生在“莱蒙德编年史”一百年前的十五世纪，背景横跨“莱蒙德编年史”中已知的世界。最后一部《双子宫》出版一年后多萝西就去世了。（毫无疑问，她在完成这毕生事业之前是不会死的。）她的受欢迎程度不仅体现在佳酿图书推出她的十四部长篇小说[1]所引起的销售盛况，文学界对她的成就有更严肃的重新评价，也体现在她狂热的全球读者们发起的各种活动，诸如 IDDD（如果你不知道，让我告诉你，这是“国际多萝西·邓尼特日”的缩写），在这每年一度的纪念日里，人们会朗读精心准备的作品片段，一起庆祝。你能理解我为何这么自豪吧。

我在伦敦的出版工作虽然收获许多快乐和满足，但对我来说在英格兰最重要的是和黛博拉·罗杰斯共度的时光。无论什么原因，无论顺境逆境，我们在一起总有好笑的乐子，彼此也有最深的信任，这是一种似乎不因精神或性的因素就存在的深层关系——借用弗洛伊德让人深受启发的术语，是一种没有童年“未完成事件”影响的兄妹情；也没有很亲近的关系可能会产生的妒忌心理；我是（或者说曾经是）一个占有欲强的人，但我和她长期的男友安德鲁相处得非常好，当她认识作曲家、播音员迈克尔·伯克利并与他结婚时，我也为她高兴。（迈克尔·伯克利后来获封男爵爵位，他就成了如今的伯克利勋爵，黛比因而在后半生有了伯克利勋爵夫人的称号——这是一个家庭玩笑，因为几十年来，每当她进入过分优雅的模式，我就叫她 B 夫人，这是乐善好施夫人[2]的简称。）

1　十四部是指“莱蒙德编年史”六部加上“尼科洛家族”八部这两个相互关联的系列小说。

2　原文为 Lady Bountiful，意为热心慈善事业的有钱女士。

1968 年她成立自己的文学经纪公司黛博拉·罗杰斯公司时，办公室只有两个房间，在与高尚地段相去甚远的古奇街一家炸鱼薯条餐馆楼上。一年后，我在西蒙-舒斯特的老同事帕特·怀特入伙，她的队伍壮大了——帕特美丽、能干、无比忠诚——她决定搬到英国去时，我把她介绍给了黛比。（别的不说，帕特给罗杰斯文学经纪公司多姿多彩的办公环境做出新贡献：带来三条狗，每天在她桌子旁转悠。）帕特也因为黛比的关系跟我很好，所以近五十年后，当我来到英国参加在威尔士举行的黛比葬礼，以及几个月后在圣马田教堂里举办的那场令人难忘的追悼会，帕特都和我在一起。追悼会上，七百五十个人在哭泣。

黛比和我总是在最后一刻匆忙决定远行。“我们取消明天的会，去布莱顿吧。”“明天不干活，去赫恩湾。”（赫恩湾是一个以冰糖著称的海滨度假胜地）“放一个星期假去爱尔兰吧。”（我们俩都没去过那里。）唯一的出行方式就是飞机，而我们都有飞行恐惧症——有十五年时间，我都是乘坐远洋班轮往返英国。结果在去都柏林的飞机上，我们都在为对方担心，以至于忘了自己的恐惧。还有两年夏天，我们坐着那种你可以自己操纵、穿过小桥和简易水闸的小驳船，在运河上各玩了一星期。第一次是安德鲁当船长，黛比超级能干的妹妹苏当大副，黛比当厨师，我当乘客。第二次玛丽亚和蹒跚学步的莉齐也来了，还有我们的互惠生凯伦·普罗文森。

最美好的记忆也许是在斯塔纳吉度过的许多长长的周末。那是威尔士一个两万五千英亩的庄园，有锯齿状垛墙的城墙和花园，由雷普顿[1]设计，是黛比和苏姐妹长大的地方。她们的母亲斯特拉曾

1　汉弗莱·雷普顿（1752—1818），英国著名景观设计师。

是伦敦西区以饰演纯真少女著称的演员（也是最早饰演萧伯纳戏剧《卖花女》主人公伊莱莎·杜立德的著名演员帕特里克·坎贝尔夫人的教女），直到被富有的商人盖伊·罗杰斯拐走。盖伊·罗杰斯在不朝她和两个女儿咆哮的时候，还是很爱她们的。

我想，黛比和我最大的共同点是对别人（但很少对自己）都有一种狂热的兴趣——朋友，朋友的朋友，同事，偶遇的人，在餐厅、巴士和任何地方瞥见的陌生人。我知道她经纪公司的一切，她也知道克瑙夫出版社的一切。多年来，她和玛丽亚越来越亲近（有一次她陷入个人危机，打电话给玛丽亚，请她飞到伦敦帮她渡过难关——她想要的是玛丽亚，不是我）。她们表面上完全不同，但骨子里极其相似：在女孩子气或貌似天真之下是同样的骄傲和智慧；同样的顽强；同样当母亲当得疯狂；同样有无师自通的好厨艺；同样有能力一个人比三个人做的事情都多，还不像三个人那样手忙脚乱。许多次我问自己，也问她们，我何德何能，人生中竟有这样两位不可思议的女性相伴。

我之前写过，黛比参加了我们的婚礼。多年后，当她和迈克尔带着他们刚领养的新生儿杰西卡从亚利桑那回到纽约，走下飞机时，我们在肯尼迪机场迎接他们。我们在对方的家中都住过，一起分享老掉牙的玩笑。（举个例子：有一次，企鹅出版社杰出的总编辑托尼·戈德温设宴招待我和玛丽亚——他刚抛弃他善良的妻子不久——所以黛比和玛丽亚承包了所有饭菜，我们吃完后，她们俩站起来准备收拾桌子，这时，在场的另一位客人、著名女同性恋小说家布丽吉德·布罗菲厉声说道："玛丽亚，你别站起来。你的任务是坐在那里，保持美丽。"这件事情我们经常说，让黛比永远忘不了。）

正是这样的家庭记忆和玩笑把人们终生连结在一起。黛比周末来巴黎和我一起庆祝我的结婚四十五周年（玛丽亚不在）时，她一如既往地快乐、精力旺盛——我们快乐地重聚，不过我们的所有重聚都是快乐的。星期一上午她从伦敦给我打电话。星期三上午又给我打电话，兴高采烈的。可当天傍晚，迈克尔打来电话告诉我，她死了——在他们家门口停车时死于心脏病突发。

这是我永远走不出来的死亡。正如 2014 年 10 月我在她的追悼会上所说，她是我从未有过的妹妹，我五十年的挚友。为何我们一见如故，成为终身好友？没有人比蒙田更睿智，在他晚年，他曾经这样描述他初次见到一位男子就与他成为挚友的那种迅速而深厚的关系："若有人逼问我为什么喜欢他，我感到很难说清楚，只好回答：'因为是他，因为是我。'"

虽然黛比和我在同一行业，我们却很少合作——我既很少要她把某个重要作家转给我出版，她也很少试图向我"推销"某个作家。多年中，只有零星几个作家，伯吉斯、J. G. 法雷尔（出色的《患难》《克里希纳普围城记》），还有跟文学八竿子打不着的佩内洛普·里奇[1]。我在伦敦一家书店注意到一本企鹅出版的书《婴儿期》，作者仔细分析了婴儿从出生到两岁的行为和发展。黛比是作者里奇的经纪人，就把美国版权给了我。这不是我往常会从英国带回去的那种书，但我相信它的正确性和实用性。回到办公室，我要找一张健康的婴儿照片做封面，令我惊讶的是我们的美术总监专门安排了精致、昂贵的专业摄影，拍出来的效果又假又没说服力。"可怕！"我脱口而出，"在办公室问一圈，问每一个家里有孩子的同事，我们需要一张婴儿照，挑一张最好的。这儿！"我从我桌上抓起小宝宝莉齐

1　佩内洛普·里奇是英国儿童心理学家。

的照片；“这是第一张。”我说。寻找照片的工作没有进行下去，因而，莉齐会发现她自己的照片（未标明名字）出现在《婴儿期》的封面上，而且卖出几十万册之后，至今仍在上面，因为这本书从未绝版。接着我们把佩内洛普介绍给英国专门制作图文书的多林·金德斯利出版社，他们请她写了文本，制作出一本后来成为育儿宝典的书：《你的孩子》。它的销量超过二百五十万册，成为长盛不衰的经典《斯波克育儿经》主要的竞争产品或者补充读物。凯西·胡里根在克瑙夫担任佩内洛普的编辑至今已四十年；而我只记得见过她一次。但我尽了我的职责。

我从未对克瑙夫有长远的规划，作为兰登书屋社长的鲍勃·伯恩斯坦也从未试图要求我有什么方向。由于我们总是稳健地盈利，我的看法（也是他的看法）是既然我们做到这样的成绩跟任何人无关，那么我聘用谁、我出版什么书也就由我说了算。我们的流程很便捷：有编辑要签某本书的时候就来告诉我，我同意或否决，决定我们能付多少钱买版权。这笔账我心算一遍，根本不用浪费时间炮制抽象的损益表，那上面的数据全都是臆测。（我的这种当场决定至少是有经验支撑的。）而且我基本上会把书稿读完——不光是提交来的书稿，向作者的约稿完稿后也看。不然我怎么决定印量和营销计划呢？

我在克瑙夫的近二十年期间，出版业发生了许多变化，但我的心思都放在具体的编辑和出版实务中，我只是尽可能去适应更为可见的变化，而不是预测变化。比如在我成长的年代，我们主要的销售工具是广告。但随着广告成本直线上升，依靠书的销售收入无法保证赚回广告投入，做广告就越来越不实际，尽管它们对作者依然重要，他们喜欢看到自己作品的广告，也把广告视为衡量出版社对他们有无信心的标准。宣传促销成了主导因素——以打折和联合活动的方式与书店进行产品促销，这些都由发行部负责，还有作者宣传。从亚历山大·金作为嘉宾参加杰克·帕尔谈话节目[1]开始，这种作家参与的活动变成图书销售最有效的方式，至少是对某些类型的书而言。我们不可能靠请一个法国小说家来做全国巡回活动让他的书畅销，但劳伦·白考尔或茱莉亚·切尔德这样的作者就能。而且安排公众知名度不那么高的作家去某些精心选择的场所——文学书店，专做文化类节目的当地电台、电视台——也开始有效果。有的作家不喜欢做这种事情，但大多数愿意做，即使是那种可能没什么人来、对作家有压力的图书签售活动。

我们的幸运之处在于，当作家宣传日益成为核心的出版手段时，我们内部就有一位最适合负责这类事务的人选脱颖而出——年轻、自信、开朗乐观的简·弗里德曼。她是我到克瑙夫之后几个月入职的（担任公关宣传部秘书）。被我们昵称为“简宝宝”的简·弗里德曼是一个精力充沛的人——而且是主动接管工作的人。没有人说她是娇嫩的花朵，娇嫩的花朵是做不了宣传推广工作的。而她不仅出奇高效，而且忠诚，有爱心，有情义，慷慨善良。像其他所有人一样，她也是尼娜的崇拜者，至今每当我们说起尼娜，她的眼中仍会涌起热泪（我也是）。作者们都为简着迷，因为她如此卖力地为他们工作，又如此积极向上，开朗愉快。（有些当时就建立的人际关系会保持终生，比如她与迈克尔·克莱顿那种近乎搭档的关系。）简是一

1 杰克·帕尔（1918—2004），美国演员、作家、节目主持人。他在美国最为人知的是 1957 年到 1962 年间主持全国广播公司（NBC）的深夜脱口秀节目“今夜秀”。亚历山大·金（1899—1965）是幽默作家，作为嘉宾经常上杰克·帕尔的节目，因此成为当时美国家喻户晓的公众人物。

个很热闹的人——对有些人可能过于热闹——但我欣赏她并乐于让她发挥能量，更准确地说，是不妨碍她发挥。她有非常鲜明的企业家才干，这是我完全缺乏的；正是她策划创建了兰登书屋的有声书部门，然后管理它，使之盈利。1987年桑尼·梅塔接替我以后，简就成了他的右臂，有时还是左膀，但她终究需要属于她自己的事业。兰登书屋对她的才能视而不见，所以她退出，执掌哈珀-科林斯，使之焕发新的活力，最终又创办了自己的公司。自始至终，她都保持着她的本色：开朗乐观，对朋友充满爱，对自己充满信心。

如同宣传促销对图书销售日益重要一样，以戴尔顿书店和瓦尔登书店为代表的连锁书店的兴起也同样如此。忽然之间，他们的书店就在美国各地开花，把图书带到小镇和郊区商场。我年轻时，如果你住在小镇上，可以参加一个图书俱乐部或者去公共图书馆（如果当地有），或者在当地药店的平装书架子上找你想买的书——不过那里品种有限，基本上只有米基·斯皮兰、厄斯金·考德威尔和厄尔·斯坦利·加德纳的书，再点缀几本学校上课要读的阿加莎·克里斯蒂的书。多年后戴尔顿和瓦尔登突然倒闭后，又有了巴诺书店。（如今成为出版社与读者之间主要销售渠道的亚马逊是很多年以后才兴起的。）

连锁书店对我们影响最大的是权力集中到越来越少的买家手上，他们开始向出版社施压，要更低的发货折扣，而且他们的采购量会影响我们的首印量。小书店仍然可以通过批发商订货，但力量均衡打破了，尤其是百货商店开始关停图书销售业务以后，要知道，那曾经也是图书销售的主要渠道。比如梅西百货，几十年来，他们卖了无数图书；1936年他们以99美分的价格促销《飘》（《飘》是第一本售价3美元的小说）是轰动的大新闻。

一本新书如果是哪个著名的类型作家写的，连锁书店就很清楚采购量，因为他们有这位作家之前作品的销售数据。但如果是像厄普代克这种写作类型多样、因而不同作品销量差别很大的作家，连锁书店就不知道该怎么办了。如果他的前一本书卖了四万本，他们会根据这个销量估采购量，而我们知道他的新书销量可能一半都不到——或者是两倍。所以我必须就新书首印量跟发行部争论，因为发行员们自然而然会乐于把印量推高。（退货跟他们没关系，连锁书店会因为担心某本书走红之后他们库存不足而事先采购过量。这也是八十年代出版业一个日益严重的问题。）这并不好玩。

事实上，对我来说，乐趣因为种种事情而渐渐枯竭——我花了不少时间才向自己承认这一点。我的工作越来越多，我们的利润持续增长，但人力成本也在攀升。我从个别成功事例中得到的满足感也不如过去那么多了。我们的某本书上了畅销书排行榜，我们签下某个重要作家，我们获得某个大奖，这类事情总是值得庆贺的。但现在只是如释重负——行，奏效，接着忙下一本书。这不是厌倦，是疲倦。

对我来说，改变一切的是 1980 年兰登书屋被出售给塞[1]·纽豪斯。原先拥有兰登书屋的美国无线电公司（RCA）既不懂出版，也没兴趣插手。鲍勃·伯恩斯坦曾说服我参加过两次 RCA 的董事局会议，我被惊得目瞪口呆，这些高管愚蠢之至，我拒绝参加第三次。鲍勃·伯恩斯坦为兰登书屋所有同仁的福祉所做的最大贡献是在我们与可能会起破坏作用的母公司之间竖起了坚实的屏障。对于一家子公司的首脑而言，还有比这更重要的职能吗？

1　塞（Si）是人们对 S. I. 纽豪斯常用的称呼。

鲍勃通知我下楼去会议室见新老板时，我对塞还一无所知，除了知道他也是康泰纳仕杂志集团的老板。那天我穿着平时穿的衣服：未烫的卡其裤、白色胶底鞋和一件特别松垮的开襟羊毛衫。而新老板就在那里，衣着样式竟然跟我几乎一模一样！从见面开始，我俩就相处融洽，随着时间推移，塞一再来找我聊公司的事情。然后我又成了他工作以外可以一起打发时间的人，尤其是他发现我爱好好莱坞老电影以后：每一两个星期，他总会邀请十多个朋友去他在东城的褐砂石房子，用投影仪放电影给我们看。更重要的是，他也是一个嗜好读书的人——他的房子里到处都有书，而且他总是会谈到他在读什么书。他女儿帕梅拉曾告诉我，她觉得她爸爸买下兰登书屋就是为了证明他的书没白读。他妻子维多利亚在出版社工作过，同样是个狂热读者，也始终是我好友。

真正的麻烦是塞和鲍勃相处不好。也许是因为他们不知道怎么沟通。塞是一个一门心思考虑生意的人，除非你真的让他感兴趣。而鲍勃爱将他的满怀激情投入业余时间里的重要事业——国际人权事务。而且跟他的精神导师贝内特·瑟夫一样，他也爱讲笑话。这让塞很抓狂。五年里有三次，他要让我取代鲍勃担任兰登书屋社长，我三次都说不，一次比一次坚决粗暴。首先，我绝不会对鲍勃做这样的事，多年来他一直待我很好。（他曾对玛丽亚说："只要鲍勃在我背后和当我面说我的话是一样的就好。"）而且，我也反复告诉塞，那样做将是又一个彼得原理的极端案例。我的才能在于编辑、出版、领导一个团结和谐的小团队，为什么要选择我，让我去做这种远离一线工作者和真正的工作、整天考虑马里兰州的库房够不够用之类问题的决策者呢？而且我做这个工作图啥呢（这话我没说出来）？我赚的钱够用了，责任够多了，在业界有口皆碑，多年来听鲍勃抱怨他面临的问题多么棘手、多么可怕，听得也够多了——如果我做了，就得像他一样面对。最后塞听懂了，幸好他不是那种因为这样被拒绝而感到自尊心受挫的人。

在某个时期，他开始测试我对他收购不久的《纽约客》的看法，这是他一辈子尊崇的杂志。我对肖恩先生的接班人计划知道多少？什么都不知道。我怎么看杂志的现状？不像以前那样让人惊喜了。我对肖恩提过有可能做他接班人的年轻人比尔·麦基本怎么看？我只知道他非常年轻、认真，但不那么受同事欢迎——他们甚至认为让乔纳森·谢尔当主编都比他合理，他们还反对过乔纳森。（我出版过乔纳森的书《地球的命运》，很喜欢他。）我知道还有什么潜在候选人吗？不知道，虽然我在杂志社有好几个朋友，但我对这个问题一无所知。我知道的是他们有不少编辑被肖恩对未来含含糊糊的承诺吊着胃口，到头来看到的是那些承诺都成泡影。其中最著名的受骗者是才华横溢、备受爱戴的比尔·惠特沃思，他最后受够了，辞职成为《大西洋月刊》主编，在那里干得非常出色。

这样的历史对习惯当机立断雷厉风行的塞·纽豪斯来说并不妙。犹豫不决和拖延不是他的性格，是他无法容忍的。同时，肖恩快八十岁了，虽然他放出谢尔、麦吉本这样的测试信号，但分明不想真的执行。不过就连以解雇人著称的塞都明白，他不应该、也不能够解雇美国最受尊敬的编辑。他成了一个沮丧的老板。

然后我明白过来，他在考虑我。这正是我开始对出版工作没完没了的要求感到烦躁的时期，由于我一贯嗜读这份杂志，我对这一想法心动了。所以当他最后问我愿不愿意考虑做主编的时候，我说我愿意——等到时机成熟，并且还不太晚的时候。我已经年过五十五，而杂志并不需要又一个年纪大的主编。

我们紧张地等待，但随着时间流逝，我对这种状态越来越焦虑。我当然可以继续待在克瑙夫，去《纽约客》工作肯定也没问题，但不知道自己的生活接下来会怎样，这让我很不舒服。有一天我对塞说，目前的状况让我很心烦，我希望完全搁置这个打算：如果肖恩最终退休，或者丧失了工作能力，塞可以决定是否还需要我接任，我也可以决定是否还想干；到那时如果他改主意了，也不伤感情。在我们达成共识的那一刻，我如释重负，再不去想。

应该是这之后六个月左右时间，一天午餐时间，他往我办公室打电话，听上去异常兴奋，问我他能不能过来面谈。他一到就迫不及待地说，他刚和肖恩吃午饭，肖恩提出辞职了！我准备好接手了吗？得赶紧就任，趁肖恩还没改变主意。据塞说，肖恩告诉他："纽豪斯先生，您是不是乐意我早点离开？"听到塞肯定的回答，他接着说："那我会的。""好的。"塞说，然后离开餐厅给我打电话。对他来说，这件事就结束了：肖恩辞职了。后来当我对肖恩了解更深的时候，我意识到对肖恩来说，他们的这次交谈应该只是他挑选候选人再搁置、拖延的漫长过程的第一步，说了这么多年的接班人问题，他就是这么做的。跟这两个人分别谈过此事始末之后——我肯定是唯一能这样做的人——我现在确定，肖恩当时没有明白在塞看来他就是辞职了，所以后来他会发自内心地断言他是被解雇的，而塞也同样确信肖恩是辞职了，所以他就可以毫无负罪感地采取行动。超级强势的纽豪斯和消极反抗的肖恩本质上是无法理解彼此的。

我对塞说，我愿意接手，但在正式任命之前，他得先同意几件事情。我说我尊重《纽约客》的风格，不想看到它变成不一样的杂志；我想它需要的是新能量，而我本质上是保守者，不是革命者，如果他想看到杂志变成另一种面貌，那我不适合这个工作；我觉得我可以改进它，但不是把它改得面目全非。他说行。然后我要他保证，以后任何时候他改主意了，必须提前告诉我，而且必须直接跟我说，不能像他之前对待手下好几位著名编辑那样，突然公开解雇我。他答应了，然后说他打算跟我签协议。我还是像二十年前对贝内特·瑟夫说的那样，告诉他我在克瑙夫的薪水已经涨了许多，不需要更多钱了：这是又一次事关人生的重大决定，我不想受经济考量的影响。说真的，他很惊讶，但没问题。

我上任《纽约客》两个月后，他在某一次和我的例行午餐上宣布，鉴于我的接任引发的各种令人不快的媒体报道、传言，无论我乐不乐意，他都要给我涨薪水——我记得是涨 25 000 美元。我正要愤而拒绝，但转念一想连我自己都觉得这会显得太粗暴，所以我只是说："好吧，谢谢。"我真心感谢他的是在后来一次午餐上，他递给我一包东西，表情有点不自然，说："我看到这个，猜想你可能会喜欢。"他猜对了。那是一张漂亮的老照片，配了很合适的相框，照片上的人是弗雷德·阿斯泰尔和阿黛尔·阿斯泰尔[1]。

1 阿黛尔·阿斯泰尔是弗雷德·阿斯泰尔的姐姐，两人从小一起习舞，一起出道，成为杰出的舞者和演员。

在《纽约客》

我将接替威廉·肖恩出任《纽约客》主编的消息成了头版新闻——事实上，它上了《纽约时报》的头版，配了我的照片。即便如此，就像我当年去克瑙夫的情况一样，故事的核心不是我——核心是这本杂志的命运，它对数十万乃至数百万读者来说，是他们生活中必不可少的一部分。我是他们中的一员，自从我十二岁开始看杂志上的漫画以来，就和许多读者一样被它吸引至今。先看漫画（对于一个早熟的孩子来说，还有什么比“看懂”亚当斯、阿尔诺、霍金森和瑟伯更显得高深的呢）；然后是幽默文章；再是小说。到1946年创始人哈罗德·罗斯用整期篇幅刊登约翰·赫西的《广岛》时，我早已虔诚地读他发表的每一个字。

罗斯的继任者威廉·肖恩和罗斯一样备受推崇。他是一个神圣不可侵犯的人物，即使汤姆·沃尔夫1965年在《纽约》杂志上发表了那篇臭名昭著的、攻击他的文章《小木乃伊！》。无论是杂志的文字声誉还是经济收入，他都经营得非常成功。但到1987年我接手时，这本杂志已经不那么有活力。我常常发现自己只是在翻页浏览，而不是认真阅读。

我明白，我的任命将会招致一阵猜测和怨恨，或者就是怨恨，尽管我希望也会有一定程度的善意——至少在我看来，我不是入侵的野蛮人。但肖恩离开的情形笼罩在一片困惑和含糊之中，再加上故意的含糊，使得原本应该有序、友好的权力过渡变成丑闻。塞·纽豪斯当初收购杂志时向杂志社同仁保证，将来需要有人接替肖恩的时候会跟他们协商。他食言了——我猜这既因为他不认识那里的人，也因为他不想协商。他不习惯被人事后质疑，更别提事先质疑了。这是他拥有的杂志，他可以对它为所欲为。但他还是认真对待这份责任的。正是由于他对《纽约客》的敬意，他付了很高的收购金。在之前几年每当我们谈起交接问题时，我能明显感到，如果肖恩能提出一个可靠的接班人选、他自己有一个合理的退休时间表，塞早就松一口气了。但是，肖恩的性格决定了这是不可能的，可肖恩在自己没有意识到的情况下给了塞一个换人的机会，原本脾气就极其急躁的塞马上就抓住。

消息传出，《纽约客》上下和作者们都感到震惊、沮丧和担忧，谁能怪他们呢？肖恩多年的情人莉莲·罗斯火上浇油；是她出主意让大家联名给我写信，要求我辞职。（几年前塞收购杂志，她就要所有人在他第一次来杂志社时都站在大厅和楼梯上喊："可耻！可耻！"好在明智、理性的人占了上风。）

这封信刚送到我门口，电话铃就响了，有人告诉我这封信是错的，不用理会，等正确的信，它已经在路上了。这足以证明第四十三街的那帮人效率不怎么样[1]，他们过于紧张了。正确的信措辞

1 《纽约客》杂志社的办公室当时位于曼哈顿西四十三街 25 号。

礼貌、讨喜、不得要领——除了莉莲，还有谁会天真地认为我和塞会在意它呢？但我理解这是肖恩的同事和朋友用一种可以接受的方式公开支持他，而且他们在信中要求我别把它当成是针对我个人的，我的确没有这么想，并决定不去关心附在信后的长长的名单，特别是我扫了一眼发现其中有我的好友珍妮特·马尔科姆以后——她当然不会对我有敌意。我有意不去仔细看名单，这样以后也不知道谁签了名，谁没签。

任命正式宣布的那天上午，我打电话给肖恩先生，向他致敬，并问他，他希望我们接下来怎么做。我们说好第二天一起吃午饭，在阿尔冈昆饭店（毫无疑问在那儿[1]）。见面后我做的第一件事就是递给他一页写给杂志社同仁的便签，说我理解那封信不是针对我个人的，我将如期就任，期待与各位共事，云云——我迅速写下这页便签，没有细想，也没有保留副本。肖恩一边读，一边有风度地说他虽然对我的决定感到遗憾，但我已经尽我所能表达了想法，并说他回到办公室后会把我的便签贴在大厅里。

这顿午餐吃得不容易，有一个跟踪的摄影师不仅冲进餐厅拍了一张我们俩的可怕照片（后来发在《纽约》杂志上），还在我们饭后一路追到街上。我设法支开摄影师的注意力，赶紧让肖恩先生快步进《纽约客》办公室所在的楼，以免肖恩被拍下更多日后会被媒体刊登的照片，他讨厌被媒体议论。我们的谈话氛围十分友好。我问他希望我们接下来怎么安排交接进度，需要我在办公室跟他共事多久，怎么交接，还是等他离开我再上任，等等。我们一致同意让我

1　位于曼哈顿第四十四街的阿尔冈昆饭店离《纽约客》杂志社很近，是《纽约客》文人们经常聚会吃饭的地方。

在他任职期间在办公室待一个星期，以便他能直接帮我摸清门道，然后他定了个日期。（最近我在什么地方读到，我给了他三个星期时间腾出办公室，这让我吃了一惊。）

这封联名信的存在把整件事情变成堪称十级大风的媒体热点：我记得《纽约时报》连续三天做了大版面报道。我没想到媒体对此事兴趣这么大，或者说这么歇斯底里——《纽约时报》发出第一篇报道的那天晚上，我初次领略了这种滋味。当时我在州立剧院[1]看纽约城市芭蕾舞团演出，如往常一样，观众中有二三十个我认识的人。幕间休息时，老相识们似乎突然害羞起来，避开我，不怎么认识的人则跑上来向我道喜，还有几十个我不认识的人盯着我看。这不是我的错觉或者自我意识，这是显而易见的，它证实了我长期抱持的信念：成为公众人物就是下地狱。我后来发现，当《纽约客》主编要想保持低调是很难办的。（不过我相信匿名肯定不是我的继任者蒂娜·布朗优先考虑的问题。）如果我不想跟记者说话，我就背叛了帮助我的人。跟他们说呢，我随口说的话就会被断章取义变成他们笔下的故事。我应该预料到这种局面，但我不习惯成为新闻人物。

无论如何，我的首要任务是帮助克瑙夫平稳地走向未来。我决定离开的时候，塞和鲍勃·伯恩斯坦都想知道我心目中的接班人是谁。我告诉他们，必须是桑尼·梅塔，他之前在英国斗牛士出版社工作。他不仅对书的品质有着最关键的激情，知道怎样以最恰当的方式出版书，而且有我缺乏的本事——成为国际出版界举足轻重的存在：比如参加法兰克福书展，我竟然能做到从来不去，我更乐意派卡罗尔·詹

1　纽约州立剧院是林肯表演艺术中心的一部分，是为芭蕾舞、现代舞等舞蹈表演形式设计的剧院，自 1964 年建成以来就是纽约城市芭蕾舞团的驻地，2008 年因富豪大卫·H. 科赫的巨额赞助而更名大卫·H. 科赫剧院。

韦和托尼·舒尔特去那里跟各国业界大人物交际，我则待在大本营，下班时把猫赶出去，锁上后门。当塞和鲍勃问我第二人选是谁，我说没有第二人选，他们最好就锁定桑尼。如果我给他们一个名单，我们可能到现在还在讨论，我确实没有名单：在我心目中，桑尼是唯一可以胜任的接班人，只不过他自己还蒙在鼓里，直到他们向他发出邀请。除了在剑桥大学读书时就认识他的卡罗尔，在克瑙夫基本没人认识他，所以我有一个任务，干得还不赖，就是向他的新同事们列举他的优点。皆大欢喜的是，他来了，他看见了，他接手了[1]，到现在为止，他在克瑙夫的时间已经远远超过我的区区十九年。

至于我自己的新同事，我知道的很少。可我听过许多人说查尔斯·麦格拉斯（昵称“齐普”）的好话，他也是被肖恩吊胃口列为继任者的人之一。接到任命通告的第二天，我打电话请他跟我一起吃晚饭。他勉强同意了——和杂志社所有人一样，他还没从震惊中回过神来——所以我们见面时他当然不怎么自在，我也不自在。但没过几分钟，我就邀请他担任副主编。后来，他真的成了副主编——这是我的幸运，也是他的幸运，这样说我想他会赞成。当然，我们的关系在这种艰难的情况下开始，然后发展成为欢乐的关系，在近三十年后的今天依然如此。也许一切这么顺利是因为我们都对工作非常投入，即使我们是截然不同的人——齐普稳重，我活泼。而且我们的判断总是基本一致。比如我在杂志社工作的整个时期，我和他共同编辑“城中闲话”栏目，相处融洽，也日益佩服彼此的编辑技巧。

齐普同意在我到杂志社正式上班前的几个星期先做一项重要工

1　戏仿盖乌斯·尤利乌斯·恺撒的名言：“我来了，我看见了，我征服了！”

作。关于《纽约客》有个传说，说《纽约客》有一个存稿库，里面有大量一流稿件等着在杂志上发，有的已经等了几年。由于我上班第一天起就得安排接下来出版的杂志内容，需要知道手头有哪些稿子可以马上用，我就请齐普先爬梳这个著名的存稿库，凡是他觉得可用的稿子都给我看。令我吃惊沮丧的是，柜子里几乎空空如也，至少是没有什么好得可以马上发表的稿子。传说就是传说，我本该预料到：像威廉·肖恩这样有激情的天才编辑是不会把大把的宝石锁起来的。我后来发现，如果你是杂志编辑，收到一篇令人兴奋的文章，你的本能就是第一时间让读者看到。

把我开始负责的前面几期杂志填满也是忙做一团，但并不恐慌，我喜欢认识新同事，也逐渐把维持杂志运转的这一套良好机制摸清楚。我的任务是喂饱这台机器，幸好肖恩先生管理杂志的方式跟我管理克瑙夫的方式差不多：一切由他决定，然后大家执行。我逐渐意识到，他所扮演的角色就像心脏——所有东西以它为中心流进流出，维持系统的运转。我在克瑙夫也是这样工作的，到《纽约客》就相当于做了一个心脏移植手术。但不是每个老板都喜欢这样工作。桑尼让别人去决定，他再考虑、后退，确实更加自然。结果是他的日子比我难过——克瑙夫习惯了我的做事风格，所以移植手术就不那么简单：也许要用大脑来替换心脏。（这倒不是说桑尼是没有感情的人。）一年后我们交换意见时，他告诉我，他不知道花了多少时间才弄清楚我的系统是什么，最后才意识到我就是系统。

我和肖恩先生都在办公室的那一周对他来说显然是很难受的。他尽了最大努力去解释、去表现自己没事，但他做不到像我那样与他的人——也就是每一个人——轻松相处。我在办公室四处转悠，介绍我自己，问问题，无疑是过分健谈、过分友好了。肖恩的害羞和神秘是出名的。我有话就直说；他则让人费解、隐晦、捉摸不透。我能看出人们会对我说的话不知所措，不知道我是什么意思，也不知道听懂几分。很久以后齐普告诉我，开始几个月因为跟我相处得久，他成了向别人解释我意图的人。“今天上午鲍勃在大厅里从我身边走过时，问我的稿子写得怎么样了。你觉得他是什么意思？”他也是经过一段时间才明白，我怎么想就怎么说。对有些人来说这是一种解脱；对另一些人来说则很刺耳。

肖恩说话总是柔声细气的，有时候你吃不准他在说什么，而且他也不易接近。要踏进他的办公室，你得穿过两扇关上的门，还得先预约。他离开以后，我做的第一件事大概就是拆掉一扇门，另一扇始终开着。（乔·海勒写《出事了》开头第一句的时候可能想到了我：“我看见门关着就焦躁不安。”）我乐意有人进进出出，我还会每天一两次在走廊里逛逛，要么是办正事，要么只是找人聊聊——有时候，这对那些正在赶工的人是一种负担。但我就是忍不住要跟人一起，就像肖恩总是能保持……保持什么呢？寡言？谨慎？神秘？他的杂志社同事们比我对他的了解多得多，但都没法判断他，分析他。有人说，他变化非常大，在1976年许多同事组织工会失败以后，在大家反对乔纳森·谢尔将来接替他以后，他就变得心事更重，甚至怨愤更多。当然，是他身上或者内心发生的什么事，致使罗杰·安吉尔这位认识他最久、了解他最深的人，称最后任内的他是一个“年迈的李尔王，妄想把这份杂志永远抓在手中”。这是美国新闻史上一位伟大编辑职业生涯的悲剧结局。我不忍近距离观察。

慢慢我才意识到，对于那些受他控制的人——那些真的把他严苛的家长作风视为近乎神圣的人——他的这种待人之道影响有多大。但我已在纽约城市芭蕾舞团目睹同样的现象，在那里，巴兰钦是一切的起点和终点——许多舞者从八九岁开始就跟着他，他是他们的决定性因素。再加上他是一个真正的天才，整个舞蹈界人人都知道。怎么能跟乔治·巴兰钦争论？怎么能激怒他？他死后，某些舞者开始对他所施加于他们的整体影响表达愤恨之情，而在后来的岁月里，某些《纽约客》作家也出现同样的现象——他们开始憎恨自己曾被像婴儿一样对待，即使他们仍然崇拜、感激这个如此全面地主宰他们命运的人。

我就任第二天，玛莎·卡普兰就入职了，身为新的执行主编，她默默承担起各种实务——处理付款、行政、合约之类的事情；有些人有更私人的问题不愿意直接找我，也会找她说。我们共事这么多年，我绝对信任她的判断，她可以当我的代言人，而且她显然既不贪图权力，也不玩弄手段，她不会让人有威胁感：她尊重每一个人，说话直接坦率，做事稳妥。在肖恩与我都在办公室的那一周的周四，他对我说："我想见见你的卡普兰小姐。我听到许多关于她的好话。"我把玛莎请进来，我们三人聊了半个小时，她走后，他对我说："我一辈子都在找一个像她这样的人帮我。"我忍住没说的是："你不是要找她这样的人。你是见到一个你喜欢的人就建立联系，发展出感情和信任，然后建立一种牢固的工作和个人关系。"这种情况要么偶然发生，要么就无法出现。

威廉·肖恩在《纽约客》最后的几周是如此痛苦，这种痛苦又是如此公开地表达出来，真是让人难过，虽然公众对他的同情多少是一种慰藉吧——我希望如此。他不可能拥抱我，但依然彬彬有礼，间或提供帮助。我自信不是篡位者——是这份工作放在我面前，我接受而已——但他肯定是那样看我的。后来我才知道，他在街的另一头租了一间办公室，因为他相信我是办不好杂志的，到那时，塞只能请他出马收拾乱摊子。但即使我手忙脚乱，杂志有肖恩建立的制度自有它稳定运转的机制，尽心尽力的同事会纠正我乱中出的错。何况我并没有手忙脚乱——至少在我自己看来是这样；疯狂的劲头和盲目的自信一如既往地支撑着我渡过了难关。

肖恩工作、生活的主心骨一直是杂志社专职作家莉莲·罗斯，我很快就发现，人们不喜欢她、不信任她、讨厌她；她是他的最爱，就像法国宫廷的首席情妇，而温和、受欢迎的“王后”塞西尔·肖恩，管着他的健康和家庭。莉莲和肖恩同居的公寓距离他、塞西尔和几个孩子生活的家只有几个街区，这是一个不算秘密的秘密，但莉莲·罗斯直到在她的回忆录《身在此，心不在：一个爱的故事》才把此事正式告诉世人，让所有人都感到尴尬，除了她自己……还有许多类似的事情。

说来也怪，我认识莉莲还得追溯到我的西蒙-舒斯特时代，当时我负责出版她的好几本书，其中最著名的是她写精神分析的一系列相互关联的精彩故事《纵向与横向》。那段时间我自己正好在接受精神分析治疗。我的纠结是：要不要告诉我的精神分析师，这本讽刺我们这种行为的、引起争议的书，就是我编辑的？（必须告诉他——精神分析没有秘密。）我得承认，当我发现这一次他对我全神贯注，我很开心，可能还挺满足的。

在民权运动高潮时期，我积极参与学生非暴力协调委员会(SNCC)，曾邀请莉莲参加一次会议，希望她会在“城中闲话”栏目中写这件事。她不但来了，还带来了肖恩，那是我第一次见到他，我的第一反应就是他们的关系不一般。等到她的文章出来，我惊呆了——实际上是幻觉破灭了——我发现她写的核心意思在那儿，但细节错得离谱。《纽约客》神圣的原则和它传说中很厉害的事实核查部也跟着幻灭了。

几年后，她突然打电话给我，说她的狗生了一窝小狗，我想要一只吗（价钱可以优惠）？从那时开始我就觉得她脑子有问题。我一直反感她一惊一乍、天真烂漫的女记者风格——她大概就是靠这种策略让这么多受访人打开心扉，却最终导致他们难堪。但她曾经是一个多么出色的记者啊！

肖恩先生离开时，莉莲也腾空了办公室，但不肯交出来，几个月后，她来电话说要见我。来了以后她请我把门关上，这信号不妙。然后，就像一部三十年代哭片中的场景，她为她的男人求情。她说，如果我能在走廊另一头给“比尔”一间办公室，那对我们的作者们肯定是一件幸事，对我也会有很大帮助；他会提供编辑上的帮助，对那些一心追随他的人也是一种安慰。我大声问，肖恩先生知不知道这种设想。“叫他比尔，”她说，“他不喜欢别人这么正式地叫他‘肖恩先生’。”但是，既然他从来没有主动请我（和杂志社几乎所有人）叫他的名字，我还是用正式的尊称。没有，她继续说，完全是她自作主张。怎么答复这么荒唐的建议呢？就说事实——或者部分事实。“莉莲，”我说，“这样的安排也许的确会有好处，但无论怎么好，塞·纽豪斯都不可能同意。”我们的戏剧时刻就这样结束了。

让我把莉莲的这个英雄故事讲完：过了一段时间，有人给我看她写的一个电影剧本，讲的是一位优秀、高尚的杂志主编被粗俗的大亨老板赶下台，取代他的是一个聪明、傲慢、年轻的出版社高管（不是编辑，而是一个负责公关 / 市场营销的人）。而女主人公——勇敢的年轻女记者——在那个可怜的家伙被解雇的时候挺身而出，说服大亨把那位绅士请回来。接着是这个故事的梦幻部分：她嫁给了年轻的出版人，他回到原来的职位：市场营销。这个神奇的幻想故事在杂志社上层流传，所有人都觉得很有趣，但没有下一步：莉莲当真相信会有人拍这样一部电影？她让自己在剧本中的化身钟情于傲慢的我，我是不是应该受宠若惊？

有人说正是因为我对那封联名信不满，我才没有按照我可能设想的那样，迅速大改杂志的面貌。这件事情过去快三十年了，我不明白为什么还有人在重复这种猜测——我的意思是，谁在乎那封信啊？显然人们确实还在猜测，那就让我澄清一下吧。我说过，我根本没有对这封信不满，也根本没想过要把杂志改得面目全非。我想做的是慢慢恢复它的活力。我就任不到一周就把那封信给忘了。

而且，我首要考虑的不是改变，而是搞清楚杂志的运作机制。我既要知道流程，也要认识各色人等。我首先开始理解、欣赏两位非虚构高级编辑帕特·克劳和约翰·贝内特的杰出才能。帕特来自阿肯色，约翰来自得克萨斯。他们熟悉各种文体，还有更重要的结构。作者信任他们，同事信任他们，很快我也信任他们。帕特对任何事情都直言不讳，从来不是肖恩的崇拜者——后来蒂娜·布朗执掌《纽约客》，他开始质疑她的办刊方向，很快就辞职了。（令所有爱他的人，也就是所有人深感失望。几年前他去世了。）约翰更内向，但口才并不弱（也不古怪），他一如既往地为他的作者和杂志社投入地工作，他从 1975 年起就在这里了。

哪些人是事实核查员，他们是干什么的，哪些人是案头编辑，哪些人是艺术设计部的，还有印制部那些英勇的家伙，那是很好认的。可那些似乎无所事事、在走廊头尾挤在许多小办公室里的人是谁？我查看人员名单，发现他们是些我从没听说过的专职作家——大部分是七十多岁的老头儿，甚至有八十多岁的，他们一年年地续约，但什么都不写，办公室就像俱乐部。我说的不是像约瑟夫·米切尔这样才华出众但可惜身陷困厄的偶像级人物[1]；我说的是那些毫无才能、实际上是在这里领养老金的人。还有不能再胜任（就算以前能）的编辑，我偶尔会派稿子给他们编，最后总会后悔。对这些冗余老朽的雇员，以前都没有做合理的财务安排，这也是肖恩先生照顾他们的一种慷慨方式。但我从来没开除过人，这种情况也不是他们的错，我就维持现状，直到有些人因为自然原因不再来了，另一些人因为杂志社从第四十三街上用了五十多年的办公楼搬到第四十二街、新办公室不够用，也就不来了。（搬迁那天，所有人、所有物品都不在了，我和玛莎在杂志社所占据的五个空荡荡的楼层走，惊骇地发现这个地方显露出来的破败面貌，不无感伤。我刻意把高高挂在正门门厅醒目位置的一幅漂亮的哈罗德·罗斯肖像照片——大概是卡什的摄影作品——留到最后一刻，亲手把它带到新大楼，挂在同样显著的位置。之前我们已经抢救了著名的、挂满瑟伯漫画作品的“瑟伯墙”，移植到新办公室。）

罗斯创造了一个独特的机构，它是教养、诚实与自由主义的代名词。肖恩则一手把它变成重要的美国文化现象——而且利润可观。但是到八十年代中期，利润已经缩水。我记得我就任的时候，杂志每年亏损大约 1 200 万美元。我离开时，也就是五年多以后，聒噪但也蛮讨人喜欢的发行人史蒂夫·弗洛里奥和我联手已经把亏损额减少到 200 万美元，目标是一年之内止损。（那之后又过了五年，有人告诉我，亏损又飙升到 2 000 万美元。）但是要扭转局势，取决于如何改变人们认为《纽约客》已经丧失优势的看法。我能想出的对

1　约瑟夫·米切尔（1908—1996），美国作家、记者，以非虚构作品著称，从 1938 年开始到 1996 年因癌症去世，他都在《纽约客》工作，但是，他长期受抑郁症困扰，从 1964 年到去世，他每天去杂志社上班，但没有发表过任何文章。

策，就是增加新作者和更新锐的艺术来吸引年轻读者和广告商：就连《纽约客》著名的漫画都已经太老套了。

吸引作者不是问题。基本上每一个自由写作者都乐见自己的作品在《纽约客》发表，那是名利双收的事，我们付的稿费很高，虽然我们从不事先谈钱。肖恩先生的方法很简单：他接受文章，作者收到多少稿费由肖恩定。没有讨论，没有讨价还价——也没有抱怨。经过那么多年为了书的合同令我筋疲力尽的谈判之后，这当然是我喜欢继承的传统。我在《纽约客》工作不久，琳恩·内斯比特就把大卫·里夫写迈阿密的书给我做书摘，我决定选登其中许多内容。"太好了，"琳恩说，"你们付多少钱？""我们最终选完就知道有多长篇幅了，到时候我给你寄支票。"过了好一会儿，她说："你是当真的，是吗？""对。"这是我们用时最少的一次谈判。但收到支票时，她和大卫都非常高兴。

国际报道曾是《纽约客》的一大优秀传统，它兴起于"二战"时期，在发表《广岛》时达到巅峰。但到1987年我就任时，这一传统快消亡了。简·克拉玛仍在欧洲写很有力量的文章，还有阿摩司·埃隆在以色列，但大部分地区没有被充分报道或者根本没有报道。我对新闻业几乎一无所知，认识的记者也很少，只能寄希望幸运眷顾，帮我找到能与老作者匹敌的新作者。最走运的是阿尔玛·吉列尔莫普列托的到来。她对萨尔瓦多和其他拉美国家各种抗争勇敢、有力的报道已经为她赢得令人艳羡的声誉。但她在《华盛顿邮报》和《新闻周刊》都不太适应，所以她的经纪人丽兹·达伦索夫（托尼·舒尔特的太太）向我推荐她时，我马上抓住她。她很快写了两篇及时、生猛的尼加拉瓜报道，接着就到纽约来见我。

又是一见钟情——谁能不爱这样一位英姿勃发、果断无畏而幽默的人呢？我邀请她成为我们的专职作者，她犹豫了——显然是因为她正在考虑去莫斯科学几年俄语。我不高兴。按照她现在的回忆，我当时对她说："我要告诉你一个道理，你要仔细听好，每个字都跟我重复一遍：某件事情你做得好并不代表它不值得再去做！你就把这当作你的座右铭吧。"鉴于阿尔玛是一位可靠的记者，我只能相信我确实这样说了这句话，或者类似这个意思。

就这样她留了下来。我派她去任何地方，因为我知道她会从玻利维亚、巴西或者她的祖国墨西哥带回来让人大开眼界的一手故事。(《纽约客》和《纽约书评》的读者至今仍受益于她强烈的好奇心和有力的文字。）我也成为她的图书编辑，她成了我们的家庭好友，和我们一次又一次在纽约和乡间共度时光，至今已经超过二十五年。

她是麦克阿瑟奖获得者，而且我们对媚俗的看法完全一致。她的唯一缺陷是脚有伤——这是她早年学习现代舞落下的毛病——这给她跟我们 1998 年一起驾车游葡萄牙和西班牙增添了麻烦。

阿尔玛跟和蔼可亲的雷蒙德·邦纳是好伙伴——他们都曾跟随法拉本多·马蒂民族解放阵线（FMLN）在萨尔瓦多报道，披露了萨尔瓦多的莫苏迪村大屠杀，令里根政府中那些为萨尔瓦多政治寡头辩护的人震怒[1]。好脾气的雷愿意去任何地方，所以我先派他去了印度尼西亚，人们对这个全世界人口排名第四的国家几乎一无所知，他

1　1981 年 12 月 10 日至 12 日，萨尔瓦多政府军一个营的精锐部队在围剿与他们作战的法拉本多·马蒂民族解放阵线（FMLN）的游击队的过程中，进入莫苏迪村（El Mozote），屠杀了整个村庄的村民。1982 年 1 月 27 日，《纽约时报》发表该报记者雷蒙德·邦纳的报道，披露有 733 个村民被政府军杀害。几天后，《华盛顿邮报》发表阿尔玛·吉列尔莫普列托走访莫苏迪村后证实发生大屠杀的报道。这起残忍的大屠杀事件首次被公开。当时的萨尔瓦多军队和政府立即否认，美国政府则指责两位记者的报道夸大、失实。但 1990 年以来的调查已经证明他们所报道的大屠杀是真实发生的。2011 年，萨尔瓦多政府正式为莫苏迪村大屠杀道歉。但对大屠杀制造者、参与者追究责任的努力仍在继续。

在那里待了六个月搜集材料，随后写出一篇权威性报道。（我们听说他分两部分发表的文章是美国国务院的指定读物。）后来他到秘鲁、科威特、肯尼亚和其他遥远的地方也是这样工作，写出同样强劲的报道，对工作、对使他大受欢迎的杂志，仍是那种不管三七二十一蛮干的态度。米尔顿·维奥斯特同样工作勤奋、负责，可能还比他多一点清醒少一点蛮干。米尔顿为我们写中东等矛盾集中地区的局势分析文章，他清晰准确的判断使我和大多数外行都能看懂他所分析的国际问题。

我也非常满意能把年轻的马克·丹纳派出去，他一发回报道我马上就用。他分三部分写的海地报道非常精彩，我本来还可以高高兴兴地派他去其他地方，可他一心要把那些报道写成书，（好几年）忙于此事。（后来他给我的继任者蒂娜写了一篇关于萨尔瓦多一系列屠杀事件的权威文章。）但他住在美国不往外跑倒是让他可以做另一项重要工作——给“言论”栏目写文章，这在乔纳森·谢尔离职以后显得尤其重要。在很大程度上，马克代表了我们在海湾战争、伊拉克和“伊朗门”事件等问题上的声音。他各方面都是一流的——他的研究、他的言论力度、他的道义标准——除了他的工作方式。没有人交稿像他那么晚的；没有人像他那样到最后一刻还在为文章苦苦挣扎。他把大家都逼疯了，但这一切又都值得。我喜欢跟他有关的一切（包括他母亲，他有一次带她来办公室，我跟她一见如故——令他感到很窘）。最终他在《纽约书评》做最适合他自己的工作，他刚出道时就给《纽约书评》的主编罗伯特·西尔弗斯当助理——西尔弗斯才华横溢的年轻助理似乎源源不断。

我需要一个机灵的新人写英国人，《纽约客》的“无价之宝”莫莉·潘特-唐斯已经在1984年退休。于是我跟朱利安·巴恩斯谈，我为克瑙夫签过他的小说《福楼拜的鹦鹉》（克瑙夫至今仍是他的出版社），请他写了一系列深入而有趣的文章，又请到琼·狄迪恩为我们写更靠近家门口的加利福尼亚，那是她的地盘，但对我来说跟萨尔瓦多、印度尼西亚这些外国也没多少区别。我在杂志社雇的最后一个记者是大卫·雷姆尼克，我非常喜欢他在俄罗斯为《华盛顿邮报》写的报道。我们在杂志社共事时间不长，事实证明他是所有我聘请的作者中最令我庆幸的[1]。

与此同时，肖恩自六十年代中期开始带来的许多作者仍然写得很出色。我认识的当中最出色的一位，就是乔纳森·谢尔，他是威廉·肖恩的儿子沃利·肖恩在哈佛大学念书时的同寝室同学，在许多人看来，他简直就是肖恩的第三个儿子[2]，可能也是他手下最喜欢的作家。乔纳森的成名作是1967年发表于《纽约客》的力作《槟蓄乡》[3]，接着克瑙夫出版社在我去那里工作的半年前出版了书。他成了《纽约客》的（也就是肖恩的）政治立场上的主要发言人，主导着杂志开篇的“言论”栏目，而且充满激情、无所畏惧——包括我在内，许多人崇敬他，但也有许多人认为他自以为是，缺乏幽默感。不过他无所谓自己是否受欢迎，他在意的是发声。

1982年，乔纳森写了表达他对核战争危险笼罩忧思的《地球的命运》，《纽约客》和克瑙夫几乎同时出版。肖恩答应让我们出书的条件是在《纽约客》开始连载的那一天前，不能让外界知道书的主

1　大卫·雷姆尼克于1992年成为《纽约客》专职作家，从1998年起接替蒂娜·布朗担任《纽约客》主编至今。

2　威廉·肖恩有两个儿子：华莱士·肖恩（沃利是华莱士的昵称）和艾伦·肖恩。

3　槟蓄乡位于越南东南部的平阳省油汀县，在越南战争时期，该乡是越南南方民族解放阵线（西方及当时的南越习称为“越共”）控制的“铁三角地区”后勤和政治中心。1967年1月，美军发动“雪松瀑布行动”，将人员疏散后的槟蓄乡摧毁。

题是什么：也就是说，我们不能对外寄出为征订和宣传而提前制作的样书，而且除了书名和作者名，我不能向发行团队透露这本书的任何内容。在我们的发行大会上，我只是宣布即将出版一本重磅大书，发行员和他们的书店客户们只要信我的话就可以了：它将引起轰动，大卖特卖。果然奏效。

肖恩亲自为书写了封面文案，而我只能承担起并不让人羡慕的工作，即提出某些修改意见——换句话说，我在给世界上最受尊敬的编辑做编辑。我没有做实质性改动，但他的文案得改得突出“卖点”，吸引人买书。我们通了一个长长的电话——那是我第一次和肖恩先生说这么多话——我们逐字逐句过了一遍文案，他很放松，没有一点反对意见。这也给我上了一课，后来到我自己开始写作出书，需要和比我年轻、显然对我诚惶诚恐的编辑打交道时，我也这样身体力行，尽管我不知道我怎么会让人惶恐。

乔纳森是我接手《纽约客》时除莉莲·罗斯之外离开的三个人之一（另外两人一个是比尔·麦吉本——几年后他又回来了——另一个是资历浅的小说编辑），我对他的离开感到非常可惜。于公于私都可惜，但主要是为他可惜。《纽约客》曾是他的家，我相信他的这一伤口始终未能痊愈。我对肖恩唯一严重不满的是他安然接受这样一个爱戴他、忠诚得无可置疑的人做出的牺牲——接受，显然就期待他这样做。我渐渐相信，肖恩在他被罢黜（这是他的理解）时，就乐于看到许多人跟着辞职。

我所接手的最让人满意（对我而言）的一群作者是阵容强大的评论家，总体而言他们都是各自领域中最受尊敬的美国作家。舞蹈有阿琳·克罗斯，在我看来她是迄今为止投入她这个领域最优秀的评论者，恰好也是我在克瑙夫时代的朋友和作者；爵士乐有惠特尼·巴里艾特；时尚有肯尼迪·弗雷泽；摄影有珍妮特·马尔科姆；图书有约翰·厄普代克（以及其他许多人）——他也是小说编辑部的支柱；棒球有当时和现在都无人可比的罗杰·安吉尔。最有名，或者说最有恶名、最有影响的当属影评人宝琳·凯尔。我渐渐给这个强大的阵容增加一些名字：英格丽德·西斯奇接替想要离开的珍妮特·马尔科姆写摄影；跟着我从克瑙夫来到杂志社的亚当·戈普尼克写艺术；文学见解独到的克劳迪娅·罗斯·皮尔庞特（后来也是我的好友）；还有路易斯·梅纳德。我始终没能找到才华相当的人写戏剧、电视（可惜当时迈克尔·阿伦已经不再写这些了）和音乐——无论是古典音乐还是流行音乐——虽然我已经尽力了。

我还继承了一群优秀的短篇小说作者，其中不少是我已经认识、欣赏的。厄普代克是其中最多产的（可能也是最有才华的），要说谁能与他匹敌，那就是威廉·特雷弗。刚开始在《纽约客》发表作品的艾丽丝·门罗已显露出大师风范——她和厄普代克一样也由克瑙夫出版，虽然我从没做过他们的编辑。还有雷蒙德·卡佛、安·贝蒂、梅维斯·迦兰、黛博拉·艾森伯格，以及很有影响的唐纳德·巴塞尔姆，还有很多。但由于肖恩先生对小说的语言、题材有许多苛刻要求，小说编辑部选择作者就大受限制。（性就是个问题。事实上，凡是提到生理机能的小说——除了哭以外，十有八九会被否决。）

由于我一直编辑、出版小说，对虚构作品没有什么条条框框，我来了以后，题材、风格的尺度就可以放宽了。只要我们认为写得好就发。“我们”是指把候选作品给我看的小说编辑部，加上对小说的投入远远超过肖恩的我自己——就像肖恩之前的主编罗斯和现在的主编、出身新闻业的大卫·雷姆尼克。过程是这样的：齐普、丹尼尔·梅纳克（他本人也是出色的短篇小说家）、维罗妮卡·金恩等众多小说编辑，还有为首的罗杰·金吉尔，受人尊敬、意志坚定的金吉尔，他有时暴躁，但始终都很大度。他们当中有人喜欢某个短篇小说，就提出观点，再给大家传看，他们各自提出意见，不管是否一致——经常不一致——都给我定夺。我对他们的意见总是很好奇，也相信这些意见都是真诚的，并无私心，但我自己对小说的看法和他们的一样强烈，所以我的决定没有讨论余地，只是行或者不行。没办法，总得有人拍板。

丹·梅纳克在他的回忆录《我的错误》里回忆我担任主编的那些年，说那“可能是我职业生涯中最美好的几年，幸亏戈特利布对小说不拘一格的欣赏品位，也愿意尝试新新作家”，还说了一些我都不好意思在这里引述的话。他列举了珍妮弗·伊根、迈克尔·坎宁安、阿利格拉·古德曼、埃米·布鲁姆、亚伯拉罕·韦尔盖塞、理查德·福特、乔治·桑德斯，还有许多。我也加了不少作家，包括安·泰勒和玛格丽特·阿特伍德。还有村上春树。我对小说的判断绝对自信，因此这确是我工作中最容易的一部分，不过我也喜欢把诗歌给艾丽丝·奎恩看，跟她讨论，她是我在克瑙夫的同事兼好友，后来成为杂志的诗歌编辑。她很善良，假装我的评论都说到点子上了。

肖恩培养的两个最幽默的作家，一个是深受爱戴的伊恩·弗雷泽（大家叫他“桑迪”），他在“即兴”专栏发表的那些文章真是滑稽（现在读也不过时），后来成为重要的非虚构作家；另一个是性情古怪、喜欢调情的小说编辑维罗妮卡·金恩。维罗妮卡既迷人又令人头疼。她是那种复杂的幽默，有时太隐晦，但我很喜欢她，在我挺过一段她竭力挑衅我的测试期后，她也接受了我。她五十多岁因为脑瘤生命垂危，请我去医院看她时，我深受感动，看到她被病魔折磨的样子，非常难过。

她的朋友们为了纪念她颇为混乱的一生而在纽约下东区一家老式的意大利小殡仪馆举办了一场古怪的（因为一片混乱）聚会，正是在这场聚会上，我偶遇肖恩钟爱的、原本与我不相容的一位作者，结果却非常令我满意：那就是牙买加·金凯德，当时也是肖恩的儿媳妇。我接管杂志的时候，牙买加正在写一篇关于她出生的加勒比海地区殖民问题的半自传式长文，她已经写了很长时间。她交稿后，我一看就觉得我们不可能发表这一通篇充斥着怒吼的长文。我到她的办公室宣布这无法让人愉快的消息，并补充说，因为这是篇杂志社约稿，我们还是会按照文章发表的稿费标准足额支付她——这是《纽约客》的标准做法；肖恩不相信退稿费那一套。（我赞成他的做法。像这样的文章既是作者的错，也是我们的错。）

牙买加对我的愤怒就跟她对殖民主义的愤怒差不多，我猜她肯定对别人说了我很多坏话。在那家昏暗的殡仪馆，我突然看到她疾步向我走来——像一艘开足马力的船。“鲍勃！”她喊道，令我感觉不祥，“鲍勃！”“牙买加！”我说。“鲍勃，我欠你一个道歉。”“你欠吗？”“我错怪你了。”她说，“我终于明白，你真是一个好人。”“啊，你这么说真好，牙买加。但我没觉得我们之间有什么问题。祝你一切都好。”然后我就走开了。无疑，她原本预料在这个非常公开的场合有一个解释、和解的场面，但我想不出有什么理由要满足她的这种期待。是什么改变了她对我性格缺陷的看法？我只能猜。肖恩先生去世后，有一阵子我帮他的遗孀塞西尔解决了她与塞·纽豪斯手下几个只知道执行老板旨意的人之间的问题，而当时牙买加是塞西尔的儿媳妇，所以我这种致敬的举动可能给她留下了好印象。

我还曾被一个作者激怒，她就是与肖恩“作战”多年的宝琳·凯尔，肖恩一直试图降服她（他俩互有输赢）。我跟绝大多数人一样喜欢她的犀利风格，哪怕不总是同意她的论断，当然也明白她对我们的读者乃至电影界是多么重要。我们基本上不认识，但在我做杂志主编差不多一年以后，有人递给我一本无名的杂志，她在上面专门写了一篇批评《纽约客》和我的文章。这也算不上什么弥天大罪，可想到《纽约客》一直付她薪水，她竟然这样，我觉得这是无礼而不义之举。我把这篇文章寄到她办公室，附了一张便签："感谢你的支持，宝琳。"没有回音，既然没有理由见面，我们真的再也没有见过面。

关于她，我还有一段最难忘的记忆，发生在这之前几年。那天我和玛丽亚、莉齐去马萨诸塞州的谢菲尔德，到珍妮特·马尔科姆和她丈夫加德纳·博茨福德盖的房子度周末，住在附近的宝琳穿着白色运动鞋打出租车来吃晚饭（她不开车）。到她走的时候，她能冒犯到我们每一个人，除了十岁的莉齐。加德纳是长年累月忍受她的杂志编辑，所以她针对他的泄愤对于跟她一样讨厌权威的人来说还说得过去（她喜欢称他是"开膛手"），可她之前从没见过我和玛丽亚。她对玛丽亚说："我去过你们家一次。你父亲组织的聚会，我记得你母亲长得特别丑。"这种话非但莫名其妙，还是胡说八道，因为玛丽亚的母亲劳拉·图奇是出名的美人。宝琳这种莫名其妙的出口伤人使得这整个周末我们所有人，包括珍妮特十六岁的女儿安妮，甚至莉齐，都在议论、回想她说的更多讨厌的话。我觉得她不是故意的——她就是这样的人。

我们去珍妮特家不奇怪。七十年代中期的某个时候，玛丽亚在我们位于龟湾的房子后面的公共花园，看到一个她没见过的女孩，想："哈，也许可以让她看孩子。"这女孩就是安妮·马尔科姆，她刚随母亲搬入一栋差不多就在我们家正对面的房子——珍妮特当时刚嫁给加德纳，他们拿回了他第一段婚姻所住的房子产权。安妮来我们家，很快就和莉齐一起玩橡皮泥，两人六岁的年龄差距好像立刻、永远消失了。我们很快就跟珍妮特和安妮像家人一样亲密了，这种亲密从未褪色——近四十年中每年一起在我们家吃圣诞节大餐；安妮和她丈夫理查德还有女儿苏菲，每年感恩节都在我们乡间的房子一起过；和我们一起度过顺境逆境。是珍妮特陪玛丽亚去儿童神经科医生那里听尼基病症的诊断，加德纳听到医生的结论难过得哭了。精灵古怪的可爱姑娘安妮在我们家度过了青春期的许多时间——她杰出的亲生父亲、也是《纽约客》作者的唐纳德·马尔科姆已经过世，我很乐于充当她类似父亲、叔叔、导师或者玩伴的角色，尽管我不玩橡皮泥。（但我有书，这是我们的思想交会点——尤其是讨论多萝西·邓尼特的时候。）而且当珍妮特一口咬定她的猫德斯帕（这个名字是安妮取的，是吉尔伯特和苏利文歌剧中的一个坏人的名字）听到命令会举起一只爪子，好像跟人握手，我们都一致表示不信，于是德斯帕就被放在餐桌上，珍妮特轻声说："握手，德斯帕。"我们在旁边叽叽喳喳："握手，德斯帕。握手，德斯帕。"果然，珍妮特和德斯帕握手了——只要它愿意，然而它对我们的甜言蜜语却不理不睬。你没法把猫变成狗。

珍妮特和我共享的东西中还有：任何我们得到的奖赏，最早是一个被我们称为"金屎"的铜质雕塑，那是她因为她的《心理分析：不可思议的职业》得到的奖品。（她像我一样经受过弗洛伊德心理分析并且受益。）每到圣诞节和生日这些特殊时节，它就在我们两家之间传来传去，甚至会经由后门被悄悄放进对方家里，直到有一年圣诞她晚饭后回家时落在出租车里丢了。但我们弗洛伊德信徒知道人们为什么会"丢"东西。

因为珍妮特的作品气场强大，人们以为她人如其文，她也能做到。但对我们来说，她是最亲近的。从我们卧室的窗子看出去，隔着花园就能看到她家的厨房，她做菜的时候我们可以没完没了地在电话里聊天。安妮在家里办小伙伴过夜派对，珍妮特就过来睡在我家客厅的沙发上。我们有时也会拌嘴——那又怎样？我们能抛开不快，也很快摆脱了我接替肖恩时自然会有的尴尬——加德纳可以说是《纽约客》之子（他的继父就是《纽约客》的老板拉乌尔·弗莱施曼[1]），而我在工作上是外来者，尽管内部的事情我都知道。

有天中午——那是八十年代初某年六月一个晴朗的星期天，离我从克瑙夫去《纽约客》还早——我去市区的跳蚤市场兴奋地逛完回家，发现房子空无一人，朝向花园的后门开着。这说明家里人都去珍妮特家了，我沿着中间的小路走了几步，就看见他们都在博茨福德家的花园里吃饭：玛丽亚、莉齐、尼基、玛丽亚的父亲尼卡·图奇。还有博茨福德、马尔科姆的人马。其中有一对男女我不认识。介绍了，但我没记住名字。我吃了点东西就走了——那个男的散发出一种自恋的、自满的强烈味道，强得让我难以忍受。那天晚上我打电话给珍妮特，为我突然告辞道歉。我问那个男的是谁。“杰弗里·梅森。”她说，“就是那个我跟你提过我正在写的人。”“你怎么受得了跟那样的人在一起？”珍妮特只是笑。同时，玛丽亚也已经告诉我，别人向尼卡介绍梅森时，他说：“我肯定见过你的某个前女友。”梅森答道：“我的前女友太多了，不可能每个都记得。”尼卡说：“我为你难过。”

所以珍妮特写了《在弗洛伊德档案中》，先在《纽约客》发表，

1　拉乌尔·弗莱施曼（1885—1969），出生于奥地利移民富豪家庭，继承了父亲的面包烘焙和蒸馏产业，于1925年出资与哈罗德·罗斯合伙创办《纽约客》杂志，并在随后几年追加投资，是创业期的《纽约客》的资金来源。弗莱施曼长期担任《纽约客》发行人、董事长，恪守不干涉编务的原则。1969年他去世后，其子彼得·弗莱施曼接任，但在1985年将家族股份卖给了塞·纽豪斯。

然后由我在克瑙夫出版。接着杰弗里·梅森就发起了控告她的著名诉讼——其中一个技术问题甚至闹到最高法院解决。我第二次、也是最后一次见到梅森是在克瑙夫的办公室共同作证。他挺友善，我也挺友善，我对他的感觉仍和上次一模一样。幸好法院判决很公正，珍妮特无罪。不过我从中体会到，自恋者极其渴望自己永远正确，一旦感觉自己遭人怠慢，就会报复。梅森、马尔科姆之案的关键是珍妮特引用了他的话但找不到带有这些笔录的笔记本。这本失踪的笔记本多年以后才重新出现：珍妮特两岁的外孙女苏菲在一个房间里爬的时候，从书架下层把书拖出来，小孩喜欢这样玩，结果把笔记本也拖出来了！正如她的证言所说，里面有她手写的记录。正义已经得到伸张，但如果还有什么存疑，这个奇特的转折可以就此画上句号。

审判期间，《纽约客》事实核查部承受了巨大压力。他们已经被雷娜塔·阿德勒关于威斯特摩兰将军、哥伦比亚广播公司、《时代》周刊法律诉讼的几篇报道（后来还由克瑙夫出版）搞得焦头烂额[1]。她从来都不是事实核查员喜欢的人——他们觉得，无论对错，他们在

1 雷娜塔·阿德勒（1937— ），1962 年成为《纽约客》专职作家、记者。她毕业于布林莫尔学院，拥有哈佛大学比较文学硕士学位、巴黎索邦大学文学博士学位和耶鲁大学法学院法律博士学位。由于具有丰富的媒体经验和法律专业训练，她为《纽约客》报道了八十年代威斯特摩兰将军起诉哥伦比亚广播公司（CBS）和以色列沙龙将军起诉《时代》周刊这两起轰动的官司。威斯特摩兰于 1964 年出任美军越战总司令，1968 年被约翰逊总统召回国内。他长期被美国反战人士指责吹嘘、夸大美军在越南的战果，对美军大量伤亡负有责任。1982 年 CBS 拍摄播出的纪录片《无数的敌人：越南骗局》也持这一立场。威斯特摩兰于是起诉 CBS 诽谤，最终双方在开庭前和解；1983 年 2 月，《时代》周刊刊出报道，暗示对 1982 年 9 月 16 日—18 日的“贝鲁特难民营大屠杀”事件负有责任的以色列国防部长沙龙，曾在 9 月 14 日黎巴嫩长枪党领袖、黎巴嫩当选总统巴希尔·杰马耶勒遇刺身亡后，与杰马耶勒家族讨论过有必要让长枪党的民兵武装为杰马耶勒的遇刺采取报复行动。9 月 14 日，长枪党民兵武装即制造了“贝鲁特难民营大屠杀”，遇难人数在 762 人至 3 500 人之间。当时占领贝鲁特的以色列国防军在知情的情况下没有采取行动阻止。沙龙于是在美国起诉《时代》周刊诽谤，最后因为沙龙的辩护律师未能根据美国的反诽谤法律证明《时代》的作者和编辑撰写文章是“带有恶意的”而败诉。但是，雷娜塔·阿德勒的报道对 CBS 和《时代》周刊的操作提出强烈质疑，因此她后来出版的书名为《轻率的漠视：威斯特摩兰诉 CBS 案和沙龙诉〈时代〉案》。

威斯特摩兰危机中被她像沙袋一样当掩护了。

我很熟悉雷娜塔，她的第二部小说《漆黑》是我编辑的（也许应该用这个词来描述我对这本书的工作），编得我几乎丧失理智，至少是失去耐心。她有才，有趣，很合作，但总是拿不定主意——改来改去，又不改。没有一个逗号能逃得过她如痴如狂的推敲（两遍？三遍？），更别说字词了。出于我对她的喜爱，我才经受了这种优柔寡断的考验。

但这种喜爱经受不住后来的一次考验。那是我到《纽约客》一年半后的 1987 年，罗伯特·伯克获得最高法院大法官提名。杂志对高院大法官候选人伯克发动了猛烈的（在我看来还是言之成理的）批评，执笔的就是雷娜塔，我把整个“城中闲话”和“言论”栏目的版面全部给她，让她写个透。当时，每一期杂志的截稿期是星期一下午，但这期等到星期二凌晨两点多还没结束。往常截稿时的团队都在我办公室：作者（雷娜塔），文章编辑（我自己），核查员，还有正式的“截稿员”——他的工作是确保每个人的修改都已改到最终的清样里。这次的截稿员是天才的文字编辑埃莉诺·古尔德，杂志登的每一篇非虚构作品的校样都要由她把关——她是肖恩最喜爱的同事，很快也是我最喜爱的。但这次的问题不是文字校对，而是事实，或者事实核查。

现场的核查员是核查主任马丁·巴伦，他对我们的事业所做出的贡献不亚于古尔德小姐。他被威斯特摩兰官司的稿子搞怕了，跟我们慢慢核对他的清样，逐一审视论点。雷娜塔反正习惯了麻烦缠身的情况，随着讨论越来越激烈，她的斗志也越来越高。我们争论了四五个小时，最后聚焦在一个论断上，马丁认为找不到依据。雷娜塔自然要为之辩护。

我越想越觉得应该坚决把缺乏论据支持的稿子撤下，而她坚持不撤稿。从远古以来（也就是从1925年杂志创刊以来），杂志社就形成了惯例，未经作者同意，一个字也不能改。我完全支持这个传统。但我没有义务必须刊发一篇我觉得事实经不起推敲、又有法律风险的文章。时间接近凌晨两点，我对雷娜塔说，就算她不同意，我也要撤稿，哪怕我再喜欢它，也要用现有的其他稿子填充“城中闲话”版面。她只好屈服，愤怒地冲出房间。她没有原谅我，这在她1999年出版的回忆录《随风而逝：〈纽约客〉最后的日子》中写得很清楚。她写得太离谱，也就成了我为《纽约观察家报》写的一篇文章的活靶子（和莉莲的回忆录一起）。直到最近，我们在一架飞机上惊讶地发现我们的座位居然相邻，然后聊得很愉快，也就一笑泯恩仇了。

我后来得知，那个星期一晚上是《纽约客》史上截稿最晚的一次，但当时在场的人谁都不慌张。我请年过七十的古尔德小姐回去好好休息，第二天别来，可她看着我的样子好像我疯了。“弗雷迪去世以来是我这辈子最轻松的时候，”她说——她丈夫弗雷德里克·帕卡德曾是杂志社另一根顶梁柱——“我可以熬夜，可以周末工作，不用做饭。明天我当然会来。”埃莉诺就是这样的人。

在杂志社工作将近五十五年整的埃莉诺·古尔德，人称“语法学家”（我想这是罗斯给她起的外号，要我说，我会叫她“劳模”）。每天，从早到晚（我都不记得她有过打电话来请病假的时候），她都坐在她的办公室，拿着铅笔扫描我们的长条校样，上面几乎每一英寸都留下她如蜗牛爬过的痕迹，令强大的男作家女作家们颤抖。我自己编辑的第一篇文章（埃莉诺会把“自己”这个词删掉）也是卡罗琳·亚历山大为我们写的第一篇文章。她当时是在牛津读古典学的美国学生，才二十来岁，她跟她姐姐和一个朋友不知从哪找到一笔资助，去婆罗洲北部调查感染病毒的昆虫在那里破坏种植物的情况。她的文章不仅让人大开眼界（从中了解到感染病毒的昆虫和婆罗洲的种植物），而且写得流畅好看，完全出人意料。一个新作者在杂志上发表这篇文章，对我来说真是经过火的洗礼，既要过古尔德的校对这一关，还要长时间地等待《纽约客》的事实核查员核对细节：马丁·巴伦找到沙巴州的一个英国种植园老板，问他跟卡罗琳在某天晚上怎么能在游廊看到水面上空的月亮，诸如此类的问题。

至于古尔德校样，我还从未见过这样的校样——很小的手写字、每一页上弯弯曲曲的长线和箭头，填满每一处页边空白，不仅提出语法问题，还有逻辑、时态、间接引语的问题。我目瞪口呆。等我终于缓过神来开始改，一天只能消化两页校样。古尔德小姐的大部分校订都精准得吓人，我费劲地看，接受了她大多数修改意见，只保留了少数几处我认为改得过头或误解的地方。时间长了，我学会了怎样读古尔德校样——要始终抱着敬意，但不盲从。她无所谓：她尽了她的职责，改不改是我们的事。

苏珊·桑塔格不改——然后又改了。她为杂志写过几篇文章，当时在我办公室讨论其中一篇。她知道古尔德校样是怎么回事，要求看看。一开始她很生气——这个拿铅笔在她的文字上扫的人是谁？突然，她恍然大悟。“等等。”她说，“这个女人是天才！这是何等人物！我得当面谢她！”我说埃莉诺最近聋了，苏珊坚持要见，于是我带她走进埃莉诺的办公室，在纸上介绍这是谁。苏珊接着热情洋溢地写了一通感谢和赞美。埃莉诺看起来很高兴。回我办公室的路上，苏珊说：“要是我能让古尔德小姐把我写的所有东西都读一遍该有多好！”我很惊讶她后来没有这样做——苏珊想要的就能得到。

直到最近我才意识到，她总让我感觉似曾相识的人是谁：凯特·赫本。同样不顾一切的决心，同样的优越感，同样不许别人挡道的昂首阔步。同样有魅力。

埃莉诺本人一点也不令人畏惧。我们认识以后，她马上让我叫她的名字——我起先太尊敬她了，只叫她古尔德小姐。后来她终于能向我吐露家里的麻烦事，而我也能够帮到她，至少让她安心一些。接着灾难降临：有一天她突然彻底聋了。我用难看的字迹告诉她，我们会安排车和司机，每天接送她上下班。"当然不用，"她说，"我没有理由不坐公交车。"就这样，她继续坐公交车，直到八十二岁那年中风（毫无疑问，就在办公桌旁）。

埃莉诺初次校对戴安娜·阿克曼的作品就进入了"战斗模式"。那是我 1988 年刊发的一篇她写蝙蝠的有趣文章——美国人认知、对待蝙蝠的方式因为这篇文章而有了很大改变。但戴安娜华丽的文风是埃莉诺讨厌的，尽管她也喜欢文章的内容。最后，戴安娜改得平实一些，埃莉诺灵活一点处理，就这样，我们又发表了她好几篇写自然的有趣文章——其中有一篇写辨别鳄鱼性别（文章一开始写戴安娜和一群科学家给鳄鱼注射镇静剂后，在它们的泄殖腔里摸，因为你无法从外观判断它们的性别——谁知道这种事？）。两人对古尔德校样又是一通拔河。接着，在一篇写南极洲企鹅的文章某一页校样页边空白处，埃莉诺画了一个大大的星号，写道："这一段写得使整篇文章都有说服力了！"为了证明她看得入迷，她带着女儿跳上了去南极的远洋轮。

卡罗琳·亚历山大还为我们写了好几篇出色的文章，后来又写出畅销书《坚忍号》，讲述沙克尔顿命运多舛的南极探险故事。戴安娜·阿克曼也成为备受喜爱的畅销作家（《感觉的自然史》）。可惜她们以及另一些优秀的非虚构作者——比如主要写蜜蜂的苏·胡贝尔——为杂志撰稿的历史，在我离开以后可以说就结束了，因为她们的写作主题不是我的继任者蒂娜感兴趣的。我的前任肖恩先生对自助小餐馆和苏格兰犬工艺品大会的兴趣也没我大。

现在回头看，去《纽约客》工作反而使我对美国作为“飞行大国”的兴趣更为强烈，想想也挺奇怪的。我是土生土长的纽约人，曾以向东——也就是英格兰——为人生第二目的地。而正是那一次次与玛莎去美国中部逛跳蚤市场的旅行，开始让我领略自己的国家——自然，我渐渐喜欢上中西部，喜欢我们在那里邂逅的人。如果你去路边小饭馆吃饭去得够多，就会对当地人的生活方式、他们是怎样的人有所认识。与简和迈克尔·斯特恩夫妇旅行，我们都有具体的目标：去马里兰州的某家蟹饼店尝鲜，或者去内布拉斯加州内布拉斯加市的那个炸鸡圣地。我们还跟斯特恩夫妇一起，在“猫王”埃尔维斯·普莱斯利留下的雅园别墅参加他去世十周年纪念活动，当时我们即将出版他们夫妇写的《埃尔维斯的世界》。哀悼者们透过庄园那些著名的、装饰着音符的门，睁大眼睛看我们坐着高尔夫球车在草坪上穿梭。许多年以后，有人给我寄来一张明尼苏达的报纸剪报，上面说，埃尔维斯还活得好好的，就在迈阿密海滩我们家的房子里出没。要是真的就好了！

我前面写过，那些年我喜欢收藏苏格兰犬工艺品——也许用“积攒”这个不那么装的词来描述我的行为显得更公平——并且从苏格兰犬工艺品收藏者组织的通讯简报中得知他们要开一个大会，就约简和迈克尔为杂志写写这件事。他们写得轻松，愉快，准确，还没有居高临下的姿态。（这个活动至今仍然每年举办——在辛辛那提，如果你感兴趣。）这是我在编辑组稿上初次尝试涉及这种被更讲究格调的人视为俗气但我觉得奇特、感人的现象。杂志社的那些人不喜欢这篇文章，但那是他们的问题，不是我的。接着斯特恩夫妇又写了一篇关于中西部和南方自助小餐馆的一流文章，分两部分发表——我们和他们一起，曾在其中许多餐馆端着装有蓝色果冻和各种食物的盘子到自己桌子上。既然写伦敦、巴黎和迈阿密，为何不写写中西部和佐治亚呢？毕竟，没有人指责我们刊登他们都爱看的卡尔文·“巴德”·特里林写他家乡堪萨斯城美食的文章，还有他所有写乡土的、奇异的美国的著名文章。

我还因为做了几期“让人无法忍受的”封面而遭受猛烈抨击。但封面设计确实需要调整，某种程度上漫画也是。对于一个从小就痴迷《纽约客》漫画的人来说，要掌管这些漫画，真是非同寻常的角色转变；幸好我有美术总监李·洛伦兹，他本人就是多产的漫画家，也是优秀的团队管理者和好脾气的合作者。我们仍然像肖恩时代一样，每周开一次会，李给我看经常撰稿的漫画家发来的草图、文字，我会表态，再看之前的稿件确认后漫画家的完稿。美术总监是一群好玩的人——他们对“搞文字”的人经常怀着防御的心理，因为他们怀疑搞文字的有点看不起他们，但如果他们终于佩服你的眼光，就会对你很有好感。我的视觉想象能力绝对很差——可以说是零——但我对设计，对怎么改进眼前看到的图像素材很在行（毕竟，在我二十五年的出版工作里，我经手过几千本书的封面）。过了一阵子，李变得更乐于听我对尺寸、剪裁、调整的看法。他也赞同我们应该减少老套路的漫画主题——比如两个人在荒岛上，一对男女在床上（不一定已婚，起码他们不一定是夫妻），国王对不满的臣民发言。（其中一些老作者至今仍为我们创作。）漫画家像大多数幽默作家一样，都是敏感的物种，李在跟我的意见一致的情况下，得想着法子与他们的要求和感受周旋。就像我对作者一样，在吸引新作者的同时，我觉得也有义务让老作者继续为我们创作。

李（和肖恩）发掘的大漫画家包括洛丝·查斯特、埃德·科伦、桑贝、布鲁斯·麦考尔，后者的《赞尼的下午》我们安排在克瑙夫出版，是我接触过的最幽默的书。我对他们所有人都很感激。随着时间推移，我支持他刊登更大胆的艺术家作品，比如丹尼·沙纳汉、约翰·奥布莱恩，还有疯狂的、超现实的格伦·巴克斯特，他在英国既是另类的偶像，商业上又很成功，他的那种幽默不怎么符合《纽约客》的老派口味，但我喜欢，所以李紧张地去适应这位“疯狂上校”（巴克斯特的外号），渐渐也喜欢上他——但愿如此。巴克斯特为漫画配写的典型句子是这样的（虽然并不一定会出现在《纽约客》上）：“这种用牛油果酱去填小溪的方式，清楚地表明了它所处的阶级。”再看看这条：“我在跟一个危险的男人打交道，他可能随时都会突然唱《保罗·麦卡特尼歌曲集》里的某首歌。”如果你看了不笑，李·洛伦兹很可能会认同你。

我简直爱上了杂志的出版流程，不仅爱和李开会，还喜欢每天跟核查员、文字编辑打交道。图书出版无法投入这么多核查，尽管克瑙夫也有出色的文字编辑和校对员，但根本不允许有时间像《纽约客》那样细读文本，这种投入是放任，也是要求。我一向就做许多斟酌字句的文字编辑工作，但现在是上了一个新台阶，我享受其中乐趣，高高兴兴地看我们要刊登的每一篇文章的校样。（我相信罗斯和肖恩同样如此。）只要这些工作没有占据我所有时间，我仍旧编某些克瑙夫作者的书——芭芭拉·塔奇曼，鲍勃·卡洛等。我仍坚持以前尽快回复作者的习惯，收到文章当天，通常是当天的白天或者傍晚，就回复作者。为什么要等？更关键的是，为什么要让他们等？

有一个别人经常问我的问题，相比任何事情都可以花很多时间去做的图书出版，周刊的工作节奏是否更难以跟上？实际情况是一旦我了解自己在做的事情，就感觉这比我以前做的工作容易、轻松得多。如果我做完基本工作——保证稳定的稿源——每一期基本上就自动按部就班了。只有“城中闲谈”和“言论”这两个栏目可能会到最后一刻截稿。是的，某些作家，尤其是写评论的，可能会晚交稿，但那种拖拉基本上不构成问题。大多数时候一切都水到渠成，因为具体的工作部门都很强，很有经验，也很有奉献精神。至于我读校样，即便是最长的文章，对于一辈子吞咽惯了七百页厚的小说、传记之类的我来说也是小菜一碟。

同样令人惊奇的是，在本质上，准备这一期和准备下一期都是差不多的：内容当然要换，但杂志的形式、框架是一样的。你只要每年这样做五十二次。而图书出版不同，每一本书你基本上都得另起炉灶——每年大概得有一百五十次。每一本书都有其自身的需求、特性和问题：愤怒的作者，难定的书名，封面设计，封面文案，装订，文字编辑加工，价格。一本书的成书过程要经过数不清的步骤，其中每一步都有可能出错——出错实在太常见了。如果你是某本书的编辑，你可能会跟作者在文字处理上有分歧，关系紧张。如果你是出版人，你既要给书的出版过程中出现的问题、冲突灭火，出版后又要到处点火，激发大家对每一本书的兴趣。然后，还有一篇恶评带来的情绪压力，还有对出版社不满的作者（以及发牢骚的经纪人），还有投奔其他出版社的作者，还有令人生厌的合同谈判，或者就是，唉，彻头彻尾闹哄哄的失败。由于我自己每年要编辑二三十本书，并且对出版社整个书目的出版负责，我就始终生活在混乱之中。（这倒不是说我不喜欢这种生活状态——直到后来发生变化。）

所以，《纽约客》对我来说也可以说是一种疗养。

但有个问题令我仓皇失措，那就是我与作者的关系变了。在图书出版业，作者才最后说了算，也理当如此：这是他或者她的书，不是你的。但如果说书属于作者，杂志则属于编辑。我后来在《纽约客》发现，在杂志社，编辑说了算，杂志的作者得取悦编辑。换句话说，作者们得取悦我，而不是我过去习惯的那种相反情况。我发现这不但令我不知所措，而且令我不安——这是违反自然规律的。我可以心安理得地管理一个团队，但不喜欢管理作者。

有时候对作者的这种管理相应会带来并不令人羡慕的责任。要是谁遇到麻烦，就会变成家庭事务，而主编就是一家之长。所以当佩内洛普·基里亚特令人痛心地崩溃，陷入严重酗酒，做出影响她周围所有人、令人难过的行为，得由我出面处理。和所有在纽约工作的签约作者一样，她也拥有一间属于她的办公室，有一段时期，那里变得像个猪圈，散发出臭味。她会大吵大闹，在办公室过夜——这种精神状态持续恶化多年，已经到了必须采取行动的地步——既是帮助她，也是帮助被她打扰的其他人，尤其是邻近她办公室的人。

佩内洛普有一头如火焰燃烧的红发，曾是一个金牌女郎——美貌性感令人倾倒；她为人所知的是她与剧作家约翰·奥斯本麻烦不断的婚姻，她与麦克·尼科尔斯、埃德蒙·威尔逊等多人的暧昧关系，现在则是与《纽约时报》影评人文森特·坎比的关系（文森特人特别好，我在克瑙夫出版过他的两部小说）。她也是一个天赋很高的作家，为《纽约客》写过许多方面的文章。有很长时间，她（不情愿地）与宝琳共同承担影评工作，每人写半年；她写人物特写（写过约翰·克里斯、乔纳森·米勒等等）；还写精彩的短篇小说。她也写过反响很好的长篇小说和电影《血腥星期天》的剧本。换句话说，她是我们珍视的优秀作者，甚至在她写格雷厄姆·格林的一篇文章被认定有抄袭问题之后，我们仍然容忍她。

怎么办？我听说过“介入治疗”，所以跟我们可敬的人力资源（就是过去说的人事）总监露丝·迪姆讨论几次以后，我们决定介入一次。行动发生在齐普的办公室，我叫佩内洛普到那儿见我，她见到的不仅是齐普、我、玛莎、露丝、文森特和一位介入治疗专家，还有她的妹妹，是我们从英格兰请来的。这是悲惨的一幕。她的表现再现了我所知道的介入以后的所有典型反应：困惑，愤怒，否认，狂怒，痛苦的啜泣，再是拒绝采取任何行动。我只能亮出仅有的武器，用强硬的语气告诉她，如果她不接受我们为她安排的计划，那么她的这间办公室就完了，她在《纽约客》的工作也完了。露丝研究过治疗佩内洛普这种病例的各种方案，找了位于东部的一家最好的治疗机构，安排妥当。一切费用当然由我们承担。

被迫采取这样的强硬手段实在很可怕，但很有效——对佩内洛普如此，对其他许多人也是，在很大程度上，她在《纽约客》的人生就是她的身份，她无法忍受失去它。玛莎和露丝送她去了康涅狄格州的那个机构，让她在那里戒酒六个星期，然后送她坐飞机去明尼苏达，到那里的一家诊所接受下一阶段的康复疗程。但是她一下飞机就冲进一家机场酒吧，喝得烂醉，从未去那家诊所报到，也没有回到《纽约客》。大概一年以后就去世了。介入太晚了——也许晚了几十年——她的大脑已经被她喝下去的酒精彻底毁了。

这样痛苦的插曲毕竟是少有的，总的来说，在《纽约客》相对平静的河水中我没有碰到多少让我紧张的事情。长远来看杂志有可能失败、不如人意，但一期一期地出版并没有什么直接影响。当然，盈利的问题永远在那儿。虽然有塞对杂志慷慨的支持，但我驾驭的船要是不断漏钱，对我来说并不好玩。况且谁知道塞及其手下们的耐心能持续多久？我巴不得自己能有所贡献，但我知道怎么卖书，却不知道怎么卖广告。而且鉴于著名的编辑与经营互不干涉的“政教分离”基本原则，即使我精通卖广告，我也不会插手。偶尔有几次比较像介入了，我都非常懊悔。

在《纽约客》的这些年中，我仍然偶尔会去欧洲，但有两次去了相反的方向：日本。两次都是和我的好朋友英格丽德·西斯奇同行。几年前珍妮特·马尔科姆为杂志写了一篇她的长篇特写《具有时代精神的女孩》（英格丽德当时是《艺术论坛》杂志主编），她因此进入我们的生活。作者和被写的人成为朋友，而且通过珍妮特，英格丽德也成了我的朋友，最终我把她请到《纽约客》，既写作，也帮助重新设计“城中事”栏目。

英格丽德在日本艺术、建筑界人脉很广，1990年她担任安迪·沃霍尔的《访谈》杂志主编——这就是那个具有时代精神的女孩！——我们在这之后首次结伴去日本：日本最大的出版社讲谈社（他们拥有100种杂志）新设立一个翻译奖，请我去当评委。其他评委还有在美国执日本研究牛耳的唐纳德·基恩和当时尚未得诺贝尔文学奖的大江健三郎。评奖那天晚上的高潮发生在晚餐结束后，我们被送进各自搭乘的豪车，餐厅老板在门口鞠躬送行时送给我们一件礼物：一双克丽丝汀·迪奥黑袜。为什么？我们这些西方人永远不会懂的。

英格丽德到东京去见日本时尚界人士，其中最重要的是Comme des Garçons[1]的创始人川久保玲。她求我一起去和川久保玲吃午

1　川久保玲创立的时装品牌Comme des Garçons没有正式中文译名，本书保留原文。字面意思为“像男孩一般”。

餐——向来自信的英格丽德竟然对某人这么紧张，据我所知川久保玲是唯一一个。怎么会不紧张！川久保玲一身全黑的严肃装扮（那副墨黑的眼镜！）和傲慢的举止令人捉摸不透。但我反正并不算真正知道她是谁，就直来直去，问她各种私人问题，跟她逗乐。她的公关人员和英格丽德显然都吓死了，但很快，墨镜拿下来了，我们都在吃吃笑。

这次见面有两件不可思议的后续。川久保玲从不接受采访，却同意接受《访谈》的采访，只要由我来采访，她甚至可以调整她在纽约的行程凑我的时间。更不可思议的是她先是在东京，后来又通过纽约的公关邀请我到她的男装发布会上台走秀——那可真是活生生的做作场面。我得找个圆滑的法子拒绝。虽然这异想天开的主意对我不无诱惑，她还第三次发来邀请，我还是把想法传达给她，我说我相信她这么极端注重自己隐私的人，一定也能理解一个同样注重隐私的人保持低调。她的确理解，而且为了表示理解，还给我寄来一件 Comme des Garçons 黑色男装作为礼物。你可以想象我穿着它会是什么样子。

两年后，英格丽德和我重返日本，我去是为了讲谈社的第二届翻译奖。但此行我俩还有一个报道目标：英格丽德要为杂志写一篇长文介绍宝冢歌舞剧团，这个剧团团员全部是姑娘，全都能歌善舞，有三百多人，我在纽约广播城音乐厅看过她们演出，上次在东京也看了多场，深深着迷。（其中一场我是巨大的剧场中仅有的三个男性观众之一，另外两位是面有窘色、陪女儿来的父亲。）

我们去宝冢市待了几天观看剧团排练、演出，观察这些宝冢女子的训练过程，还住在宝冢酒店，那里的其他客人全都是有钱的中年女性，她们像小女孩一样来重温追星的激情，迷恋的是剧团里扮演男性角色的演员“男役”，有些人会送礼物甚至金钱。（英格丽德的文章最终在我担任《纽约客》主编的最后一期刊发，宝冢剧团高层看了并不高兴。）在宝冢精心制作的情节剧中，我有幸看过的有她们最成功的剧目《凡尔赛玫瑰》（讲玛丽·安托瓦内特的）、《皆大欢喜》和好几部反映日本著名历史时刻的歌舞剧。唉，真怀念我看过的她们另一部成功剧作《飘》，虽然我有她们《了不起的盖茨比》的录像带。

在我就职《纽约客》的头三年时间里，塞表现得对我的工作很满意——尤其是我重新设计了图书版块第一页上的“城中事”栏目，这个栏目以前死气沉沉的，在英格丽德的帮助下，我让它焕发了活力。他每一期都从头读到尾，很投入，但他从不对内容编辑提出意见，因为这跟他的理念中杂志所有者应该扮演的角色完全是背道而驰的。在他心目中，编辑是神圣的——直到他们成为历史。事实上，他对编辑的职责有一种近乎浪漫的认识。他多次充满向往地对我说，有两个工作是他最想做的，就是导演电影和编辑杂志。

他确实对杂志有一种强烈的兴趣，视它们如生命现象，就像锅得放在炉子上煮，至少是炖，才算是锅。另外，我对杂志的兴趣仅限于内容质量。对我来说，《纽约客》最重要的永远是它在编辑人事意外变动之后，保持质量的连贯性；我总是一个星期一个星期地考虑杂志，像选编每周一本的文章合集一样，而不那么关心它整体的编辑发展方向。

但塞是生活在变化之中的——他需要有事发生；保持优秀就是不够优秀，他喜欢为变而变，还总是说干就干。一看到某个缺陷就要立刻改正。他能在那么看不惯肖恩担任主编的情况下还接受他继续干，证明他的自制力超过了我的预料。所以一旦我开始感觉他对我做的（或者没有做的）事情日益不满，我就知道他迟早会找人替换我。

我们每月一次的午餐（他听我的，在他办公室吃三明治），也反映出他日渐焦躁。他说不出到底想干什么，但他确实想要某件事情发生。我从他的话里推测他有家族的压力。他最紧密的同事和终身好友就是他分管报纸和广电业务的弟弟唐纳德，所以根本上，他们就是家族企业，而唐纳德对《纽约客》并不热衷。他们还有各种叔叔、儿子、侄儿，没有一个像塞那样对《纽约客》有感情，我能感觉到，他们对他的这一偏爱日益不满。他溢价过高地收购《纽约客》基本上是公开的秘密。塞绝对是务实精明的商人，但他也是有信念的人，一个隐秘的浪漫主义者。随着我逐渐认识他家族中的其他人，我知道他们没有一个像他这样。

即便如此，我仍将信将疑，像鸵鸟般把脑袋埋在沙子里，直到有一年冬天我们一起在佛罗里达度周末。塞的岳母，也就是维多利亚的母亲，住在棕榈滩，纽豪斯一家经常去那里看她。他们曾驾车南下到迈阿密海滩来看我的房子，这一次我则是驾车北上跟他们待了一两天。塞和我在沙滩上散步，走了很久，他对我说的话大体意思是他觉得必须对杂志做点激进的事情，既然我做不到，或者不愿做。（实际上二者兼而有之。）我甚至不同意把每年的出刊数从五十二期减到五十期或四十八期：我们有责任在一年中的每个星期都让杂志出现在读者的门口。我们是周刊。请记住，这是在1992年——完全不同的世界。谁能想象纸质媒体后来的走向？

仅仅过了几个月，我去塞的办公室共进午餐，他说："我想跟你直说了。我决定撤换你。"还没等我反应，他又说他多么苦恼——说真的，前一晚失眠了。他马上要把财务安排告诉我，但我打断他说，首先，我得知道他会怎么保障我最紧密的同事玛莎和齐普，他让我提方案，然后立刻同意了我提出的条件。接着他告诉我将为我做什么，基本上就是让我下半辈子财务自由（比自由更自由），如果我比玛丽亚先死，玛丽亚也会享受这种待遇。这样行吗？

我提出对这个计划做两点微调，他毫不犹豫地答应了——我感觉他实在太苦恼了，所以我说什么他都同意。他确实比我苦恼得多。记得我对他说，他没有任何理由为此烦恼；他遵守了对我的所有诺言，一直非常慷慨，他让我离职也不会影响我们的友谊。我还说，我不想回到出版业去执掌一家成为克瑙夫竞争对手的出版社；事实上，我再也不想做出版人了。我想做的只是回到克瑙夫当编辑——和某些老作者继续合作，也许增加几个新作者——不要管理职务，不要薪水：他要给我许多钱，我帮他赚点回来感觉会好一点。就这样，没有任何筹划，我在片刻间安排了自己的命运。整个对话只有不到十五分钟。

唯一悬而未决的问题是交接时间表。塞说，他还没有确定我的接班人，虽然他肯定已经在考虑蒂娜·布朗：她为他执掌《名利场》干得响当当。或者他们可能已经达成一致但还没有敲定条件——不知怎么的，我怀疑那些谈判会比十五分钟长。不管怎么样，交接时间有的是，当时我恰好即将和英格丽德第二次去日本，我没有理由不去。

与此同时，我需要时间来消化这一切将给我生活带来的改变。还要面对每个被解雇的人都会感到的懊恼（我以前从未被人解雇），而且不可避免会以一种非常公开的方式。我想象着所有被解雇的人都会做的事：告诉自己干得很好，或者至少这是我想做的工作，以此提振自己受挫的自尊心。这份杂志肯定比我当初接手时编得更好了，员工和作者们摆脱了肖恩离任的阵痛。我虽然喜欢这份工作，喜欢这里的人，但我怀疑自己会真的怀念杂志工作有些机械和可预测的特点。就像回到我负责的每一本新书编辑之后的那些重复工作。

去日本前，我花了几天时间把情况告诉极少数必须知情的人——玛丽亚和莉齐是当然的，还有玛莎和齐普，他们的生活也将受影响。在飞机上，我还告诉了英格丽德，因为我很难向一个在未来好几个星期里每天在一起的人保守这样的秘密。正是我在日本时，塞打电话告诉我，他确定选蒂娜接替我，第二天就会对外宣布。在电话中，他还请我帮一个忙：因为蒂娜在两份工作之间需要休假，还需要时间安排她的团队（和她自己）准备接手，我能否再留任九个星期？

我倒觉得这是他在帮我的忙——这样我才有机会赶紧把那些以后恐怕不会被采用的文章发掉，可以让我和每个人的交接过程都容易一些。比如那九个星期让我得以把约翰·麦克菲精彩的地质现象长篇报道最后一部分刊发掉，我估计蒂娜对它不会感兴趣。

塞告诉我即将公开的消息，我就立即终止日本之行，赶回纽约去安排过渡工作，也为家里的玛丽亚和办公室的玛莎分忧，她们已经接了几十个接踵而至的电话，大多是来安慰的。（她们关系向来都很好，此时不禁也理解、尊敬彼此的坚强了。）但我不明白这有什么可安慰。没有人死，也没有人有危险——除非你觉得杂志会有危险，我可不觉得，虽然它肯定会经历不同的编辑理念冲击。蒂娜的品位在《纽约客》是不受欢迎的，大多数员工和作者都觉得这件事情就像是入侵的野蛮人。他们肯定都忘了，上一个入侵的野蛮人就是我，结果证明我的表现还行。

按我的理解，接下来的九个星期中我的主要职责是让杂志正常出版，清除障碍帮助蒂娜顺利就任，更重要的是让同事们保持冷静、理性，工作态度积极。这是难点。蒂娜和她的团队来了以后，先跟我隔一个楼层“安营扎寨”，我向她交待接手以后的注意事项。比如说，我此时再约一些万一交稿以后她觉得不幽默的漫画就没有意义了，所以我请她参与我每周和李·洛伦兹的美术会议，发表意见。她几乎不说话，只有一次她看着一幅完稿问：“这好笑吗？”她没有挖苦的意思，而是真不知道。

蒂娜有必要和我们的作者谈谈，了解他们在做什么，想做什么，也要接触她感兴趣的新作者。玛莎将跟我同时离开杂志社，去当文学经纪人，蒂娜欢迎齐普留下来，也欢迎我超级能干、可爱的助理克里斯·纳特森留任，克里斯一直做到杂志的执行主编，后来又进军图书出版业，然后回到杂志业，始终是我的好友，也是莉齐的好友——今天，他们的孩子也成了好友。整个交接过程没有任何龃龉——蒂娜的表现无可挑剔，我也是。为什么没有出问题？我跟她没有任何争吵——实际上我以前没见过她。虽然我对她的编辑思维毫无共鸣，但那不是她的错。显然她就是被雇来复制她在《名利场》当主编的经验：用她最爱说的词，就是让杂志“热门，热门，热门”，我是做不了的，就算我能也不会做。

结果，杂志最大的变化不是她一门心思把所有内容都变得热门，也不是她给杂志引进更多摄影和彩色内容，而是《纽约客》从一个关于作者的杂志变成关于话题的杂志。虽然我作为读者讨厌这种变化，但我坚持不吭声，哪怕不断有人因为跟我想法相同而要我加入他们大声谴责的行列。

蒂娜虽然和塞一样喜欢不断寻找刺激，但她待人很好，也善用有才能的人。比如，她就在当时的编辑、有时为“城中闲话”写稿的南希·富兰克林身上发现了她的才能，给她机会成为杂志的电视评论人而大放光芒，也看到了大卫·雷姆尼克作为记者之外的才能，让他充分发挥，使得五年后塞与蒂娜的这段“工作热恋”退烧的时候，会想到他来接班。

这段时间最难的地方是缓解那些郁闷、困惑之人的焦虑。他们是留？是走？我对每个人的建议是一样的：先试一段时间看看感觉，如果真的感觉很糟，就随便去哪里，或者一切基本正常，那就待下去；感觉不好就别待着。大家确实留下来了，有些发展得很好；还有一些过了一阵子就走了。（比如齐普，离开以后担任《纽约时报书评周刊》主编。）到了二十四年后的今天，我的许多老同事仍在《纽约客》安心工作，他们经历了我的入职、离职，蒂娜的入职、离职，大卫的长期担任主编，康泰纳仕集团接管杂志的许多职能，办公室搬到世界贸易中心，还有数字革命。幸好对我们这样的人来说，世界可能已经改变，但我们的工作基本上照旧。

我的离职过程还插入了一场盛大的派对，我的作者和朋友、杰出的编舞家保罗·泰勒把他的花园别墅借给我用。整个派对完全与“守灵”那种氛围相反，欢快、温情；我记得还没有发言，这是最棒的。也可能是记忆被我抹去了。我最珍惜的道别场面是在办公室的最后一天，一个星期五。齐普不在，我独自和埃莉诺·古尔德把“城中闲话”栏目内容看完，埃莉诺绝不是多愁善感的人，而且已经全聋。就在她快出门时，她转身用某些聋人那种尖声说话的方式说：“我们会想你的！”我抓起一张纸写道：“我也会想你的，埃莉诺，谢谢你做的一切。”她接着说，声音已经是叫喊了：“你来以前，我们都担心你会不尊重我们的工作方式。但从我看到你第一份校样的那一刻起，我就知道你跟我们是志趣相投的人！”我当时想，现在还是这样想，那是我所获得过的最好的赞美。

重返克瑙夫

1992 年回到克瑙夫，在我看来非常自然——大概是因为我从未彻底离开。整个《纽约客》时期，我经手的稿子经常与克瑙夫出版的书有关，也就是说我仍与老同事、老朋友们合作。实际上，就在我写这本书的 2016 年，其中许多人还在克瑙夫：这家出版社最强的优势之一就是人员稳定，桑尼·梅塔也喜欢这样。至于桑尼自己，我们始终都相处融洽，到我这次回归时，他的领导地位早已稳固，业绩出色，我偶尔的出现影响不到他，况且他确实真心欢迎我回去。

即便如此，我仍非常注意保持低调，这对我来说很容易，反正我对管理的那些事情根本没兴趣，只想编好“我的”书，护送它们顺利出版。我已年过六十，当了二十五年的领导者，当然不想再做管理之类的事情。所以我确保自己小小的办公室不在编辑、出版部门的楼层，只在制作部门和我最喜欢的销售发行部之间穿梭，但整整一年我都不踏入编辑、出版部门一步。最后有一天我不得不陪一个作者去楼上的公关营销部，算是跨出了这一步。当然，没有人注意到我是刻意保持隐形的。

没想到一开始就有许多事情等着我做。除了继续编辑我合作过多年的作者，比如哈伊姆·波托克、莫迪凯·里奇勒、托妮·莫里森，还与约翰·勒卡雷恢复了合作。我们过去关系极默契，他出版《俄罗斯大厦》时，我已经去了《纽约客》，我们的关系仍然极好，但我能感觉出他的焦躁。他把这本书题献给我，我就感觉这是一种因为要换出版社而安抚我的姿态——大卫做事情几乎不会没有复杂的原因；深思熟虑是他的思维习惯。但在这件事情上，他是对的：他需要与他的美国出版社核心人物有直接联系，当他给我写信，用体面感人的措辞解释这一点并表示遗憾时，我马上请他放心，那不会影响我俩的关系。结果也的确如此。

他的下一本书是《秘密朝圣者》，我读了之后松了口气，庆幸这杯酒不合我的口，因为我发现这是他写得最弱的一部小说，也想不出有什么补救的建议可以跟他说。与此同时，他对克瑙夫新的编辑安排不满意，所以我回到“老家”后，我们就“复婚”了。这本书就是《夜班经理》，一切进展顺利，但难免还需要磨合。我也参与了《变调的游戏》的出版，最后是《巴拿马裁缝》，可以说标志了他恢复状态。这本书的出版真是最后一刻才敲定：付印前几天，他请我看一眼。在我提出的各种修改意见中，有一点我们非常不一致。他在书中某处描述一对“犹太人模样”的男女在餐厅里，我说犹太人没有特定“相貌特征”——鹰钩鼻？黝黑肤色？——这样的措辞会冒犯人。我百分百相信大卫不是反犹主义者，绝对不是，但他在出版《小鼓女》时已经被人不公平地指责反犹，对这个问题非常敏感了。但无论我怎么解释，他就是不理解犹太人不认为他们有突出的“犹太人相貌特征”。这个问题来回争论了几次，越来越激烈——是我们之间最接近于大吵的一次——最后，他勉强同意做了微调，避免了这个问题。我相信大卫认为我身为犹太人，在这个问题上脸皮太薄了——也许是担心对书的销售带来负面影响——但我其实是在竭力保护他。

不过，这不是他不久以后离开克瑙夫的原因：我认为他是觉得出版社不再像以前那么重视他，换出版社可以给他的事业带来新的活力。按我的理解，过去每隔一段时间，勒卡雷的新书出版都像重大事件一般受人关注，而最近几本书没有一本强到能够点燃大众过去那样的兴奋点，收益递减规律也就不可避免地应验了。不管怎样，出版业中这样的分手从来都不是愉快的，但勒卡雷与克瑙夫的分手则非常克制。

大卫真的离开我们时，我还是非常遗憾，因为我以过去为他所做的一切（和他为我们所做的一切）为荣，但随着他后来的书越来越恶意地反美，我也将面临一个新的问题。约翰·勒卡雷的世界里有英雄——通常是无辜的——也有坏人。在冷战时代，反派都是无耻的间谍，不是苏联间谍就是西方间谍。现在，苏联没有了，剩下的坏人就是另一种了，通常是某种政治寡头，而且常常是美国人——坏事就因美国人而起。我虽然和大卫一样怀念我们一起工作的日子，但我不会怀念我们在这个问题上可能会有的争执。的确，他给我写信说过我们合作的那些年是黄金时代，对我来说同样如此。也没有什么真正的原因，总之，自从他离开克瑙夫以后，我们再也不曾合作，甚至再也没见过面，虽然 2001 年时我是除了他的家人以外少数几个受邀参加他七十岁生日庆祝活动的人之一，他给自己安排在一个美丽的意大利山城祝寿，我无法前往，但收到这份邀请仍然格外高兴。

我刚回克瑙夫几个星期，就接到凯瑟琳·格雷厄姆的电话。我跟华盛顿政界和美国新闻界高层人物没有任何联系，但多年前我和她在纽约一个作者派对上见过面，很投缘。那个派对在一间精致的复式公寓，记得我和凯坐在两层之间的楼梯上，在嘈杂的环境中大声聊了半小时。我俩唯一共同的朋友，就是我的老友梅格·格林菲尔德，我前面已经写过，她是凯最亲密的朋友，也是她在《华盛顿邮报》和《新闻周刊》最信任的同事。我被凯的风度所倾倒，催她写书，我来出版。她当场同意，我们就起草了一份合同。

但是她没有签字。我离开克瑙夫以后，她告诉桑尼，她还没有做好写作准备。她转而一头扎进长达五年的研究，几乎采访了每一个她认识的人，因为她认为自己的记忆不牢靠，在此期间她与克瑙夫签了协议。她的编辑将是我离开之后不久加入克瑙夫的著名编辑伊丽莎白·希夫顿，但现在伊丽莎白也走了。在电话里，凯请我帮忙读她已经写好的内容，开头七十五页左右；她想知道她是否应该请一个“捉刀者”合写，这本书究竟值不值得写下去，还是应该放弃，她从伊丽莎白那里没有得到有用的反馈。

第二天上午我就去看她——她在联合国广场那里有一套俯瞰东河的公寓供她来纽约时住，与四十八街的我家只相隔三个街区。我告诉她，她写的就是理想的回忆录。我以前就说过，一部好的回忆录不可或缺的是一个有力、动人、令人完全信服的声音，这是雇人捉刀难以达到的。我相信她写的每一个字。也相信请人代写将是一场灾难，她要做的就是写下去。但她觉得很难接受我的建议——她对自己的写作能力毫无信心，我很少遇到这么不自信的作者。她问我是不是应该跟着伊丽莎白换新的出版社，或者我愿不愿意做她的编辑，我说不，她不应该换出版社，我愿意做她的编辑。我的职业生涯中让我极为愉悦、满意的一段合作就这样开始了。

我对华盛顿没什么概念，对凯这位“美国最有权势的女人”也就没什么畏惧之心。她毫无架子，不自以为是，相反，她太急于贬低自己的能力，太盲从我的建议——这可不妙。我一直希望她叫我别跟她说这说那，但她从未这样说。她也认为没人想读她的书。“你真认为它能像本的书那么成功吗？”她哀怨地问过我两遍。（她亲爱的本·布莱德利[1]刚出版一部相当畅销的回忆录。）这是我第一次感觉到她的好胜性格。

我后来发现，她的一生就反映了她在与强势的男性关系中采取被动姿态的强烈本能：她的父亲尤金·迈耶、丈夫菲利普·格雷厄姆、本、阿德莱·斯蒂文森、沃伦·巴菲特，还有次要得多的我。但是菲利普·格雷厄姆去世时，她挺身而出，执掌《华盛顿邮报》——这可不像是羞怯之人的举动。我逐渐相信，她要么是害怕自己的举止像她强势的、好胜的、冷酷的母亲艾格尼丝·迈耶（她是罗丹、托马斯·曼、爱因斯坦、布朗库西等杰出人物的密友），要么是害怕与她竞争。

如果说她有一个压制她的母亲，那么也可以说她有一个支持她的父亲。他显然看出了她的坚强，和她无话不说。即便如此，当迈耶先生把《邮报》传给她魅力非凡的优秀丈夫掌管时，她似乎也没有因为自己被冷落而心存怨恨。她对菲利普的爱只是一个对自己的长相和才智不够自信的年轻女人对这样一个出众的男人的爱慕，而面对他与别的女人调情、精神崩溃的时候，她对自己的定位是妻子

1 本·布莱德利（1921—2014），美国报人，1968 年至 1991 年期间担任《华盛顿邮报》执行总编辑，和凯瑟琳·格雷厄姆一起主导了该报对“水门事件”的报道。

和孩子的母亲，默默承受着痛苦，无视他公开使她难堪的做法，直到他在家里用手枪自杀而她就在楼上的那个可怕时刻。她的坚强从那时开始展现。

几十年后我认识她时，她已是一个女王，清楚自己的地位和权力，但依然对自己的写作能力非常谦逊，甚至谦卑，服从权威。她也可以是幽默、机智的，谈起菲利普、她的孩子们（她太了解他们了）和她自己都坦率得令人不可思议。有时候我对她随意的坦白感到震惊和尴尬。她的书能如此成功的原因之一就是她没有回避自己的历史真相——她记得什么就讲什么，随时愿意深入谈细节或延伸开去。我自然也会担心她不得不写到婚姻后期的难堪细节、她丈夫最终崩溃、死亡的可怕之处，她怎么办。但我无须担心。凯首先是一个记者——早年她大学毕业后就是一个成功的记者，在旧金山，她以同情的心态深入报道劳工运动——现在她也以一个记者的态度写自己的人生故事：挖掘事实，展现它们，不惜付出任何个人代价。

1992年我们恢复联系后，她又花了四年时间写作、修改。她信任的某个人——我想是鲍勃·伍德沃德——建议她以一个戏剧性故事开头（也许是水门事件，或者是丈夫的自杀），然后再闪回。我说服她，鉴于她的人生植根于她与父母的关系，她应该先写他们：不理解迈耶夫妇就无法理解她的人生。我记得每隔四五个月，我就会去华盛顿读她新写完的内容，讨论接下来怎么写。我总是住在她位于乔治敦的大别墅，那几年我们形成了一种随意的程式——比如我们穿着拖鞋和晨衣在书房两张并排放的桌子旁吃早餐，她看《华盛顿邮报》，我看《纽约时报》。我到华盛顿的肯尼迪中心看芭蕾舞演出时，也住在她家，这就意味着我们晚上会分别回去，得确定一个进门的流程。谁先到家就在前门门口留一张纸条，后到的人回家后就可以先锁门再睡觉。换句话说，成了一种令我感到意外的家人关系。

我也有幸和凯的编辑助理伊芙琳·斯莫尔合作，她在《邮报》多年，对老板知根知底，为她尽心尽力，但也能平和地看待她，我一向为自己的冷静、高效自豪，她也具有这样的品质。我们一见面就成了朋友——有时候我们是支持团队，有时候是攻击团队，不变的是充满温情的团队。至于外援（并不经常需要），我们有梅格，她偶尔会毫不含糊地介入。有一次凯试图挽救我认为应该大删的内容，她写了一个应邀参加的欧洲委员会。她对这个项目特别自豪，因为它与新闻无关，与《邮报》无关，但体现出她作为商界领袖的地位。（毕竟，她是每年公布排名的《财富》五百强企业中第一个女性CEO。）这个话题很无趣，我比较客气地改了四五页她写得很乏味的稿子，尽量删得策略一些。梅格读了却全部划了叉叉，在页边写道："这个部分实在太乏味了。缩到一个段落。"所以当我差不多把这部分都划掉的时候，凯一点抱怨都没有。

1997年6月，凯在家里给自己办了一场生日派对。那是她八十岁生日，她的书也在当年出版。这么好的日子为什么不庆祝呢？那天晚上我巧遇两位难忘的人。第一个是在凯的别墅门口遇到的戴安娜王妃，她刚从一辆豪车上走出来，而我是步行。以下是我在其他地方描述过的当时情景："凯介绍我们，戴安娜露出她的标志性微笑，伸出她（戴着手套）的手，我深感荣幸地说出王尔德式的一句话：'很高兴见到您。'"这次会面就发生在戴安娜遭遇可怕的车祸前几个月。

第二位巧遇的人是餐桌上坐在我旁边的桑德拉·戴·奥康纳法

官[1]，她非常迷人——直率，温暖，诚实。我们很快发现我俩年龄只相差一岁，聊得很愉快，我出身于纽约自由派家庭，罗斯福总统对我们来说就像是活的上帝，而她是在西南部的大农场长大的，那里的人说起罗斯福就咬牙切齿。然后我们又开始聊（老）布什夫妇——他们都是她的好友。我说出我的疑惑。"哦不，"她说，"你会爱上乔治和芭芭拉的，他们太好玩了！"我的机会来了。"但是，"我说，"我要说点完全不妥当的话，所以我要提前道歉，也绝对不指望你会回应。不管总统有什么其他优缺点，我永远不会原谅他的一点是他提名克拉伦斯·托马斯担任最高法院大法官。[2]"之后我们就转到其他话题了。不过我看到她眼中闪过满意的神色，我相信这不是我的幻想。

凯的书出版一切顺利——整个过程毫无磕绊。评论简直可以用欣喜若狂来形容（诺拉·艾弗隆在《纽约时报书评周刊》封面上发人深思的盛赞定下了基调）。它迅速成为非虚构类图书排行榜冠军，并持续几个月——我们卖出大约三十万册精装版。它还戴上一顶王冠，荣获 1998 年度普利策传记与自传类图书奖——对于首要身份是新闻记者的凯来说，这简直是难以想象的荣誉。我想她觉得这个荣誉相比她的其他成就而言，是对她母亲蔑视她的终极回应，也是对她父亲支持她的终极回报。（她也是我获得普利策奖的众多作者中，唯一邀请我参加颁奖典礼的，她还请了伊芙琳·斯莫尔。这是凯典型的行事风格。）

---

1 桑德拉·戴·奥康纳（1930— ），1981 年被里根总统提名为最高法院大法官，成为美国最高法院首位女性大法官。2005 年宣布退休。

2 克拉伦斯·托马斯（1948— ），自 1991 年以来担任美国最高法院大法官。他是美国最高法院继瑟古德·马歇尔后第二位非裔美国人大法官，也是第一个于"二战"战后出生的大法官，他属于美国最高法院大法官的保守派。

除了凯在书中传达的声音可靠、正直以外，她的回忆录《个人历史》为什么这么吸引读者呢？许多年来出版界流传一句笑话：要保证书畅销，书名就叫《林肯的医生的狗》——这三个万无一失的主题都是大众读者喜闻乐见的。凯的书找到了相当大的受众群。它对新闻记者很重要：凯、本、水门事件和五角大楼文件的故事就是二十世纪下半叶精彩的新闻故事。它是跌宕起伏的个人故事和一个王朝传奇。它也是由一个核心知情者讲述的华盛顿内幕故事，也许最重要的是，它成为各年龄段女性的标杆读物，我是在向莉齐推荐这本书的时候发现这一点的。当时她二十五六岁，对华盛顿政治和新闻业就像我一样无知；她整天在戏剧世界里——莉齐发现它不仅好看，而且让她有共鸣，哪怕她有一个可能在西方世界最支持女儿的母亲和一个理所当然认为她可以尝试一切的父亲。诺拉是这样说的："凯瑟琳·格雷厄姆原来不是有两次生命，而是四次，她从女儿到妻子、从寡妇到独立女性的历程与本世纪女性的历史惊人地相似。"凯的故事简直是大众文化中最受欢迎的那类情节的重新演绎：丑小鸭或可怜的富家小女孩最终赢得胜利。虽然她肯定不喜欢自己被这样做作地比较。她不仅掌握了《华盛顿邮报》，也掌握了自己的人生。她已成为一个女权主义偶像。

诺拉在《心痛》出版之后的几十年里也成为这样一个偶像。到九十年代中期，她作为电影编剧和导演的知名度已经胜过媒体人。她的根在好莱坞，她父母亨利·艾弗隆和菲比·艾弗隆都是编剧，她很快就在那里的大片厂立足，成为大牌编剧，和她的朋友和同事们，比如迈克·尼科尔斯、汤姆·汉克斯、梅丽尔·斯特里普、梅格·瑞恩等等一起工作。不过她仍是典型的纽约人和汉普顿人。

2006 年我们出版了她二十多年来的第一本书《我的脖子让我很

不爽》，这是一本幽默、尖锐、深刻的散文集，主要是写有一定年龄的女性的事情。它的受欢迎程度令我们又惊又喜。选编篇目时，我们预计这本书会受欢迎——诺拉猜销量会达到七万五千册。我们的首印是四万册。但纵使你一辈子做出版，一辈子当作者，也无法保证你能料到结果。是的，这本书很精彩。是的，封面设计吸引人。是的，诺拉是一个了不起的作品宣传者。但只有这些因素还不足以制造一百万册的销量。她所说的，她所代表的，实际上已经使她成为整整一代女性的代言人。她既提醒了她们关于自身已知的事情(包括她们对脖子的痴迷)，也提醒她们为即将到来的事情做准备。

我们合作出这本书，四年以后又出版了它的续篇《我什么都不记得》，"只"卖了五十万册——从三十多年前刚开始合作起，我们始终轻松愉快，毫无芥蒂。我们的友谊从未褪色。她知道我不喜欢鸡尾酒会和晚宴派对，所以她在纽约时，她和她丈夫尼克·派勒吉[1]会跟我和玛丽亚一起去她听说过的某家餐厅吃饭。尼克是《好家伙》的作者，天生的绅士。诺拉点菜的样子很专业、很有权威感，令人惊奇，尽管对美食无感的我看到沙拉酱汁并不怎么兴奋。

不必说，她在我眼中不是"偶像"，而是一个与你度过许多美好时光的朋友，你随时会去帮助她，她也随时会来帮你。我为她做的最有意义的事情发生在一间小型电影放映室，那里的椅子舒服得要命，但数量不够多。房间里坐满了人，座位明显不够了，忙碌的引座员拖来折叠椅。诺拉跟玛丽亚和我在一起，她看到混乱场面就站起来指挥大家。"坐下吧，诺拉。"我说，"你不能样样事情都管！"

---

1 尼古拉斯·派勒吉（1933—　），美国电影编剧、制片人、作家。他最著名的作品是 1985 年出版的讲述纽约黑帮的纪实作品《好家伙》(*Wiseguy: Life in a Mafia Family*)，该书于 1990 年被马丁·斯科塞斯改编成同名电影，英文片名改为 *Good Fellas*。

她后来写道，我的提醒（至少在一段时间内）改变了她的人生，她总是假想自己样样事情都管，这是她性格中的一部分——唉，我能理解这种品质，因为我也是这样的人。

2006年前后的一天，诺拉和玛丽亚吃午饭时透露，她得了一种致命的疾病，已经开始输血疗程。过了几个星期，她也跟我说了——说得坦率、冷静、理智。没有人知道情况会多严重：除了她的尼克，她大概只告诉了六个人，包括她妹妹迪莉娅、好友理查德·科恩和她亲爱的助理J. J. 萨沙。很长一段时间她都坚持自己治疗，但是当病情真的恶化时，她只能向儿子们说实话，他们知道她生病，但不知道多严重。她也告诉了另外少数几个人。回想起来，她觉得能告诉玛丽亚和我，不是因为我们跟她的关系比她的经纪人宾琪·厄本等最亲密的朋友更近——不是那样的——而是因为我们的关系存在于他们的世界之外。为什么要保密这么长时间？因为她不想在生命最后这段时间成为人们怜悯的对象。而且她当时还在拍电影，保密就尤为重要：没有一家电影公司会雇一个生命已被判死刑的导演。珍妮特·马尔科姆是少数知情者之一，因为她丈夫加德纳·马尔科姆死于同一种病，珍妮特既可以安慰诺拉，也可以用她所知道的知识和她讨论。正是在这段时期，诺拉拍摄了她最后一部电影《茱莉和朱丽叶》。

五六年的“缓刑期”结束，她的死亡突然降临。对她身边的许多人来说，她这么长时间一直向世界（也向他们）隐瞒病情，这一事实让可怕的现实更令人痛苦——也难以置信。她那样样都要管的个性体现到最后一刻，连自己的去世和后事都安排好了，细致到在林肯中心精心组织“集会”悼念她时邀请发言者的名单，准备什么酒（粉红色香槟），以及最重要的，选择开胃菜。

正是全社会对她去世近乎一致的反应，让我意识到在她人生最后的几十年里，她对成千上万从未见过她，但某种程度上与她同呼吸共命运、甚至可能因为她才有勇气活下去的女性来说是多么重要。许多需要表达慰问之情的人给我来电、来信，因为我是他们唯一认识的人。不过我是幸运的——我还能做一件实际的事情寄托我的感情。诺拉曾和我讨论、并已经开始计划编辑一本她的大型文集《诺拉·艾弗隆精选集》。她去世后，我花了六个月时间编辑，正如我在该书序言中所说，编这本书给了我最好的理由重读她的所有文字。没有任何编辑工作比这给我带来更多乐趣。

我至今仍为克瑙夫工作。我有一间很少去的办公室，有一个我很少派任务的助理，我从不报销费用，还有一台我从没打开过的电脑。但有了网络，人不会联系不到。现在可以在电子文档上插入文字，编辑工作更简单了，尽管我仍然只读打印的书稿，不在电脑屏幕上读，而且总是手拿铅笔。十来年前，有一天我和鲍勃·卡洛在办公室工作，我们去凯西·胡里根的办公室让她新来的年轻助理复印几页我们在编辑的书稿。他碰到两个人拿着一支铅笔在纸上划划写写，大感不解。我们认为是“纸”（paper）的书稿，用他的话说是“硬拷贝”（hard copy）。

技术变化了，我们也尽量适应变化。但基本的流程是不变的：作者和编辑必须找到一起工作的方式，然后就是写和编。有时候这个过程需要很多时间，有时又要赶时间：你跳进来，只能假设一切都没问题。那就是比尔·克林顿和我之间发生的情况。当时我正在迈阿密海滩的房子里，桑尼·梅塔打电话来问我愿不愿意考虑做克林顿的编辑。之前希拉里·克林顿让出版社竞价争夺她的回忆录，卖出超高价的预付金而招致强烈批评，桑尼机敏地猜测克林顿先生会避免让他计划写的书发生类似情况，所以他向克林顿的律师提议让我们买断版权。克林顿对凯·格雷厄姆的书印象深刻，（可能也通过她）知道我在其中扮演的角色，所以我有可能参与这个项目也被克瑙夫作为一个优势提了出来。我猜你可能会说，我成了诱饵——我和一笔创纪录的预付金。

这是2001年的事；我刚满七十岁，根本没想好是不是愿意这么公开地走到前台。另一方面，这也是一个让我很受用的提议，结果可能是个惊喜。我告诉桑尼，我感兴趣，但我必须见到克林顿——如果我俩相处不好，将是一场灾难。恰好，克林顿当时正在迈阿密的一个高尔夫球场，所以桑尼就和阿什·格林飞过来，我们三人一早去克林顿住的酒店，在他去打高尔夫球之前见面。我从没见过一位总统或前总统——或者说，从没因为出书的事情见过一个政治人物——也就没有任何先入为主的概念，只不过我认为克林顿曾是一位好总统，和我们在一起时，他风度翩翩，是个聪明人。

我们被引入克林顿套间，总统先生（他一直被人这样称呼）穿着夹克，打着领带（这里是迈阿密，很热）坐着，身边围着一群随从和特工。所以不会是单独会面。我穿着寻常的迈阿密装束：白色的胶底运动鞋，白色T恤，斜纹布裤。我想如果他因而生气，我们的关系就不会好了。我们结束了这次不太自在的会面，没有提及什么结果，但我肯定获得了认可，因为他与我们签约了。

结果成了大新闻。到处都在报道，还有至少六家媒体对我的长篇采访，从《纽约时报》《波士顿环球报》到多伦多的《环球邮报》等，我的背景、过去的业绩、婚姻状况——我的情况事无巨细都被抖露出来，就差腰围了。

我原本以为只会在《出版人周刊》上有一个豆腐块报道，这种想法太天真了。这是我第一次碰到自己的一切以及关于克林顿夫妇的一切都被媒体锲而不舍地挖出来当天大的事情报道，但不是最后一次。我是说，出版界以外的人，谁会真正关心哪个编辑会跟一个前总统合作出他的回忆录呢？对我来说，它意味着一次有趣的冒险和大量的工作，但构不成什么故事。我怎么会想到，不久以后《纽约》杂志会登出报道说，我在查帕瓜的克林顿家[1]过夜时，是穿蓝色睡衣睡觉的！

那次在科勒尔盖布尔斯[2]的会面过了一段时间，克林顿来克瑙夫出版社见出版团队。过道里挤满了想跟他握手的人，这是我第一次体会到他与大众直接接触的热情——见人、致意，又是安慰又是祝福，对他来说好像是自然而然的事。这就是为什么见到他的人都为他所倾倒：他们觉得是他为他们所倾倒。跟所有人握过手之后，他和我退进一间小办公室谈正事：书稿目前的进展（基本上还没动笔），我们的工作方式，时间表，内容。我觉得我得明说一个显而易见的事实：在风流韵事的问题上，尤其是莱温斯基的性丑闻，他必须完全坦率。他告诉我，他做好充分准备了，我不怀疑。我没料到会有这样的交流结果，但我放心了，因为他有意愿面对他一生中最不愉快的部分，也因为他显然决心尽其所能展现他的人生。这让我大大松了口气——我不需要哄他开口。（有时让他闭嘴还是个问题呢。）

他给我一条极好的建议：如果我想了解他，我应该读他母亲写

---

1 查帕瓜是纽约市以北的韦斯特切斯特县北部一个村镇，克林顿夫妇于 1999 年购置房产后住在那里。

2 科勒尔盖布尔斯（Coral Gables），位于迈阿密下城西南部的城市，上文中比尔·克林顿打高尔夫球的所在地。

的书《跟随心声》。我根本不知道她写过一本书——我对她一无所知——但我真的把它翻了个遍，读得既好笑又感动。这是怎样一个女孩！她毫无保留地写她的（四任）丈夫，（两个）儿子，还有那眼镜片厚厚、头发扁塌、令人生畏的未来媳妇——她见惯了比尔身边那些“金发荡妇”（这是她的说法）——最终对这个未来媳妇，用她的说法就是想开了。克林顿的母亲弗吉尼亚·凯利爱幽默，对别人有爱心，一身犟脾气。有其母必有其子。

克林顿对她的书和她本人这么自豪令我印象深刻和感动——这本书算不上是对他竞选有用的出版物。在他自己的书出版很久以后，我碰巧为另一个项目要跟凯利女士这本书的执笔者詹姆斯·摩根聊聊。我问起她的时候（他很敬重她），他说他当年刚写完书稿，她就去世了，他只好给克林顿总统看（这是在1994年），因为他是他母亲的文字遗产执行人。不必说，摩根担心总统会对文本中某些我们姑且称之为“不得体”的地方感到不快。书稿送去白宫后不到两天，他的电话就响了，是克林顿打来了，说他就爱目前这样的书稿，没有任何修改意见：这是我母亲的书，不是我的，她爱怎么说就怎么说。毫无粉饰，只有对他母亲完成这本书发自内心的高兴。可惜啊，她在为《跟随心声》亲自做任何宣传之前就去世了。如果她能参与，它毫无疑问会成为超级畅销书。

在下一次与比尔的所谓编辑会议时，我已经读过这本书。（我从一开始就叫他比尔，因为我难以想象自己说得出“总统先生，我认为这里需要一个分号”之类的话。而且他比我年轻许多。当时他也不再是“总统先生”。）这次见面安排在他位于哈莱姆区第一二五街的办公室，那里非常大，我先坐地铁向北，穿过第一二五街，（最终）被带进他的私人办公室，然后又进入会议室。你根本想不到会在六七个随从的众目睽睽之下讨论编辑事务——真是怪异、不可思议。他说了许多泛泛的话，急于向我表现他多么期待我们的合作，大体是说："我们会合作愉快的。随便问这里哪个人。你会发现为我工作是很容易的。"对我来说，这就是我说话的时机。"事实上，"我说，"我必须指出，在这件事情上，我不是为你工作，是你为我工作。"这么说挺没轻重，也是故意的。如果他不明白作者与编辑的关系必须是平等的，至少是平衡的，就会导致失败的结果：编辑如果是受雇的帮手，就做不好工作。从会议桌周围那些人脸上的表情，我感觉我好像犯了欺君罪之类的错。但比尔本人面不改色，我们继续谈。在这样的气氛中虽然不可能取得什么实质性进展，但我们达成了某种共识。

到 2003 年，他已开始动笔——写得又快又有把握。我偶尔看几页，确信他非常清楚自己的写作目标，也知道怎么写。督促克林顿推进写作进度的是他非常年轻的助理贾斯丁·库珀，他十几岁就开始在白宫当实习生，此时已经二十五六岁，是克林顿身边不可或缺的人。首先他能读老板的字迹，这种事情我是永远学不会的。左撇子的克林顿习惯用潦草的笔迹写在大大的黄色拍纸簿上，他的左臂弯曲，转过来然后从上写到下——看着真让人痛苦，当然努力辨别字迹更痛苦。贾斯丁会把他写的输入电脑，也会把备注、引语、数据喂给总统先生，克林顿会立刻吸收，融入他流畅的文字中。我从没遇到过理解事物这么快的头脑——这是一种幸运，因为时间并不多。我们计划是在 2004 年夏季之前出版，那以后民主党全国大会和大选就会接踵而至，从我们这里夺走克林顿以及全世界的注意力。

我曾担心这本书中写他早年的部分，因为我以为别人对他在阿肯色州那些年的经历，尤其是他在那里从政的部分，像我一样缺乏兴趣。结果并非如此。克林顿的家庭成长故事很吸引人——他母亲历经艰难抚养他和他同母异父的弟弟罗杰；有虐待倾向但受他爱戴的继父；他逃离家乡霍普去我们教育系统中的最高学府深造：一连串的优异成绩和成功——乔治敦大学、获得罗德奖学金去牛津大学留学、耶鲁大学法学院。他的叙述有热情，也有适当的谦逊。我开始编辑后的第一次大篇幅的干预是删减他欧洲之行的故事。我们都认为年轻时去巴黎、罗马或者任何地方的远行都能引起别人的兴趣，因为我们对自己所经历的是那么感兴趣——这就像新生儿的父母不愿相信，你对他们婴儿的照片并不像他们那样着迷。在我“又砍又烧”的时候，比尔比较尴尬，但保持着好脾气，虽然他也会反击，甚至在某些争辩中获胜。这时我已经意识到他非常专业——他不容许自大和懒惰影响他把书写得尽可能完美。我能看出他喜欢回顾自己早年的经历，他曾度过的美好时光。

他写到自己开始在地方从政的时候——在阿肯色大学法学院教书的同时首次竞选阿肯色州众议员（失败）——我意外发现自己被吸引住了。谁能料到呢？我已经通过鲍勃·卡洛的书了解了得克萨斯的政治生态，但林登·约翰逊天生就是政治动物，而克林顿还得学习。他没有钱，没有竞选团队，只有雄心——和头脑。

他的这段经历中我最喜欢的故事是他从费耶特维尔的大学校区独自驾车三个小时，到阿肯色州东北部去竞选——当时他在竞选州检察长——当天深夜又赶回来，第二天要上课。某天他开到一个叫乔伊纳的小镇停下来，筋疲力尽，走进一家通宵营业的啤酒吧找点吃的，喝杯咖啡，然后跟几个店里的常客攀谈，争取他们投票支持。“小伙子，”其中一人说，“小伙子，你要栽在我们这里喽。你知道的，对不对？……你是大学里来的长头发嬉皮士教授。我们听说，你是个共产党。不过，我告诉你，无论谁，只要周六深更半夜还在乔伊纳的啤酒吧里搞竞选宣传，就都应获得一个选箱的票。你就躲起来瞧着吧。在我们这里你能赢，但在这个县里，你也就在我们这个该死的地方能赢。”克林顿接着告诉我们，“他说话还真算数。在选举的那天晚上，在大农场主控制的其他所有投票分区中我都被击败了，但是我在乔伊纳得到了七十六张选票，而我的两个对手加起来一共才得了四十九张。”[1]这个故事给我印象太深了，我把它放在封面文案中，因为我逐渐意识到，这种一对一的交流与竞选策略无关，与他个人有关。

我还有一次近距离观察这种现象的机会。有一天，他和随从坐着三辆车到查帕瓜火车站来接我。我们走向他的旅行车时，有个坐在车里等人的女人隔着车窗挥着手喊：“比尔！我们都期待你回到白宫，你属于那儿！”他跑过去斜过身给了她一个拥抱——这可把随行的特工们吓坏了。在那一刻，他爱她，如同她爱他一样。他享受人们向他表达支持的这种温暖。这是他不快乐的童年的映射吗？或者他天生就适合做政治家？看着他在没有竞选的时候仍然像是在竞选，你既会着迷，也会困惑。我有时会自问，他是不是在刻意取悦我。我的结论是无关紧要。我很喜欢他，与他在一起很愉快，这才是最重要的。我猜我也会像乔伊纳的那个人一样：任何像他这么努力工作的人，都会得到我的选票。

随着书稿越写越长，时间越来越少，压力也与日俱增。比尔一直在写（而且一改再改），贾斯丁会把他写的整理好，分批送给我——这是我们（或我）在电脑上编辑前的步骤。我会先做点修

1　引语出自比尔·克林顿《我的生活》（李公昭等译），译林出版社 2004 年 9 月版。

改，偶尔大改，在页边草草地写上我的意见，然后让人开车送回查帕瓜。我们会通电话讨论，总是在深夜：幸亏我们都是夜猫子。过程很简单，因为我们都是工作又快又专注的人。有一个故事他在宣传书时说过多次：我在某一页的页边写道："这是我读到现在最乏味的一页。"他寄回给我的稿子上，在我的批注下面写道："不，第五百十一页更乏味！"我们来来回回讨论了许多他的文字中涌现出来的人名——比如他认识的某个人的表兄表弟名字，那个人在克林顿后来的生活中短暂出现。"你不能把什么都写进去！"我不断说。可我逐渐意识到，他总是什么都写。现在回头看这本书，我看到尽管我费了很多工夫，仍然有太多表兄表弟、竞选人员、高中小伙伴逃过了我的防线混了进去。

我已经决定在一月份把他写到总统任期的内容全部编完，全力以赴准备剩下的章节，所以当他还在写下半部分的时候，我们都在忙上半部分。贾斯丁始终很帮忙，确保我们按部就班地推进。比尔在书的致谢词中写道，贾斯丁"从未失去耐心，精力始终旺盛，我们到最后阶段的时候，他有时似乎比我还了解我自己，知道我想说什么"。

同时，整个过程中我还有我的秘密武器——还是凯西·胡里根(她是克林顿的狂热粉丝)，她既在编辑上提供帮助，也在项目管理上积极投入，确保了这本书疯狂的日程表万无一失。我们四人是一个完美的团队：四个配合默契的工作狂。距离书出版十二年后的今天，贾斯丁、凯西和我仍然经常聚会，不仅是出于怀旧，也是出于当年建立的感情。我们当然也能劝克林顿总统入伙——他爱老友重聚——但我觉得他有更重要的事情要做。

要说我一次次的查帕瓜之行，每次都是舒适愉悦的。假如希拉里在，她会很友好地陪伴我们，看他那么重视她的意见、对她积极回应，既有意思也感人。房子里的氛围很轻松——这栋挺大的建筑你可能会在某部三十年代的电影中见过，像一个富有的银行家或证券经纪人的家，经过看似随意实则精心的装饰。你会忘记它是有围墙的，外面的特工会经常巡视，不过我也觉得在草坪上给克林顿的狗“巴蒂”扔球，而他们在警卫室看着我们，挺有超现实感的。相形之下，我和比尔、贾斯丁凌晨一点扫荡冰箱找冰激凌这种事情，似乎完全是正常的。

总统先生和我唯一一次关系紧张是因为书名和封面。我十分肯定这本书就应该叫《我的生活》，因为我相信那就是美国人想要知道的——不是他总统生涯的官方编年史，而是会让他们感到亲切的个人视角讲述的人生。至于封面，我在初期阶段就见过他的一张非常合适的照片——看上去就是令人喜欢的人，率真，诚实，脚踏实地，负责任。我立刻知道这就是我们要的照片——没有椭圆形办公室，没有美国国旗。但有人质疑——是希拉里？切尔西？我始终不知道是谁——总之有人觉得这张照片他看上去不够总统范儿。（不，他看上去很有人情味。）然后又有两张照片备选——既端正又乏味：不是“我的生活”，而是“总统的生活”。他犹豫了，显然是有压力。

我请我们的美术设计部用这三张照片分别设计封面，打印出来——两张是查帕瓜送来的，另一张就是克瑙夫全社一致认可的。然后我给比尔打电话，用我最夸张、也是我平时很难做到的语气说，我想到查帕瓜来讨论要事。到了那里，我请他到另一间房间等着，我则找出他的三本与《我的生活》大小厚度相当的藏书，把三个封面包在外面。然后我把它们并排立在桌上，请他进来看。我说：“好了，这几本书你最想拿起哪本读？”结果就像他们说的，就是它。我不觉得是我赢了，我们只是走对了地方。不过我得承认，我被这件事惹恼了。

最后几个星期是很折磨人的。每一章送来要连夜编辑，一天之内审完文字，排版，校对——再返回给比尔、我自己、贾斯丁和凯西进一步审读、编辑。就像一条流水线。我们还一度把整个团队的专家（校对员、事实核查员）请到办公室来连续工作几天，有时晚上还得加班，忙得不可开交。我们恪尽职守的出版部主任安迪·休斯则在印刷厂蹲守，经常也是晚上加班，盯着工人操作印刷机。奇迹的发生有克瑙夫出版社每一个人下定决心的贡献——既为了出版社，也为了比尔·克林顿。

它令人提心吊胆，令人筋疲力尽，但也令人兴高采烈。我们于2004年5月24日把文本定稿的文件——将近一千页——交给印刷厂，6月7日第一批五十万册成书就发往各地了。

克林顿的第一次签名售书安排在纽约第五大道、第四十八街的巴诺书店旗舰店。那天我决定从家里步行过去看看情况。只见排队的队伍在拐角处延伸，然后向西穿过长长的街区一直延伸到第六大道，沿着第六大道向上又延伸到第四十九街，再绕回到第五大道，在路的另一边接上。我从没见过这样的场面。显然，人们在前一天晚上就来排队了，有些人坐着轮椅。雨断断续续下着，没有人打退堂鼓。书店里，克林顿签啊签啊签，助手们则把书翻到要签名的那一页递给他。但他不只是签名，还要握个手，问个好，对这个显示人民拥护他的情景露出微笑。我想那天我们卖出两千册。不出几个月销量就达到两百万册。那段时间有一度比尔对我说："你知道，我终于明白那些删节了！"他几乎总是接受我的删节意见，即使他的反应不那么热情，但即使他前期就更主动去理解删节的意义，我们进度也还会这么赶。我对这本书是满意的，但假如再给我几个星期时间砍、筛、修、剪、削、割、磨，我会更满意。对此我很难释怀。

《我的生活》出版大约一年以后，克林顿问我编辑这本书和它大获成功对我有什么影响。我说除了已有的职业和个人成就感，我想还会有两个实际后果。我说："我死的时候，各种讣告会说我是比尔·克林顿的编辑，而不是《第二十二条军规》的编辑。"他喜欢我这么说。"第二个呢？""第二个是假如我要做点俗事，比如写回忆录，我会得到更高的预付金。""快写！"他怂恿道，"快写！"（我没有。）

在做克林顿这个超级项目的整个过程前后，我还在忙别的作者，别的书。刚回到克瑙夫时，我不想要很多新作者——假如有需要才接手。因为我已经表态不要报酬，也就没有义务去签新书。但总是会遇到一些书和作家。举个例子：我这辈子爱好的音乐仅限于古典和流行。我已远离爵士乐，或者是它远离了我。但某个星期六，城市芭蕾舞团在林肯中心的两场演出之间，我和阿琳·克罗斯溜达进一间唱片店，她开始翻爵士乐架。我跟在她后面，留心她的反应，随意挑了爵士歌手李·威利和梅尔·托尔梅的几张 CD。一连几周，我听得如痴如醉，完全听上瘾了。人声一直是最贴近我内心的音乐形式，几个月内我就购进几百张专辑，不停地听。（别的不说，这种狂热给了我收藏新东西的机会。）任何东西我都必须通过阅读才能对它有真切的认识，所以我一本接一本地读这方面的书，了解背景知识和观点，直到发现我想要的那本书为止。斯克里伯纳出版社 1990 年出版的威尔·弗里德沃尔德《唱爵士歌曲》写得全面、聪明、可信。既然我找不到人聊爵士乐，我想也许可以抓住他，让他侧耳倾听我说话。

一个星期六，我在西二十几街上某幢昏暗的楼房八楼一家不起眼的二手爵士乐唱片店，问那个不知为何气鼓鼓的店主，他会不会碰巧知道怎么找到这个弗里德沃尔德。“知道，”他说，“可是……”——他指着在收银台对面跟他说话的老者——“你直接问这位绅士得了。他是威尔的父亲。”于是我问这位老弗里德沃尔德要他儿子的电话号码，他挺警觉，要我把名字、电话、找威尔何事告诉他，他会转告。我回到家后几分钟，威尔的电话就来了，听上去因为《纽约客》主编在找他而兴奋过头。我马上告诉他，我不是为杂志而找他（我们已经有了著名的惠特尼·巴里艾特负责写爵士乐），而只是因为我是他的忠实读者。

从一开始我们就相处很愉快。威尔是个壮汉，热情十足，而且在我看来，天真得近乎病态——尤其是对完美伴侣无休止地追寻。（我已经见证他的两次离婚。）他写弗兰克·辛纳屈的那本书即将完成！《歌就是你》是透过辛纳屈合作过的曲作家的视角，对他歌唱艺术一次深刻的审视，但他在斯克里伯纳出版社可以说没有合适的编辑。我主动提出义务帮他编辑，编了两次稿——先是书稿，再是校样。那之后，我俩再不正式合作就说不过去了，所以他之后的书就来到了克瑙夫：第一本是《星尘的旋律》，写的是十二首时代标志性歌曲的录制历史；接着是《爵士乐与流行乐伟大歌手生平指南》，这是一部不朽的大部头（八百多页，排得很紧凑，双栏排版），他历时八年才完成，我则像一个驱赶牛群的、爱施虐的牛仔。就在写本书的此刻，我们正努力合作一本关于时代标志性声乐专辑的书——这些专辑从《埃拉在柏林》、查特·贝克的《让我们迷失吧》到《朱迪在卡内基音乐厅》。各章节来回修改，书渐渐成形，至少对我来说，这是一种纯粹的快乐。

我与著名的珍妮·贝辛格有更紧密的合作。她是维思大学[1]电影系系主任和电影资料馆馆长、学者、电影专家，和她在一起总是很愉快。难忘那些大笑！我出版过她那本写《生活多美好》[2]的好书（她在维思大学的资料馆有弗兰克·卡普拉的全部档案）；如今已成为“女性电影”研究的里程碑式专著《一个女性的观点》；《默片明星》，写的是那些曾被误解的默片时代演员玛丽·毕克馥、鲁道夫·瓦伦蒂诺，还有基本已被遗忘的演员，如塔尔玛吉三姐妹、波拉·内格里。我对《默片明星》的主要贡献是建议她把“那条挽救了华纳兄弟的狗”任丁丁[3]也写进去。（我跟珍妮看了一堆任丁丁的电影，确认它当得起明星称号。它太会表演了！）接着是《造星机器》，分析黄金时代的好莱坞造星之道（有时也会失败）。最近的一本是《我愿意，我不愿意：电影中的婚姻史》，关于婚姻电影——只不过实际上没有“婚姻电影”这种类型电影。目前珍妮研究的是好莱坞的歌舞片。

在那些鲜为人知的电影被刻录到光盘上之前，我们只能去那些看得到它们的地方——去国会图书馆，去威斯康星大学，还去了许多次纽约州罗切斯特的伊士曼博物馆，那里是美国老电影第三大收藏地。我的好朋友保罗·凯尔基·乌萨伊担任那里的电影部主任以后（后来他离开过，现在又回去了），我们的罗切斯特之旅就充满了乐趣。珍妮和我一聊就是几个小时，聊电影，也聊家庭、小餐馆、侦探故事之类的各种话题。她在南达科他长大，年轻时在当地电影

1 维思大学，美国著名文理学院，又译卫斯理安大学，位于康涅狄格州米德尔敦。

2 《生活多美好》是意大利裔美国导演弗兰克·卡普拉 1946 年导演的影片，被评价为无与伦比的温馨励志经典影片。

3 任丁丁是美国电影明星狗。1918 年，美国空军士兵李·邓肯在法国驻地领养一只刚出生的德国牧羊犬崽，取名“任丁丁”，战争结束后待在洛杉矶家中。从 1922 年起，任丁丁就开始参加电影拍摄，参演了华纳兄弟公司的二十六部影片。任丁丁于 1932 年病故。

院当领座员，什么电影都看过——也什么都记得。好莱坞对她来说已没有什么惊喜了。

电影方面另一个我曾合作的杰出作家是强大的大卫·汤姆森，他的《电影传记词典》令人眼花缭乱，风格独特，极具个性，影响力极大，我们有幸接手。因为那时我已经有了自己的老电影磁带库，这些磁带是我或罗恩·哈弗从电视上抢录下来的，所以我对大卫研究的主题略知一二。也巧，我特别热爱的方向跟他的不尽相同，所以我能怂恿他写写他原本缺乏兴趣的三十年代人物，尤其是明星，他跳过不写的人，我就为他写。同样的，我也写了一些默片演员，还有我更热爱的日本电影经典时期的明星，我对这些电影痴迷已经四十年。

我肯定写了四十来个条目，我记得很清楚的有桑雅·赫尼、安·萨森、乔治·布伦特、安·哈丁，还有伟大的高峰秀子。顺便说一下，我这不算是泄密。我们在编克瑙夫第二版《电影传记词典》时，大卫决定要在书中写明这些条目是我写的，但我坚决反对：这么做会让评论家和读者困惑，搞不清楚哪个人写了哪些条目。这么做的部分乐趣，还在于让我的作者来编辑我为他的书写的部分内容。多年以后，当我自己也成为作家时，我在自己身上也证实了这一点：你被别人编辑就和你做编辑一样令人满足——有意思的是过程，不管你扮演的是什么角色。

这些对流行文化的涉足反映的是我的个人兴趣，正如我编辑的许多关于舞蹈的书反映的是我对这一迷人的艺术形式持续一生的爱——其中有朱莉·卡瓦纳写弗雷德里克·阿什顿和鲁道夫·纽瑞耶夫的两部权威传记。这两本书的编辑工作让我特别快乐，因为我让同事谢莉·万格跟我一起编。我在传记上投入越来越多精力——

不仅仅有弗洛拉·弗雷泽的书，还有聪明而鼓舞人心的卡罗琳·伯克写的那些书，她的传主多样，从由美丽的模特变成战地摄影记者的李·米勒，到伊迪丝·琵雅芙（她唱的任何歌曲都足以让你在巴黎多逗留），现在则是著名的现代主义艺术家夫妇四人组的集体传记：乔治亚·欧姬芙、艾尔弗雷德·斯蒂格里茨、保罗·斯特兰德和他的妻子丽贝卡。

我以前与好友阿尔玛·吉列尔莫普列托合作，出版过她的三本关于拉丁美洲的杰作——《流血的心》《寻找历史》和《与古巴共舞》——仍希望能再出一本。我也和美国全国公共广播电台的台柱黛安娜·雷姆一起紧张、高效地工作，编辑了她的三本书，最近一本是《自己做主》，讲述她丈夫患病死亡、她由此积极投身争取死亡权的运动，非常感人。我们从未意见不合——除了她讲到她那只小狗马克西的时候我不得不让她节制。（我想她是认为我在妒忌它。）戴安娜也是一个工作狂和完美主义者——工作如此，对她（华丽的）头发也是如此。在她优雅的风度和礼貌背后，隐藏着一个无情的测谎仪：我曾四五次上她的节目做嘉宾，第一眼就知道她的工作多么出色。节目始终笑料百出，但我非常警惕被她抓住漏洞。

至于小说，我十五年前就认定，我这把年纪已经不该自欺能够长期（哪怕是中期）与年轻的小说家一起工作，再当他们的编辑对他们是不公平的。所以如今我唯一合作的小说家只有托妮·莫里森。我们是同龄人，保险精算师对我们是中立的。希望她长命百岁，也希望我能永远做她的编辑。且看吧。

即使时间的战车载着我呼啸而行，我永不会忘记鲍勃·卡洛正带着《林登·约翰逊传》第五卷在后面追赶。希望他写完它。希望我能出版它。还有什么比这更好的理由能让我最终放下黄色的2号铅笔呢？

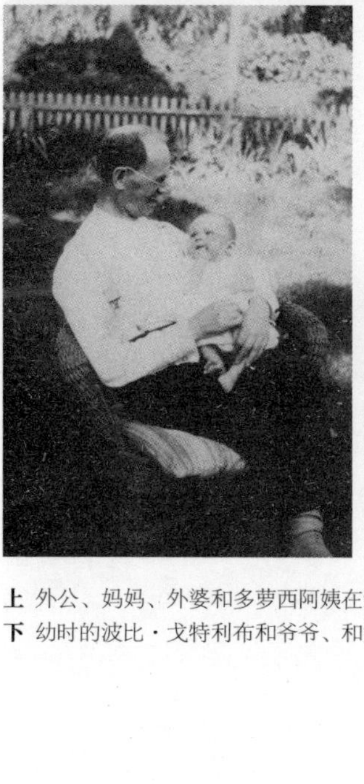

上 外公、妈妈、外婆和多萝西阿姨在纽约的家中，1910 年左右。

下 幼时的波比·戈特利布和爷爷、和妈妈、和爸爸。

左上 和幼时的儿子罗杰在剑桥的房子后院，1953 年。

右上 缪丽尔、罗杰和我在海滩上，1958 年。

下 我和玛丽亚放松地各自读书（仅此一次），1966 年左右。

马丁·普罗文森听到玛丽亚怀孕的消息，画了我未来一家的漫画（玛丽亚怀的是莉齐），1970 年。

上 尼科洛·图奇和他女儿（玛丽亚）、女婿（我）、外孙女（莉齐），1976 年。
（摄影：汤姆·维克多）
下 新娘莉齐和我从我们的乡间别墅走向草坪上的婚礼现场，一边走一边聊，2000 年。

上 莉齐和尼基，几年前。

下 莉齐、迈克尔·扬和双胞胎儿子雅各布、奥利弗，2016 年。

玛丽亚在康涅狄格州斯特拉斯福德的美国莎士比亚节参加《罗密欧和朱丽叶》演出，她饰演朱丽叶，莉莲·吉什饰演护士，1965 年。

玛丽亚和弗兰克 · 兰格拉、格洛丽亚 · 福斯特在林肯中心剧目剧院排练洛尔加的剧作《叶尔玛》，1966 年。

上 玛丽亚和詹姆斯·厄尔·琼斯、哈里斯·尤林在阿索尔·富加德的话剧《阿罗斯的教训》中的剧照，1980 年。

中 凯文·贝肯在影片《最后一刻的巨变》中的剧照，1983 年。

下 黛博拉·梅辛在唐纳德·马古利斯的话剧《故事集》中的剧照，曼哈顿戏剧俱乐部，1997 年。

上 我和菲莉丝 · 利维，约 1959 年。
下 阿尔弗雷德·克瑙夫和我，1970 年代。（摄影：吉尔 · 克雷门兹）

上 多丽丝·莱辛和我在我家，1972 年。（摄影：海伦·马库斯）

下 劳伦·白考尔和我在纽约宫殿剧院，1979 年。（摄影：吉尔·克雷门兹）

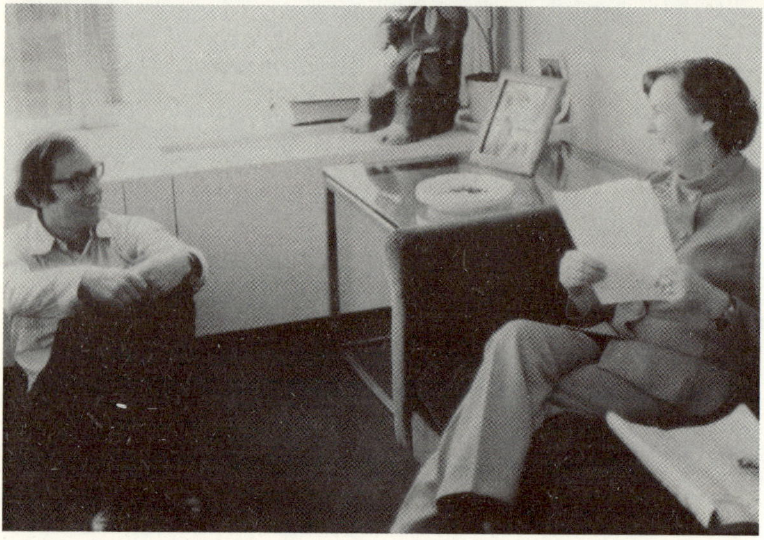

上 约瑟夫・海勒和我在克瑙夫出版社的办公室，1974 年。（摄影：吉尔・克雷门兹）
下 我和杰西卡・米特福德在克瑙夫出版社的办公室，1974 年。

上 罗伯特·卡洛和我，1974 年。（摄影：玛莎·卡普兰）

下 托妮·莫里森、她儿子斯雷德和我在国家图书奖颁奖典礼，1978 年。（摄影：吉尔·克雷门兹）

上 我和艾琳·梅耶·塞尔兹尼克，1983 年。
下 我和乔纳森·加拉西在美国笔会的颁奖礼上领奖，1984 年。

上 托尼·舒尔特、尼娜·伯恩、我和凯·卡塔卢拉在克瑙夫出版社庆祝什么事情，1980年代中期。

下 我和玛莎·卡普兰购物后，约1985年。

上　我和凯瑟琳·格雷厄姆，1997 年。

左下 比尔·克林顿和我在查帕瓜他的家中，2004 年。

（摄影：贾斯丁·库珀）

右下 我和戴安娜·约翰逊在库朗斯，2010 年。

（摄影：理查德·奥弗斯特里特）

左上 尼娜·伯恩
右上 黛博拉·罗杰斯
下 莫迪凯·里奇勒（摄影：费伊·戈德温）

上　玛丽亚和珍妮特·马尔科姆，1989 年。
（摄影：加德纳·博茨福德）

左下 林肯·科斯坦和乔治·巴兰钦在科斯坦家里。

右下 玛丽亚和诺拉·艾弗隆在我八十岁生日聚会上，2011 年。
（摄影：理查德·奥弗斯特里特）

《冷暖群芳》

罗娜·贾菲

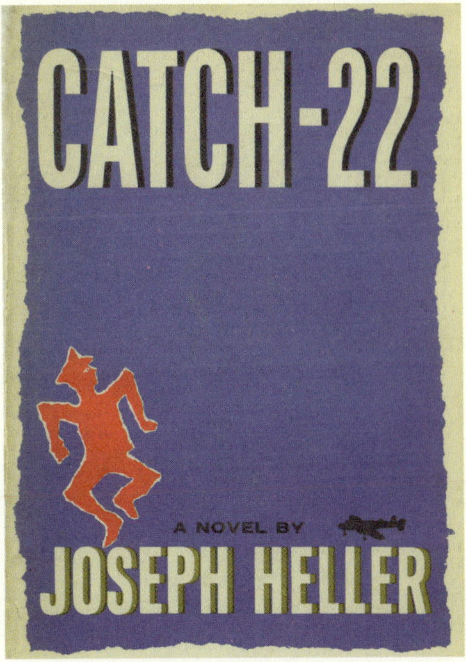

《第二十二条军规》

约瑟夫·海勒

《教师》

西尔维娅·阿什顿－沃纳

《美国人的死亡方式》

杰西卡·米特福德

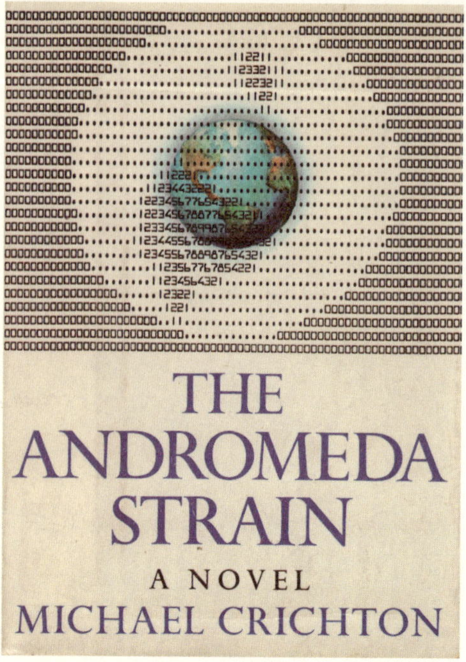

《天外细菌》

迈克尔·克莱顿

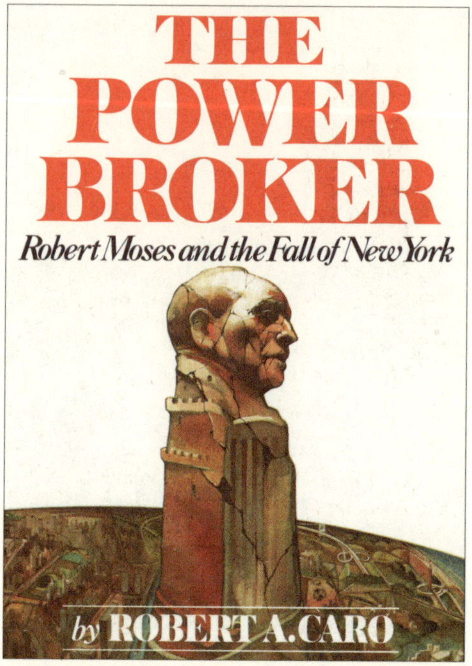

《权力掮客》

鲍勃·卡洛

《改变》

丽芙·乌尔曼

《约翰·契弗短篇小说选》

约翰·契弗

《所罗门之歌》

托妮·莫里森

《远方之镜》

芭芭拉·塔奇曼

《猪小姐的生活指南》

猪小姐

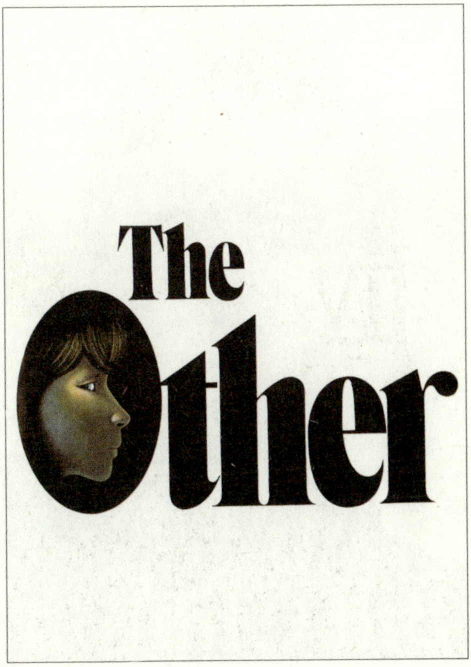

《另一个人》

汤姆·泰伦

《婴儿期》

佩内洛普·里奇

《我的脖子让我很不爽》

诺拉·艾弗隆

《我的生活》

比尔·克林顿

《阅读舞蹈》

罗伯特·戈特利布（编）

舞蹈

我小时候，我的收音机从来都不关，随便放什么音乐，我都会跟着在房间里跳舞——我可以想象，这不是什么让人看了愉悦的场面，反正没人看见。那时候，我还没见识过真正的跳舞，除了在少数电影中看到的舞蹈场景（毫无疑问，都是秀兰·邓波儿和她的舞蹈搭档比尔·“柏贞格”·罗宾逊），所以吸引我的是踢踏舞。可是，尽管我听到音乐就喜欢动，而且我小巧、敏捷、灵活，却从未想过要学踢踏舞（或者向我父母提出学）——犹太好男孩应该学弹钢琴。而且实际上大多数舞蹈，当然包括芭蕾，我都不可能学，因为我是平足，平得不能再平。1942 年左右，一直引领我亲近文化的妈妈带我去老的大都会歌剧院看芭蕾剧院（现在的美国芭蕾剧院前身）演出的《吉赛尔》，由那个时代最好的舞者搭档艾莉西娅·马尔科娃和安东·多林主演。我们坐在楼上后排，我看得一头雾水——为什么所有那些穿一身白、有小翅膀的女孩在后面跳上跳下的？但我对马尔科娃和她以缥缈轻盈著称的舞姿有清晰的印象。（很久以后我才知道，她的轻盈得归功于她那些坚忍的搭档。）下一年我勇敢的妈妈又带我去看《吉赛尔》（她很喜欢），结果一样。接着，芭蕾剧院在1944年上演了《自由幻想》《比利小子》和《牧区竞技》——我妈妈希望这下我能爱上芭蕾。可是，那些在舞台上跳来跳去的水手、牛仔就跟《吉赛尔》里的妖精“薇丽”们一样无法吸引我。这种情况直到1948年我老师凯·缪斯带我去城市中心剧院看芭蕾协会演出的那一天才发生改变。正如我之前写过的，演出中有一部作品是巴兰钦、斯特拉文斯基搭档创作的《俄耳甫斯》，它改变了我的一生。

它也改变了巴兰钦的事业。代表市政府管理城市中心剧院的莫顿·鲍姆也被《俄耳甫斯》所征服，邀请芭蕾协会永久进驻城市中心剧院，改名纽约城市芭蕾舞团。我在对巴兰钦几乎一无所知的时候，就已感到他是一个天才。1948年10月，城市芭蕾舞团推出了由《C大调交响曲》《巴洛克协奏曲》和《俄耳甫斯》构成的首演剧目。我看完就确信他是天才——从此我不仅爱上他，也爱上了这个舞团和芭蕾舞。

从此我与芭蕾舞结下不解之缘。整个大学四年，我一有空就去城市中心剧院，去了不知多少次，因为楼上后排的座位票价最低，只要1.2美元。进场以后，我跟许多人一样，在第一幕休息期间溜到楼下的乐队演奏区，那里基本是空的——城市芭蕾舞团与纽约的芭蕾舞观众所熟悉的舞团风格很不一样：对他们来说，城市芭蕾舞团太现代，太业余，太知识分子气。一个“薇丽”都看不到。引座员跟乱坐的观众都心照不宣，因为舞蹈演员们看到观众都是熟面孔会更高兴。

这是舞蹈团经历阵痛的成长期：巴兰钦早年的杰作开始成为保留剧目（《阿波罗》《四种气质》《小夜曲》《浪子回头》），新的作品又陆续推出（由他复排、夏加尔布景、玛丽亚·托尔契夫惊艳表演的《火鸟》，还有《天鹅湖》二幕、《圆舞曲》等）。惊喜一个接一个。为数不多的忠实观众都明白，某种令人震惊的新事物正在诞生——有一种“我们是少数幸福者”的强烈感觉。我一生中最幸运的地方之一，就是那些年一直在纽约，能够见识巴兰钦的天才。夜复一夜，我和朋友们从剧院出来，神魂颠倒，满心喜悦，几乎像舞者那样小步跳着，一路跳向地铁站和晨边高地[1]。这样接触巴兰钦的艺术对我是极好的教育，而且年轻的我认为这一切理所当然，正如伊丽莎白时代的观众看待莎士比亚一样。

1949年10月发生了一件改变美国芭蕾舞历史的大事，也印证了我对芭蕾舞的热爱：英国沙德勒之井芭蕾舞团（皇家芭蕾舞团的前身）在美国的第一季演出大获成功。我读了报纸上宣告票房开票的整版广告，就带着现金冲到市中心的大都会歌剧院，排很长很长的队，能买多少票就买多少。但选择哪些场次呢？演员当中我只知道莫伊拉·希勒，因为我也像所有人一样，为她在电影《红菱艳》中的表演所倾倒。还有一个芭蕾舞女演员的名字在第一演出阵容中一再出现——是我从未听说过的名字：玛歌·芳婷，这令我很好奇。她在美国完全没有知名度，这种情形没过多久就变了。我第一次看她表演是她在获得巨大成功的《睡美人》中饰演奥罗拉，这是我前所未有的体验：我有生以来第一次彻底被一位舞者征服。我从未见过她这么高水准的舞蹈，而她又这么美，这么迷人，这么光芒四射！正如林肯·科斯坦某天对我所说，她是本世纪最善于取悦别人的舞者。她也是我第一次看的完整版《天鹅湖》中奥吉莉娅/奥杰塔

---

1 晨边高地是曼哈顿西北部一个社区，集中了哥伦比亚大学在内的好几所大学。

的扮演者，又一个惊喜发现。于是我站在舞台门外，等着这位表演者出现。这是我此生唯一一次做这种事。

那是我距离芭蕾舞世界里的人物最近的一次，直到十年后，我在普罗文森夫妇的乡间别墅遇到他们的朋友和邻居珍妮特·李德。她曾是美国芭蕾剧院和城市芭蕾舞团这两大团的首席舞者，她在《自由幻想》首演版本中的演出、在《步态舞步》中饰演的轻浮女人、在《C大调交响曲》活泼的第三乐章中的表演，都曾令我倾倒。她惊讶地发现，在普罗文森家所在的克林顿角这种小村子竟然有一个年轻的芭蕾舞狂热爱好者，还十分了解她的演出，这种惊讶程度就和我在那里发现有一位我爱的芭蕾舞者一样。

不过那是意外。我其实无意要见舞者，也没兴趣打入芭蕾舞界，我只是纯粹感激它带给我的精神享受。实际上，我从未刻意想要去结识舞者、演员、作家——各种艺术家和名人。那有什么意义？我看重的是他们做了什么。而且，你能对巴兰钦、芳婷说什么呢，“我爱你的作品”？在我看来，舞者尤其像是外星人，得远远地崇拜（或者不崇拜）。

七十年代初，城市芭蕾舞团的指定摄影师玛莎·斯沃普找我谈，想出版一本大开本的关于舞团的书。我和玛丽亚对她略知一二，因为她拍过玛丽亚参演的好几部戏。书的内容将包括一篇林肯·科斯坦以日记形式写的文字，还有她本人和舞团早期由杰出的摄影师乔治·普拉特·林斯拍摄的照片。我喜出望外，于是她和林肯来到克瑙夫出版社跟我讨论。我在剧院里经常看见林肯——你很难看不见他，大块头，冷峻的脸因为紧张而涨得通红——但因为我不认识跟舞团有联系的人，也就从未正式与他见面。

他的才能无可挑剔，所取得的成就也具有传奇色彩（且不说他说服乔治·巴兰钦在1933年来到美国创办一个古典芭蕾舞团这件事)，他的个人能力基本上无人能及。他是一流的作家，不知疲倦的艺术收藏者，智识和艺术修养卓绝的企业家，宣传大师，同时也是躁郁症患者，多次被收治入院。他的魅力很有诱惑性，他爱传播各种小道消息。我尊敬他，甚至爱他，但爱林肯是危险的事，因为当他病症发作时，他必然会转向那些关心、照顾他的人发泄。他的眼光很毒，能一眼辨认出哪些人可能对舞团有用，说得公平点，就是能发现任何人的才华，帮助他们发展。

举个最真切的例子：我认识他多年后，有天晚上他在州立剧院随口问我玛丽亚在做什么。我说没想到原来他知道她，他说："是的，多年前我看过《特洛伊妇女》，她演卡珊德拉，然后我打电话给美国莎士比亚节（在康涅狄格州斯特拉特福德；他曾帮助这个戏剧节启动），告诉他们我找到了下一季扮演朱丽叶的人选。"一桩家庭悬案破案了！当年玛丽亚受邀参演，根本没有事先会面、试演，完全不知道怎么回事。

这种外人看不见的幕后策划是林肯排斥做事留名的典型风格——他喜欢成人之美，如果结果是好的，他就偷着乐。就算结果不好，他也绝不后悔自己出过力。换句话说，他做事不求回报。这是我努力铭记于心的学习目标，但对于我这样总是在意结果的人来说又很难做到。(从职业角度，我不得不重视结果。)

多年后，我又从他那里学得一个重要经验。那是在巴兰钦最欣赏的芭蕾舞星苏珊娜·法雷尔带着心理创伤戏剧性地离开舞团五年之后回归之时。(舞团中的智者迪莉娅·彼得斯说："苏珊娜的回归是她离开以后我们遇到的最好的事。"）我和林肯坐在一起看她回来后的首场演出，她优美极了——显然，她的舞蹈已经升华，她将恢复保留剧目的领衔地位。我激动得眼含热泪，可林肯全程都像石头般面无表情。灯光亮起时，我面向他说：“难道她不精彩吗？难道她回来不是大好事吗？”他只说了一句：“这说明接下来几年会安稳点。”按我的理解，他对这个激动人心的历史性时刻是这样一种嘲讽的态度，这令我震惊。但后来我回顾自己在克瑙夫的感受时，就想起他说的话。当时我的心态已经到了会理所当然地认为只要没有重大变故，我们就会持续繁荣的地步。我对单本书的成功不会像过去那样激动、满足了，通常就是以松了一口气的心情想一想，继续工作。真的，它们的成功说明接下来几年会安稳点。

那本城市芭蕾舞团的书出版后，我又和林肯合作，编辑出版他精彩的《尼金斯基的舞蹈》。这是我所参与出版的书籍中最精美的一本——迈耶男爵[1]的精妙摄影，林肯的权威文字，还有设计，纸张，印刷！这样一本读者有限、定价很高的书多半是亏本的，但反正我说了算，也就不用考虑它的盈亏。我还是这个看法，只要我们总体很赚钱，怎么做单本的书就是我们自己的事。

林肯对尼金斯基这本书很满意，我想他也很高兴我如此热爱城市芭蕾舞团和巴兰钦，所以当他决定让芭蕾舞团在法律上脱离城市中心剧院的理事会，组建自己的理事会时，他就邀请我担任理事。我记得我对他说，我愿意为舞团做任何事，可我觉得当理事还不行：我没有筹款能力。“不需要你筹款。”他说，“我需要理事会有人能在关键时刻确保舞团得到它需要的人。”他不必明说——他的意思是巴兰钦去世或无法继续工作怎么办。当我同意参加理事会，新组建的

---

1 迈耶男爵（1868—1946），一般称为阿道夫·德·迈耶男爵，二十世纪早期重要肖像摄影师，是《时尚》杂志首位正式摄影师。

理事会开会时，我懂了他的意思。理事会是由一小群舞团长期的支持者和朋友组成的，他们全都一心为舞团好，但除了少数几人，都不懂专业舞蹈。他们就是崇拜巴兰钦（谁不崇拜呢?），并且和林肯一样，觉得理事会的存在就是确保让他决定要做的事情做成。但一旦巴兰钦去世，人们没有理由相信舞团会继续走在正确的轨道上：一个不明智或想法走偏的理事会可能会毁了巴兰钦和科斯坦创造的一切，他们俩都年事已高。巴兰钦就说了一句："我死以后，就看理事会的了。"

七十年代中期，纽约城市芭蕾舞团来到十字路口。它不再是纽约舞蹈界不被人看好的精英团体，而是闻名世界的主流舞团。它成为林肯中心壮丽的州立剧院常驻舞团，财务稳定，处于艺术巅峰。但在幕后，它的管理方式仍然是一成不变的夫妻老婆店。林肯日益受到孤立，大部分时间顾着美国芭蕾舞学校[1]。巴兰钦的健康状况不可能永远保持良好。理事会基本上无关紧要。而几十年来忠心耿耿管理这个团体的中层干部渐渐丧失动力。意志坚强、能力非凡的舞团经理贝蒂·凯奇一次次地把舞团从悬崖边拉回来，还要操心林肯的精神状态和健康状况，已经筋疲力尽了——她对他始终全力以赴。这种状况跟我在克瑙夫出版社所发现的情况并无不同：这是一种制度上的失灵——除了巴兰钦自己，他仍在创作杰作，训练（和激励）他的舞者。

新理事会成立后不久，林肯向巴兰钦介绍我，我对他也想不出有什么话可说。既然人人都直呼林肯其名，我以为大家也都直呼巴

1 美国芭蕾舞学校是巴兰钦、科斯坦和爱德华·沃伯格 1934 年共同创办的学校，旨在为芭蕾舞团培养后备力量。

兰钦的名字“乔治”。所以我叫他“乔治”。等到我发现人人都叫他“B 先生”，我都不好意思改口了，所以多年来我再没有叫过他名字。我敢肯定，他没有注意到，也不在意。

贝蒂·凯奇为林肯做的诸多事情当中，有一件是每个星期一为他的密友们或者他要讨好的人做晚餐——比如掌管福特基金会经费的马克·劳里。（城市芭蕾舞团和美国芭蕾舞学校获得过福特基金会有史以来给表演艺术团体最大的一笔资助，这令其他所有舞团愤愤不平。）这些晚餐会我经常参加，有一次林肯和贝蒂抱怨周末的下午场缺少家庭观众。“你真以为家长会带着孩子来看《舞乐》[1]？”我问，因为《舞乐》是芭蕾舞剧目中最色情的一部。林肯转过身瞪着我：“你有兴趣做演出计划？那就帮贝蒂吧！”这活儿贝蒂已经干了几十年，已经失去兴趣——她连演出都不看了。我观察了一段时间她怎么工作，然后就接过担子，这令她如释重负。

票房收入依赖于一个由十六种预订方式组成的复杂系统，你不能在几年之内多次让订户看同一部芭蕾舞剧。对芭蕾教师、音乐指导和舞台监督都有严格的要求。芭蕾舞剧只能根据舞者的需要和能力来安排。这是一项极其复杂的工作。在技术层面之外，每一套演出计划必须具有艺术意义，要有一种均衡，一种连贯性。

我对保留剧目了如指掌，也了解舞者们。我一生都在解谜。我知道自己天生就适合干这个，而且它很快就成了我的活儿，之后一直做了十来年。每年两次，我会与巴兰钦和杰里·鲁宾斯开会，获知他们计划排演的新作品。筹划一个演出季还要做些什么？通常我会花一个周末拉出演出计划初稿，然后给贝蒂、乔治、杰里、林肯、

1 《舞乐》是 1963 年日本作曲家黛敏郎与巴兰钦合作创作的芭蕾舞剧，由黛敏郎本人作曲。

罗伯特·欧文（音乐总监）、罗斯玛丽·邓利维（芭蕾教师）和罗尼·贝茨（舞台监督）看。根据他们的反馈意见，我再改第一遍。

乔治根本不在乎演什么。杰里很投入——但他只在乎他自己编舞的作品会怎么安排：你无法取悦他。问题最复杂的是邓利维和贝茨。1983 年巴兰钦去世后——实际上在他临终前就开始了——我开始配合他指定的接班人彼得·马丁斯工作。1981 年年末那段时间林肯就跟我说过："会让彼得接班。我要让你认识他，尽力帮他——我太老了。"我就这么做了，和他建立了牢固的关系，这首先是因为我们对这份事业共同的强烈信念，渐渐发展成某种程度上的友谊，甚至是情感——至少对我来说是这样。

我随同舞蹈团外出时（到伦敦、哥本哈根或夏季驻地萨拉托加），经常会跟彼得和他同居十年的舞者希瑟·瓦茨一起晚饭，我们吃着意大利面喝着葡萄酒，聊很久。话题只有一个：舞团——这在封闭的、自我指涉的芭蕾舞界是典型的。但我想聊的也就是舞蹈团，当然不会是出版。有一些片刻，随着红酒喝得越来越多，希瑟和彼得之间的互动就会带有斯特林堡式的弦外之音，但压倒一切的是他们对自己工作、对巴兰钦的热爱。与大多数舞者不同，希瑟是一个真正的读书人。我记得在伦敦的一个片刻。我带多丽丝·莱辛去看演出，结束后我们去一家意大利小餐馆，希瑟恰好也在那里，希瑟看见《金色笔记》作者的激动，只有多丽丝看见她刚刚在考文特花园的剧院里为之使劲鼓掌的舞者那种激动可比。

巴兰钦在医院里久治不愈的最后那段时间，彼得实际上已经挑起舞蹈团的重担，尽管没有正式头衔。而在巴兰钦死后，有好几个人觉得他们有资格当他的接班人。但乔治曾在两个场合对我直言彼得就是他的接班人选。一次只是随口一说，另一次则说得非常明确，有针对性。我们当时站在副台观看彼得与苏珊娜搭档表演。他没有转向我，就说："只能是彼得。他懂得女演员需要什么。"他指的是彼得作为舞伴的天才？谁知道呢？巴兰钦是在直接陈述，而不是参与对话，至少对我是这样。他是要确保有一个理事为他的决定作证吗？还是那句话，谁知道呢？无论他在想什么，我把他的话当圣旨一般。

我与乔治的私人关系根本不私人。他总是彬彬有礼，总是乐于回答问题、讨论舞蹈团的问题，但我猜他其实不确定为什么让我这么深地介入他舞蹈团的事务。最后我问他无人能及的助理、已成为我朋友的芭芭拉·霍根（她后来是他的遗嘱执行人和巴兰钦信托基金会负责人），他为何信任我这样一个出版社负责人承担这些责任——当时我已经负责舞蹈团的营销推广、制订演出计划。"那很容易解释，"她说，"因为你的名字。戈特利布就是莫扎特的名字阿马德乌斯在德语中的写法。[1]"

不管是不是因为莫扎特，只要他对我说了什么，我都会觉得这是我正好站在他身旁时，他突然想到的，而不是在大多数情况下他专门要对我说的。我们在萨拉托加时就有这样一个奇怪的事例。我们住在同一幢房子里，一个美好的早晨，他身体不适，不能去剧院排练，我们坐在草坪上的躺椅中，喝着咖啡。他突然说："你知道吗，亲爱的，"——他管谁都叫亲爱的——"苏珊娜品位很差。"我不知说什么。停顿。"是的，苏珊娜的品位很差。"停顿。然后他说："对芭蕾舞裙的品位很差。"我慌张得都没想到请他解释。

---

1 莫扎特现在通用的全名是沃尔夫冈·阿马德乌斯·莫扎特。戈特利布（Gottlieb）是德语姓，字面意思是"上帝之爱"，等同于拉丁文中的阿马德乌斯（Amadeus）。

碰到有什么实际的事情需要讨论、决定的时候，他不仅迅速、敏捷、果断，而且显然得心应手。有好几次我碰到某些危机紧张地往他家里打电话，他不以为忤。我得出结论，他乐于挑战，能从解决问题中获得满足。对他来说，没有什么事情是无足轻重的。1976年，管弦乐团拒绝了我们的合同，威胁要罢工。我是五名谈判者之一，和贝蒂、芭芭拉一起代表舞蹈团。谈判持续了几个月，每次我们与乐团委员会开会都要好几个小时，大量时间。我们先出价，然后等。这种谈判要说很多丑话——贝蒂毫不惊讶，她像林肯一样讨厌音乐家：林肯认为他们都是失意的艺术家，原以为自己将成为海菲茨或卡萨尔斯那样的大师，如今当满场的观众为舞台上一群二十岁上下的舞者叫好时，他们只能在观众看不见的乐池中凄苦地度过人生。乐团委员会——你可以把他们视作煽动者或反抗者——肯定是有事感到凄苦。

谈判会议转移到世界贸易中心开。每次开会的上午，我们都会早早到达，读报纸，做填字游戏，喝咖啡，往我们各自的办公室打电话。后来有一天，我们的硬币用完了，没法使用大堂另一头的付费电话。（那个远古时代还没有手机。）情急之下我们决定给乐团经理乔治·米歇尔莫尔留个口信，请他带一袋硬币来——我们不敢外出，生怕音乐家们开完内部会议要马上见我们。过了半小时，巴兰钦急急忙忙跑进来，带着一包硬币。“我来得不晚吧？”他问。他们错误地把口信传给了这个乔治。他很感激有人让他做点有帮助的事情，所以没有人忍心告诉他，这些硬币和谈判是无关的。我们只是热情地感谢他，然后送他回家。

那时候，林肯的精神状况很脆弱，最严重的精神崩溃发生在州立剧院的一场演出时，他剃了头，穿着超大号的陆军军服来到剧院，大喊大叫。保安只能控制住他，把他送出剧院。这件事以后医生才用锂盐治疗，控制他的躁郁症病情。看着他精神紧张，一会儿亢奋一会儿暴怒，真是可怕的事情。他的病情中最令我痛心的地方是他坚持认为巴兰钦不需要他了，不在乎他的想法，不再寄望他的支持。一天，我们需要开个会处理某个战略问题，巴兰钦提议去林肯家，请我作为一贯的“众神使者”去跟林肯安排。我去跟林肯说，他愤怒地冲我吼道：“乔治没有说！这是你的主意，让我觉得乔治还在想着我。乔治不需要我了！”我好歹说服他不是那样的，但这两个了不起的人创造了那么辉煌成绩的伙伴关系走到这一步，还是让我既震惊又沮丧。

但乔治对林肯的态度从未动摇，必要时问他的意见（通常在不必要时也问），重视他的想法，到他就诊的地方去探视，尊敬他。我原以为他们俩一直都很亲密，但肯定不是我所理解的那种亲密友谊。他们很少在社交场合见面，除非是在正式场合。他们的兴趣不一样——乔治始终从音乐的角度考虑，林肯则关注视觉；乔治喜欢美食美酒，自己也精于厨艺，林肯则很少留意自己吃什么，甚至毫无意识。林肯那毫无同情心的管家给他和任何他可能在演出后带回家的客人准备的三明治，又干又不新鲜，太令人难忘了。这两个人对彼此的人生（也对我们的人生）至关重要，但他们并不合拍。

我一直都敬畏林肯，也很清楚我和他的关系是多么不稳定。他是一座火山，火山爆发时在他身边就不好玩了。（我有过一次这样的经历，所以我知道。）在我认识的所有人当中，他是我受教最多、最尊敬的那个人，可我这么喜欢他，却从未感到我们之间有一种真正的个人感情纽带，哪怕我们多年来无数次一起吃午饭、看演出。我得以一窥他对我的影响，是有一天我在剧院开完会回办公室的路上。

在那个会上，林肯仍是他一贯的强势、乖戾。我有时会不自觉地哼唱一些话，那是我内心给自己传递的信息。而那次，我就听见自己在哼唱电影《绿野仙踪》里稻草人唱的那首著名歌曲："我总是在想 / 我也能成为林肯 / 只要我有脑子。"这充分说明了我的潜意识，而说到林肯尤其反讽的是，他是强烈否认有潜意识存在的。

接班人的危机来临时，林肯有他的应对之道。他的目标是维护、守卫巴兰钦的辉煌成就，为此他必须保护他和巴兰钦共同建立的机构——如果没有举足轻重的舞蹈团和舞蹈学校，你就无法延续巴兰钦的舞蹈事业。而且林肯坚信组织机构的重要，正如他一生中在其他机构的诞生中所起到的关键作用一样：现代艺术博物馆（尤其是其电影部与摄影部）、林肯中心的舞蹈图书馆，甚至林肯中心本身。他可不打算看到纽约城市芭蕾舞团和美国芭蕾舞学校衰落下去，他觉得彼得是保护它们的最大希望。而且彼得也是很厉害的编舞，受过巴兰钦的赞许。

在彼得执掌舞蹈团后的大约六年里，我与舞蹈团的关系没有变化。但 1987 年后的某个时间，也就是我从克瑙夫换到《纽约客》工作时，情况突然大变。多年来，我一直和阿琳·克罗斯关系密切，她是公认最优秀的舞评家（因此也遭某些人嫉恨）。我们经常一起旅行——去巴黎、伦敦、蒙特利尔、华盛顿等地参加舞蹈活动——也在纽约一起看过无数场演出。我认识她全家，她也深受我们全家欢迎。

随着时间流逝，阿琳以及许多像她一样曾热烈欢迎彼得接任的城市芭蕾舞团支持者，却认为舞团的表演水准退化了，因而对彼得日益不满，她在《纽约客》上毫无保留地批评他。我到杂志社一年左右，突然接到彼得在工作时怒气冲冲打来的电话，要求我立刻退出理事会。"这不仅仅是你编辑她、出版她的问题，"他说，"也说明你同意她。”这是我认识彼得这么多年中，唯一一次听到他说话这么激动。我没什么要说的，因为我的确同意她。只是我不够聪明，没有意识到我已经伤到他了。我只能说，我肯定会离开理事会，但不是现在——何必在此时闹出动静？我的理事任期再过几个月就结束了，我只要不竞选连任即可。

这个我后来视为自己一生中了不起的冒险，也就是我与林肯、乔治的伟大事业之间的联系，就这样结束了。正如阿琳曾经所说，纽约城市芭蕾舞团是我们的文明，我能够加入其中对它有所帮助，并从内部观察它，已是我至高无上的幸运了。

关于我和彼得·马丁斯的关系，还有后事。1998 年，《名利场》杂志邀请我写一篇长文纪念城市芭蕾舞团成立五十周年。我内心充满忧虑，但又很想抓住这个好机会谈谈我对舞蹈团的看法，回顾我与舞蹈团的关系——他们想要一篇既有历史意义又具个人色彩的文章。因为舞蹈界一直在争论彼得呈现的表演，我的文章中不能不触及这一争论，我觉得应该让他有机会阐述他的观点，就给他办公室打了电话，看看他是否愿意见我。他的答复是他认为没有理由加入这种对舞蹈团和他个人肯定是负面评论的讨论。我又阐明我绝对不是那样想的，并保证，文章中所有他说的话以及这些话的上下文都由他把关。在这个基础上，他同意合作。

我们约好在某天傍晚到他位于州立剧院四楼的办公室见面。一个人都没有。我走过高高的舞台上方昏暗的长廊，发现他在办公室拿着一瓶红酒和两个酒杯在等我。我们大概有十年没有联系了，除了在剧院偶遇时不可避免的生硬致意。退一步说，一开始气氛很紧张，但很快，我们就发现自己滔滔不绝地无所不说，就像过去那样。我惊讶地发现他是那么开放，甚至是不加设防地谈舞蹈团、舞蹈团的问题、他的问题、对舞者的看法、巴兰钦、罗宾斯、林肯，当然，不可避免要谈到我们的关系。

原定半小时的正式采访变成了两小时的怀旧聊天。此时的彼得是我认识他以来最坦诚的，我过去对他的喜爱油然而生——我觉得他也是这样看我的。这就像一个经典的家人团聚场面，每个人各就其位，过去人与人之间的感觉马上就回来了。有一句话他说了两遍："是不是很讽刺？如果你没有去《纽约客》，你现在会在这里和我一起管理舞蹈团。"的确如此。这是我们的交谈中最动感情的时刻。是的，他是在非常动情的气氛中，在某种冲动的时刻这么说的，但我宁愿相信，如今仍然相信，他是当真的。

但我如果真的加入舞蹈团和他共事，那将是一场灾难，因为我不可能假装对舞蹈团所走的方向泰然自若；我们会经常有不同意见。一年后，这一让人不悦的真相就被印证了。那是1999年，我担任《纽约观察家报》舞评人，写的第一篇评论不幸就是彼得编舞的新版《天鹅湖》。我不可能假装喜欢它，所以我们之间即使有可能和解，这一可能性也结束了。不过他之前大方地同意了我在《名利场》杂志上呈现他和他观点的文章写法。幸好，我这最后一次与他意外的接触是一种弥合而非斗气。

我为城市芭蕾舞团工作的那些年，出版了类型广泛的关于舞蹈的书，使我更深入地了解了芭蕾舞世界。最令我兴奋的是玛歌·芳婷的《自传》——我从未停止对她的崇拜。我从英国出版社获得它的授权时，书稿已经编得很好了，但还有时间做点简单的修改工作，于是我第一次见到芳婷，当时就为她惊人的魅力和美貌所倾倒，也对她纯粹的专业精神留下深刻印象。除了她不想回答的问题，她乐意提供一切帮助。我知道她不喜欢谈论她扮演的角色，可我还是要问。"《吉赛尔》里你站在村舍门口等待第一次进屋的时候，你是怎么准备的？""你知道，鲍勃，我听着音乐，听到对我的提示，就开门起舞。"这很有启发性——她回答我提出的其他毫无疑问同样愚蠢的问题，也都让我茅塞顿开。这是我第一次见识芳婷著名的固执。

对于照片，她尽量配合，可我们坐在她伦敦公寓的客厅地板上翻阅一沓沓照片时，她否决了一张又一张——理由五花八门：她讨厌她的微笑，她没打扮好，她的演出服不合身，她的头发一团糟，她不喜欢扮演这个角色的自己，她不能暴露舞伴的缺点。换句话说，就是不行，不行，不行。纠缠了很久，我们才筋疲力尽地达成一个折中的照片选择方案。你不能逼她，但可以迎合她的常识和愿望来推动事情做下去。

我问她可以给我们几个星期配合书的宣传，她反问我需要几个星期。我试探着说至少两个星期，她一口答应，还问三个星期是不是更好。是的，更好，她就这样签了合同。（我在发行会议上宣布这一点时，就连最老练的销售代表都欢呼了。）几个月后该书出版时，她就认真执行这个累死人的全国巡回宣传计划，尽到每一个义务，从不抱怨，从不要求特殊待遇，我打电话到旧金山她住的酒店房间，问她过得怎么样。"我很好。"她说。我问她，日复一日地回答那些采访者一成不变的傻问题，他们对芭蕾的知识仅限于巴甫洛娃、《天鹅湖》、纽瑞耶夫，她怎么可能很好呢？她回答我："是的，这都是真的，但是你看，亲爱的鲍勃，这总比跳舞容易得多。"

这本书本身回避了许多内容——她的隐私意识无懈可击——但她讲得坦率、得体、令人信服：恰如其分地代表了我们都知道的那位女性和艺术家。她的坚定意志、幽默、不做作、不自我膨胀赢得了书评人和读者的心，使她的书成为畅销书。当然，她三个星期的宣传也有帮助。

七十年代末，玛歌着手做一个很复杂的项目——为BBC制作一部六集电视系列片《舞蹈的魔力》，这是她多年的梦想。她同意由我代表克瑙夫负责编辑、设计一本精美的衍生书。这个节目创意是玛歌的，文字是玛歌的，主持也是玛歌，我就是跟在她后面整理书。令这整个匆忙上马的项目得以推进的是BBC派来做图片整理工作的年轻女士凯瑟琳·阿什莫尔——她敬业、聪明、轻松、谦虚，真是你梦寐以求的同事和朋友。（她后来成为英国最好的舞台摄影师。）

紧赶慢赶，我们总算圆满完成了。这是我们合作的第三本书，玛歌已经和我很熟悉了。有许多时间我们拿巴兰钦和她自己的编舞之神弗雷德里克·阿什顿各自的优势开玩笑。多年来，我请她去看过许多场城市芭蕾舞团的演出，她很欣赏它们，也很尊重巴兰钦，但那不是她的舞蹈方式。举一个典型的玛歌玩笑为例：她像贝蒂·白考尔以前那样，在我们办公室写部分书稿文字，写在长长的黄色拍纸簿上，我忙完一天的工作后就读，然后让人连夜打字。有一天，她称阿什顿是“二十世纪最伟大的编舞大师”。这是公然挑衅，可我当时已经知道她是怎样的人。要是我反驳，她会跟我拼命，所以我嘴巴紧闭。第二天，我看到她的修改，那句话被改掉了。现在她称阿什顿“和乔治·巴兰钦是二十世纪最伟大的两位编舞大师”。我们有很多这样的乐趣。

乔治和玛歌有过一次难忘的合作，那是1950年沙德勒之井芭蕾舞团邀请他去排演他的作品《芭蕾帝国》。这出庄严的芭蕾舞对演员要求极高，它“臭名昭著”的一个特点是女主演出场时，在第二名芭蕾舞演员一段长长的、紧张得令人喘不过气的舞蹈之后要跳一段超长的舞段。这个角色以及相应超高的技术要求，不是最适合芳婷的，我因此很好奇她跳过以后的感受。（作为舞蹈团首席女演员，她是这一角色的首选；其次才是狂热崇拜巴兰钦、后来还写过一本关于他的书的莫伊拉·希勒。）我问芳婷感受时，她的回答依然是那么坦率、谦虚。“这么说吧，我站在副台看着那个长长的介绍性片段，想：‘我只要挺过第一段讨厌的舞段就万事大吉了。’可是鲍勃，你知道，我从没有成功！”多年后，我问乔治怎么看。“玛歌是个好姑娘。”他说，“我有一两次看电影去了——我不是耍花招回避问题，绝对没有。但她确实是个好姑娘。优秀的舞者。不过就《芭蕾帝国》来说，另一个演员更好！”我没有问他对莫伊拉·希勒的评价有没有耍花招。

我还为玛歌做了最后一件事。2004年，我策划了一个展览“玛歌·芳婷在美国：林肯中心舞蹈图书馆的纪念”，这是我多年前就开始考虑的项目。人人都支持但没人真正重视，直到出现奇迹：表演艺术图书馆来了一位新馆长：精力旺盛的杰基·戴维斯（抱歉，她正式的名字是杰奎琳。）我第一次跟她通电话，就知道我们想法一样——听得出她思路明确、坚定、有活力和做事的劲头。（不是所有她的同事都乐见这个项目。）我鼓动鲁道夫·纽瑞耶夫基金会提供必要的资助，然后作为策展人忙活起来。但真正让我高兴的是有机会让纽约舞蹈界重温玛歌是一位多么伟大的舞者，特别是她对美国和我们这座城市有过多么巨大的影响。

我与另两位卓越的舞者米哈伊尔·巴里什尼科夫（昵称米沙）和娜塔莉娅·玛卡洛娃（昵称娜塔莎）则更多是纯粹的工作关系。《舞蹈中的巴里什尼科夫》这本书是查尔斯·弗朗斯促成的。他博学、聪明、执拗，还有严重的自毁倾向。他对舞蹈的深刻理解，加上他在米沙担任美国芭蕾剧院院长时作为副手在剧院履行各种职责所积累的经验，使得他能够从他的上司，也就是米沙身上，提炼出充分的信息、评论和深刻认识。还有博学、儒雅的俄国流亡学者、作家根纳季·斯马科夫，我曾在克瑙夫出版过他具有开创性的作品《伟大的俄罗斯舞者》。他也能为玛卡洛娃的《舞蹈自传》做与查尔斯·弗朗斯同样的工作。这两本书都是写工作状态中的舞者，围绕他们表演的芭蕾舞组织，也拥有私人材料。

我始终不确定这本书在米沙的心里是什么分量。他当然为此付出了许多努力，也完全配合，但本质上它是查尔斯的成果。对我来说，这是激动人心的一本书，因为我当时认为，现在也仍然认为，巴里什尼科夫是我所见过最杰出的芭蕾舞演员，可能也是全世界最杰出的芭蕾舞演员。我对他最难忘的记忆是芭蕾舞剧《舞姬》中的“幽灵王国”那一幕。那一幕有一个我未见过的场景，他纵身一跃跳入副台，观众的反应不是雷鸣般的掌声和叫好，而是全部骤然猛地吸一口气，因为难以置信而集体性地屏住呼吸。多年后查尔斯告诉我，就连很少慷慨夸人的编舞安东尼·图德都跑到后台告诉米沙，这是他在这部芭蕾舞剧中所见过的最精彩的时刻。

米沙的情绪化是出了名的。娜塔莎有个性——个性会促进表演，但绝不会影响她的艺术。你永远不知道她的感觉会把她带向何方，米沙则似乎总是控制一切。这就使得他们一起跳舞时的情况变得有趣起来。娜塔莎对她的书很投入，也很自豪。我一心要给她做出一本漂亮的书，我想我做到了——版式、纸张、印刷、封面，全都有一种符合她芭蕾舞明星地位的魅力。她还非常幽默，当然，也是个工作狂。

她是典型的俄罗斯人。一个星期天晚上，她来到我家处理照片——有许多照片！玛丽亚在做意大利面，莉齐和两岁的尼基也在。

这就是一顿普通的家庭晚餐。娜塔莎带来了什么东西？一瓶葡萄酒——这是可以预见的；一辆漂亮的玩具公共汽车，她儿子安德烈比尼基大一岁，已经不要玩了——很可爱；还有一件礼物不那么可预测但同样可爱，一大包帮宝适尿片。她告诉玛丽亚，她还没有忘记某个星期天晚上，尿片用完了而所有商店都关门的情景。那种时刻她就不是一个俄罗斯芭蕾舞演员，而是一个俄罗斯母亲。

在我看来，当世最好的两部舞者回忆录是保罗·泰勒和阿利格拉·肯特写的，两本书的编辑我都参与了。我非常欣赏保罗的作品(还有他的舞蹈表演，我第一次看到他表演是他在和玛莎·葛兰姆搭档时)，他当时就是玛丽亚最喜欢的编舞，至今仍是。我们以前从没见过面，但有一天他来找我，说他要写一本书，我愿不愿意出版？他写了，我就出了。

和他的舞蹈一样，他的书也充满惊喜、反常、欢闹、逃避、激烈的戏剧冲突和深刻的真相。那都是可以预见的，你预见不到的是他对写作的热情——他爱写，乐于让人催他写更多，还迫不及待要修改、重写。我最近问他对我们在八十年代合作还有什么印象。他首先想起的就是我们一起工作时的乐趣。然后他从地下室找出厚厚的文件夹，里面有我们的往来书信、便签、笔记。有的只有三个单词，有的长达好几页。他总是烦恼自己该写多少，该透露多少自己的内心世界，怎样坦诚地写别人而又不至于让他们（太）不舒服。我总是敦促他再深挖一些，他一直都在努力。新写的稿子送来时会带着几句留言。比如 1982 年这条："亲爱的鲍勃，趁我还没改变主意，我还是先把这三页寄给你。有谁认为我写得又快又容易，他就是神经病。好主意，保罗。" 1984 年："亲爱的蓝色铅笔——这是结尾吗？我希望是。星期一会给你打电话问下一步是什么。如果时间到了，我疯狂想知道会怎么删改。哦天哪！！！！！——保罗。”1981 年到 1986 年之间，有很多这样的留言。我们的关系不变，但相互称呼的方式越来越荒唐，到最后我们以“保罗儿”“鲍勃儿”互称，至今还是如此。

这本书的声音独一无二，如果说某些事实被开玩笑似的歪曲了，书中的那个人仍是真实的，充分展现出他对生活的嘲讽，对生活的黯然态度。我爱这本自传《私人领域》，爱它的作者。我们之间这种温暖的关系已有三十五年——与其说是友谊，也许不如说是一种更罕有的、没有公开的亲近。

阿利格拉的书也完美表达了“她是谁”——她写得真诚、透彻、奇特、避实就虚、聪明绝顶；把她在城市芭蕾舞团跳舞三十年中，巴兰钦（和我们所有人）喜欢她的一切都写出来了。和保罗一样，她也是天生的作家，有一种独特的、可信的声音。我不是她的出版人，但是她的正式编辑虽然工作很投入，可惜没有真正的舞蹈背景。一天，阿利格拉给我打电话说她很紧张。首先，她的编辑要她去办公室，朗读书稿给她听。啊？更严重的是，这个编辑建议她按照约翰·多斯·帕索斯的风格重写整本书。我能否先读书稿，提点意见——首先，她这样做对不对？这很容易回答。我提出如果她的出版社同意，我可以帮忙做点编辑和其他工作，她的出版社爽快地让我放手干。除了基本工作，我还多做了一些工作，包括文本、图片、封面、封面文案、媒体名单，还提供了书名《一度舞者……》——所有标准流程的工作——我还去跟阿利格拉的前夫伯特·斯特恩商谈。他是著名摄影师，玛丽莲·梦露的好友。我们需要他拍的照片，但阿利格拉觉得不便直接跟他谈，当然，可能还涉及法律问题。所以我就充当中间人。

伯特完全配合——他希望这本书顺利，让阿利格拉使用任何需要的照片，也愿意读书稿，如果有法律问题就签署授权书。我们在如实讲述伯特故事的同时，也尽量淡化他——毕竟，他们共同生了三个孩子。我在约定的时间准时到达他的工作室，听他对书稿的结论。他没有任何怨言，这令我挺吃惊的，因为他的故事并不是积极正面的，里面写了他吸毒、不忠、暴力、被捕、与臭名昭著的“迷幻药医生”有关联。“迷幻药医生”是纽约内科医生麦克斯·雅各布森的绰号，他给纽约众多时尚名人供货，实际上是供安非他命。伯特对这些都无所谓。但有一点他坚持要改。阿利格拉写到他们新婚夜后的第二天早上，他在床上，让她拿一杯牛奶来，她拿来后，他却抱怨不够凉。结果她把牛奶泼他脸上。“不是牛奶，”伯特一口咬定，“是橙汁！”我向他保证阿利格拉会改。这就是我常说的，当编辑是提供全方位服务的工作。

就这个例子而言，它促进了我和阿利格拉长期的友谊。我以前崇拜作为舞者的阿利格拉，当她是女神；可在我二十多岁时，我从没想到过我比她大六岁，现在她是这样一个有强迫症一般的、洞察力高的读者，也许已经发现我是个挺有趣的人……

还有许多和舞蹈有关的书，包括美艳照人、极有异域色彩的日裔美籍舞者大里索诺写的回忆录，她从蒙特卡洛俄罗斯芭蕾舞团去了百老汇——我在音乐剧《锦城春色》首轮演出时看过她扮演的“地铁小姐”。

卡罗琳·布朗的回忆录《机遇与环境》也写得深刻，让人大开眼界。她是默斯·康宁汉[1]最器重的舞者。从她签约写这本书到最终

1 默斯·康宁汉（1919—2009），美国现代舞蹈大师，创办默斯·康宁汉舞团。

出版之间，隔了三十年，但这本书值得等待。

还有一本关于安娜·巴甫洛娃的书装帧豪华漂亮，写得很全面，作者是玛歌的好友：摄影师基思·莫尼——我们心满意足地为它花了好几年时间。有阿琳·克罗斯无与伦比的三卷本舞蹈评论集。有大卫·沃恩权威的弗雷德里克·阿什顿作品年谱。有翔实的、同样权威的《苏姬·肖勒[1]论巴兰钦技巧》。苏姬曾是城市芭蕾舞团备受欢迎的迷人演员，但她的声望和影响主要来自她作为美国芭蕾舞学校教师所做的卓越工作，她还总结她的知识和经验，传授给所有学习巴兰钦舞蹈技巧的新教师。

一个特别有挑战性的项目是为美国芭蕾剧院出一本书，要具有林肯中心纽约城市芭蕾舞团那样的视野和光彩。芭蕾剧院找我谈此事，我挺犹豫，解释说我对城市芭蕾舞团是知根知底的，但对芭蕾剧院的演出一直是断断续续看的，对它的情况缺乏真正的感觉。他们就给我票看下一个演出季的每一场演出。演出季结束，我明白了：我没有看懂芭蕾剧院的基本美学理念是因为它没有基本美学理念。它有好的芭蕾舞剧和坏的芭蕾舞剧，有优秀的舞者和不那么优秀的舞者；一开始，它是有高贵目标的，但后来变成了主要围绕芭蕾明星演出的工具，作品乏善可陈，除了图德、罗宾斯、艾格尼丝·德米尔等人创作的某些著名作品和另外几部作品（包括巴兰钦的《主题与变奏》和特怀拉·萨普的《你推我搡》[2]）。接下来的工作就简单

1　苏姬·肖勒（1939—　），美国芭蕾舞演员、教师，1959 年至 1972 年间在纽约城市芭蕾舞团担任舞蹈演员，并执教于美国芭蕾舞学校。

2　特怀拉·萨普（1941—　），美国舞蹈演员，编舞。1966 年创办特怀拉·萨普舞蹈团，1988 年舞蹈团并入美国芭蕾剧院。她是美国第一位真正综合现代舞和芭蕾舞技巧的编舞，也是把流行音乐带进舞蹈领域的先锋。她于 1976 年编舞的作品《你推我搡》由巴里什尼科夫主演，被视为芭蕾舞与现代舞结合的经典之作。

了：只要做一本外观漂亮、内容能反映这一现状的书。

是的，特怀拉·萨普——好像有许多特怀拉似的。但使她与众不同的并非她的名字。我不记得我们第一次见面是什么时候，但我们从一开始就很谈得来。一天晚上我们共进晚餐时，她提起她把自己的芭蕾舞作品撤出演出市场了。我说她疯了——哪怕用磁带留存她的作品，它们不被演出仍然会死的。而且，我说，面对现实吧，你总是在找钱，却又拒绝大笔的钱。第二天一早，她就指示经纪人安排演出她的芭蕾舞剧。我算是没白活了。

我们以前没有合作过，但艾迪·维莱拉[1]（在迈阿密大家叫他“爱德华”，但在纽约谁都叫他昵称“艾迪”）担任迈阿密城市芭蕾舞团艺术总监后，找我帮忙的那几年，我和特怀拉也成了某种形式的同事。我非常希望该团能排演特怀拉的作品——当代编舞家中有作品经常在他们剧目中排演的，当时只有保罗·泰勒——而且我相信如果艾迪和特怀拉合作，会成为绝好的搭档。我希望先从她编舞的《辛纳屈的九首歌》开始，因为这部作品非常适合舞者，也很适合观众。经过一番劝说，大家都同意了。特怀拉原本挺疑虑——她不认识艾迪，也不了解这个舞团。艾迪也疑虑——他也不认识特怀拉，只知道她好斗。那么，这位前拳击手觉得他自己以前是干什么的？

排练开始了。特怀拉坚持每天看他们排练，她也很乐意南下飞到迈阿密和舞者们一起工作——她自掏腰包！她来的时候状态好极了。首先，她爱艾迪的舞蹈课：“他知道自己在做什么。”第一天上午她就对我小声说。这可是前所未有的高度评价。接着，舞蹈团克

1　爱德华·维莱拉（1936—　），美国芭蕾舞演员、编舞。他十岁就读于美国芭蕾舞学校，1957 年起加盟纽约城市芭蕾舞团，一直工作到 1979 年。1985 年，他出任新成立的迈阿密城市芭蕾舞团艺术总监，一直工作到 2012 年。在成为职业舞蹈演员前，他曾是拳击冠军。

服了最初的敬畏之后，开始认识到特怀拉的两大优点：第一，她真的爱舞者，理解他们，总是赞扬他们。第二，她工作起来比我认识的任何人都要努力。这不是一种有意识的职业道德，而是对她自己身份和职业的认知。她对你的付出你要是不同样回报她，就太不像话了。

随着时间推移，迈阿密城市芭蕾舞团的剧目中增加了越来越多她的作品，包括《你推我搡》《楼上的房间》。后者对表演力度要求极高。它也成为该团在纽约市第一个演出季的闭幕剧目（在市中心剧院）。舞蹈演员们奔向大巴赶去机场时，特怀拉和我去吃晚饭。刚才演出谢幕时，她向观众鞠躬，赢得了观众热烈的掌声。这时她主动说，这是她所见过的《楼上的房间》演出中最精彩的一场。

几年后，她到迈阿密为我们创作一部新作时，问我能不能搬到我在迈阿密的房子里住一星期——她讨厌她住的酒店。当然没问题。早在我起床前，她已经去芭蕾练功房锻炼了，然后会在傍晚六点准时回家吃晚饭（这个晚餐时间对她来说算是晚的），饭后就睡觉。我们很少见面。但晚饭会因为我们的冰激凌大战而变得特别好玩。一开始，我们小心翼翼地舀出哈根达斯冰激凌，保证没人作弊。接下来可就乱了：一盒冰激凌，两把勺子，两只小猪，不择手段地争抢。她内心那个贪婪的孩子也把我内心贪婪的孩子召唤出来。每次在她纽约的家中吃饭时，我们都要来一遍这神圣的仪式。

但她内心的孩子从不干扰她的极端专业性。她什么都擅长，除了放松。这有助于解释为什么有些人抗拒她：不是每个人都追求完美的。但她绝不奢求超出自己能力范围的结果。

我与迈阿密城市芭蕾舞团的联系是在我二十多年前在迈阿密海滩买了一栋房子之后不久开始的。当时我在还没有重新改造的林肯路上散步，碰到艾迪的妻子琳达·维莱拉，我在纽约跟她打过一点交道，很喜欢她。至于艾迪，他被公认是巴兰钦的、也是美国最好的芭蕾舞男演员。艾迪见到我就跟我见到他一样高兴，因为说实在的，迈阿密没有多少人可以跟你聊芭蕾舞。而且我们以不同的方式，都与巴兰钦有关。把随便哪两个与巴兰钦有关的人放在一个房间里，五个小时以后他们仍然会聊得起劲。

2000 年，迈阿密海滩市为迈阿密城市芭蕾舞团建造了一个华丽的芭蕾练功房，恰好离我的房子只要步行十分钟。很快我就开始整天待在那里，观看，插嘴，傻乎乎地满足于艾迪、我和他的副手帕姆·加德纳[1]三人之间的互动。帕姆是律师，当时是舞蹈团的执行总监。我们第一次见面就互相喜欢，也都怀着同样的激情支持艾迪去影响对芭蕾舞不怎么热情的当地居民，还要面对差不多每年总会出现的、可怕的财务深渊。它总是处于千钧一发的险境，但在他的领导下，舞蹈团仍然不断发展、进步。

如果不是艾迪坚持无论是剧目选择还是舞蹈训练方法都按照巴兰钦的那一套来，也许情况还容易一些。舞者承袭巴兰钦的技巧风格——迅速、精力充沛、充满活力——而他们面对的当地观众对芭蕾舞的概念（如果有概念的话）还停留在《天鹅湖》《吉赛尔》上。我去迈阿密通常一次待五六个星期，我们三人基本上天天在一起，盘算着怎么避免灾难。很快我就全面介入了——在艾迪的鼓励和帕姆的拥抱中，我开始帮助他们安排剧目，管理预算（毕竟，我有二十年管理一家赢利出版社的经验），协助制订推广计划——在纽约城市芭蕾舞团那些年和出书卖书的毕生经验都派上用场了。后来，

---

1 帕姆·加德纳正式的名字是帕米拉·加德纳（Pamila Gardiner），帕姆（Pam）是昵称。

艾迪决心要在剧目中加入一些经典作品，我们选定排演持续整晚的《堂吉诃德》，我当起了剧本改编（这部芭蕾舞剧我看过上百万遍了），诸如此类的各种工作。不过，我最大的贡献可能是让杂务工改了舞蹈团里冰箱的门，我们取牛奶就容易多了。那是天才才能办到的。但我不愿意加入舞蹈团的理事会，虽然帕姆和艾迪都逼我加入。参与工作得有个限度。

在十多年的时间里，我与艾迪、帕姆肩并肩，支撑着几乎入不敷出的舞蹈团挺过一个又一个月，有时甚至要按星期计算。我们在舞蹈界的知名度比在佛罗里达南部大得多，当地人的心思都在更高级的事情上，比如运动和卡拉 OK。（艾迪经常说他来错了地方。）危机反复出现，残酷无情，让人心力交瘁，对艾迪来说尤其如此。但即便如此，舞蹈团仍有两次高潮。2009 年，我们在纽约城市中心演出，度过了成功的一星期，这是艾迪在舞台上成长的剧院，也是我坐在观众席中成长的剧院。2011 年我们远征巴黎更是获得非凡的成功——在沙特雷剧院的演出季历时三星期。在我们壮观的演出季开幕演出之夜以前，巴黎人对这个舞团是一无所知的。以下的反响很有代表性：巴黎歌剧芭蕾舞学校校长伊丽莎白·普拉特尔在演出后的晚餐时对我说："我们从没见过这样的表演！爆发力，演员舞步中的愉悦，他们作为一个舞蹈整体的表演方式，统一的技巧和力度，以及那样一种集体感！"（任何了解巴黎歌剧芭蕾舞团那种不同风格的人都知道，她说的是什么意思。）

经过十四部不同的芭蕾舞剧、十七场各异的演出，闭幕演出《芭蕾帝国》迎来了帷幕落下的时候，这是我作为剧目设计者经历过的最大挑战。观众（法国观众）沸腾了，他们鼓掌、喝彩、跺脚足足十分钟。前五分钟后，舞蹈团所有相关人士都走到台上，绽放笑容，激动流泪，鼓掌。艾迪欣喜若狂：他做梦也想不到，能够在同一个舞台上获得整整一百年前《彼得鲁什卡》[1]首演时同样热烈的反响。几分钟后在为舞团举办的招待酒会上，他激动地致辞说："10月1日我就七十五岁了。这是我七十五年人生中最不可思议的一个晚上！"

我们仿佛征服了世界。但回到迈阿密，这一切就好像从未发生。在我们外出的这三个星期，经济状况恶化了，从可怕跌入绝望。没有新的经费支持，没有人认可舞团刚刚创造了奇迹。经过二十五年的奋斗，艾迪又被逼到了墙角，在我看来，他正陷入严重的抑郁。他与理事会始终紧张的关系到了双方无法沟通的地步。然后他被告知，只有他走人，舞蹈团才会有新的资金。这意味着结束。

我的看法很简单，虽然也很残酷：我个人很关心艾迪，但我的首要任务是全力挽救舞蹈团。不是因为我认为机构比人更重要，而是因为我难以忍受迈阿密城市芭蕾舞团的巴兰钦舞蹈流派将就此消失。我尽了最大努力居中促成一个合理可控的退出方案，对每一个有关人等造成的损失最小，但痛苦和愤怒已经造成，裂痕没有机会弥合了。几个月后，艾迪离开了他一手创建并一直激励着大家的芭蕾舞团。

那么，谁来接替他呢？我作为舞蹈评论员，又和芭蕾舞界有那么广泛的联系，让我来物色接班人选就顺理成章了。最后人选将由一个十一人委员会决定，这十一个人由理事会成员、舞蹈团舞迷会成员、演员代表组成，不包括我。但首先由我独自选出一个候选人名单交给他们。（我喜欢自称"一人选拔委员会"——只有这样的委

1 《彼得鲁什卡》亦名《木偶的命运》，是俄罗斯芭蕾舞团的创始人谢尔盖·达基列夫委托斯特拉文斯基作曲的芭蕾舞剧，该剧创作于1910年，由亚历山大·贝努瓦编剧，米哈伊尔·福金编舞，尼金斯基主演，1911年6月3日首演于巴黎沙特雷剧院。

员会才会让我感觉自在。）我提醒理事会高层，巴兰钦流派的顶尖人才，又确实有空接替艾迪的，不会超过三四个——就算我们幸运的话。

我立刻和洛德丝·洛佩斯联系，听她的意见。我认识她很久了，实际上我看过她的第一次公开演出——那是1973年美国芭蕾舞学校的年度学生毕业演出《星条旗》，她十五岁——而且我们有一种在巴兰钦大家庭里的家人般的关系，每一个身处其中的人都会有这种感觉。但我一开始并不了解她，后来她在纽约城市芭蕾舞团二十四年之后，又担任乔治·巴兰钦基金会主席，组织、率领一个代表团去圣彼得堡参加一个巴兰钦研讨会。她周围的人无不具有复杂的人格，她又在一个很难安排谈判日程的国家，却仍然能够从容轻松地办好事情，我对此印象深刻。就像是令人激赏喝彩的演出——也是隐形的演出；她不会展现出自大自我的问题。

我们一起讨论了几十个名字，没有几个貌似可行。当然，有不少人毛遂自荐，其中有些人是高估了自己，总之，没有几个人我们能当真考虑。大概有六七个年龄合适的潜在候选人，他们具有巴兰钦舞蹈背景，有管理经验，有坚强性格，但基本上全都身居要职。即便如此，我还是征求了他们所有人的意见。我总计和大约三十个人见过面、打过电话，但越谈越丧气——根本就没有合适的候选人。

几个月过去了，时间不多了，我只能再给洛德丝打电话，一定要她马上来我最喜欢的餐厅吃午饭。我们又过了一遍名单。结果一样。接着，我一句话说到一半停下来。“实际上，”我说，“我有一个候选人。你。”我从来没想到，她也从来没想到——因为她太谦虚，我则太迟钝。可她就是完美人选，而我甚至不知道她是在迈阿密的古巴移民社区长大、一直到纽约来上美国芭蕾舞学校才离开。她美丽，迷人，能力超强，会说两种语言（这在迈阿密是重要加分项），深深扎根于巴兰钦的舞蹈世界和传统，现在正管理一个名叫莫弗西斯的舞蹈团，是她和编舞克里斯托弗·威尔顿几年前共同创办的。为什么我不一开始就扑向洛德丝呢？因为我认为她已经扎根纽约：莫弗西斯舞蹈团在那里，她丈夫在那里工作，她的小女儿在那里上学。她的生活在那里。

她目瞪口呆，也很振奋。开过家庭会议后，她的障碍也解决了。经过一段短暂的悬念时间（我提交了一份五页长的报告详细讲述选拔过程），十一人委员会一边倒地投票选她。从那以后，没有一个人为这个决定后悔。

交接过程并不愉快。舞蹈团团员们精神遭受重创，艾迪“跛脚鸭”一般的工作状态所带来的精神压力，也使得他在离原定离职日期之前几个月就突然离去。2012 年 9 月的一个星期四，洛德丝接到理事会通知，让她周末就去迈阿密，此时她已在舞蹈团就职。之前几个月，她已开始管理舞蹈团的学校（大多数时间是遥控），提出舞蹈学校的设想、一开始就担任校长的琳达·维莱拉已在夏天辞职。

洛德丝奇迹般地使水面恢复了平静。人们很快就开始领会她的艺术整体理念、执行能力和大度精神。而且她还为舞蹈团吸引到新的赞助和全国性关注度。舞蹈演员们感受到领导者是站在自己一边的时候，总是会积极回应的。今天，舞蹈团的经济状况已经大大改善，我们再也不必每个月都捉襟见肘了，而只要考虑下一个演出季的经费问题。

艾迪视我的做法为背叛。我当然没有，但我对他的崇敬和关心从未因此而减少，我也依然感谢他让我这么投入地与他的舞蹈团共度了十二年时光，共享其中的激动和快乐。帕姆没有走，她的工作向洛德丝和理事会证明了她的宝贵。我也洛德丝建立了最亲密的伙伴关系，如果“亲密”不是一个太冒昧的词。为她，我做出了巨大的牺牲。在把她安排到艺术总监这个永远让人头疼的职位之后，我觉得假如我们再次陷入麻烦的境地，我应该有支持她的能力：于是我加入了理事会。

过去的七十年中，我以观众、出版人、评论者、管理者的身份与舞蹈结缘，舞蹈对我的吸引力从未消失。正如我对待大多数兴趣那样，我也把我对舞蹈的爱变成了职业，随着我的舞蹈知识越来越丰富，我发现要回到最初观看演出的那种纯粹的喜悦却越来越难。然后……发现一种精彩新颖的芭蕾舞，看一场辉煌的演出，我就不再用职业眼光去审视，对舞蹈睁大眼睛的信任和愉悦又回来了。

生活在舞蹈世界给我带来这么多快乐的一个原因是，与之相关的糟心事几乎没有（戏剧就相反）。舞者更了解事实本质。他们每天在练功房的镜子里观看自己，不是出于自恋，而是为了寻找缺陷和弱点。一场演出有不足之处，他们比你清楚。他们也知道如果长时间不跳舞，哪怕有几天不上舞蹈课，舞技就会退化。再多赞美也掩盖不了这些事实。

我从舞蹈中获得的另一种满足感（有时）来自舞评人生活中结下的情谊。夜复一夜，你见到的是同样的人，你们对要写的舞蹈团体有同样浓厚的兴趣，你们在力所能及时互相帮助。这并不是说，你们彼此没有竞争、怨恨、讨厌，但大多数情况下，舞评人彼此都很慷慨。除了多年来与阿琳的密切联系，我还与其他舞评人有愉快的交往，包括琼·阿科切拉（《纽约客》）、罗伯特·格雷斯科维奇（《华尔街日报》）、明迪·阿洛夫、南希·戴尔瓦、黛博拉·乔伊特、吉娅·库拉斯、布莱恩·塞伯特、玛丽娜·哈斯和阿拉斯泰尔·麦考利。麦考利和我第一次见面是将近四十年前，他二十岁出头时（在考文特花园），从那时起我们的联系从未中断。有两次阿琳休假，我请他到美国来为《纽约客》写，他就住在我们家。我们一起旅行过几次——去阿姆斯特丹，有两次去爱丁堡艺术节——我也参与促成他最终搬到纽约，到《纽约时报》工作。有时候我们可能会把彼此逼疯，但都不会造成永久伤害。我们有默契。

为什么我这大半辈子，舞蹈对我影响这么深，这个问题我始终无法真正作答。毕竟，从我童年起，文字就成了我最珍爱的东西，而芭蕾是没有文字的。我从未有跳舞的念头，没有舞蹈背景，但舞蹈就是让我着迷，就像一见钟情。也许正是没有文字才对我有效：我在看戏剧、电影或歌剧的时候，剧中的话语经过我的大脑，就像在磁带里播放一样——我很难略过它们直接体验演出本身。而舞蹈把我从语言的束缚中解放出来，平衡了我的生活。

写作

写作于我纯属偶然，是它悄悄靠近了我。与许多编辑不同，我一生中从未对写作有丝毫兴趣，甚至更糟，我根本不想当作家。我是个爱说话、不爱打字的动物，虽然我的书信都是自己打字的——向秘书口授让我感觉既做作又没有人情味，可手写又不可能，因为我的字迹连我自己都看不懂。

当我不得不写作的时候——比如大学里写论文——结果倒还能让人服气，有时甚至让人高兴，尽管每次我都是拖到最后一刻，带着怨恨完成的。写作太难了——传达你的想法（假设你真有什么想法的话）要求太高了。就像学钢琴或者接受精神分析治疗，写作是对真相的痛苦探索。我在图森上七年级的那一年，我父亲给我写过一封信——这封信过了半个世纪又找到了。针对我（极少）几封书信，他在信中评论说，有人写信阐述严肃事情，讲述事实，分享想法；有人写信写得花里胡哨，不是为了讨好人就是回避事实。“你就是后者。”他断言道。我接受他的判决。话说回来，当你在出版生涯中需要写大量封面文案和广告宣传文字时，花哨并不是最坏的品质。只有尼娜才能把写文案变成艺术。

我多年里只偶然写了一篇文章，这唯一的成果就是1963年为《新共和》杂志写的长文，评述F. R. 利维斯博士主编的二十卷《细察》杂志，它们是我大学时代膜拜的读物。我花了一整个夏天消化（厚厚）二十卷，考虑怎么写。但促使我做这个艰巨任务的并非我对《细察》的感激之情，也非求知欲，而是我大概买不起标价100美元的杂志，而我又必须拥有它们。一直要到三十五年以后，我才会让自己再次体会身陷这种写作任务的焦虑。

这次是要写对我的生活极重要、非常吸引我的主题：纽约城市芭蕾舞团。对我来说，没有什么比接受格雷顿·卡特的邀约为《名利场》杂志写一篇关于纽约城市芭蕾舞团的独家文章更有挑战的了，因为风险非常之高，我既要写芭蕾舞团的五十年历史，还要写我与它的关系和参与舞蹈团的经历，毕竟我经常回去。要写好似乎是不可能的任务，但我得承认，我的确想不出第二个人选有我这种双重身份，既是五十年的观众又完全了解舞蹈团内部：我在巴兰钦-科斯坦的核心圈子里生活了这么多年。

这篇文章的结构很快在我脑中成形。做采访、读材料、写作的恐惧接踵而至。写完了，总共一万五千字，或者两万字？一字未删；道格·斯顿夫的编辑工作极其细致；他们也热烈欢迎我参与配插图——这对一篇关于芭蕾的文章来说很关键；城市芭蕾舞团似乎对结果很满意。但我痛恨写作。最可怕的部分是得坐在打字机旁，我简直是不懈地抵抗——我可以一连几天不去碰它，同时又为我的逃避自责。唯一让我满意的就是终于完成了一项艰难的工作，当然，还有来自朋友们的赞美。

在我为这篇文章殚精竭虑的几个月里，有一天，《纽约观察家报》找到我，约我为亚当·贝格利主编、编得活泼有趣的该报图书版写书评。实际上找我的人就是亚当（我们初次见面是在巴黎，在我的好友戴安娜·约翰逊组织的晚宴上），他是这份报纸极有创意、性情古怪的总编辑彼得·卡普兰派来的。无论出于什么原因，卡普兰想让我为他们写稿。我们从没见过。（后来也没见过；多年以后，亚当解释说，彼得担心如果他和我认识了，我可能“征服他的头脑”。也许他知道他在说什么，我肯定不知道：征服别人的头脑从来都不是我的特长。）

想到给《名利场》写那篇文章时的压力，我正打算拒绝，结果亚当想让我评论的书是迈克尔·科达的出版回忆录《因缘际会》。这下又难以抗拒了，因为我前面已经写过，它有很大部分是关于我们早年在西蒙-舒斯特出版社的工作经历。这次的压力似乎小一些，因为《纽约观察家报》名声不好的粉色纸张和挑衅风格，它在我的关注视野中位置并不高。但一件事就会引来另一件事，我很快发现自己写了一篇又一篇，而且因为基本上可以自主挑选写什么，我就可以追着写我感兴趣的话题。举个例子：我注意到接连有三本关于斯科特·皮特森谋杀案的书登上非虚构畅销书排行榜前列。为什么呢？我对这个案子一无所知——甚至不知道皮特森是凶手还是受害人——但我把这几本书都买来搞清楚这件事。（他是凶手——如果你不知道。）这是个可怕的案子，但他是一个特别引人关注的现象——是个彻头彻尾、毫无掩饰的自恋狂，也像大多数自恋狂一样，本人非常无趣，但与德莱塞《美国悲剧》中那个悲剧性的杀人犯克莱德·格里菲思构成一种强烈的呼应、复杂的对比。《美国悲剧》这本书至今让我佩服得五体投地，读来仍会不寒而栗。这就给了我思考和写作的空间。

为《观察家报》撰稿的另一个好处是有足够的空间。如果我想用三四千字来谈谈雷娜塔·阿德勒和《纽约客》(以及我)，或者戴安娜·弗里兰，或者温莎王朝，或者弗朗辛·杜普莱西克斯·格雷与她自私得难以形容的父母之间残酷的家庭关系[1]，他们都可以、也很乐意让我写。而今天几乎每个作家都要处处为写作空间而抗争，相比之下，我的处境好太多了。

但我为《观察家报》写作真正的乐趣是与亚当搭档。我们之间没有催促和推脱，只有给予和接受；我们对语言的反应是一致的。他在适当的时候离开报社（时机恰到好处：他的工作就是那种你在丧失理智之前可以做得足够长的工作），去做一些更高尚的事情，比如他那本一流的约翰·厄普代克传记。但我俩合作太开心了，要真的不一起工作是戒不掉的。今天我和他仍然是肩并肩的好伙伴，虽然没有工作上的事情。我们会用冷静而深情的目光注视对方写的东西，包括我的舞评，他的书评，我的书评，他的书，我的书；也会用温暖而深情的目光注视对方的生活——妻子，家人，家。(他和他极富同情心的美丽妻子安妮住在英格兰一个袖珍小镇上，但他们也经常来不袖珍的纽约。)

过了一阵子，亚当告诉我，彼得·卡普兰希望我为他写一个固定的专栏——我可以选择主题。我先想到的主题是逛商店，这是我爱干的。(逛商店，不只是买。) 但还是我的理智占了上风。当时，

---

1 弗朗辛·杜普莱西克斯·格雷（1930—2019），美国作家、记者，生于华沙，父亲是法国驻波兰大使馆外交官，母亲是十月革命后逃亡的俄罗斯人。弗朗辛在法国长大，但是她父亲在法国沦陷后，参与法国抵抗运动而于 1940 年在空战中阵亡。她母亲带着她移民纽约，嫁给了与她们同行的俄罗斯艺术家、编辑亚历山大·利伯曼。

报纸上没有关于舞蹈的版面，我认为这是错误：这是一份纽约的报纸，而纽约毕竟是“世界舞蹈之都”。所以我提出一年写六次，只要有我觉得是重要的事情应该让读者知道的，我就写。可是，一旦动笔，我很快就知道，你对自己在意的一种艺术形式，不可能只是零星地写。于是我一年写二三十篇专栏文章。

写舞蹈对我来说过去难，现在还是难。我的视觉记忆力很差，没有专门学过芭蕾舞词汇，几乎没有能力用语言准确再现舞台上的场景。不过我也有长处。一是舞蹈的背景知识——我观看舞蹈七十多年，看了许多也记住许多。而且我对自己判断舞蹈、舞者水平的能力还是很有信心的，你可以说这是无知无畏，也可以说是一种健康的自信，相反，我对文字和作家的判断始终都是很谨慎的。最后一点，我也可以很幽默——这是写舞蹈的作家比较欠缺的特长。所以，尽管所有严肃的舞评人面对阿琳·克罗斯权威的舞评都愿意承认自身不足，我还是原谅了自己，或者说给自己一个借口：对于这门我热爱的艺术，我更多是一个聪明的评论者，而不是权威的思想者。

舞蹈恰好也促成我为《纽约时报书评周刊》写稿的开始。齐普·麦格拉斯 1997 年离开《纽约客》出任《纽约时报书评周刊》主编，我给他出谋划策，调整编辑方向。他在上任早期，有一天打电话问我，他是不是应该评论玛丽亚·托尔奇夫[1]的回忆录——可他不懂舞蹈。我读了书稿，告诉他，他不必写这篇书评，应该让我来写；托尔奇夫是我最初爱上城市芭蕾舞团时他们的台柱。我了解她的历

1 玛丽亚·托尔奇夫（1925—2013），美国原住民裔芭蕾舞演员，她在蒙特卡洛俄罗斯芭蕾舞团期间认识乔治·巴兰钦，并坠入爱河，于 1946 年加入巴兰钦的芭蕾舞协会（两年后更名为纽约城市芭蕾舞团），是该团首位首席芭蕾舞演员。玛丽亚·托尔奇夫于 1946 年与巴兰钦结婚，于 1952 年离婚。

史、她的舞蹈、她在巴兰钦编舞时作为缪斯（和妻子）的中心位置。我就这样领到了写稿任务。

我为齐普写了二十来篇文章，因为我评的书时效性都不强，我们可以等版面有空的时候再发我给他的这些大部分篇幅都挺长的文章，而且我也不靠稿费吃饭，我可以花几个月阅读、消化跟我要写的主题有关的所有材料：比如花四个月时间写艾莎道拉·邓肯；差不多同样长的时间写《麦克斯与玛乔丽：一个编辑爱情故事》一文，讲述《鹿苑长春》的作者玛乔丽·金南·罗林斯与美国最著名的图书编辑麦克斯·珀金斯之间的感人故事。这样的工作方式，给我巨大的满足感是我可以奢侈地花时间读所有的相关材料、充分思考。给齐普的巨大满足感，承他美言，不在于我写得怎么样，而在于我按时交稿，长度也按照事先约定，不长不短，还不需要编辑。编过杂志的人都懂的。

当时，克瑙夫出版社正推出重新规划、设计漂亮的“人人文库”丛书，我提出为丛书编一本新的吉卜林短篇小说选——他们以前的选本太薄、篇目也不太令人满意，至少我这个吉卜林的爱好者是这样看的。编这本书的乐趣在于它给了我一个借口，可以按照时间顺序重读他写过的两百多篇短篇小说（好在我手边有一本吉卜林短篇小说全集），从他早年以印度为背景的、风靡世界的那些闪光故事，看到痛苦、悲哀的“一战”故事，然后从中挑选，尽量向新读者展现出他短篇小说的风格多样和深刻；我在选编过程中就认定，他和狄更斯是英国小说史上最优秀的两个叙事作家。我为“人人文库”版《吉卜林短篇小说选》写的导读是我身为作家所写的最接近于文学评论的文章，假如我当初选择做学者，这大概也是我离学术道路最近的一次尝试。

唯独这一次我对自己写的东西感到骄傲，给十几个我认识的人寄了书。其中一个是苏珊·桑塔格。不久我就在一家书店（还能在哪儿呢？）碰到她，她用她一贯夸张而大大咧咧的口气叫道："鲍勃！没想到你能写得这么好！"苏珊总是苏珊。（我最喜欢的苏珊语录是在祝贺她出版小说《火山情人》时她对我们一个共同的朋友说的："是的，你再读一遍的时候会更喜欢它的。"）

另一个我寄书的人是《纽约书评》的联合创始人、联合主编芭芭拉·爱泼斯坦（另一位是鲍勃·西尔弗斯）。我认识她，但一直不熟；她和她丈夫杰生·爱泼斯坦跟我是差不多同时进入出版业的。《纽约书评》是我最崇敬的刊物，假如我想继续写文章，我最想给他们写。幸运的是，芭芭拉对我的文章足够赞赏，欢迎我为杂志撰稿，她英年早逝后，鲍勃·西尔弗斯接手，继续让我写。到现在我已经在那里发表了二十五篇或者三十篇文章，主题从道格拉斯·费尔班克斯、埃塞尔·沃特斯到布鲁诺·贝特尔海姆和伊利亚·卡赞。这是一段不断让我受益的经历，尤其是因为我许多最好的朋友——珍妮特·马尔科姆、阿尔玛·吉列尔莫普列托、戴安娜·约翰逊、丹尼尔·门德尔松——也是它的撰稿人，而且我认识的人几乎全都读它。我们这些撰稿人知道自己有多幸运，除了为这为那发牢骚的时候——我现在懂了，发牢骚对自由撰稿人来说是家常便饭。想到我当《纽约客》主编时作者们肯定在背后发我的牢骚，我就浑身难受。

如果说我对自己为《纽约观察家报》和《纽约时报书评周刊》写的每一篇文章都有一种受虐狂般的焦虑感（我的确如此），那么我对自己在《纽约书评》以及后来在《纽约客》上发表的文章就更焦虑了。但写作的动力是一样的。有许多年我觉得我是个骗子，或者是个投机分子，这种想法强烈到既不能公开承认，也不能自认我是个“作家”的地步；我是一个能写作的编辑，我能经常看到自己的文章发表，只能解释是编辑同行的好意。想象自己具有那个神圣的身份：“作家”，在我看来是一定程度的自作主张、甚至是冒犯的行为，我注定要受惩罚。但既然我不是妄想狂，我真的认为编辑不要帮那种忙（就从我开始吧），从做精神分析的那些年中，我已经开始明白我这种冒犯、竞争行为的程度——以及我在多大程度上掩饰我自己：是的，要说了算，但不表现出来；是的，要得到更好的工作赚更多钱，但要（对我自己）表现得毫不在乎。作为编辑或出版人的我，多少还是隐形的，但作为作家的我，得暴露在公众面前——十分显眼，无法假装我不是在表达主张。看到我自己把几十年所目睹的作家所有神经质行为也表现一遍，我感到既震惊又好笑。

有一天，我向齐普抱怨（或者是哭诉？）每次交稿时的那种焦虑体验，他笑起来。“拜托，”我说，“你也是作家——也有过这种糟心体验的。”他向我保证他没有。“在《纽约客》的那些年里，”他说，“你拿这样的作家开玩笑的时候，我都听到了，吸取了这种教训。可你没有。”

我开始为《纽约客》撰稿时，情况有点不同。的确，大卫·雷姆尼克是我引进《纽约客》的，但正如我之前所说，发现他潜力的主要是蒂娜·布朗，所以她离开《纽约客》的时候，塞·纽豪斯确信他已有一个极其合适的接替人选。有一天我和大卫吃午饭时，他问我为什么给别人写，不给他写。答案是显而易见的：因为他没问过我。现在他问，我就答应了——第一篇就是写詹姆斯·瑟伯的长文。这次合作之所以特别愉快，是因为大卫同意让安·戈德斯坦做我的编辑。当时安已经接替埃莉诺·古尔德担任文字编辑部主任，和我一样，她也是个特别痴迷语法、标点、语气的人。我们可以花五分钟讨论一个分号，然后一连看五六份校样，陶醉得再给自己编理由重新讨论文本。（安现在也出大名了，因为她是埃莱娜·费兰特著名的那不勒斯小说译者。）大卫是个温和的头儿，当然，《纽约客》大部分同事我都认识。为《纽约客》撰稿就像回老家待一周。

我为《纽约客》写的文章中，只有一篇引起一点麻烦。文章是我提出要写的，主人公是五十年代轰动法国文坛、如今已被淡忘的八岁小女孩米诺·德鲁埃，她出版的诗集成为畅销书，她也因此成为一场公开羞辱风暴的中心人物，半数巴黎文学界人士一口咬定那些诗是她母亲代笔，另一半人则同样激烈地为她辩护。（《时代》和《生活》都曾报道此事。）大卫不明白我为什么要写她，但我相信这是一个好故事，坚持要写，他就同意了。我交稿后，他甚至更困惑：还是不明白有什么意义。但他给我提了一条实质性建议，改变文章的结构——我欣然从命——然后他又犹豫再三（这在他是不寻常的），最后才说会刊发，我相信他是碍于情面，而不是信服。但我仍然相信这是我写得最好的文章之一。

我讲述这件寻常的事情不是为了它本身，而是因为它说明了杂志所经历的本质变化：如我所说，蒂娜凭着她的编辑本能，一夜之间把一本以作者为中心的杂志变成以话题为中心的杂志。而记者出身的大卫似乎很适应这个新方向。米诺·德鲁埃不是最符合杂志方向的主题，也没有新闻性。我在文章中讲述了我怎样和朋友理查德·奥弗斯特里特去布列塔尼的小镇，也就是她长大的地方，她仍住在那里。出发之前我给她打电话，她愉快而坚定地拒绝接受我采访。谁能责怪她呢？在她童年危机时，她被记者们跟踪、迫害。“我们街上令人作呕的记者川流不息，”她在给她出版人的一封信中说，“就好像全世界都在追踪我……真希望我已经死了。”

这么多年过去了，我当然尊重她的隐私需要，可我也没有理由去了布列塔尼地区拉盖尔什镇，却不去看看她以前和现在的生活是怎样的。我和理查德经过她位于居民区街道旁的大房子时，就看见一位美丽的中年妇女从房子里走出来，进了花园。我们没有打扰她，默不作声走了。“这我可就不懂了。”大卫后来对我说，“你在那里看见她了。为什么不敲她家门，说服她让你进去？记者都会这样做！”“可我不是记者。”我说。我们互不理解。但那不影响我们相互尊重。

我最喜欢自由撰稿的地方之一是可以知道不同杂志的工作方式。《纽约客》《纽约书评》《纽约时报书评周刊》《名利场》《纽约观察家报》，各有各的编辑方针，各有各的规范手册。有的注重事实核查，有的注重标点符号。有的编辑加工多，有的编辑加工少。所以《大西洋月刊》找我约稿的时候，我欣然接受。（还欣然接受了他们约我写的人物主题：洛伦兹·哈特。）我发现他们有强大的人员配置——尽责的文字编辑、事实核查员，甚至还有法务。最重要的是，他们还有一流的编辑科尔比·库默尔跟我合作。几十年前他还是一个目空一切的小伙子时我就认识他，当时第一件事就是引导他去《大西洋月刊》。如今他已是资深编辑，乐于投入大把时间不断地修改、完善稿子。多么重要的发现！每当我需要帮助，他会随时伸出援助之手，就像每一个好编辑那样，服务至上，总是令人愉快舒畅。从2013年起，《大西洋月刊》越来越侧重网络版，告别我们爱称之为“印刷媒体”的形式，但这并不困扰我，我认识的人当中没人读《大西洋月刊》，尽管它内容扎实、办得成功。科尔比不喜欢我指出这一点。

我最喜欢做的文学项目是编选集。八十年代我突然对爵士乐疯狂着迷时，我开始读一切我能找到的相关书籍。（任何事情我都必须通过阅读才能对它有真切的认识。）令我惊讶的是，我发现关于爵士乐的图书不仅数量庞大，而且有许多写得非常精彩——无论是什么原因，许多爵士乐名人和不那么有名的乐手都有强烈鲜明的个人声音和丰富多彩的人生可以讲述。有一天我和桑尼·梅塔吃午饭时跟他提起这一点，他说他也对爵士乐有浓厚兴趣，于是我提议找人编一本最好的爵士乐文集——市场上就缺这样一本书。“你来编吧。”他说，于是我就做了。

我花了近十年时间选编这本《阅读爵士乐》——不是十年不间断的劳动，而是从其他更急迫的工作间隙抽空做。一开始什么也没有，因为我头脑中没有这类图书，也不认识爵士乐界人士可以请教。那时候没有神奇的互联网络可以搜资料：我的法宝是二手书店。随便到哪座城市，我就去当地灰扑扑的二手书店搜索。编选集最困难的地方是版权的授权问题——简直像噩梦。这本书出版于 1996 年，有一千来页，至今仍很受欢迎——二十年后的今天，我每年仍能收到一两百美元版税，还能让我下顿馆子。

不过，与《阅读舞蹈》相比，《阅读爵士乐》还算小巫见大巫。出版于 2008 年的《阅读舞蹈》足足有一千三百多页——本来篇幅还要多一倍，被我大刀阔斧砍到基本可行的篇幅。这次我的条件有了飞跃——不仅我自己家里有一个很大的舞蹈类图书室，还可以看我许多舞评家朋友的藏书，还有林肯中心无与伦比的舞蹈图书馆。另外，这类图书可以追溯到几百年前，种类比爵士乐图书丰富得多；如果不是我在编了八年之后必须适可而止，可能我现在还在搜集文章呢。

我又一次通过一个明确的工作目标，读很多书来犒赏我自己。

但我也喜欢组织这本书稿的挑战——帮助读者找到一种阅读大量材料的方式。“编选集就像做解谜游戏。”我在《阅读舞蹈》的导言中写道，“只不过填字游戏和拼图游戏都有预设的正确答案。而选集只有不可能实现的理想方案，因为要取决于许多因素，首先是选编者的品位和判断，这个人眼中的理想选集在另一个人眼中可能是一团糟。”我能做成这些大部头是因为克瑙夫旗下的万神殿出版社要出这些书，我能按照自己的方式做——加上有万神殿的总编辑阿尔蒂·卡佩尔的合作。她极其干练、放松、愉快的风格使我们的工作一切顺利。

我编的另一本选集《阅读歌词》与前两本不同，工作上是最好玩的一本。我与鲍勃·金伯尔有过多年的合作，共同发起了由他主编的“歌词全集”系列，包括科尔·波特、艾拉·格什温等人的歌词集。现在我们决定合作编一本歌词精选集，从乔治·M. 科汉到斯蒂芬·桑德海姆，集英美作词人之大成。

许多个月里，鲍勃每一两个星期来一趟我家，我们一起听我积攒的无数黑胶唱片和CD，比较、寻找让我们惊喜的歌曲，如果没有现成的歌词，就听写下来。即使这些歌曲已经出了唱片发行，我们仍得面对的无法解决的现实是乐谱，尤其是早年的乐谱，印刷都很草率。过去没人认真对待这些歌曲——当然作词人自己都是如此。二十年代和更晚近时代的许多乐谱甚至经常缺符号，有拼写错误，前后矛盾，混乱。没有人可以讨教，只能由我们自己确立标准的歌词文字，这真是让人惴惴不安的责任。

我们按照作词人出生的时间顺序来建立书的结构，我给所有人写简介，写欧文·伯林、艾拉·格什温之类的人是很容易的，但要把那些近一百年前写过几首好歌、后来湮没在历史长河中的作词人写清楚，几乎是不可能的。可要是你搜索的时间足够长，总能挖到些东西。搜一搜就能发现许多你不会收进书里的歌——比如，埃德加·莱斯利的《警察不让马留齐娅跳舞，除非她挪挪脚》《当拉格泰姆·罗西把玫瑰弄乱》和《所有贵格派教徒都是贵格镇里摇肩膀的人》[1]。但他的《为了我和我的姑娘》及不朽的《在你的骨头里跳舞不是罪》必须收。

《阅读歌词》出版于2000年（共收录1 001首歌的歌词，版权说明就密密麻麻排了四十页），被赞为必不可少的工具书——我自己都一直使用它。如果你有一本，你也会这样。

接下来就是真正的写书，也是我最后的障碍。我得重申，我本来没有写书的欲望，但我还得说回到巴兰钦，我想到虽然市面上有好几本很有价值的大部头巴兰钦传记，但突然流行起来的小传记，一两百页而不是八百页的那种，一本都没有。应该有一本。詹姆斯·阿特拉斯已经策划了一套这样的丛书，叫“卓越人生”，由哈珀-柯林斯出版发行，他就跟我签约写一本巴兰钦的小传，这下好了，我不得不写。

我疯狂地阅读、重读所有关于巴兰钦的英文读物；采访巴兰钦人际关系网中的许多人，其中不少是我的朋友，另一些是以前不认识的；我还更专注地看我十七岁起就观看的巴兰钦芭蕾舞作品。接着，不得不打字的那一刻终于到了。当然，还有我最后写完的快乐时刻。

当时，吉姆·阿特拉斯已经基本退出这个丛书项目，但哈珀的每个人都很配合我——但愿这不仅是因为我与简·弗里德曼关系很

1 这三首歌的英文原文是“The Police Won’t Let Mariuch— a Dance Unless She Move da Feet”“When Ragtime Rosie Ragged the Rosary”“All the Quakers Are Shoulder Shakers Down in Quaker Town”。

好。她当时是哈珀-柯林斯集团总裁。书的出版过程只有一个戏剧性插曲。第一批试读本样书寄给许多舞评人后，有一天傍晚，我接到老朋友伊丽莎白·肯德尔的电话，我编过她的两本书。她说，她正要为这本书写（正面的）评论，但发现两处错误，希望还来得及改。她是对的——那两处的确是错误，而且是严重错误。当时是下午四点半。哈珀出版社编辑部里我认识的人全都下班了，但我终于找到制作部负责人。“上帝呀，”她说，“这本书下午就要印了！如果还来得及我马上给你回电。”果然还来得及——我有二十分钟时间修改。我用了十八分钟，她过关，印刷厂过关，我的声誉，至少在这个问题上的声誉，保住了。这就是写书的危险所在，但假如与你合作的人都以工作为荣、积极保护作者避免犯最糟糕的错，他们还是很有帮助的。

接下来的事情就不怎么令人兴奋了。书出版了，很受好评，巴兰钦支持者们满意了，我也卸下了包袱——这种包袱我决心再也不背了。

但接着……

耶鲁大学出版社正打算出一套他们自己的小传记丛书“犹太人”，由犹太富商莱昂·布莱克资助，他拿出大笔资金，要找著名作家写一批重要的犹太人生平。他请的丛书主编艾琳·史密斯既迷人又聪明，最重要的是，她有在商业出版社工作的丰富经验——这种好运至关重要，因为我后来发现，大学出版社的工作方式与商业出版社截然不同。艾琳读了我在《纽约书评》上写萨拉·伯恩哈特[1]的

---

1 萨拉·伯恩哈特（1844—1923），十九世纪末二十世纪初法国最著名的戏剧演员，主演过法国最著名的一些戏剧，包括小仲马的《茶花女》等，影响极大，被雨果称为“金嗓子”，也被人们称为“戏剧女王”“神选的萨拉”。

长文，决心请我为这套丛书写一本她的传记。我拒绝了。她来找我面谈，虽然她的魅力不可抗拒，我还是拒绝。然后她甩出布莱克先生的大钱，我就投降了——我觉得拒绝钱就太俗了。而且我再也抗拒不了艾琳了。

我回过头去研究“神选的萨拉”（研究她的男人大有人在），再次为她痴迷；如果不是她如此迷人，就不会成为圣女贞德之后最著名的法国女人、拿破仑之后十九世纪最著名的法国人。关于她的书多得吓人，而且源源不断；我做研究这会儿，法国又出版了两本伯恩哈特传记。我读啊读，读啊读。有一个双重挑战：既要让英语读者看懂她作为演员的天才如何赢得空前绝后的声誉，也要从她不为人知的身世、极其混乱（也被广泛报道）的家庭背景和青春时代中，厘清她不寻常的人生轨迹。

结果，我写的《萨拉》成了整个“犹太人”丛书的开路先锋，因为我是受邀的作家中第一个交稿的。（早起的鸟儿……）后来的发展证明这是幸事，因为我多少可以为整个系列树立一个范本。尽管耶鲁认为他们既是大学出版社，也可以算商业出版社，但真的不是。好在我还有做实际工作的那些人——文字编辑（大都会棒球队的狂热粉丝丹·希顿）、设计师和法务——他们都干得很出色，而且与我这样一个深谙出版之道、知道自己在说什么的作者一起工作，他们都很开心。

我暗暗满足的是“犹太人”丛书第一本的传主是一个只有一半犹太血统的私生女，小时候是天主教徒，受过洗，虽然她总是炫耀她的犹太背景并以此自豪。是她那交际花母亲给了她犹太血统，让她得以进入这套耶鲁的丛书。

动笔写作的时间不能再拖了，可我不知道怎么开头，于是我把多年来跟许许多多卡壳的作家说过的话对自己说了一遍："别写，打字！"我开始打字："萨拉·伯恩哈特生于 1844 年 7 月或 9 月，或 10 月。也可能是 1843 年？甚至是 1841 年？出生地是巴黎医学院路 5 号（纪念铭牌是贴在这个地址），或者是圣奥诺雷路 32 号（或 265 号）？也可能是德拉米却迪尔路 22 号？我们永远无法确知……"这样我就定下了这本书的基调，因为精确不是伯恩哈特的强项。

尽管人们说起伯恩哈特总是津津乐道她举世闻名的放荡、绯闻和惊世骇俗的行为，最终她强烈吸引我的，是她从一个轻浮、淫荡的代名词逐渐变成代表不屈精神和爱国主义的、备受爱戴的偶像——变成法国的象征。多么精彩的传主！我猜《萨拉》至今仍是"犹太人"丛书中的畅销书，但我非常清楚，无论它多么成功，都与我无关，全都与它的女主人公有关。

我写的三本传记中，最后一本是唯一我想到要写就兴奋的。多年来，我一直在思索查尔斯·狄更斯与他的十个（！）孩子之间令人担忧的关系——基本上是失败的。发生了什么？孩子们遭遇了什么？几十本关于狄更斯的书中，大多数对这个问题只是一带而过。用戴安娜·约翰逊的词，他们是"次要的生命"。

追踪他们的人生本身就够吸引人的，我花了好几个月时间搞清楚他们当中许多人碰到了什么问题，为什么会发生。对我来说还是那句话，写作给我最大的回报就是边写边学习。

我逐渐意识到，我在狄更斯的这个故事中投入自己的感情、被它深深吸引是有原因的。我把我这本书《远大前程：查尔斯·狄更斯的儿女们》题献给"查尔斯和玛莎·戈特利布，我的父母兼狂热的读者，在我看来，他们的婚姻在许多方面挺像狄更斯的婚姻状况。也许我对查尔斯·狄更斯子女们的同情就源于这种认同感。而身为父亲，我在一定程度上也对他的挫折深感同情。当然，我的孩子们都完美无缺”。

狄更斯这本书之后，我又汇集过去写的文章，出了厚厚一本文集《人物与书信》，然后没别的可写，就开始写这本书。至少有二十年时间，我一直抵触写回忆录的想法——不仅是因为我觉得写回忆录太自命不凡，而且我不相信会有人等着看我讲述自己的功绩。现在明摆着，我改变了想法——正如我在前言中所说，因为有许多事我想说清楚，因为我想把我对编辑、出版的心得白纸黑字地写下来，分享给任何感兴趣的人，也因为我的家人希望我写。这一切理由都很好，只不过写作对我来说仍是交织着焦虑的苦差事。（为什么有这么多人想写作？）而且在这件事情上，我要写的主题是我没多少兴趣的：我自己。我能从这工作中学到什么呢？

总的来说，我从写作中学到的最重要的一件事，就是我真的也能写，刚开始我的确不相信这一点。只有两个人相信我能写，也应该写，那就是玛丽亚和我的好朋友鲍勃·科恩菲尔德，他多年来一直推我，戳我，唠叨我，命令我少说废话，抓紧写。（好像做这些还不够，鲍勃还成了尼基最忠诚、最慷慨的朋友和向导。）

就写这本书而言，它让我回顾一生，否则我可能不会花这个时间；也许它还帮助我理清了思路。如果别人觉得它有趣、有益，那就更好了：写作，也是一种服务性工作。

生活

2015年7月5日，我庆祝（如果是用这个词）出版生涯六十周年。六十年前的这一天，我开始在西蒙–舒斯特出版社工作，和菲利丝·利维一起坐在我们的新老板办公室外面，等待安排工作。并不是说我喜欢让别人告诉我该做什么，可那时我能有什么选择？事实证明，等待我的是一段愉快的工作时期，我还为此获得报酬。我的幸运是一切工作都取决于阅读，而这是我最喜欢做、也知道自己擅长的事。

但出版对我还有另一种巨大的吸引力：它需要团队合作，我虽然从小就孤独，却发现在一个关系融洽、思路接近、目标一致的小团队里，我会更快乐，换句话说，团队就是家庭。确实，尼娜、菲莉丝、凯和其他许多人组成了我从未有过的家庭——而且是一个不断扩大的家庭。卡塔卢拉家、普罗文森家、里奇勒家、珍妮特·马尔科姆、黛博拉·罗杰斯，不仅是同事和朋友，而且在不同的组合中，他们彼此之间以及和我们一家的关系越来越亲密。

回头看看我在这里所写的，我发现我经常谈论友谊和家庭。我的童年乏善可陈，作为儿子的表现也一般，虽然总的来说还比较负责任。做丈夫呢？问玛丽亚。做父亲呢？好，至少对莉齐来说不错——不管怎么样，我说对了，不过她很容易说好。对罗杰呢？他六十三岁时也跟十岁时一样温和，我很爱他，但我们的生活很少有交集。对尼基呢？我尽了最大努力（仍然不如玛丽亚），他这个快乐、有趣的怪人，一路走来，也有长足的进步。做老板呢？相信是好。做编辑？大概是好。做出版人？好，尽管我发现出版是一种游戏，但是我很认真对待。总而言之，作为别人的朋友，我觉得我全力做到最好——这是我的自然状态。亲密无间和激情四射不是我的风格；共同的兴趣、深情和关爱是我生活的本质。

如今，我仍然忙忙碌碌，加入或参与组建新的“家庭”。我的生活呈现出一种奇怪的形态。一年中的三分之二时间我住在纽约的家中，我喜欢住在这里，也要多住些时间，才能为《观察家报》继续写舞蹈专栏——那意味着我一年得去看几十场舞蹈演出（大部分都挺让人失望——这是我委婉的说法）。这并不容易做到，因为我的身体开始吃不消，人的身体总有吃不消的时候。每年我会去迈阿密海滩的房子（我叫它“塞利纳别墅”）住两次，每次一个多月；另外每年还会去巴黎的公寓两次，每次也住这么长时间。我想我是个收藏房产的人，虽然不是故意的。（玛丽亚收藏了我们在乡间的房子——实际上是她盖的——但我不常去。它很漂亮，位置也很好，她很喜欢，但对我来说它有一个改变不了的缺陷——它完全在大自然环境中。）我六十多岁的时候，赚的钱日常开支绰绰有余，如果我有办法花钱使我们的生活更完满，那把钱存着随市场波动增值、贬值就没有什么意义。佛罗里达的房子是我一时兴起买的；巴黎的公寓也是。

每个地方都给了我新的生活——还有新的“家庭”。

在巴黎，有我曾经的作者戴安娜·约翰逊——我叫她丁妮——还有她丈夫约翰。他们住在我的公寓楼拐角那里，我们总是在一起。就像你和最好的朋友上初中：总觉得事情要一起做。上午丁妮会和我通电话。去乐蓬马歇百货商店购物吧？十一点半在拐角的咖啡馆见。然后去商店。午餐。回家睡个午觉，再工作一会儿。晚餐？也许是去他们家，因为丁妮喜欢大家围坐在她家的餐桌旁。但我不总喜欢跟人聚在一起，所以我们会第二天去吃剩菜。丁妮来自（对我而言）带有异域色彩的伊利诺伊州莫林市，性格不慌不忙：没有精神紧张，没有固定的日程安排，有的是常识、平静、勤劳（出色的）工作，还有不折不扣的幽默感。我们相处十分融洽，约翰也很高兴，因为他可以不用陪她去逛商店了。有一件很出名的事情，她儿子西蒙要从日本来巴黎结婚——从我认识丁妮开始，他就一直住在日本，而当时约翰在加利福尼亚，赶不过来，于是我就在教堂里接替了约翰的角色，别人来祝贺的时候以为我是新郎的父亲，可这个新郎我以前从没见过。这就是家人。

还有理查德·奥弗斯特里特，一位在巴黎生活了五十五年的美国艺术家——他多才多艺，充满魅力，富有爱心，对任何事情都充满热情，是一个好伙伴——既然他接受了我不和他去博物馆和美术馆这一事实，我就可以这样说了。（玛丽亚和他去。他俩有许多共同点，尤其是欣赏口味非常广泛。我费了很大力气阻止他们俩动不动就说“太棒了！”）理查德的太太阿涅丝·蒙特奈也是一个很有魅力的人——是那种聪明、优雅的法国人。当你真正和你好朋友的配偶、伴侣、重要的人打成一片的时候，你会如释重负……理查德跟丁妮和约翰也很熟，所以我们的朋友圈又扩大了。还有我们的朋友玛丽·布鲁姆，几十年来，她一直是《国际先驱论坛报》深受欢迎的专栏作家，最近出版了一部精彩的巴伦西亚加传记[1]。她既时尚，评判标准又严格（幸好不是对我），她也嗜书如命，是一个好伙伴——她、我、丁妮和约翰经常一起旅行。让我再给这个朋友圈加上伊莎贝尔·博孔-吉博，她是亚当·贝格利的前妻、大美人、一流的企业家、作家、摄影师；我们虽然相差四十多岁，还能克服重重困难，建立真正的亲近关系——这是那种亲和力的老故事了。（亚当现在婚姻幸福。）

我的公寓位于时髦的雅各布路，我始终不明白为什么这条路这么时髦。这个地址是我唯一能让巴黎人记得住的特点。上公寓要爬三段楼梯（十八世纪他们当然没有规定要装电梯），不过公寓里宽敞，光线充足，地板漂亮，还有大衣柜——这在巴黎可不是一般的配置。我们的地段绝好，走几步就到圣日耳曼大街，走几步就到塞纳河畔，走几步就到三家大电影院，离我大部分朋友家也只要走几步。谁知道我还能走多少步，还能外出几趟，但到目前为止，一切都很好。

巴黎的生活很愉快，除了我带去的工作压力，基本没什么压力。我的生活主要就是阅读。比如我就是在那里，在卢森堡公园读完约翰·斯坦贝克的全部作品，为《纽约书评》写了一篇文章。（而在迈阿密，我读了四十多本书，最后写出一篇关于濒死体验的文章。我告诉自己，要什么都知道，你就得什么都读——没错，这是为了证明我贪得无厌地读书是有道理的。）巴黎和迈阿密都是做编辑的好地

1 克里斯托瓦尔·巴伦西亚加（1895—1972），西班牙著名时装设计师。以他的姓命名的时尚品牌中译名叫“巴黎世家”，目前由法国开云集团旗下的古驰公司持有。玛丽·布鲁姆的传记出版于2013年，书名是 *The Master of Us All: Balenciaga, His Workrooms, His World*。

方——可以减少干扰，更加专注。

我在迈阿密的生活以迈阿密城市芭蕾舞团为中心——观看舞蹈课和排练，偶尔给舞者提意见，编写演出文案，讨论预算，安排演出剧目，拓展人脉，有任何我能出力的事情就跟洛德丝说——我感觉自己就像个元老。芭蕾舞团是比出版社更像家庭的地方，每隔十秒钟可能就会爆发出喜悦和哭泣。当你对工作完成的质量和重要性有信心的时候，成为这种充满活力的团体一员就是纯粹的欢乐。舞蹈是我如今感到最舒服的世界。它本身就让我兴奋，而在迈阿密还有额外的好处，那就是与舞蹈团有关的所有人对我舞蹈以外的生活，也就是编辑、写作的那一面，要么不知情，要么没兴趣。有几个人对我与比尔·克林顿合作的那段经历感到好奇，但舞蹈界没有多少《纽约书评》的读者，这很正常吧？在那里的生活对我来说是一种休养。我有一个舞蹈圈外的好朋友：埃丝特·佩克尔（人称“迈阿密海滩房地产女王”）。二十五年前，我从她那里买下了塞利纳别墅，是她的好朋友、艺术家朱利安·施纳伯尔向我和英格丽德·西斯奇热情推荐的。埃丝特有很强的个性，很大的衣橱，还有一颗更大的心。她是极少把尼基带回家照顾的人之一，不只是出于做好事，而是真的疼他。他也爱她。

在迈阿密，我和丹尼尔·门德尔松在一起的时间最多，这些年他已成为我好友。二十年前我第一次见到丹尼尔时，他刚从普林斯顿拿到古典学博士学位，离开学术圈，成为文学媒体人。没过多久，他就被视为才子，成为《纽约书评》《纽约客》的明星撰稿人，备受推崇的好书作者，最终回到学术界，在巴德学院获得终身教席。巴德学院就在我们乡间别墅附近，所以他也经常和玛丽亚见面。我们在迈阿密时，他工作，我也工作，我们一起看电视剧（最近很轰动的《丑闻》第四季)，聊天，聊书。我们年龄相差大约三十岁，但谁在乎呢——或者说，谁注意呢？无论是生活还是思想，我们都很融洽投缘。还有关键的一点，他是我的技术专家，只要我的电脑出问题，他无论在哪里都会帮我解决问题，随时。和珍妮特·马尔科姆、克劳迪娅·罗斯·皮尔庞特一样，他也每年来我家过圣诞节——每年都是同一拨人马，同样的摩洛哥鸽肉饼。无论我们在哪里，他都带来调酒器——调酒是他上大学时挣学费的本事。他是全天候的朋友，我也尽力这样待他。

虽然我为克瑙夫编书的工作始终没停过，但兰登书屋被贝塔斯曼集团收购，搬到城市另一端而远离我家后，我去他们办公室的时间就越来越少了，而且有电脑，我就更多在家里工作。不过还是以前的那种工作，它已经成为我生活的肌理。确实，每当划分成年以后经历的时候，我总是会按照工作内容和工作地点划分。工作就是我存在的自然状态……工作，阅读。我已经说过，我最幸运的是在正确的时间撞到了正确的职业。而且是在正确的地方，我的精力都投在工作上，没有分散到争权夺利和钩心斗角上。或许是因为我一生大部分时间，都得益于神奇般的健康——尼娜曾说我身心都健康。或许我最幸运的是总有用不完的精力。

但这些精力是怎么来的呢？为什么我要把自己的生活塞满与正式工作无关的各种项目和痴迷的兴趣，还把它们也变成职业呢？是的，我爱上五十年代的塑料手提包纯属偶然，还没等我搞清楚它们到底是什么就开始收藏。但后来，我就利用业余时间到跳蚤市场、旧货商店之类任何可能的地方孜孜不倦地寻找它们，那是 eBay 之类网站诞生很久以前的事情。然后我就做研究，写了一本关于塑料手提袋的书。为什么我这样一个不怎么热衷政治的人，会在六十年代，把自己对民权运动的信念转化为半正式地参与学生非暴力协调委员会呢？为什么在剑桥留学时，我要去组织、导演一场又一场戏剧演出呢？同样的，为什么我已经有作为编辑和出版人的工作担子，还要把对舞蹈的爱变成第二种耗费精力的终身事业呢？

还有，我的个性这么热情奔放，为什么我从小就觉得忧郁，甚至可能有抑郁症？我怀疑我是竭力使自己处于超级忙碌的状态，以避免抑郁症倾向——有几次我内心触及这个问题，非常痛苦，于是尽一切可能做别的事情去避开它。而且我始终相信，如果精力找不到出口发泄，很快会郁积。这就是为什么让精力比谁都充沛的孩子们保持活跃状态是如此重要，即使他们的活动包括看似被动的阅读。让他们做白日梦，玩纸牌，甚至玩电脑游戏都好。

我可以参照的榜样是狄更斯的一生——他的旺盛精力和投入精力的方式简直是我的实例示范课。读他的各种传记，研究他的书信，思索他的人生轨迹，就仿佛遇见一个奔跑的人，在近乎疯狂的运动中掩藏着童年的愤怒和绝望。他靠写作取得巨大成就，自己创办、经营、亲手编辑的各种杂志极为成功，马不停蹄地办作品朗读会，自导自演民间戏剧，还有无数的演讲、几千封手写的书信、大量的慈善工作、每时每刻与子女们的亲密接触、热情的友谊，还要用心负责家庭娱乐活动——所有这一切都耗不尽他惊人的精力。为了发泄用不完的精力，他夜复一夜地在伦敦的街上暴走——可以一口气走十英里，十五英里，甚至二十英里。即便如此，他还是摆脱不了内心的魔鬼，就像他人到中年所经历的情感和道德的崩溃——（不幸）用我们今天的话说，就是他的“中年危机”来了。可惜啊，他的天才使他能够如此深入地观察这么多别人的生活，写出来告诉世人，却没有让他洞察自己的内心，让他困于受伤的心灵。当然，我不是跟狄更斯相比——白痴才会这么干——但我确实从他辉煌但终究悲哀的一生中隐隐看到我自身的矛盾。

这种旺盛精力是遗传的吗？狄更斯不是。他父亲基本上是个失败的人，他母亲能干，但算不上出众。而我呢，我父亲是个有雄心壮志的人，他自力更生养活自己（还有我母亲和我），从一个贫民窟小男孩转变为成功的中上层阶级专业人士，没有任何人的帮助。就我对他母亲的一点了解来看，他这种进取精神是遗传的。

我祖母在昔日奥匈帝国布科维纳省普鲁特河畔一个犹太人聚居的小镇"瓦什基维茨"（发音如此）出生长大。那个地方后来依次属于匈牙利、罗马尼亚、苏联、乌克兰和摩尔多瓦。她嫁给当地一个《塔木德》学者——这是很高的荣誉，但不实惠。很快她就开始生孩子，一连生了五个，全都夭折，他们才意识到她的奶水有问题。之后，她又接连生了五个孩子，在奶妈的帮助下，五个孩子都活了下来。大女儿范妮十五岁的时候，最小的孩子查尔斯，也就是我父亲，才四岁。我祖母决定移民去美国。她带着这两个孩子搭牛车穿越欧洲大陆，然后住在轮船的统舱里到了纽约。她为自己和范妮在时装区[1]找了工作，我父亲是在下东区的街头长大的。她攒下钱，终于能够让丈夫带着另外三个孩子来美国。她丈夫一直不会说英语，也不工作——研究《塔木德》是一个犹太男人最重要的工作。她则从未停止工作。在此过程中，她建立了一个社团，帮助瓦什基维茨镇的另外一些犹太人移民美国。然后她就死了，肯定是因为疲劳过度。我愿意相信我会喜欢她——我父亲喜欢她，恨他那个正统的父亲。

1　时装区，大致位于纽约曼哈顿第五至第九大街、第三十四街至四十二街之间的街区，是纽约的时装产业中心。

我母亲的家庭背景同样不一般。她父亲格兰普斯生于拉脱维亚港口城市利巴瓦。他出众的绘画才华受到当地一位伯爵夫人的欣赏，她和她丈夫资助他去维也纳美术学院深造。之后他就来了美国，又回到利巴瓦老家，娶了我的外祖母，再带着她来到波士顿，在那里养育两个女儿。

我母亲玛莎温柔，善良，有教养；我写过，她快乐的一面被我父亲抑制了。他有许多令人敬爱的优点，但其中不包括快乐。在她的家族，拥有快乐能量的是她妹妹多萝西，她过着非常自在的生活，由我工作的外祖母养着。多萝西阿姨的人生比我祖父母和外祖父母更不可思议：俄国革命后，她成了一个狂热的共产主义信徒，嫁给了一个应该是芬兰来的、名叫阿瑟·亚当斯的男人。我父亲非常讨厌多萝西——他不喜欢争强好胜的女人——但他非常喜欢阿瑟，我中间的名字就来自他：我叫罗伯特·亚当斯·戈特利布。在二十年代，多萝西和阿瑟搬到新生的苏联去了，但每隔几年就回一趟美国，据说是为了看望她父亲。他跟我们住在一起。

我五六岁的时候，开始收到各种神奇的苏联礼物——让我激动不已、丰富我收藏的邮票；一套漂亮的建筑积木。后来，战争爆发后，他们就杳无音讯了。不必说，我母亲为她妹妹的下落担心得几乎发疯。战争结束以后，仍然杳无音讯。有个多萝西的老朋友告诉我们，她在曼哈顿的某条街上见过阿瑟。我们将信将疑，既觉得不可能，又深感痛心。

1948 年，我父亲被召去华盛顿，到众议院非美活动调查委员会做秘密证人。原来，阿瑟·亚当斯多年来一直是苏联安插在美国的主要间谍——战时他搜集到关于曼哈顿计划的绝密情报，后来是橡树岭实验室的核计划情报。联邦调查局已经抓到他，但鉴于跟不久前还是盟友的苏联一打完仗就面临紧张关系，美国政府决定不逮捕他。他于 1946 年年末逃出了美国。

到我父亲接受质询的时候，这个国家对苏联偏执的疑心病越来越重。虽然委员会对他很客气，他仍然感到不安。（后来华盛顿再也没有找过他；我父亲在政治立场上是相当保守的，跟任何左翼团体都没有联系。）至少我们现在明白了，阿瑟远离我们是在保护我们。

我父亲印证了对多萝西一向的憎恶，但仍深深感觉被这个他难得真正喜欢的男人背叛了。我母亲只想知道如果她妹妹从战争中幸存下来，这些年她是怎么过的。等到政治环境宽松了，美国人能够去苏联的时候，好几个多萝西年轻时的好友到莫斯科见到了她。阿瑟已经死了，但得到了国家英雄的称号，所以她的生活很安逸。我母亲去世前不久，她们终于通上了电话——这是她们二十多年来第一次通话。有什么可说的？莫斯科在下雪；波比（指我）事业有成，诸如此类。

我母亲去世后，有一天——应该是我三十五岁左右的时候——我收到多萝西的一封信。信写得悲伤、感人，但我没什么感觉。我父亲很生气：他会认为我给她的任何回应都是一种对他的背叛。我不太想有什么回应——我最后一次见到她还是七岁的时候，对她没什么真切的感情。即便如此，这样无视一个没有家人的孤老，仍是我这辈子最有愧的事情之一。

我跟我父亲的关系从一开始就不好。他当然是爱我的，虽然我起初怕他，后来又生他的气，我还是爱他的。父亲就是父亲。我想他是担心我继承我母亲的胆小或者他眼中她父亲的无能，或者受他们的影响。他也不赞成我在大学阶段就偏向文学：我活在象牙塔里，而不是投入“现实世界”，将来当医生、科学家、商人，或者律师。

但我选择的生活，肯定也是他曾经想要的。

我和缪丽尔的婚姻破裂后，有一阵他跟我和好了，他努力对罗杰好，哪怕只是偶尔几次。我和玛丽亚结婚后，他对她总是彬彬有礼——但他不知道，他掩饰得不太好的痛苦和愤怒让她很难过。我们很少见面——和他在一起对我来说并不轻松。我仍然感到他身上散发出一种想要压制我的强烈冲动，那样的话我会反应过度。

但也许不是反应过度。他非常清楚我的事业蒸蒸日上，我也知道他会跟别人吹嘘，但在我已经是西蒙-舒斯特出版社总编辑、收入跟他差不多的时候，他还会这样说："你知道，波比，我一直不喜欢哈罗德（他的律师合伙人）经常代理的戏剧圈。"——贝蒂·戴维斯是他们律所的客户——"不过我让他维护好关系，以后如果你失业了，你还有后路可退。"这是他对我说话的典型风格。你不需要花几年时间琢磨就能体会出他暗含的冒犯。我以前听到这种话会当场发作，激烈说出他明显的错误。但随着时间流逝，我肯定不知不觉地成熟了。最近一次他说这种话的时候，我听见自己答道："非常感谢！"我是认真的。不知道我们俩谁更惊讶些。事情就这样结束了——即便是用一种消极方式，跳探戈舞仍需要两个人。

更令我难忘的是，在他生命的最后一年——那年他六十九岁——他开始表现出一种前所未有的脆弱。"我希望玛丽亚喜欢我，"一天晚饭后，他对我说，"我知道这是我最后的机会。"我几乎要哭了。这是他第一次在我面前流露出脆弱的一面——我将近四十岁——我不知道该怎么回应他；我可以对付莎士比亚无与伦比的杰作《李尔王》前四幕中的李尔王，却不知道怎么对付第五幕中的李尔王。不过回想起来，他在意大利度假心脏病突发去世前能达到这种自我领悟的境界，我还是很感激的。

我知道，我这一生许多时间都在和我父亲斗争，也在努力使自己不成为他那样的人。是的，我知道我的许多优点直接来源于他：如果我们不是一个豆荚里的两颗豌豆，肯定就是一棵橡树和树上的一颗橡子。在六十年代中期的某一个冬夜，我突然明白这一点。那是一个寒冷萧瑟的星期天，我像往常许多周末一样，独自在办公室工作。我偶然从临第五十街拐角的办公室窗口往第五大道瞥了一眼，我注意到第五大道对面、四个街区外一幢办公楼亮着一盏灯。我毫不犹豫地拿起电话，拨了我父亲的号码。一定是他，果然是他。

我是独生子。多萝西没有孩子。我父亲那边的家族里，我有一个堂姐内莎，我喜欢她，但很少见面。换句话说，我是个没有亲戚的人，只有我的直系亲属、我组建或者帮助组建的家庭。比如，从八十年代初的某个时间起，克瑙夫出版社的一群好朋友会每年圣诞节时聚在一起搞活动——总共大约是十个人：玛莎·卡普兰、薇姬·威尔逊、凯西·胡里根、南希·尼古拉斯、已故的尼娜·伯恩、阿什·格林（大家都非常想念他们），还有艾丽丝·奎恩，她于七十年代作为尼娜的助理来到克瑙夫工作，后来成为克瑙夫出色的文案写手和编辑，然后去了《纽约客》，渐渐成为美国诗歌界的重要人物：她真是一个纯洁的人，是善的力量，也是尼娜的崇拜者（尼娜临终之际她也在场），还是尼基的好朋友和支持者。

一开始我们在薇姬的办公室聚会，但这样把其他同事排除在外的意图太明显，所以后来就改到我们家，每年此时，玛丽亚都会做一大堆吃的，准备一大堆礼物，大多数是闹着玩的、有针对性的——我们彼此都太了解了。如今只有薇姬和凯西还在克瑙夫（我勉强也算）。另一方面，大家的配偶和伴侣丰富了我们这个混合阵容。这样的年度聚会已经办了三十多年。

同样，我还有一小群在《纽约客》工作过的朋友——可以说是《纽约客》离散者——每年12月会聚在一起享受一顿让人眼红的午间大餐，通常是在顶级的卡尔米内餐厅，齐普·麦格拉斯、克里斯·纳特森会跟我一起喝“曼哈顿”鸡尾酒。（幸好这种事情每年就一次。）玛莎、德布·加里森、艾丽丝·特鲁瓦克斯、露丝·迪姆、南希·富兰克林等人则更克制。这又是一个快乐的家庭式关系。为什么其他真正的家庭没有这么快乐的关系呢？也许是因为那样的家庭不是我们自己选择的？

其他有延续性的事情仍坚持做下去。克瑙夫有一位高级编辑查克·艾略特，他非常厉害，策划出版过《阿利斯泰尔·库克的美国》[1]，八十年代他从纽约搬家去了伦敦（在那里为克瑙夫签下P. D. 詹姆斯）。我接替他担任一年一度的日本翻译奖评委。我上大学时就对日本文学产生了强烈兴趣，读过阿瑟·韦利翻译的《源氏物语》，还偶然发现了谷崎润一郎的《细雪》，读了一遍又一遍。

（这些日本文学作品当时不在哥伦比亚大学的文学课程里，我现在意识到这是很要命的局限：“长篇小说”好像只属于英国、美国、法国或者俄罗斯，加上《堂吉诃德》——这是非常狭隘的文学观念。多年来，我只能自己去发现德国的冯塔纳、巴西的马查多·德·阿西斯、西班牙的加尔多斯、葡萄牙的艾萨·德·克罗兹，查他们和其他作家的作品，一本一本读，这在前网络时代并不容易。比如德语作家阿诺德·茨威格、阿瑟·史尼兹勒的主要作品，我只能读在

1 阿利斯泰尔·库克（1908—2004），英国出生的美国作家、记者、电视主播。1972年，英国BBC和美国时代-生活电影公司联合制作十三集电视纪录片《美国：一部美国的个人史》，由阿利斯泰尔·库克写作、主持，获得巨大成功。克瑙夫出版的配套图书《阿利斯泰尔·库克的美国》销量超过两百万册。

巴黎买的法文版。)

我的幸运是，克瑙夫出版了大部分二十世纪中叶的日本主要作家（现在还有村上春树），所以我第一次参加翻译奖评审的时候，并非毫无把握。三十年过去了，我每年仍会收到十几本书的翻译稿，每年我都满怀热情地参与评审，准确地说是非常高兴。当然，我不懂日语，我读所谓的“译者语言”。我对日本经典电影的热情也丝毫未减：事实上，在所有我看过的电影中，最喜欢的就是小津安二郎的《东京物语》。七十年代初，纽约人剧院举行它的美国首映，我当时就被震撼了。后来我又看了十几遍。我的有利条件是日本协会离我家只有两个街区，所以每当他们安排日本著名导演、演员的电影作品回顾展映时，我几乎每周都去那儿，沉醉其中。

我人生中另一件每年要做的事情是给哥伦比亚大学出版课程（前身是拉德克利夫学院出版课程）[1]讲课，在那里，我会遇到一百来个有志于图书出版和新闻业的学生。我跟他们说什么呢？按我的认识，编辑工作的基本原则是这样的：“尽快回复作者。”“书属于作者，不属于你。”“尽力使这本书更好地呈现它本来的样子，而不是把它变成本来没有的样子。”“把你的力量和自尊花在为作者服务上，而不是为他们本身或者你自己。”还有一遍一遍重复的“这是一种服务性工作”。而出版的基本原则，我多年摸索、努力实践的经验是这样的：“出版是把你自己对一本书、一位作者真诚的热情传递给全世界的事业。”“如果你对一本书有信心，别人也会有信心，因为你并不特殊。”“每一本书都有属于它的潜在读者——辨识它的读者群，

1　拉德克利夫学院出版课程于 1947 年由马萨诸塞州剑桥的拉德克利夫学院设立，为该校有志于新闻出版行业的学生提供为期六周的夏季课程。该校于 1999 年正式并入哈佛大学后，于 2000 年将出版课程并入哥伦比亚大学新闻学院，改名为“哥伦比亚大学出版课程”。

争取他们，别想把一本书卖给所有人。”“认真对待每一个细节，因为我们并不知道是什么因素使得某些书比其他书好，当然，除了它们自身的品质。”还有一点可能让人难以接受：“读者并不傻——他们的直觉也许真的比你的直觉更可靠。”

理查德·L. 西蒙说过一句话：“让读者放松。”（give the reader a break.）他把这句话蚀刻在古铜镇纸上，让西蒙-舒斯特出版社全体员工铭记，也激发、确立了我与读者的情缘。六十年前我上班第一天，桌上就有这样一块镇纸等着我，现在，我打字这会儿，它依然在我案头。这句简短的哲理可以运用到许多方面。我是这样做的：书的定价尽可能低。确保字号清晰易读——如果有可能，字号就大点；易读是一切。别谈论一张重要照片或肖像的时候，不给读者看图。要放有用的页眉——放具体故事或文章的标题，而不是作者名字（读者知道作者名字）。和页眉相反，要避免放页脚——页脚会把读者视线往下拉。别在正文中使用花哨的装饰图案和对开页，以免分散读者对文本的注意力——换句话说，别过度设计，等等。这很简单——只要记住什么东西会让你读书时恼火。善待别人……

这一套想法，我在出版课程上说了大概三十年，我的年纪越来越大，学生在我眼中自然就显得越来越年轻，我提到的参考案例对他们来说也越来越缺少共鸣——大部分昨日深受喜爱、非常畅销的图书、戏剧、电影，对今天二十多岁的年轻人来说毫无感觉。对我们一代人而言至关重要的名字，在晚辈们当中却很陌生。

这是事物的本质：荷马、古希腊诸剧作家、莎士比亚、但丁、巴赫、莫扎特、贝多芬、伦布朗、达·芬奇……任何对这些经典艺术家缺乏知识的人难逃没文化的下场。可是对于比我年轻许多的人来说，有多少人听说过玛丽·皮克福特这个1915年左右到1930年间世界上最有名的女人？我认识一个受过良好教育的三十二岁年轻人，从没听说过葛丽泰·嘉宝，而且经过一番提示，才想起来朱迪·加兰就是《绿野仙踪》里的那个女孩。我最近见到的一个二十六岁年轻人没听说过宾·克罗斯比。

不是他的错。时间永不回头。火炬传递。你年轻，你变老。接受现实。这是小津安二郎告诉世人的道理。是的，落伍于时代是令人难过的，但更令人难过的是，不得不向自己和世人证明你了解最新的时代精神。前段时间我意识到，除了舞蹈，我写的几乎所有东西都是过去的事，即使是舞蹈，我最感兴趣的还是到巴兰钦为止的经典作品。就连我一辈子喜爱的流行音乐，我也已经落伍了。

更糟的是家人、挚友、同事的离世。原来人是要死的。我每天偷偷看《纽约时报》上的讣闻版，生怕发现什么。是害怕自己在上面吗？考虑到我一辈子的病态，也许是这样。一旦我放弃了掌控一切的愿望，至少我害怕坐飞机的心理就没有了——好像在火车或汽车上，或者在马路上走路，你真能掌控一切似的。我十年前就学了这一课。那天我在第五十街正穿过第三大道，一根从建筑工地运出来的钢梁滑下车，轰隆一声掉在我身后十几英尺的地上，刚好没砸到汽车和我。

我不想考虑死亡，但我们都是将死之人，这是事实，无可避免。我努力不去想自己日益衰退的体力，努力避免我确信的头号杀手：压力。所幸，生活在遗憾中不会耗尽我心力：遗憾有什么意义？担忧未来也不会耗尽我心力：为什么要助长焦虑呢？现在已经够艰难了。

缪丽尔的早逝令我深感痛苦。我们的婚姻是一场灾难，离婚则很顺利。分手是我们共同的决定，实际上是她提出的：她在纽约不如意，没有她喜欢的工作，丈夫跟她疏远。她当然关心罗杰，但她不是一个特别有母性的人，无论如何，他十几岁的时候，大部分时间都在寄宿学校。我们没有房产，没有钱——那是在 1965 年——唯一的争执就是孩子的监护权，我们还是自己协商解决了（律师总是碍事）。

缪丽尔搬到了缅因州的卡姆登，逐渐在那里为自己创造了美好的生活。我定期付她一笔金额不大的赡养费，如果她经济有困难——需要买辆新车，盖一个新屋顶——无论需要什么，我都“借”钱给她。我们每年会通几次电话，总是相互鼓励，但我们只是在罗杰的婚礼上，才又见了一次面。

1992 年我被解职离开《纽约客》时，她给我打电话说，如果我经济有困难，她不要我的赡养费应该也能过日子，这时我打断她说，实际上我已经很有钱了，而且已经决定多给她赡养费。这是一个以喜剧转折为结尾的欧·亨利式故事。而她去世的时候，我发现她虽然把卡姆登的房子给了罗杰，却把剩下为数不多的财产都留给了我，还我当年的“借款”，这让我非常难过。我找她的律师，要把这笔遗产转给罗杰，却发现这在法律上是不可能的——所以我只能先接受，再交给罗杰。无论我们的婚姻出了什么问题，和金钱没有关系。

工作、友谊、阅读，在我一生中都是持之以恒的，而其中最重要的是家庭生活。玛丽亚和我从 1965 年开始一起生活，至今已经五十多年，其中四十二年是在同一幢房子里。我们性情正好相反。一个是冷静的、清教徒式的，另一个是热情、大方的（你自己猜哪个是我哪个是她）。一个井井有条，深思熟虑，另一个兴之所至，率性而为。一个喜欢自然，另一个喜欢城市。一个喜欢凉爽，另一个喜欢炎热。一个会表达她可能并没有的感受，另一个宁愿相信他什么感受都没有。（怎么样！这里的代词揭晓谜底了。）一个做饭，另一个吃。但是……

我们喜欢同样的人。玛丽亚是我认识的最佳读者之一，我们喜欢的书大致相同。（不同会怎样？）我们的笑点相同，而且都很有幽默感——她常说要不是我总能逗她笑，她几十年前就离家出走了。（你觉得她是说真的吗？）我们的金钱观相同——有钱的时候（现在）对钱没兴趣，没钱的时候（过去）也没兴趣。我对她的演技绝对有信心，而且总觉得，跟我这有趣但在我看来乏味的工作相比，她的表演事业更值得关注。我也信任她的判断力，虽然她经常竭力隐藏她的观点——毕竟，她从小就被母亲要求虔诚，而不是智慧。她的智商很高，但深藏不露，珍妮特·马尔科姆就坚持说玛丽亚比我聪明，她真讨厌。（我不信她这么说是认真的。）她对儿女和外孙们（莉齐有一对可爱的双胞胎儿子奥利弗和雅各布）的爱超越责任感，有时甚至超越天性。幸好我也爱他们。与尼基共担风雨的日子没有令我们情绪低落，我们反而更加坚强。莉齐的第一部纪录片《今天的男人》拍摄的就是尼基，电影已经成为阿斯伯格综合征患者和家属群体获得知识和安慰的主要来源。事实上，莉齐和她的两个男孩是我们生活的中心，她和我的感情非常融洽。（她也会这样说。）我们的思维一致，行为方式一致，甚至都有易怒这种不幸的倾向，虽然我们极少生对方的气。我还经常感谢她给我带来迈克尔·扬，完美的女婿、两个孩子完美的爸爸。她偶尔跟我说在跟他怄气时，我就说男人很团结的，我自动站在他一边。但她知道这不是真的；我永远都站在她这一边。

我和玛丽亚都能适应彼此的作息安排。她在排练或者一周演出八场，要么在其他城市或乡间别墅时，她是兼职太太；我在巴黎或迈阿密一次待几个星期的时候，我就是兼职丈夫。这样很管用——我需要独处，她需要与众人在一起。我们可以通电话——神赐的电话。听到她的声音对我是一种抚慰，只要不是跟我意见不一的时候。哦对了，她也是一个美人，婚姻里必须有一个人是美丽的，那个人永远不是我。我小时候我妈妈就溺爱地说了："你这张脸，只有当妈的才会爱。"让我吃惊的是，这居然不是真的。

我一直在工作，也许不像以前那么专注，当然也没有过去那样的耐力，但我没有感到自己的思维能力有所衰退，除了我常常忘记名字，偶尔想不起单词。据我所知，我的健康状况良好，只有一种叫椎管狭窄的病。这是一种下脊椎关节炎，会让人走路更慢、更不稳。（我最近做核磁共振成像检查的时候，那位非常可亲的技师听到我说没有疼痛，很惊讶。"这是很少见的。"他说，语气中有点失望，"如果您很疼，我们可以帮您。"这又是一个热爱自己工作的人。）

我有同情心。还有什么能比全身心地投入你的生活更幸运的事呢？我从来没有想过自己天生的智力有多高，但我有戈特利布式的精力，我把握住了。还有运气。还有什么比到了我这把年纪，却发现自己没有充分利用上天赋予的能力更可悲的呢？我对自己从来没有很高的期待，没有特别的抱负，除了把事情做好，有好的结果。而我所收获的回报，就是有趣的人生，还有远远超过与我的个性相匹配的认可。不过至少这些不是我刻意寻求的。

随着我开始远离曾经的各种聚光灯，我想知道自己面对权威感降低、公众知名度减少的局面会怎么样，同时希望作为作者发表作品的满足感会填补身为出版人日益减少的满足感。我以为我可能怨恨，甚至抑郁。但完全不是那样。最近我偶然读到罗伯特·弗罗斯特的这几句诗："忘了曾经是主角 / 是弥补后来遭受漠视 / 或让结局不那么艰难。"我惊讶地发现，我的反应与此相反。我从不认为自己是个主角。现在也没有觉得被人漠视。是的，也许结局会很艰难，但命运或许是仁慈的，至少会让我继续读会儿书。

致谢

多年来，FSG 出版社[1]的头头乔恩·加拉西一直鼓励我写这本书。换句话说，这都是那“孩子”的错。当然，书里本身的差错都是我犯的，不是他的。我得感谢他软磨硬泡地鞭策，始终以他的才智支持我，领导着这样一家友好、愉快的出版社。

推动我写下去的另一大动力是艾琳·史密斯来到 FSG 出版社工作。我们曾在耶鲁大学出版社合作得非常愉快，那时她威逼利诱，拉我为他们的“犹太人”传记丛书写了第一本书——萨拉·伯恩哈特的传记。过去的这些合作充满了乐趣，如今要写我这无趣得多的犹太人生平，我们又有机会一起开心合作，这对我是难以抵挡的诱惑。她知道什么时候把我往前推，什么时候把我拉回来，什么时候放手由我自己发挥。

1　FSG 出版社的全称是 Farrar Straus & Giroux。

了解FSG出版社的人都知道杰夫·塞罗伊对FSG的繁荣做出了多大的贡献。他是好朋友，热心人，机智的战略家，吃苦耐劳的人，发自真心爱笑的人——还能奢望更多吗？我要是足够聪明，一百万年前他还在克瑙夫出版社当“小奴隶”的时候，就应该看出他的潜力，那样的话也许他至今还在那里工作。幸好我不够聪明！

我还有幸与设计本书的阿比·卡根合作。不是每一位图书设计师对作者的愿望（或者心血来潮）都这么敏感，也不是每一位图书设计师都愿意配合作者工作。幸好阿比和我的设计思路一致，所以我们会愉快地达成共识——改了又改，微调，再调，直到我们俩都满意为止，唯一不满的是合作结束，因为要等到合作设计下一本书的时候才会再有这种乐趣。而且，她还有源源不断的M&M巧克力豆给我吃……

还有我的制作编辑斯科特·奥尔巴赫，他追求准确的执着决心对我是一种幸福的补充。核查，核查，再核查——无论是事实、标点、词汇用法还是语气，目的是一样的。毫无疑问，错误早已悄悄爬进书稿，因为即便是最强迫症一般的警惕也难以防止犯错，而斯科特做到了他这一工作的极致，甚至超出人的预期。令人吃惊的是，他的快乐劲头从不受到影响。我和他合作非常愉快，希望他也是这样想的。

FSG的执行主编德布拉·赫尔方也在克瑙夫工作过一段时间，所以她习惯了我的工作风格。她不仅以过人的才能监督着我的进度，对我有时在规则和进度上的任性也非常宽容。她的铁拳从没有挥出来，但我始终知道，在她平静的和善之下，铁拳就在那里。

我有幸拥有三位经验丰富的外部专业读者，他们耐心地审读我的书稿，为我的工作投入了大量时间和精力：亚当·贝格利，多年来他在《纽约观察家报》担任我的编辑，更是我最亲密的朋友；《大西洋月刊》的科尔比·库默尔，他还是充满好奇的新人时我就认识他了，如今他已成长为理性、审慎、和善的编辑，也是一个慷慨而有趣的朋友；还有我的密友鲍勃·克恩菲尔德，我们彼此太熟了，是他第一个逼迫我写作。他是优秀的编辑，既富有同情心，又意志坚强，这是每一个作家都应具有的品质。每个人都应该有这样的朋友。

我的妻子玛丽亚和女儿莉齐任何时候都是我的忠实读者。她们希望我写这本书，所以，这是我充满爱的产物。

还有许多人曾慷慨地支持我。克瑙夫－道布尔戴出版集团的设计、制作总监安迪·休斯是我的老朋友、老同事，但对认识他的人来说，他首先是一个真正高尚的人。他对我低调而慷慨的帮助是至关重要的。PhotoFest 图片社的霍华德·曼德尔鲍姆、罗恩·曼德尔鲍姆和他们的同事不仅工作效率高，也始终对我热情而慷慨。与他们合作真愉快。我也真心感谢为本书提供照片的摄影师，包括我亲爱的朋友理查德·奥弗斯特里特（特别要感谢吉尔·克雷门兹，得耐着性子满足我多变的要求。）

我还要感谢《纽约客》的布鲁斯·迪奥内斯、西蒙－舒斯特出版社的乔纳森·卡普，还有齐普·麦格拉斯；感谢贾斯汀·库珀仔细核查我回忆克林顿的部分；感谢凯西·胡里根一生的支持和坚定不移的爱。也感谢黛博拉·罗杰斯和我的共同好友中的几位：她的门徒和同事大卫·米勒；她的合伙人和好友（也是我的好友）帕特·怀特；她的丈夫迈克尔·伯克利；她的妹妹、也是我的好友苏·罗杰斯·邦德。

感谢所有倾听我、回应我、鼓舞我的朋友、同事和熟人，原谅我无法一一列举。

附录

人名译名对照

（按姓氏拼音顺序）

A

雷娜塔·阿德勒 Renata Adler
彼得·阿尔诺 Peter Arno
戴安娜·阿克曼 Diane Ackerman
琼·阿科切拉 Joan Acocella
威廉·阿林厄姆 William Allingham
明迪·阿洛夫 Mindy Aloff
迈克尔·阿伦 Michael Arlen
伊芙·阿诺德 Eve Arnold
弗雷德里克·阿什顿 Frederick Ashton
西尔维娅·阿什顿–沃纳 Sylvia Ashton-Warner
凯瑟琳·阿什莫尔 Catherine Ashmore
阿黛尔·阿斯泰尔 Adele Astaire
弗雷德·阿斯泰尔 Fred Astaire
詹姆斯·阿特拉斯 James Atlas
玛格丽特·阿特伍德 Margaret Atwood
迪莉娅·艾弗隆 Delia Ephron
诺拉·艾弗隆 Nora Ephron
纳尔逊·艾格林 Nelson Algren
查克·艾略特 Chuck Elliott
乔治·艾略特 George Eliot
T. S. 艾略特 T. S. Eliot
德怀特·艾森豪威尔 Dwight Eisenhower
阿摩司·埃隆 Amos Elon
弗雷德·艾伦 Fred Allen
芭芭拉·爱泼斯坦 Barbara Epstein
杰生·爱泼斯坦 Jason Epstein
阿尔伯特·爱因斯坦 Albert Einstein
埃里克·安伯勒 Eric Ambler
贝蒂·安德森 Betty Anderson
玛丽安·安德森 Marian Anderson
麦克斯韦尔·安德森 Maxwell Anderson
昆丁·安德森 Quentin Anderson
罗杰·安吉尔 Roger Angell
巴拉克·奥巴马 Barack Obama
埃德娜·奥布莱恩 Edna O'Brien
W. H. 奥登 W. H. Auden
丽莎·奥尔瑟 Lisa Alther
理查德·奥弗斯特里特 Richard Overstreet
玛丽·奥哈拉 Mary O'Hara
约翰·奥哈拉 John O'Hara

劳伦斯·奥利弗 Laurence Olivier
辛西娅·奥齐克 Cynthia Ozick
简·奥斯汀 Jane Austen

B

乔·巴恩斯 Joe Barnes
朱利安·巴恩斯 Julian Barnes
安娜·巴甫洛娃 Anna Pavlova
贝妮代塔·巴尔齐尼 Benedetta Barzini
沃伦·巴菲特 Warren Buffett
格伦·巴克斯特 Glen Baxter
阿尔特·巴克沃德 Art Buchwald
惠特尼·巴里艾特 Whitney Balliett
米哈伊尔·巴里什尼科夫 Mikhail Baryshnikov
乔治·巴兰钦 George Balanchine
马丁·巴伦 Martin Baron
卡门·巴塞尔斯 Carmen Balcells
劳伦（贝蒂）·白考尔 Lauren (Betty) Bacall
马龙·白兰度 Marlon Brando
雷蒙德·邦纳 Raymond Bonner
伊丽莎白·鲍恩 Elizabeth Bowen
格雷格·鲍策 Greg Bautzer
莫顿·鲍姆 Morton Baum
亨弗莱·鲍嘉 Humphrey Bogart
罗尼·贝茨 Ronnie Bates
布莱恩·贝德福德 Brian Bedford
西比尔·贝德福德 Sybille Bedford
安·贝蒂 Ann Beattie
亚当·贝格利 Adam Begley
索尔·贝娄 Saul Bellow
伯纳德·贝伦森 Bernard Berenson
约翰·贝内特 John Bennet
布鲁诺·贝特尔海姆 Bruno Bettelheim
约瑟芬·贝克 Josephine Baker
珍妮·贝辛格 Jeanine Basinger
迪莉娅·彼得斯 Delia Peters
詹姆斯·比尔德 James Beard
沃伦·比蒂 Warren Beatty
麦克斯·比尔博姆 Max Beerbohm
罗伯特·本奇利 Robert Benchley
杰克·本尼 Jack Benny
加德纳·博茨福德 Gardner Botsford
迈克尔·伯克利 Michael Berkeley
诺曼·波德霍雷茨 Norman Podhoretz
尼娜·伯恩 Nina Bourne
托马斯·伯恩哈德 Thomas Bernhard
萨拉·伯恩哈特 Sarah Bernhardt
乔治·伯恩斯和格蕾西·艾伦 George Burns and Gracie Allen
罗伯特·伯恩斯坦 Robert Bernstein
卡尔·伯恩斯坦 Carl Bernstein
查尔斯·波蒂斯 Charles Portis
安妮·博哈特 Anne Borchardt
乔治斯·博哈特 Georges Borchardt
罗伯特·伯克 Robert Bork
伊莎贝尔·博孔–吉博 Isabelle Boccon-Gibod
安东尼·伯吉斯 Anthony Burgess
保罗·安德里亚·伯吉斯 Paolo Andrea Burgess
利亚娜·伯吉斯 Liana Burgess
卡罗琳·伯克 Carolyn Burke
埃德娜·波托克 Adena Potok
哈伊姆·波托克 Chaim Potok
罗哈尔–根特·布赫海姆 Lothar-Günther Buchheim
霍斯特·布赫霍尔茨 Horst Buchholz
雷·布拉德伯里 Ray Bradbury
莱昂·布莱克 Leon Black
本·布莱德利 Ben Bradlee
范妮·布莱斯 Fanny Brice
蒂娜·布朗 Tina Brown
卡罗琳·布朗 Carolyn Brown
凯文·布朗洛 Kevin Brownlow
布丽吉德·布罗菲 Brigid Brophy
哈罗德·布罗基 Harold Brodkey
露易丝·布鲁克斯 Louise Brooks
埃米·布鲁姆 Amy Bloom
玛丽·布鲁姆 Mary Blume

米歇尔·布托 Michel Butor

C

洛丝·查斯特 Roz Chast
川久保玲 Rei Kanakubo
村上春树 Murakami Haruki

D

罗尔德·达尔 Roald Dahl
丽兹·达汉索夫 Liz Darhansoff
大里索诺 Sono Osato
南希·戴尔瓦 Nancy Dalva
贝蒂·戴维斯 Bett Davis
杰基·戴维斯 Jackie (Jacqueline) Davis
马克·丹纳 Mark Danner
诺曼·道格拉斯 Norman Douglas
爱德华多·德菲利波 Eduardo De Filippo
R. F. 戴德菲尔德 R. F. Delderfield
玛琳·黛德丽 Marlene Dietrich
莱恩·戴顿 Len Deighton
玛丽-克劳德·德·布吕诺夫 Marie-Claude de Brunhoff
玛格丽特·德拉布尔 Margaret Drabble
沃尔特·德拉麦尔 Walter de la Mare
西奥多·德莱塞 Theodore Dreiser
卡尔·德莱叶 Carl Dreyer
唐·德里罗 Don DeLillo
米诺·德鲁埃 Minou Drouet
琼·狄迪恩 Joan Didion
查尔斯·狄更斯 Charles Dickens
艾米莉·狄金森 Emily Dickinson
鲍勃·迪伦 Bob Dylan
雅各布·蒂默曼 Jacobo Timerman
露丝·迪姆 Ruth Diem
珍妮·迪斯基 Jenny Diski
秀兰·邓波儿 Shirley Temple
罗斯玛丽·邓利维 Rosemary Dunleavy
阿拉斯泰尔·邓尼特 Alastair Dunnett
多萝西·邓尼特 Dorothy Dunnett
威尔·杜兰特、阿里尔·杜兰特 Will and Ariel Durant
F. W. 杜皮 F. W. Dupee
E. L. 多克托罗 E. L. Doctorow
坎迪达·多纳迪奥 Candida Donadio

E

约翰·厄普代克 John Updike

F

卡罗尔·法卡斯 Carol Farkas
朱迪·法卡斯 Judi Farkas
J. G. 法雷尔 J. G. Farrell
苏珊娜·法雷尔 Suzanne Farrell
格洛丽亚·范德比尔特 Gloria Vanderbilt
马克·范·多伦 Mark Van Doren
玛歌·芳婷 Margot Fonteyn
马歇尔·菲尔德 Marshall Field
迈克尔·菲尔德 Michael Field
苏珊·芬克尔斯坦 Susan Finkelstein
库尔特·冯内古特 Kurt Vonnegut
乔·福克斯 Joe Fox
拉乌尔·弗莱施曼 Raoul Fleischmann
南希·富兰克林 Nancy Franklin
查尔斯·弗朗斯 Charles France
弗洛拉·弗雷泽 Flora Fraser
肯尼迪·弗雷泽 Kennedy Fraser
伊恩（桑迪）·弗雷泽 Ian (Sandy) Frazier
史蒂夫·弗洛里奥 Steve Florio
詹姆斯·福曼 James Forman
E. M. 福斯特 E. M. Forster

安东尼娅·弗雷泽 Antonia Fraser
西格蒙德·弗洛伊德 Sigmund Freud
布鲁斯·杰伊·弗里德曼 Bruce Jay Friedman
莉莲·弗里德曼 Lillian Friedman
威尔·弗里德沃尔德 Will Friedwald
戴安娜·弗里兰 Diana Vreeland
罗伯特·弗罗斯特 Robert Frost
威廉·福克纳 William Faulkner
格雷·福伊 Gray Foy

G

芭芭拉·戈德史密斯 Barbara Goldsmith
安·戈德斯坦 Ann Goldstein
盖尔·戈德温 Gail Godwin
托尼·戈德温 Tony Godwin
弗朗辛·杜普莱西克斯·格雷 Francine du Plessix Gray
凯瑟琳·格雷厄姆 Katharine Graham
菲利普·格雷厄姆 Philip Graham
玛莎·格雷厄姆 Martha Graham
罗伯特·格雷斯科维奇 Robert Greskovic
约翰·格里森姆 John Grisham
阿道夫·格林 Adolph Green
阿什·格林 Ash Green
格雷厄姆·格林 Graham Greene
梅格·格林菲尔德 Meg Greenfield
鲁多·格罗布斯 Rudo Globus
理查德·格罗斯曼 Richard Grossman
亚当·戈普尼克 Adam Gopnik
查尔斯·戈特利布（父亲）Charles Gottlieb
莉齐·戈特利布（女儿）Lizzie Gottlieb
玛丽亚·戈特利布（妻子）Maria Gottlieb
玛莎·戈特利布（母亲）Martha Gottlieb
缪丽尔·戈特利布（希金斯）（前妻）Muriel (Higgins) Gottlieb
尼基·戈特利布（儿子）Nicky Gottlieb
罗杰·戈特利布（儿子）Roger Gottlieb
埃莉诺·古尔德 Eleanor Gould
杰克·古德曼 Jack Goodman
谷崎润一郎 Tanizaki Junichiro

H

珍妮特·哈尔弗森 Janet Halverson
菲利普·哈尔斯曼 Philippe Halsman
罗恩·哈弗 Ron Haver
达希尔·哈米特 Dashiell Hammett
玛丽娜·哈斯 Marina Harss
基蒂·哈特 Kitty Hart
洛伦兹·哈特 Lorenz Hart
玛塞拉·哈赞 Marcella Hazan
雪儿·海蒂 Shere Hite
雅沙·海菲茨 Jascha Heifetz
埃丽卡·海勒 Erica Heller
约瑟夫·海勒 Joseph Heller
布鲁克·海沃德 Hayward Brooke
凯瑟琳·赫本 Katharine Hepburn
赫布洛克（赫伯特·布洛克）Herblock (Herbert Block)
詹姆斯·利奥·赫利希 James Leo Herlihy
约翰·赫西 John Hersey
阿道司·赫胥黎 Aldous Huxley
乔洁·黑尔 Georgette Heyer
苏·胡贝尔 Sue Hubbell
凯西·胡里根 Kathy Hourigan
帕特·怀特 Pat White
彼得·霍尔 Peter Hall
理查德·霍夫斯塔特 Richard Hofstadter
芭芭拉·霍根 Barbara Horgan
理查德（迪克）·霍华德 Richard (Dick) Howard
马修·霍贾特 Matthew Hodgart
海伦·霍金森 Helen Hokinson
约翰·霍兰德 John Hollander
弗拉基米尔·霍洛维茨 Vladimir Horowitz
卡伦·霍尼 Karen Horney

纳撒尼尔·霍桑 Nathaniel Hawthorne
丹尼斯·霍珀 Dennis Hopper
鲍勃·霍普 Bob Hope
格特鲁德·范德比尔特·惠特尼 Gertrude Vanderbilt Whitney
比尔·惠特沃思 Bill Whitworth

J

葛丽泰·嘉宝 Greta Garbo
爱德华·吉本 Edward Gibbon
哈利勒·纪伯伦 Kahlil Gibran
鲁德亚德·吉卜林 Rudyard Kipling
安德烈·纪德 André Gide
唐纳德·基恩 Donald Keene
吉尔伯特和沙利文 Gilbert and Sullivan
佩内洛普·基里亚特 Penelope Gilliatt
阿尔玛·吉列尔莫普列托 Alma Guillermoprieto
亚历克·吉尼斯 Alec Guinness
帕姆·加德纳 Pam Gardiner
约翰·加德纳 John Gardner
威廉·加迪斯 William Gaddis
罗曼·加里 Romain Gary
德布·加里森 Deb Garrison
梅维斯·迦兰 Mavis Gallant
朱迪·加兰 Judy Garland
阿尔贝·加缪 Albert Camus
威廉·加斯 William Gass
迈克尔·杰克逊 Michael Jackson
亚历山大·金 Alexander King
罗伯特（鲍勃）·金伯尔 Robert (Bob) Kimball
维罗妮卡·金恩 Veronica Geng
牙买加·金凯德 Jamaica Kincaid
艾伦·金斯堡 Allen Ginsberg
罗娜·贾菲 Rona Jaffe
玛德赫·贾弗里 Madhur Jaffrey
帕特里克·聚斯金德 Patrick Süskind

K

杜鲁门·卡波蒂 Truman Capote
杰塔·卡尔顿 Jetta Carleton
琼·卡恩 Joan Kahn
雷蒙德·卡佛 Raymond Carver
艾尔弗雷德·卡津 Alfred Kazin
卡门·卡里尔 Carmen Callil
恩里科·卡鲁索 Enrico Caruso
罗伯特·A. 卡洛 Robert A. Caro
安格斯·卡梅隆 Angus Cameron
戴尔·卡耐基 Dale Carnegie
安德鲁·卡佩 Andrew Chiappe
弗兰克·卡普拉 Frank Capra
玛莎·卡普兰 Martha Kaplan
彼得·卡普兰 Peter Kaplan
艾略特·卡塔卢拉 Elliot Cattarulla
凯·哈特尔·卡塔卢拉 Kay Hartell Cattarulla
格雷顿·卡特 Graydon Carter
阿尔蒂·卡佩尔 Altie Karper
朱莉·卡瓦纳 Julie Kavanagh
伊利亚·卡赞 Elia Kazan
尼可斯·卡赞扎基斯 Nikos Kazantzakis
宝琳·凯尔 Pauline Kael
弗吉尼亚·凯利 Virginia Kelley
沃尔特·凯利 Walt Kelly
贝蒂·凯奇 Betty Cage
薇拉·凯瑟 Willa Cather
弗朗西斯·帕金森·凯斯 Fronces Parkinson Keyes
帕特里克·坎贝尔夫人 Mrs. Patrick Campbell
文森特·坎比 Vincent Canby
艾迪·坎托 Eddie Cantor
约瑟夫·康拉德 Joseph Conrad
贝蒂·康姆登 Betty Comden
巴里·康芒纳 Barry Commoner
埃文·康奈尔 Evan S. Connell
艾维·康普顿–伯内特 Ivy Compton-Burnett
大卫·康威尔 David Cornwell（即约翰·勒卡雷）

丽兹·考尔德 Liz Calder
琳恩·考克斯 Lynne Cox
克里斯托弗·科达 Christopher Korda
迈克尔·科达 Michael Korda
安妮·科顿（贝格利）Anne Cotton (Begley)
琼·克尔 Jean Kerr
沃尔特·克尔 Walter Kerr
劳丽·科尔文 Laurie Colwin
理查德·科恩 Richard Cohen
莫里斯·拉斐尔·科恩 Morris Raphael Cohen
鲍勃·科恩菲尔德 Bob Cornfield
阿利斯泰尔·科克 Alistair Cooke
简·克拉玛 Jane Kramer
珍妮·克莱顿 Jenny Crichton
朱迪·克莱顿 Judy Crichton
迈克尔·克莱顿 Michael Crichton
罗伯特·克莱顿 Robert Crichton
萨拉·克莱顿 Sarah Crichton
帕特·克劳 Pat Crow
琼·克劳馥 Joan Crawford
阿加莎·克里斯蒂 Agatha Christie
比尔·克林顿 Bill Clinton
希拉里·克林顿 Hillary Clinton
理查德·克鲁格 Richard Kluger
安·克洛斯 Ann Close
乔纳森·克洛斯 Jonathan Clowes
阿琳·克罗斯 Arlene Croce
唐纳德·克洛普弗 Donald Klopfer
宾·克罗斯比 Bing Crosby
吉尔·克雷门兹 Jill Krementz
艾尔弗雷德·克瑙夫 Alfred Knopf
小艾尔弗雷德·克瑙夫（帕特）Alfred Knopf Jr. (Pat)
布兰奇·克瑙夫 Blanche Knopf
海伦·克瑙夫 Helen Knopf
林肯·科斯坦 Lincoln Kirstein
托马斯·B. 科斯坦 Thomas B. Costain
比尔·科什兰德 Bill Koshland
伊丽莎白·肯德尔 Elizabeth Kendall
约翰·F. 肯尼迪 John F. Kennedy
阿利格拉·肯特 Allegra Kent
多萝西·孔哈特 Dorothy Kunhardt
吉娅·库拉斯 Gia Kourlas
科尔比·库默尔 Corby Kummer
贾斯丁·库珀 Justin Cooper
艾丽丝·奎恩 Alice Quinn
米兰·昆德拉 Milan Kundera

L

林·拉德纳 Ring Lardner
丽兹·拉姆 Liz Lahm
诺曼·拉什 Norman Rush
萨尔曼·拉什迪 Salman Rushdie
欧文·拉扎尔 Irving Lazar
安妮·赖斯 Anne Rice
劳伦斯·赖特 Lawrence Wright
李·赖特 Lee Wright
菲利丝·莱维 Phyllis Levy
梅尔·莱文 Meyer Levin
多丽丝·莱辛 Doris Lessing
彼得·莱辛 Peter Lessing
旺达·兰多芙丝卡 Wanda Landowska
阿瑟·兰塞姆 Arthur Ransome
伊丽莎白·朗福德 Elizabeth Longford
马克·劳里 Mac Lowry
D. H. 劳伦斯 D. H. Lawrence
弗雷德里克·勒博耶 Frédérick Leboyer
约翰·勒卡雷 John le Carré (David Cornwell)
黛安娜·雷姆 Diane Rehm
大卫·雷姆尼克 David Remnick
李奥波德和勒伯 Leopold and Loeb
珍妮特·李德 Janet Reed
大卫·里夫 David Rieff
佩内洛普·里奇 Penelope Leach
艾玛·里奇勒 Richler Emma
弗洛伦丝·里奇勒 Richler Florence

杰克·里奇勒 Jake Richler
莫迪凯·里奇勒 Mordecai Richler
戈登·利什 Gordon Lish
图瓦内特·里斯（利佩）Toinette Rees (Lippe)
玛丽亚·里瓦 Maria Riva
F. R. 利维斯 F. R. Leavis
约翰·列侬 John Lennon
辛西娅·林赛 Cynthia Lindsay
杰里·鲁宾斯 Jerry Rubbins
阿图尔·鲁宾斯坦 Arthur Rubinstein
玛丽-让·路易斯 Mary-Jean Lewis
伊弗雷姆·伦敦 Ephraim London
埃尔默·伦纳德 Elmore Leonard
约翰·伦纳德 John Leonard
杰罗姆·罗宾斯 Jerome Robbins
理查德·罗杰斯 Richard Rodgers
黛博拉·罗杰斯 Deborah Rogers
弗雷德·罗杰斯 Fred Rogers
琴吉·罗杰斯 Ginger Rogers
克劳迪娅·罗登 Claudia Roden
玛乔丽·金南·罗林斯 Marjorie Kinnan Rawlings
李·洛伦兹 Lee Lorenz
康斯坦西亚·罗米利 Constancia Romilly
洛德丝·洛佩斯 Lourdes Lopez
安妮·罗瑟 Anne Loesser
弗兰克·罗瑟 Frank Loesser
哈罗德·罗斯 Harold Ross
莉莲·罗斯 Lillian Ross
休·罗斯 Hugh Ross
伯特兰·罗素 Bertrand Russell

M

彼得·马丁斯 Peter Martins
安妮·马尔科姆 Anne Malcolm
唐纳德·马尔科姆 Donald Malcolm
珍妮特·马尔科姆 Janet Malcolm
艾莉西娅·马尔科娃 Alicia Markova
安德烈·马尔罗 André Malraux
娜塔莉娅·玛卡洛娃 Natalia Makarova
华莱士·马克菲尔德 Wallace Markfield
格鲁乔·马克思 Groucho Marx
约翰·P. 马昆德 John P. Marquand
罗伯特·马西 Robert Massie
查尔斯·麦格拉斯（齐普）Charles (Chip) McGrath
比尔·麦吉本 Bill McKibben
布鲁斯·麦考尔 Bruce McCall
莫妮卡·麦考尔 Monica McCall
阿拉斯泰尔·麦考利 Macaulay Alastair
玛丽·麦卡锡 Mary McCarthy
费伯尔·麦基和莫莉 Fibber McGee and Molly
珍妮特·麦克蒂尔 Janet McTeer
塞拉·麦克法登 Cyra McFadden
约翰·麦克菲 John McPhee
雪莉·麦克莱恩 Shirley MacLaine
德怀特·麦克唐纳 Dwight Macdonald
罗斯·麦克唐纳 Ross Macdonald
威廉·麦克斯韦尔 William Maxwell
汤姆·麦奇勒 Tom Maschler
艾格尼丝·迈耶 Agnes Meyer
尤金·迈耶 Eugene Meyer
托马斯·曼 Thomas Mann
路易斯·梅纳德 Louis Menand
丹尼尔·梅纳克 Daniel Menaker
杰弗里·梅森 Jeffrey Masson
桑尼·梅塔 Sonny Mehta
伊迪·梅耶（戈茨）Edie Mayer (Goetz)
路易·B. 梅耶 Louis B. Mayer
丹尼尔·门德尔松 Daniel Mendelsohn
玛丽莲·梦露 Marilyn Monroe
艾丽丝·门罗 Alice Munro
阿涅丝·蒙特奈 Agnès Montenay (Overstreet)
米歇尔·德·蒙田 Michel de Montaigne
阿瑟·米勒 Arthur Miller
乔纳森·米勒 Jonathan Miller

琼·米切尔 Joan Mitchell
约瑟夫·米切尔 Joseph Mitchell
杰西卡·米特福德（德卡）Jessica (Decca) Mitford
南希·米特福德 Nancy Mitford
凯·缪斯 Kay Muhs
詹姆斯·摩根 James Morgan
托妮·莫里森 Toni Morrison
基思·莫尼 Keith Money
贝拉·摩西 Bella Moses
罗伯特·摩西 Robert Moses
沃尔夫冈·阿马德乌斯·莫扎特 Wolfgang Amadeus Mozart

N

海蒂嘉德·纳福 Hildegard Knef
V. S. 奈保尔 V. S. (Vidia) Naipaul
埃里克·奈特 Eric Knight
希拉里·奈特 Hilary Knight
克里斯·纳特森 Chris Knutsen
琳恩·内斯比特 Lynn Nesbit
米米·尼奥利 Mimi Gnoli
帕特里夏·尼尔 Patricia Neal
南希·尼古拉斯 Nancy Nicholas
迈克·尼科尔斯 Mike Nichols
利昂娜·涅夫勒 Leona Nevler
唐纳德·纽豪斯 Donald Newhouse
帕米拉·纽豪斯 Pamela Newhouse
S. I. 纽豪斯（塞）S. I. (Si) Newhouse
维多利亚·纽豪斯 Victoria Newhouse
詹姆斯·纽曼 James Newman

O

罗伯特·欧文 Robert Irving

P

杰克·帕尔 Jack Paar
多萝西·帕克 Dorothy Parker
尼克·派勒吉 Nick Pileggi
莫莉·潘特-唐斯 Mollie Panter-Downes
埃丝特·佩克尔 Esther Percal
沃克·珀西 Walker Percy
劳拉·佩雷尔曼 Laura Perelman
S. J. 佩雷尔曼（西德）S. J. (Sid) Perelman
克劳迪娅·罗斯·皮尔庞特 Claudia Roth Pierpont
斯科特·皮特森 Scott Peterson
玛丽·皮克福特 Mary Pickford
保罗·培根 Paul Bacon
哈罗德·品特 Harold Pinter
布洛森姆·普拉姆 Blossom Plum
埃尔维斯·普莱斯利 Elvis Presley
乔治·普林顿 George Plimpton
麦克斯韦尔·珀金斯 Maxwell Perkins
马塞尔·普鲁斯特 Marcel Proust
艾丽丝·普罗文森 Alice Provensen
凯伦·普罗文森 Karen Provensen
马丁·普罗文森 Martin Provensen

Q

约翰·契弗 John Cheever
约翰·钱塞勒 John Chancellor
雷蒙德·钱德勒 Raymond Chandler
黛博拉·乔伊特 Deborah Jowitt
詹姆斯·乔伊斯 James Joyce
茱莉亚·切尔德 Julia Child
朱迪丝·琼斯 Judith Jones

S

内奥米·萨尔兹曼 Naomi Saltzman

安德烈・萨哈罗夫 Andrei Sakharov
J. R. 萨拉曼卡（杰克）J. R.（Jack）Salamanca
特怀拉・萨普 Twyla Tharp
J. J. 萨沙 J. J. Sacha
让-保尔・萨特 Jean-Paul Sartre
布莱恩・塞伯特 Brian Seibert
丹尼尔・塞尔兹尼克 Daniel Selznick
大卫・O. 塞尔兹尼克 David O. Selznick
艾琳・梅耶・塞尔兹尼克 Irene Mayer Selznick
杰弗里・塞尔兹尼克 Jeffrey Selznick
赛珍珠 Pearl S. Buck
苏珊・桑塔格 Susan Sontag
乔治・桑塔耶那 George Santayana
贝内特・瑟夫 Bennett Cerf
伊德里斯・沙赫 Idries Shah
西蒙・沙玛 Simon Schama
威廉・莎士比亚 William Shakespeare
雅克・尚布伦 Jacques Chambrun
玛丽亚・圣加斯特 Maria St. Just
斯蒂芬・史班德 Stephen Spender
阿德莱・史蒂文斯 Adlai Stevenson
伊芙琳・施里夫特 Evelyn Shrifte
艾琳・史密斯 Ileene Smith
阿瑟・史尼兹勒 Arthur Schnitzler
爱伦・施瓦姆 Ellen Schwamm
彼得・施韦德 Peter Schwed
托尼・舒尔特 Tony Schulte
M. 林肯・舒斯特（麦克斯）M.（Max）Lincoln Schuster
蕾・舒斯特 Ray Schuster
罗伯特・斯库代拉里 Robert Scudellari
道格・斯顿夫 Doug Stumpf
雷德・斯凯尔顿 Red Skelton
B. F. 斯金纳 B. F. Skinner
伊芙琳・斯莫尔 Evelyn Small
理查德・斯奈德 Richard Snyder
玛莎・斯沃普 Martha Swope
琼・斯泰因 Jean Stein
索尔・斯坦伯格 Saul Steinberg
弗朗西丝・斯泰洛夫 Frances Steloff
伯特・斯特恩 Bert Stern
简・斯特恩、迈克尔・斯特恩 Jane and Michael Stern
罗伯特・斯通 Rober Stone
特德・索洛塔罗夫 Ted Solotaroff
詹姆斯・瑟伯 James Thurber
杰奎琳・苏珊 Jacqueline Susann

T

芭芭拉・塔奇曼 Barbara Tuchman
保罗・泰勒 Paul Taylor
安妮・泰勒 Anne Tyler
汤姆・泰伦 Tom Tryon
肯尼思・泰南 Kenneth Tynan
大卫・汤姆森 David Thomson
多萝西・汤普森 Dorothy Thompson
凯・汤普森 Kay Thompson
罗伯特・汤森 Robert Townsend
达里埃尔・特尔弗 Dariel Telfer
艾伯特・帕森・特哈尼 Albert Payson Terhune
迪克・特雷西 Dick Tracy
斯潘塞・特雷西 Spencer Tracy
卡尔文・特里林（巴德）Calvin（Bud）Trillin
莱昂内尔・特里林 Lionel Trilling
艾丽丝・特鲁瓦克斯 Alice Truax
约翰・肯尼迪・图尔 John Kennedy Toole
劳拉・图奇 Laura Tucci
玛丽亚・图奇 Maria Tucci
尼科洛・图奇（尼卡）Niccolò（Nika）Tucci
安东尼・图德 Antony Tudor
玛丽亚・托尔奇夫 Maria Tallchief
托斯卡尼尼 Toscanini

W

杰里・瓦尔德 Jerry Wald

希瑟·瓦茨 Heather Watts
谢莉·万格 Shelley Wanger
约翰·韦恩 John Wayne
克里斯托弗·威尔顿 Christopher Wheeldon
尤多拉·韦尔蒂 Eudora Welty
米尔顿·维奥斯特 Milton Viorst
埃德蒙·威尔逊 Edmund Wilson
薇姬·威尔逊 Vicky Wilson
爱德华（艾迪）·维莱拉 Edward (Eddie) Villella
琳达·维莱拉 Linda Villella
巴兹尔·威利 Basil Willey
田纳西·威廉斯 Tennessee Williams
纳撒尼尔·韦斯特 Nathanael West
威廉·威斯特摩兰 William Westmoreland
伊夫林·沃 Evelyn Waugh
大卫·沃恩 David Vaughan
威廉·沃顿 William Wharton
汤姆·沃尔夫 Tom Wolfe
托马斯·沃尔夫 Thomas Wolfe
安迪·沃霍尔 Andy Warhol
格雷厄姆·沃森 Graham Watson
P. G. 伍德豪斯 P. G. Wodehouse
鲍勃·伍德沃德 Bob Woodward
弗吉尼亚·伍尔夫 Virginia Woolf
丽芙·乌尔曼 Liv Ullmann
保罗·凯尔基·乌萨伊 Paolo Cherchi Usai

X

珍·茜宝 Jean Seberg
丹·希顿 Dan Heaton
罗伯特·西尔弗斯 Robert Silvers
大卫·西格尔 David Segal
洛尔·西格尔 Lore Segal
乔治·V. 希金斯 George V. Higgins
阿瑟·希克曼 Arthur Sheekman
莫伊拉·希勒 Moira Shearer
理查德（迪克）·L. 西蒙 Richard (Dick) L. Simon
莱昂·希姆金 Leon Shimkin
英格丽德·西斯奇 Ingrid Sischy
梅达·希特 Maida Heatter
玛杰丽·夏普 Margery Sharp
威廉·夏伊勒 William Shirer
小阿伯纳 Li'l Abner
塞西尔·肖恩 Cecille Shawn
沃利·肖恩 Wally Shawn
威廉·肖恩 William Shawn
小津安二郎 Yasujiro Ozu
塞缪尔·谢拉巴格 Samuel Shellabarger
乔纳森·谢尔 Jonathan Schell
安迪·休斯 Andy Hughes

Y

查斯·亚当斯 Chas Addams
多萝西·亚当斯 Dorothy Adams
理查德·亚当斯 Richard Adams
阿瑟·亚当斯 Arthur Adams
卡罗琳·亚历山大 Caroline Alexander
若热·亚马多 Jorge Amado
迈克尔·扬 Michael Young
弗兰克·耶比 Frank Yerby
里昂·尤里斯 Leon Uris
戴安娜·约翰逊 Diane Johnson
丹尼斯·约翰逊 Denis Johnson
林登·约翰逊 Lyndon Johnson

Z

亨利·詹姆斯 Henry James
P. D. 詹姆斯 P. D. James
卡罗尔·詹韦 Carol Janeway

书名、剧名
及其他专有名词译名对照

（按正文中出现的先后顺序）

阅读

《奇人传：林 · 拉德纳自传》*The Story of a Wonder Man, Being the Autobiography of Ring Lardner*
《丛林之书》*Jungle Books*
《乳酪甜点真好吃》*Junket is Nice*
《兔子帕特》*Pat the Bunny*
《神犬拉德》*Lad: A Dog*
《灵犬莱西》*Lassie Come-Home*
《黑神驹》*Black Beauty*
"马儿弗莉卡三部曲" *Flicka*
"绿野仙踪"系列 The Oz books
"杜立德医生"系列 Dr. Dolittle books
人猿泰山 *Tarzan*
《丛林小子邦巴在死亡沼泽》*Bomba the Jungle Boy in the Swamp of Death*
《燕子号与亚马逊号》*Swallows and Amazons*
《我们的女孩桑迪》*Our Gal Sunday*
《生活可以是美好的》*Life Can be Beautiful*
《玛丽 · 马林》*Mary Marlin*
《玛 · 珀金斯》*Ma Perkins*
《斯特拉 · 达勒斯》*Stella Dallas*
《海伦 · 特伦特的爱情》*Romance of Helen Trent*
《你的金曲巡游》*Your Hit Parade*
《请提示》*Information Please*
《午夜队长》*Captain Midnight*
《小孤儿安妮》*Little Orphan Annie*
《杰克 · 阿姆斯特朗，典型美国男孩》*Jack Armstrong, the All-American Boy*
《白雪公主和七个小矮人》*Snow White and the Seven Dwarf*
《生活》杂志 *Life*
《纽约客》杂志 *New Yorker*
《弗洛斯河上的磨坊》*The Mill on the Floss*
《意大利协奏曲》*Italian Concerto*
《哥德堡变奏曲》*The Goldberg Variations*
《日本天皇》*The Mikado*
《忍耐》*Patience*
《彭赞斯的海盗》*The Pirates of Penzance*
《南风》*South Wind*
《国家地理》杂志 *National Geographic*
每月之书俱乐部 Book of the Month Club

文学公会俱乐部 Literary Guild
《大不列颠马厩》*Brittania Mews*
《战争与和平》*War and Peace*
《黑玫瑰》*The Black Rose*
《银杯》*The Silver Chalice*
《在安托万家的晚餐》*Dinner at Antoine's*
《一个骑士来了》*Came a Cavalier*
《卡斯提尔来的船长》*Captain from Castile*
《狐狸王子》*Prince of Foxes*
《哈罗的狐狸》*The Foxes of Harrow*
《一个名叫"梦幻"的女人》*A Woman Called Fancy*
《爱玛》*Emma*

上学

《裘力斯·恺撒》*Julius Caesar*
《双城记》*A Tale of Two Cities*
《织工马南》*Silas Marner*
《艾凡赫》*Ivanhoe*
《消失的地平线》*Lost Horizon*
《圣路易斯雷大桥》*The Bridge of San Luis Rey*
《亨利四世》*Henry IV*
《坎特伯雷故事集》*The Canterbury Tales*
《哥伦比亚，大洋的珍宝》"Columbia, the Gem of the Ocean"
《庞然大物》*Jumbo*
《和父亲生活》*Life with Father*
《胡桃夹子》*The Nutcracker*
《俄克拉荷马！》*Oklahoma!*
《卡门·琼斯》*Carmen Jones*
《维纳斯的一触》*One Touch of Venus*
《万尼亚舅舅》*Uncle Vanya*
《俄狄浦斯王》*Oedipus Rex*
《批评家》*The Critic*
《奥赛罗》*Othello*
《玻璃动物园》*The Glass Menagerie*
《哈维，我记得妈妈》*Harvey, I Remember Mama*
《天上人间》*Carousel*
《寻欢作乐》*On the Town*
《金屋春宵》*The Madwoman of Chaillot*
《送冰的人来了》*The Iceman Cometh*
《俄耳甫斯》*Orpheus*
《圣女贞德蒙难记》*The Passion of Joan of Arc*
《格尔尼卡》*Guernica*
《特洛伊罗斯与克丽希达》*Troilus and Criseyde*
《自由的想象》*The Liberal Imagination*
《细读》杂志 *Scrutiny*
《简·爱》*Jane Eyre*
《呼啸山庄》*Wuthering Heights*
《华兹华斯和犹太拉比》"Wordsworth and the Rabbis"
《丁登寺》"Tintern Abbey"
兰登书屋 Random House
道布尔戴出版社 Doubleday
铁锚图书 Anchor Books
纽约版詹姆斯小说全集 New York Edition of James's work
《进步教育》*A Progressive Education*
《哥伦比亚评论》*The Columbia Review*
《残酷故事集》*Contes cruels*
《背德者》*The Immoralist*
《伪币制造者》*The Counterfeiters*
《梵蒂冈地窖》*Lafcadio's Adventures*
《窄门》*Strait Is the Gate*
《追忆逝水年华》*Remembrance of Things Past, In Search of Lost Time*
现代文库 *Modern Library*
《金碗》*The Golden Bowl*
《泰晤士报文学增刊》*The Times Literary Supplement*
《贝奥武夫》*Beowulf*
《故园风雨后》*Brideshead Revisited*
《萨默塞特·毛姆短篇小说选》*The Collected Stories of Somerset Maugham*
剑桥脚灯社 Cambridge Uninersity Footlights Dramatic Club
《大教堂中的谋杀》*Murder in the Cathedral*
《禁闭》*No Exit*

《等待戈多》*Waiting for Godot*
《贝尔纳达·阿尔瓦之家》*The House of Bernarda Alba*
《伤心之家》*Heartbreak House*
《建筑大师》*The Master Builder*
《李尔王》*King Lear*
《记者》杂志 *Reporter*
《华盛顿邮报》*The Washington Post*
《新闻周刊》*Newsweek*

在西蒙-舒斯特出版社

小金书 Little Golden Books
《动作迟钝的小狗》*The Poky Little Puppy*
先锋出版社 Vanguard Press
《欢乐梅姑》*Auntie Mame*
《广告员》*The Hucksters*
《穿灰色法兰绒正装的男人》*Man in the Gray Flannel Suit*
《我们共同的朋友》*Our Mutual Friend*
《白衣女人》*The Woman in White*
《杰罗姆·克恩歌曲集》*The Jerome Kern Song Book*
《〈妇女家庭杂志〉宝库》*The Ladies' Home Journal Treasury*
《电影》*The Movies*
"波哥"系列图书 *Pogo*
《数学的世界》*The World of Mathematics*
《艺术杰作的宝库》*A Treasury of Art Masterpieces*
《文明的故事》*The Story of Civilization*
《在我的时代来临之前》*Before My Time*
《五个晚上》*Five Evenings*
《时尚先生》杂志 *Esquire*
《遗产》*A Legacy*
"艾洛伊丝"系列童书 *Eloise*
《强迫症》*Compulsion*
《安妮日记》*Diary of Anne Frank*
《疯狂》*The Fanatic*
《偏执》*The Obsession*
口袋书出版社 Pocket Books
《失落的地平线》*Lost Horizon*
《罗杰疑案》*The Murder of Roger Ackroyd*
《圣路易斯雷大桥》*The Bridge of San Luis Rey*
《托伯》*Topper*
《莎士比亚悲剧五种》*Five Great Tragedies*
道布尔戴出版社 Doubleday
哈珀出版社 Harper's
哈考特-布莱斯出版社 Harcourt Brace
霍顿-米夫林出版社 Houghton Mifflin
霍尔特出版社 Holt
利平科特出版社 Lippincott
利特尔-布朗出版社 Little, Brown
维京出版社 Viking
《卡路里不重要》*Calories Don't Count*
《一个世界》*One World*
《对某些人抱有恶意》*With Malice Toward Some*
《金石盟》*Kings Row*
《岳父大人》*Father of the Bride*
《红衣主教》*The Cardinal*
《君子协定》*Gentleman's Agreement*
《让·桑德伊》*Jean Santeuil*
《如何赢得友谊及影响他人》*How to Win Friends and Influence People*
《出版人周刊》*Publishers Weekly*
《拉瑟报税指南》*Lasser Tax Guides*
《心灵的宁静》*Peace of Mind*
《欲海情魔》*Mildred Pierce*
《金玉盟》*An Affair to Remember*
《冷暖人间》*Peyton Place*
《最后的欢呼》*The Last Hurrah*
福赛特出版社 Fawcett
《冷暖群芳》*The Best of Everything*
《恋爱中的女人》*ladies in Love*
《萨莉、艾琳和玛丽》*Sally, Irene and Mary*
《三对佳偶》*Three on a Match*
《跳跃书》*Jump Book*
《广告狂人》*Mad Men*
《都市女孩》*Girls*

《如意郎君死了》*Mr. Right is Dead*
《美国人的死亡方式》*The American Way of Death*
《女儿们和叛逆者》*Daughters and Rebels*
《生而自由》*Born Free*
《重探美国人的死亡方式》*The American Way of Death Revisited*
《过去的小冲突》*A Fine Old Conflict*
《新世界写作》*New World Writing*
《大西洋月刊》*Atlantic Monthly*
《约塞连眠于此》*Yossarian Slept Here*
《出埃及记》*Exodus*
《米拉街 18 号》*Mila 18*
《十一罗汉》*Ocean's 11*
《麦田里的守望者》*The Catcher in the Rye*
《蝇王》*Lord of the Flies*
《老姑娘》*Spinster*
《亦师亦友》*Two Loves*
《教师》*Teacher*
《我这样度过此生》*I Passed This Way*
《杜德·克拉维茨的学徒生涯》*The Apprenticeship of Duddy Kravitz*
《巴尼的版本》*Barney's Version*
《樱桃园》*The Cherry Orchard*
《亲和力》*Elective Affinities*
《乡村女孩》*The Country Girls*
《小红椅》*Little Red Chairs*
《阿利斯泰尔·库克的美国》*Alistair Cooke's America*
《四根羽毛》*The Four Feathers*
《因缘际会》*Another Life: A Memoir of Other People*
《佩顿镇》*Peyton Place*
《照看者》*Caretakers*
新美国文库出版社 NAL（New American Library）
《最长的一天》*The Longest Day*
《我的敌人老了》*Mine Enemy Grows Older*
《但愿这幢房子可以阻挡老虎》*May This House Be Safe from Tigers*
《权力！：如何得权，如何用权》*Power!: How to Get It, How to Use It*
《他自己写的》*In His Own Write*
《我要握握你的手》"I Want to Hold Your Hand"
《她爱你》"She Loves You"
《必有恶人来》*Something Wicked This Way Comes*
《火星编年史》*The Martian Chronicles*
《失落的乡野》*The Lost Country*
《异狂国度》*Wild in the Country*
《莉莉斯》*Lilith*
《第三帝国的兴亡》*The Rise and Fall of the Third Reich*
矮脚鸡出版社 Bantam
戴尔出版社 Dell
《斯特恩》*Stern*
《母亲的吻》*A Mother's Kisses*
《早入坟墓》*To an Early Grave*
《午夜牛郎》*Midnight Cowboy*
《大地惊雷》*True Grit*
《所有我们看不见的光》*All the Light We Cannot See*
《月光花藤》*The Moonflower Vine*
《读者文摘》俱乐部 Reader's Digest Book Club
《观看小说的十三种方式》*13 Ways of Looking at the Novel*
《圣维多利亚的秘密》*The Secret of Santa Vittoria*
《奥德赛》*Odyssey*
《迷魂谷》*Valley of the Dolls*
《卡梅伦家族》*The Camerons*
《特选子民》*The Chosen*
《格鲁乔书信集》*The Groucho Letters*
《胡闹》*Monkey Business*
《芝加哥论坛报》*Chicago Tribune*
《女勇士》*The Woman Warrior*
《柏林谍影》*The Spy Who Came in from the Cold*
《诺伍德》*Norwood*
《收藏家》*The Collector*
《孤独鸽》*Lonesome Dove*
《笨蛋联盟》*A Confederacy of Dunces*
《瑟伯嘉年华》*The Thurber Carnival*
《S. J. 佩雷尔曼精选集》*The Most of S. J. Perelman*

《P. G. 伍德豪斯精选集》*The Most of P. G. Wodehouse*
《雷·布拉德伯里精选集》*The Most of Ray Bradbury*
《诺拉·埃芙隆精选集》*The Most of Nora Ephron*
《华清春暖》*Footlight Parade*
《妇女家庭杂志》*Ladies' Home Journal*
《我的人生与艰难时世》*My Life and Hard Times*
《炉边民歌集》*Fireside Book of Folk Songs*
《自以为是》*Cocksure*

在克瑙夫出版社

《先知》*The Prophet*
《局外人》*The Stranger*
神殿出版社 Atheneum
《我们轰炸纽黑文》*We Bombed in New Haven*
高级平装版"quality" paperbacks
铁锚图书 Anchor Books
佳酿图书 Vintage
《我的安东妮亚》*My Ántonia*
《哦，拓荒者！》*O Pioneers!*
《大主教之死》*Death Comes for the Archbishop*
《天外细菌》*The Andromeda Strain*
《弗兰肯斯坦》*Frankenstein*
《失落的世界》*The Lost World*
《巴黎评论》*Paris Review*
《火车大劫案》*The Great Train Robbery*
《侏罗纪公园》*Jurassic Park*
《神秘之球》*Sphere*
《刚果惊魂》*Congo*
《升起的太阳》*Rising Sun*
《大暴光》*Disclosure*
《权力掮客》*The Power Broker*
《新闻日报》*Newsday*
《权力之路》*The Path to Power*
《升迁之道》*Means of Ascent*
《参议院大师》*Master of the Senate*
《权力通道》*The Passage of Power*
《乱套了》*Haywire*
《小格洛丽亚……最后获得了幸福》*Little Gloria... Happy at Last*
《伊迪》*Edie*
《从前》*Once Upon a Time*
《我独自》*By Myself*
《改变》*Changing*
《蛇蛋》*The Serpent's Egg*
《选择》*Choices*
《欢迎来到弹园村》*Bullet Park*
《苹果的世界》*The World of Apples*
《猎鹰者监狱》*Falconer*
《约翰·契弗短篇小说选》*The Stories of John Cheever*
《约翰·契弗日记》*The Journals of John Cheever*
《民族》杂志 *Nation*
《天使，望故乡》*Look Homeward, Angel*
《茶花女》*La Traviata*
《恰似天堂》*Oh What a Paradise It Seems*
《最蓝的眼睛》*The Bluest Eye*
《秀拉》*Sula*
《上帝拯救孩子》*God Help the Child*
《恩惠》*A Mercy*
《宠儿》*Beloved*
《所罗门之歌》*Song of Solomon*
《钟归阿达诺》*A Bell for Adano*
《广岛》*Hiroshima*
《思家小馆的晚餐》*Dinner at the Homesick Restaurant*
《芬妮·法默食谱》*The Fannie Farmer Cookbook*
《夜访吸血鬼》*Interview with the Vampire*
《亲情瞬间》*Kinflicks*
《交配》*Mating*
《巨塔杀机》*The Looming Tower*
《乞丐新娘》*The Beggar Maid*
《艾迪·科伊尔的朋友们》*The Friends of Eddie Coyle*
大赦国际 Amnesty International
《没有名字的囚犯，没有号码的牢房》*Prisoner Without a Name, Cell Without a Number*
《博迪》*Birdy*
《香水》*Perfume*

《朗读者》*The Reader*
《潜艇》*The Boat*
《从海底出击》*Das Boot*
《掩饰的祝福》*Blessings in Disguise*
《我叫阿瑟·列夫》*My Name is Asher Lev*
《出事了》*Something Happened*
《像高尔德一样好》*Good as Gold*
《金色笔记》*The Golden Notebook*
《天黑前的夏天》*The Summer before the Dark*
《四门之城》*The Four-Gated City*
《自由国度》*In a Free State*
《河湾》*A Bend in the River*
《游击队员》*Guerrillas*
《失落的黄金国》*The Loss of El Dorado*
《查理和巧克力工厂》*Charlie and the Chocolate Factory*
《詹姆斯与大仙桃》*James and the Giant Peach*
《意大利人》*The Italians*
《一只夜莺在伯克利广场歌唱》"A Nightingale Sang in Berkeley Square"
《你的时间用完了》*You've Had Your Time*
《午夜之子》*Midnight's Children*
《珠宝》*Jewels*
《羞耻》*Shame*
《黑绵羊咩咩叫》*Baa Baa Black Sheep*
《撒旦诗篇》*The Satanic Verses*
《约瑟夫·安东》*Joseph Anton*
《苏格兰玛丽女王》*Mary Queen of Scots*
《克伦威尔》*Cromwell*
《亨利八世的六个妻子》*The Six Wives of Henry VIII*
《惠灵顿传》*Wellington*
《宠儿艾玛》*Beloved Emma*
《彼得大帝》Peter the Great
《八月炮火》*The Guns of August*
《远方之镜》*A Distant Mirror*
《愚政进行曲》*The March of Folly*
《第一声礼炮》*The First Salute*
《猪小姐的生活指南》*Miss Piggy's Guide to Life*
奥杜邦自然指南丛书 Audubon nature guides
《小小舞蹈家》*A Very Young Dancer*
"小小……"系列 *A Very Young...*
《滑稽古怪的下午》*Zany Afternoons*
《闭圈：自然、人类与技术》*The Closing Circle: Nature, Man and Technology*
《超越自由和尊严》*Beyond Freedom and Dignity*
《童话的魅力》*The Uses of Enchantment*
《歌词集》*Lyrics*
《像一块滚石》*Like a Rolling Stone*
《伤心旅馆》*Heartbreak Hotel*
《别回首》*Don't Look Back*
《太太学堂》*L'École des femmes*
《特洛伊妇女》*The Trojan Women*
《冬天的故事》*The Winter's Tale*
《三姐妹》*The Three Sisters*
《萨勒姆的女巫》*The Crucible*
《小狐狸》*The Little Foxes*
《基督代理人》*The Deputy*
《玫瑰刺青》*The Rose Tattoo*
《白人的大希望》*The Great White Hope*
《慢速列车此站不再停》*The Milk Train Doesn't Stop Here Anymore*
《女继承人》*The Heiress*
《芦荟的教训》*A Lesson of Aloes*
《玛丽·斯图亚特》*Mary Stuart*
《掌握法国厨艺》*Mastering the Art of French Cooking*
《私人观点》*A Private View*
《费城故事》*Philadelphia Story*
《拍摄〈非洲女王号〉》*The Making of the African Queen*
《寂寞芳心》*Alice Adams*
《我》*Me*
《未修饰的女人》*The Unretouched Woman*
《在中国》*In China*
《乱点鸳鸯谱》*The Misfits*
《提升组织力：别再扼杀员工和利润》*Up the Organization: How to Stop the Corporation from Stifling People and Strangling Profits*
《哈珀》杂志 *Harper's*
《太平洋太阳报》*Pacific Sun*

《连载》*The Serial*
《不是雨就是晴》*Rain or Shine*
《无蛮力分娩》*Birth Without Violence*
《海蒂男性性学报告》*The Hite Report on Male Sexuality*
《花花公子》*Playboy*
《夜访吸血鬼》*Interview with the Vampire*
《另一个人》*The Other*
《红衣主教》*The Cardinal*
《战斗者》*Fighter*
《机密档案》*The Ipcress File*
霍德-斯道顿出版社 Hodder & Stoughton
《骑马经过的人》*A Horse Man Riding by*
《天真善感的爱人》*The Naçve and Sentimental Lover*
《德国小镇》*A Small Town in Germany*
《镜子战争》*The Looking Glass War*
《锅匠，裁缝，士兵，间谍》*Tinker, Tailor, Soldier, Spy*
《小鼓女》*The Little Drummer Girl*
《完美的间谍》*A Perfect Spy*
《格伦戴尔》*Grendel*
《阳光对话》*Sunlight Dialogues*
《镍山》*Nickel Mountain*
《十月之光》*October Light*
《虚构的艺术》*The Art of Fiction*。
《怪女人》*The Odd Woman*
《天使们》*Angels*
《黎明的旗帜》*A Flag for Sunrise*
《光的孩子》*Children of Light*
《小大亨》*J R*
《认可》*The Recognitions*
《布里奇先生》*Mr. Bridge*
《大教堂》*Cathedral*
《动物派对》*A Party of Animals*
《他是怎样救她的》*How He Saved Her*
《应许的祈祷》*Answered Prayers*
《城市漫游者》*A Walker in the City*
《在故土》*On Native Ground*
《纽约犹太人》*New York Jew*
《美国队伍》*An American Procession*
《安排》*The Arrangement*
《一生》*A Life*
《幻想曲》*Fantasia*
《绿野仙踪》*The Wizard of OZ*
《玉女神驹》*National Velvet*
《列兵巴克》*Buck Privates*
《恐怖伊凡》*Ivan the Terrible*
《战舰波将金号》*Battleship Potemkin*
《亚历山大·涅夫斯基》*Alexander Nevsky*
《罪与罚》*Crime and Punishment*
《悲惨世界》*Les Misérables*
《天堂的孩子们》*Les Enfants du paradis*
《游行队伍已经过去……》*The Parade's Gone By...*
《沉默的小丑》*The Silent Clowns*
《大卫·O.塞尔兹尼克的好莱坞》*David O. Selznick's Hollywood*
《一个明星的诞生》*A Star is Born*
《露露在好莱坞》*Lulu in Hollywood*
《潘多拉的魔盒》*Pandora's Box*
《查拉图斯特拉如是说》*Thus Spake Zarathustra*
"美国流行金曲曲目" The Great American Songbook
《科尔·波特歌词全集》*The Complete Lyrics of Cole Porter*
《心痛》*Heartburn*
《沃特希普荒原》*Watership Down*
《国王的游戏》*The Game of Kings*
"莱蒙德编年史"系列 Lymond Chronicles
《败局》*Watership Down*
《苏格兰人报》*The Scotsman*
《后来的国王》*King Hereafter*
"尼科洛家族"系列"House of Niccolò"
《双子宫》*Gemini*
《卖花女》*Eliza Doolittle*
《患难》*Troubles*
《克里希纳普围城记》*The Siege of Krishnapur*
《婴儿期》*Babyhood*
《你的孩子》*Your Baby and Child*
《地球的命运》*The Fate of the Earth*

在《纽约客》

《广岛》*Hiroshima*
《纽约》杂志 *New York*
斗牛士出版社 Picador
“城中闲话”栏目“Talk of the Town”
“言论”栏目“Comment”
《心在此，身不在：一个爱的故事》*Here, but Not Here: A Love Story*
《纵向与横向》*Vertical and Horizontal*
《纽约书评》杂志 *New York Review of Books*
《福楼拜的鹦鹉》*Flaubert's Parrot*
《槟蓄乡》*The Village of Ben Suc*
《地球的命运》*The Fate of the Earth*
《我的错误》*My Mistake*
《心理分析：不可思议的职业》*Psychoanalysis: The Impossible Profession*
《在弗洛伊德档案中》In the Freud Archives
《漆黑》*Pitch Dark*
《随风而逝：〈纽约客〉最后的日子》*Gone: The Last Days of "The New Yorker"*
《坚忍号》*The Endurance*
《感觉的自然史》*A Natural History of the Senses*
《埃尔维斯的世界》*Elvis World*
《赞尼的下午》*Zany Afternoons*
《保罗·麦卡特尼歌曲集》*The Paul McCartney Songbook*
《血腥星期天》*Sunday Bloody Sunday*
“城中事”栏目 Goings on About Town
《访谈》杂志 *Interview*
《凡尔赛玫瑰》*The Rose of Versailles*
《皆大欢喜》*As You Like It*
《名利场》杂志 *Vanity Fair*

重返克瑙夫

《俄罗斯大厦》*The Russia House*
《秘密朝圣者》*The Secret Pilgrim*
《夜班经理》*The Night Manager*
《变调的游戏》*Our Game*
《巴拿马裁缝》*The Tailor of Panama*
《个人历史》*Personal History*
《我的脖子让我很不爽》*I Feel Bad About My Neck*
《我什么都不记得》*I remember Nothing*
《好家伙》*Wiseguy: Life in a Mafia Family*
《茱莉和朱丽叶》*Julie & Julia*
《波士顿环球报》*The Boston Globe*
《环球邮报》*The Globe and Mail*
《跟随心声》*Leading with My heart*
《我的生活》*My Life*
《唱爵士歌曲》*Jazz Singing*
《歌就是你》*The Song Is You*
《星尘的旋律》*Stardust Melodies*
《爵士乐与流行乐伟大歌手生平指南》*Biographical Guide to the Great Jazz and Pop Singers*
《埃拉在柏林》*Ella in Berlin*
《让我们迷失吧》*Let's Get Lost*
《朱迪在卡内基音乐厅》*Judy at Carnegie Hall*
《生活多美好》*It's a Wonderful Life*
《一个女性的观点》*A Woman's View*
《默片明星》*Silent Stars*
《造星机器》*The Star Machine*
《我愿意，我不愿意：电影中的婚姻史》*I Do and I Don't: A History of Marriage in the Movies*
《电影传记词典》*Biographical Dictionary of Film*
《流血的心》*The Heart That Bleeds*
《寻找历史》*Looking for History*
《与古巴共舞》*Dancing with Cuba*
《自己做主》*On My Own*

舞蹈

《吉赛尔》*Giselle*
《自由幻想》*Fancy Free*
《比利小子》*Billy the Kid*
《牧区竞技》*Rodeo*

《C 大调交响曲》*Symphony in C*

《巴洛克协奏曲》*Concerto Barocco*

《阿波罗》*Apollo*

《四种气质》*The Four Temperaments*

《小夜曲》*Serenade*

《浪子回头》*The Prodigal Son*

《火鸟》*Firebird*

《天鹅湖》*Swan Lake*

《圆舞曲》*La Valse*

《红菱艳》*The Red Shoes*

《睡美人》*The Sleeping Beauty*

《自由幻想》*Fancy Free*

《步态舞步》*Cakewalk*

《尼金斯基的舞蹈》*Nijinsky Dancing*

《舞乐》*Bugaku*

《自传》*Autobiography*

《舞蹈的魔力》*The Magic of Dance*

《芭蕾帝国》*Ballet Imperial*

《舞蹈中的巴里什尼科夫》*Baryshnikov at Work*

《伟大的俄罗斯舞者》*Great Russian Dancers*

《舞蹈自传》*A Dance Autobiography*

《舞姬》*La Bayadèr*

《私人领域》*Private Domain*

《一度舞者……》*Once a Dancer...*

《锦城春色》*On the Town*

《机遇与环境》*Chance and Circumstance*

《苏姬·肖勒论巴兰钦技巧》*Suki Schorer on Balanchine Technique*

《主题与变奏》*Theme and Variations*

《你推我搡》*Push Comes to Shove*

《辛纳屈的九首歌》*Nine Sinatra Songs*

《楼上的房间》*In the Upper Room*

写作

《新共和》杂志 *The New Republic*

《纽约观察家报》*The New York Observer*

《美国悲剧》*An American Tragedy*

《麦克斯与玛乔丽：一个编辑爱情故事》“Max and Marjorie: An Editorial Love Story”

《鹿苑长春》*The Yearling*

人人文库 Everyman's Library

《火山情人》*The Volcano Lover*

《阅读爵士乐》*Reading Jazz*

《阅读舞蹈》*Reading Dance*

《阅读歌词》*Reading Lyrics*

“卓越人生”丛书 Eminent Lives

“犹太人”丛书 Jewish Lives

《萨拉》*Sarah*

《远大前程：查尔斯·狄更斯的儿女们》*Great Expectations: The Sons and Daughters of Charles Dickens*

《人物与书信》*Lives and Letters*

生活

《国际先驱论坛报》*International Herald Tribune*

《丑闻》*Scandal*

《今天的男人》*Today's Man*